KB034600

정치 | 사회

1

다시 돌아보는 러시아 혁명 100년

현대의 지성 166
다시 돌아보는 러시아 혁명 100년 1—정치|사회

제1판 제1쇄 2017년 10월 24일

엮은이 정재원 최진석
지은이 노경덕 류한수 박노자 박영균 심광현 이진경 장한닢 정재원 최진석 한정숙
펴낸이 이광호
펴낸곳 ㈜문학과지성사
등록번호 제1993-000098호
주소 04034 서울 마포구 잔다리로7길 18(서교동 377-20)
전화 02)338-7224
팩스 02)323-4180(편집) 02)338-7221(영업)
전자우편 moonji@moonji.com
홈페이지 www.moonji.com

ISBN 978-89-320-3047-0 94920
978-89-320-3046-3 94920 (세트)

이 도서의 국립중앙도서관 출판예정도서목록(CIP)은 서지정보유통지원시스템 홈페이지(http://seoji.nl.go.kr)와 국가자료공동목록시스템(http://www.nl.go.kr/kolisnet)에서 이용하실 수 있습니다.(CIP제어번호: CIP2017026599)

현대의 지성 166

정치 | 사회

Russian Revolution 100 years

정재원
최진석
엮음

1

다시 돌아보는 러시아 혁명 100년

문학과지성사

기획의 말

러시아 혁명 100년, 새로운 반복의 조건을 찾아서

1917년, 근대 문명을 이끌어온 서구 세계의 변경으로부터 거대한 전환의 신호탄이 쏘아 올려졌다. 전제정과 농노제로 악명 높은 동토凍土 러시아에서 인류 역사상 최초로 사회주의 혁명이 발생했던 것이다. 일차적으로 혁명은 오랜 세월 짓눌려왔던 피억압 민중이 기성의 지배 구조에 반역을 일으키고 체제를 전복시킨 정치적 격변이었다. 하지만 동시에 그것은 근대 문명이 형성되면서 불가피하게 수반했던 억압적 권력 관계를 해체하고, 합리성을 표방한 위계적 조직화와 감수성에 대한 교묘한 이데올로기적 조작을 타파하여 새로운 인류 공동체를 구축하기 위한 사회문화적 사건이었다. 달리 말해, 러시아 혁명은 근대성이 도달한 고유한 정점을 표시하면서, 또한 근대성이 봉착한 한계를 극복하기 위해 폭발할 수밖에 없던 반反역사적 돌발의 표지였다.

러시아 혁명에 대한 인식과 평가는 오랫동안 냉전 이데올로기에 좌우되었고, 도식적인 해석의 틀을 벗어나지 못했다. 공산주의 대 자본주의, 혹은 공산주의 대 자유민주주의의 대립은 선과 악의 도덕적 대치로 은밀히 치환되었고, 악의적이고 선동적인 프로파간다를 통해 공존 불가능한 절멸의 구도 속에 상호 각인되었다. 이에 따라 러시아 혁명이 내걸었던 평등과 자유, 해방의 원대한 이념도 의심스러운 거부의 대상으로 전락했음은 물론이다. 가령 평등의 이념은 사회를 위협하는 적대적 요소로 간주되었고, 노동 해방과 민주주의적 자유에 대한 염원은 물질적 성장과 통치의 안정을 위해 양보해야 할 요구로 묵살되어온 것이다. 근대성의 또 다른 계승자인 러시아와 공산권 내에서도 사정은 다르지 않았다. 마르크스주의와 볼셰비즘은 혁명 당시의 신선한 충격과 강도를 상실한 채 인간을 억압하는 또 다른 이데올로기로 추락했고, 혁명의 성취를 위해 삶을 바쳤던 사람들은 낙담과 좌절, 공포 속에 한 세기를 살아야 했다.

아이러니컬하게도, 동서 양 진영에서 러시아 혁명의 위대한 순간은 비상과 동시에 추락이라는 기묘한 '변증법적 전도'를 경험해야 했다. 레닌과 트로츠키, 스탈린의 이름은 악명 높은 독재자, 혹은 시대를 잘못 읽은 예언자로 평가절하되었고, 소련이 해체된 후로는 혁명 자체가 처음부터 잘못 끼워진 단추처럼 조소와 냉소의 대상이 되고 말았다. 정치적 영웅뿐만 아니라 문화적 영웅들의 운명 또한 다르지 않았다. 예컨대 혁명의 미학적 전위였던 마야콥스키와 예이젠시테인은 불가능한 이데올로기에 젊음과 재능을 낭비한 비운의 예술가로 추모되었던 것이다. 20세기가 마감될 즈음 이들에게 내려진 선고는 더욱 가혹했다. 러시아 혁명은 19세기 이래 이상 사회를 꿈꾸고 행동했던 인텔리겐치아의 몽상으로 치부되었고, 소련의 붕괴는 그러한 이상의 최종적인 파산으로 언명되었다. 혁명을 독려하고 예술적으로 형상화하려던 시인과 소설가,

각계의 활동가들은 헛된 망상에 아까운 시간과 열정을 탕진한 인물이 되었다. 그렇게 러시아 혁명은 부당하게 폄하되었고, 소비되었으며, 끝내 망각되고 말았다.

혁명 100년을 돌아보는 일은 낡은 고물 수집가의 회고적 취향도 아니고, 옛 시절에 대한 낭만적 동경이 가득한 노스탤지어도 아니다. 혹은 시대착오적인 혁명의 열기로 과거를 찬미하는 일도 될 수 없고, 아카데미에 온존한 연구자들의 논문 소재에 그칠 수도 없다. 21세기의 지금 이 자리에서 러시아 혁명에 대해 사유해보고, 사태를 재구성하며, 다른 관점과 방법으로 기록하는 작업은 그 사건적 역동성을 재구축하여 오늘날의 조건 속에서 반복해보기 위함이 아닐까? 하지만 이미 지나간 사실들을 차이에 대한 고려 없이 강령과 구호 속에 되풀이하는 악무한적 질곡에 빠져서는 곤란하다. 오히려 우리는 지금-여기서 벌어지는 정치·경제·사회·문화·인간적 상황들 전반을 탐구하면서 러시아 혁명의 경험과 교훈을 차이 속에 재기입할 수 있도록 매진해야 할 것이다. 온갖 화려한 아카데미적 수사와 속빈 강정 같은 구호나 강령을 내려놓은 채, 100년 전의 사태 속으로 시선을 돌려 철저하게 분석하고 냉정하게 종합해야 하는 까닭이 그에 있다.

모든 시대는 자기만의 이상을 갖게 마련이며, 100년 전의 이상이 오늘의 이상과 같을 수 없다. 우리는 100년 전 러시아에서 벌어진 인류사적 사건을 기억하고 재구성함으로써 오늘의 이상을 새로이, 그러나 다르게 설정해야 할 것이다. 오늘날의 러시아가 자본주의와 국가주의의 첨병으로서 어떠한 얼굴을 하고 있든, 지금과는 달랐던 조건과 차이 속에서 혁명의 사건을 되돌아보고 우리의 현재적 지형으로 끌어와야 한다. 그런 의미에서 한국의 인문사회과학이 러시아 혁명을 의례적인 기념일로서가 아니라 현행적인 사태이자 도래할 사건으로서 불러내야 할 이유는 넘치도록 충분하다. 이와 같은 목적으로 우리는 러시아 혁명 100년을 재해석하고 재평가하여, 새롭고 다르게 전망하고자 함께 모였다.

*

러시아 혁명 100년을 조감하며, 비단 러시아학의 울타리 안에 있는 연구자들뿐만 아니라 비러시아 전공자들이 혁명을 평가하고 해석한 성과들도 함께 모아 책에 싣고자 노력했다. 최근 수년간 학계와 여러 토론 공간에서 발표된 논문과 평론 들을 실었고, 이 가운데는 서로 상치되는 해석적 경향조차 포함될 정도로 다양한 입장과 관점을 두루 통합하여 제시하는 데 힘썼다. 지금 이 책에 같이 싣지는 못하였으나, 다방면에서 응원해주고 성원을 아끼지 않은 여러 연구자들과 활동가들에게 진심으로 감사드린다.

애초에 이 책의 기획은 2015년 제7회 맑스코뮤날레 집행위원장이었던 심광현 선생님의 제안으로 시작되었다. 서울대학교 박종소 선생님은 흔쾌히 인문·예술 분야의 작업을 떠맡아주셨고, 국민대학교의 정재원 선생님은 나와 함께 정치·사회 분야의 논문 선정과 집필의 부담을 나누어주셨다. 특히 서울대학교의 한정숙 선생님께서는 책의 전반적 모양새와 흐름, 러시아 혁명의 평가와 해석의 기틀에 관해 심도 있는 조언을 해주신 바 있다. 항상 한국에 대한 날카로운 비판과 애정을 함께 보여주시는 박노자 선생님께서도 바쁜 일정에도 불구하고 총론의 글을 보내주셨다. 그 외에 이 기획에 기꺼이 동참해주신 모든 집필자분들께 고마

움의 인사를 전하지 않을 수 없다. 당연하게도, 이 두 권의 책으로 러시아 혁명 100년을 결산하는 일은 불가능한 노릇이다. 이와 유사한 기획을 갖고 여러 권의 다른 책들이 곧 출판될 예정이라 들었는데, 이 두 권의 책이 그러한 흐름의 한편을 온전히 차지하면서 러시아 혁명에 관한 우리의 성찰을 심화시키고 변혁의 미래를 앞당기는 데 소용이 되길 바라는 마음 간절하다.

2017년 10월
편저자들을 대신하여
최진석

차례

총론

러시아 혁명의 의의, 100년 후에 다시 돌아보다

박노자

1. 10월 혁명은 진행 중

1917년 10월 혁명을 논하는 것은 대단히 힘들다. 우리는 지금도 10월 혁명의 연장선상에서 살고 있기 때문이다. 작게는 지금도 10월 혁명의 정통을 이어받았다고 스스로를 규정해왔던 소련의 영향 하에 성립한 조선민주주의인민공화국이 한반도의 북반부에 엄존하는가 하면, 또 크게는 자본주의를 부정한 10월 혁명이 없었다면 오늘날 세계 정치계에서 하나의 핵심 세력으로 작동하는 글로벌 좌파도 지금과 같은 모습으로 존재하기는 힘들었을 것이기 때문이다. 한국을 포함한 전 세계 좌파의 가장 근본적인 요구는 무상의료, 무상교육, 노동자들의 경영 참여인데, 이 요구를 최초로 실현한 것이 다름 아닌 10월 혁명이었다. 물론 세계 좌파의 판도를 보면, 혁명이 아닌 개혁을 추구하는 사민주의 계통이 급진주의자들보다 더 큰 비중을 차지하는지도 모른다. 한데 복지국가 건설을 일찌감치 이루어내고 완전고용을 실시한 10월 혁명 이후의 소련과의 체제 경쟁이 아니었다면, 과연 서구 등지에서 복지개혁이 가능했을까 싶다. 서구형 복지국가가 바로 소련의 몰락 이후에 급속히 힘을 잃어가기 시작한 것도 우연은 아니었다.[1] 온건 좌파가 10월 혁명에 비판적일 수는 있지만, 그렇다 해도 그 혁명의 영향으로부터 자유로울 수는 없을 것이다. 한마디로, 20세기를 규정한 세계 최대의 역사적 사건을 들자면 1917년 10월 혁명이 가장 유력한 후보가 될 것이다.

트로츠키를 비롯한 수많은 급진 좌파들은 1920년대 말 이후부터 "혁명이 배반당했다"고 주장해왔다.[2] 감정적일 수밖에 없는 혁명가의 입장에서는 아마도 '배반'으로 보일 여지가 크겠지만, 조금 더 거리를 두고 역사화시켜 보면, 러시아 혁명은 프랑스 혁명 같은, 역사 속의 수많은 다른 혁명들처럼 그 발전의 주어진 궤도를 차근차근 밟아왔다고 볼 수도 있다. 1920년대 말에 러시아형 급진적 자코뱅 독재는 테르미도르식 독재라고 할 스탈린 독재로 교체되었다. 궤도 자체는 그리 다르지 않았지만, 테르미도르기가 대단히 길었다는 것은 프랑스와의 차이점이었다. 스탈린과 그 후계자들의 통치기인 테르미도르기에 러시아는 사실상 부르주아 혁명의 과제인 공업화와 도시화, 종교와 국가의 분리, 군사 증강, 보편적 국민/인민 교육 등을 수행했다. 단, 준주변부 국가로서의 러시아의 특징과 20세기라는 독점자본 시대로서의 시대적 특징 등에 따라 이 과제들을 고전 자본주의와 다른, 국가화를 통한 방식으로

---

1) J. Petras, "The Western Welfare State: Its Rise and Demise and the Soviet Bloc," *Global Research*, July 4, 2012(http://www.globalresearch.ca/the-western-welfare-state-its-rise-and-demise-and-the-soviet-bloc/31753).

2) L. Trotsky, *The Revolution Betrayed: What Is the Soviet Union and Where Is It Going*, New York: Doubleday, Doran & Co., 1937.

수행한 것이다.

고르바초프의 '개혁기'(1985~91)와 초기 옐친의 표면적 '민주주의'(1991~93)는 러시아식 총재 정권, 즉 보수적 민주주의의 부흥이었다. 그러나 결국에는 프랑스와 다르지 않게, 1993년에 국회를 포격한 옐친과 그 후계자 푸틴은 나폴레옹과 같은 보수적 독재의 길을 걸었다. 한데 나폴레옹과 마찬가지로 푸틴의 독재는, 비록 보수적인 모습이지만, 어디까지나 혁명기 성취의 일부를 간직하는 것을 의미하기도 한다. 자본화가 용인되기는 했지만, 자본가로 급부상한 사람들의 대다수는 1917년 혁명 이전의 자본가 계급과 아무 관계없는 테르미도르기 관료들과 그 자녀들이었던 것이다.[3] 규모는 축소되었지만, 원칙상 무상의료와 무상교육은 여전히 유효하며, 제정 러시아 시대의 국교 등은 부활하지 않았다. 혁명의 성취가 부분적으로 보존되는 만큼 러시아형 나폴레옹이라고 할 푸틴에 대한 대중적 지지도 만만치 않아, 이런 유형의 정권은 상당히 오랫동안 지속될 가능성이 높다. 나폴레옹 독재기도 혁명 주기의 마지막 부분이었던 것처럼, 러시아인들은 아직도 혁명의 자장 속에 있다 해도 과언이 아닐 것이다.

'배반'이라는 말은 비록 감정이 섞인 언어일지라도, 10월 혁명이 그 본래의 취지를 끝내 완수하지 못했다는 것은 틀림없는 사실이다. 레닌이 『국가와 혁명』에서 이야기했던, "주방의 하급 여성 노동자도 함께 국가경영에 참여하는"[4] 코뮌식 비국가적 사회로서의 사회주의는, 그 어디에서도 지속적 실현을 보지 못했다. 혁명이 세계적으로 빠른 속도로

3) А. Тарасов, "Национальный революционный процесс: Внутренние закономерности и этапы," *Альтернативы*, no. 4, 1995(http://saint-juste.narod.ru/revprc.htm).

4) 블라디미르 레닌, 『국가와 혁명』, 문성원·안규남 옮김, 돌베개, 1992.

확산되어 모스크바가 아닌 베를린이 혁명국가의 수도가 되었다면, 어쩌면 혁명의 현실이 그 이상에 조금 더 부합할 수 있었을지도 모르지만, 1923년 독일 혁명의 시도가 불발로 끝나면서 유럽 핵심부에서의 혁명에 대한 꿈은 거의 깨지고 말았다.

인구의 다수가 소농이었던 러시아에서 혁명은 애당초부터 도시 안에서의 직장 민주화(노동자들의 공장 관리 등)와 함께 전국적으로 농촌에 대한 도시의 압도적인 통제를 의미했다. '코뮌식 사회'가 태어날 수 있는 이상적 환경은 분명 아니었던 것이다. 실제로 내전과 열강의 간섭과의 투쟁 속에서 도시에서도 많은 볼셰비키들은 투쟁의 대상인 열강과 경쟁할 수 있는 관료적 국가가 다시 재건되는 모습을 우려에 가득 찬 눈으로 지켜보았다. 공장들에 대한 관리를 관료가 아닌 노조에게 맡겨 달라고 했던 1920~22년의 '노동자 반대파'의 위기의식의 출발점은, 혁명의 이상이 제대로 실현되지 않고 있는 현실에 대한 통찰이었다.[5] 당 관료들이 국가 관료들을 통치하고, 당과 국가가 '무산 계급의 이름으로' 노조의 지원을 받아 평민들을 공동으로 통치하는 새로운 형태의 관료국가를 만들어낼 수는 있어도, '코뮌' 만들기는 절대로 쉽지 않았다.

결국, 사회주의를 지향했던 10월 혁명이 그 궤도를 밟아 여러 단계를 거친 뒤에 인류에 남긴 것은, 레닌이 꿈꾼 사회주의라기보다는 인민들에게 완전고용과 각종 복지 혜택을 보장해주고 능력에 맞는 신분 이동까지 책임져줄 수는 있어도, 인민이 아닌 '인민의 대표자'들만이 정치를 도맡는 새로운 형태의 국가화된 산업사회였다. 이는 어쩌면 서구식 복

5) R. Daniels, *The Conscience of the Revolution: Communist Opposition in Soviet Russia*, Boulder, Col.: Westview Press, 1988, pp. 119~54.

지국가보다 더 완벽한 복지 체계를 갖춘 사회였지만, 사회의 민주성으로 본다면 형식적 의회민주주의라도 기능하는 서구 등의 사회에 미치지 못한다는 평가를 받아왔다.

배반이라고 할 때 그것은 『국가와 혁명』이 꿈꾼 이상들에 대한 배반임에 틀림없지만, 과연 애초의 이상들을 '모조리' 실현시킨 혁명을 역사 속에서 찾아낼 수 있을까? 서구식 의회민주주의를 탄생시킨 영국 혁명의 이상이 종교적 도덕이 지배하는 청교도 사회였으며, 민주주의의 또 하나의 시발점이 된 프랑스 혁명의 이상이 자본주의 사회에서는 불가능한 평등과 박애였다는 점을 상기해보자. 그렇다면 영국 혁명과 프랑스 혁명도 '배반'당했다고 보는 게 옳은 것일까. 오히려 이상들이 실현되지 못했다는 사실을 인정하고, 그 근원적인 이유에 대해서 제대로 성찰해보는 게 더 생산적일 것이다.

예를 들어, 국방부와 비밀경찰을 완비해야 하는 국민/인민 국가가 존재하는 이상, 요컨대 혁명이 전 세계로 확산되지 못하고 혁명자 집단이 '국가 건설'을 해야 하는 이상, 과연 '코뮌형 사회'란 애초에 가능할지를 자문해보아야 할 것이다. 아니면, 몇몇 전문가들과 경영의 총책임자들의 통제를 필요로 하는 철강공장이나 비료공장, 조선소 같은 대형 사업장은 그 속성상 과연 어디까지 '코뮌화'될 수 있을지 등의 질문을 스스로에게 던져보자. 전체적으로 보아, 산업사회와 레닌이 꿈꾼 '완전한' 민주주의는 과연 공존이 가능할까? 『국가와 혁명』이 제시한 과제들이 산업사회 이후를 겨냥하는 것이라면 10월 혁명은 아직도 미완형이라고 보는 것이 맞을 것이다.

2. 복합 혁명으로서의 딜레마

10월 혁명의 의의를 더욱 크게 만든 것은 바로 그 복합적 성격이었다. '사회주의 혁명'이라고 하지만, 10월 혁명은 볼셰비키나 좌파사회주의혁명당 등 사회주의 정당 지지자, 즉 도심 노동자나 인텔리만의 혁명이 절대 아니었다. 레닌 자신은 1917년 10월 혁명을 총칭해서 '인민혁명' '인민 다수의 혁명'이라고 했다.[6] 이 '인민'으로 표현된 혁명의 주도 세력을 분석해보면, 사회주의 지향의 인텔리와 노동자층 이외에 적어도 두 집단을 더 들 수 있다. 하나는, 지주들의 농지를 나누어 가지는 농민 공동체의 농지공동소유권을 취소시킨 스톨리핀P. A. Stolypin 총리 정권의 반동적인 '농업개혁'을 무효화하여 다시 한 번 대부분의 농지를 농민 공동체의 소유로 돌리려 한 농민층이다. 또 하나는, 최소 자치권에서 최대 분리독립까지의 민족자결권을 요구하며, 모든 민족, 종교 차별로부터의 영원한 해방을 꿈꾸었던, 당시 러시아 제국 총인구의 절반 이상을 구성했던 민족적 소수자들이다.[7] 그 외에도 수백만 명에 이르는 제1차 세계대전 징집병들이 있었다. 그들은 이미 러시아 인민 600만 명 가까이를 사망자나 부상자, 전쟁포로로 만든 미증유의 도살극을 무조건적이고 즉각적으로 중지시키기를 원했다. 결국 10월 혁명은, 노동자들의 요구인 자본가층으로부터의 생산수단 공유화 이외에, 농지개혁과 민족 차별 구조의 해소, 그리고 제국주의 전쟁으로부터의 탈퇴 등 여러 문제들

6) В. И. Ленин, *Полное Собрание Сочинений*, т. 34, Москва: Издательство Политической Литературы, 1981, с. 244.

7) 러시아 혁명에서 '계급'과 '민족 해방' 문제 사이의 복합적 관계에 대해서는 R. Suny, *Class and Nationality in the Russian Revolution*, Princeton: Princeton University Press, 1972 참조.

을 동시에 해결해야만 했던 것이다.

혁명이 이처럼 대단히 복합적인 성격을 띠고 있었던 만큼 그 진행은 어쩔 수 없이 충돌의 과정일 수밖에 없었다. 혁명이 해결해야 할 다양한 과제들은 상호보완적일 수도 있었지만, 어떤 경우에는 상호충돌적일 수도 있었다. 예를 들어 새로운 소비에트 국가의 입장에서는 세계 혁명이야말로 가장 바람직했지만, 그것이 당분간 불가능한 상황에서는 제정 러시아의 영토라도 충실히 이어받아야 했다. 영토가 넓고 자원이 많을수록 국제 자본으로부터 거리를 두고 경제적인 실험을 하기가 훨씬 더 수월하기 때문이다. 그런데 볼셰비키들이 그 영토권을 계승하고자 하는 구 러시아 제국의 영토에 민족자결권을 주장하는 소수자들이 산다면? 혁명의 두 가지 원칙이 상호충돌할 경우 하나는 희생되어야 할 때가 있었다. 이미 레닌 시절에 희생된 민족자결권의 원칙은, 그 뒤 수십 년 후에도 혁명을 계승한 국가를 괴롭힐 수 있었다.

최근 2008년에 러시아는 인접 국가인 그루지야(조지아)와 정식 전쟁을 벌이기도 했는데, 그루지야 민족주의의 상당히 반러시아적인 성향은 1921년에 소비에트 러시아가 군사력을 이용해서 독립 상태였던 그루지야를 다시 영토화한 부분과 직접적인 관계가 있다. 그 후 소비에트 국가는 1924년 독립 지향적인 농민 봉기를 진압하는 등 사실상 민족자결의 원칙을 가시적으로 유린했다.[8] 마찬가지로 1990~2000년대에 러시아를 괴롭힌 '체첸 문제'의 기원 중 하나는, 1920년대 초기 소비에트 국

8) 그루지야에서의 '소비에트화' 정책에 대해서는 S. F. Jones, "The Establishment of Soviet Power in Transcaucasia: The Case of Georgia 1921~1928," *Soviet Studies*, vol. 40, no. 4, 1988, pp. 616~39 참조.

가가 체첸 영토의 토착 세력들에게 자행한 각종 강압책이었다.[9)]

그렇다면 과연 소비에트 정부는, 원칙이 아닌 현실의 세계에서 각종 자원이 많고 전략적 요충지인 그루지야나 체첸 영토의 독립을 허용함으로써, 그 약소국들이 사실상 영국 같은 열강의 보호국이 되어 소비에트에 대한 침략 준비의 기지가 되는 것을 용인할 수 있었겠는가? 혁명이 일국으로 국한되는 이상 영토 통합 등의 '국가 건설'의 과제가 각종 이상주의적 원칙에 우선하는 것은 부정하기 어려운 현실이다.

한편, 당시 조선 간행물에서는 소비에트 러시아를 '노농적로赤露'라고 불렀지만, 노동자와 농민의 이해관계가 꼭 일치하는 것도 아니었다. 숙련공 계층에 기반을 둔 볼셰비키 당은 농촌에서는 거의 뿌리를 내리지 못했다. 농민들의 다수가 지주들의 농지를 나누어 가지게 된 뒤로는 되도록 국가로부터의 간섭을 적게 받기를 원했지만, 노동자 계층을 지지기반으로 삼은 새로운 국가는 농촌으로부터 곡물을 공출하고 내전 상황에서 필요한 병력 자원을 농민들로부터 확보해야 했다. 공출과 징병에 분노한 농민들은 반소비에트적 반란을 일으켰고, 그 반란은 주로 노동자 출신으로 구성된 붉은군대 부대들에 의해 상당히 잔혹하게 진압되어야 했다.[10)]

더욱이 '노농국가'를 표방하면서도 '노'와 '농'은 평등하지 못했다. 1918년 6월에 통과된 러시아 소비에트연방 사회주의 공화국 최초의 혁명헌법에 의하면, 도심에서는 유권자 5천 명당 한 명의 대표자를 최고

---

9) A. M. Jaimoukha, *The Chechens: A Handbook*, London: Routledge, 2005, pp. 40~58.

10) 예를 들어 탐보프 지역에서의 농민반란(1919~21) 관련 자료는 В. П. Данилов, С. А. Есиков, В. В. Канищев & Л. Г. Протасов, *Крестьянское восстание в Тамбовской губернии в 1919~1921 гг.*("Антоновщина"): *Документы и материалы*, Тамбов: Интерцентр, 1994 참조.

소비에트 대의원으로 보내는 반면, 농촌에서는 한 명의 대표자가 2만 5천 명의 유권자를 대변해야 했다. 농민의 5표는 노동자 1표와 등가였다는 이야기다. 사실 '무산 계급의 독재'란, 완전한 무산자라고 할 수 없었던 농민에 대한 도시 노동자(와 그들을 기반으로 삼은 급진적 정치 세력들)의 통제이기도 했다. 비민주적인 구조임에 틀림없다.[11]

한데 농민들이 노동자와 같은 정치적 비중을 가질 경우, 과연 혁명의 사회주의적 지향은 여전할 수 있었을까? 1920~30년대 조선의 적색농민조합이 주로 소작인과 빈농 들로 구성되었듯이, 러시아의 농촌에서도 소수의 빈농 내지 고용농은 급진적인 성향을 띨 수 있어도 다수의 농민들은 비시장적인 미래사회를 상상할 수 없었고 지향하지도 않았다. 사회주의 지향과 절차적 민주주의의 온전한 공존이 불가능했다는 것이다.

이처럼 혁명의 과정은 보통 어떤 고정된 절차를 결여한다. 우리의 일상은 법에 의해 규제되지만, 비일상인 혁명기는 법을 수시로 만들고 수시로 폐기하는 시기다. 고정된 틀을 거부하는 만큼, 혁명은 본질적으로 폭력적이지 않을 수 없다. 법의 지배가 불가능할 때 이해관계의 충돌은 대체로 '실력 투쟁'으로 해결되기 때문이다. 매우 안타까운 이야기지만, 혁명의 문법상으로는 총탄이 표가 되고 사격이 투표 행위와 마찬가지가 될 때가 많다. 물론 혁명의 추진 세력들이 단순히 '폭력자'라는 의미는 아니다. 사실 레닌은 민중의 목소리를 늘 경청하는 자세를 취하고 불필요한 폭력을 애써 피하려 한, 매우 신중하고 조심스러운 정치인이었다. 한데 그러한 그도 사격 소리를 듣기 전까지는 자신의 고정 지지

11) О. Чистяков, *Конституция РСФСР 1918 года*, Москва: Зерцало, 2003.

세력이 아닌 인민들의 의사에 꼭 귀를 기울인 것은 아니었다. 사적인 곡물 유통을 금지시킨 '전시공산주의'에 불만을 품고 들고일어난 크론시타트의 농민 출신 징집 수병들의 반란(1921년 초)을 목격하고 나서야 레닌은 농민들에게 양보를 하여 신경제정책으로 전략적 후퇴를 했다. 이 후퇴는, 봉기 진압 과정에서 희생된 약 3~4천 명의 목숨을 대가로 치러야 했다.[12] 혁명과 폭력은 떼려야 뗄 수 없는 쌍둥이임에 틀림없다. 한데 혁명 없이 역사적으로 진보할 수 있는 방식이, 과연 인류에게 있기나 한 걸까?

3. 국제적인 지지를 받은 이유

한데 크론시타트 봉기나 그와 거의 동시에 발생한 또 하나의 비극인 탐보프 지방 농민들의 전시공산주의를 반대하는 반란 같은 여러 안타까운 사건들이 일어났음에도 불구하고, 혁명에 대한 국제적인 지지는 뜨거웠고 좀체 식을 줄 몰랐다. 그 이유는 무엇이었을까? 사실, 러시아 혁명에 대한 지지는 1920~30년대의 가장 대중적이며 가장 세계적인 운동 중의 하나였다. 공산주의자들만 러시아 혁명을 통해 영감을 얻은 것은 아니었다. 나중에 독립한 인도의 초대 총리가 된 자와할랄 네루는 정치 신념상으로는 식민지형 사민주의자에 가까웠지만, 러시아 혁명의 경험이나 소련의 사회, 경제 정책에 대해 매우 긍정적으로 평가하고 있

---

12) Ю. Поляков, *Новая экономическая политика: разработка и осуществление*, Москва: Политиздат, 1982.

었다. 조선에서도 공산주의자뿐만 아니라 진보 인사나 민족주의 진영의 독립투사들도 대체로 10월 혁명을 매우 적극적으로 평가했다. 독립운동의 대부 격인 백암 박은식은 러시아 혁명을 세계 개조의 첫번째 계기로 보았다.[13)]

유럽 같으면 혁명과 소련에 대한 긍정적 관심은, 아인슈타인과 비트겐슈타인, 벤야민, 그리고 로맹 롤랑이나 리온 포이히트방거L. Feuchtwanger 등의 기라성 같은 비판적 지성인들의 공통분모였다. 아인슈타인 같은 당대의 양식과 양심의 화신은, 볼셰비키들의 반대파에 대한 탄압책을 비판적으로 언급하면서도 레닌에 대해서는 "사회정의 실현을 위해 모든 것을 바친 〔……〕 그와 같은 사람들은 확실히 인류 양심을 수호하고 있다"라고 평가했다.[14)] 공산주의와 관계없는 인도주의자 아인슈타인 같은 사람들의 10월 혁명에 대한 긍정적 시각은 과연 어디에서 나오는 것일까? 공산주의의 '폭력성'에 대해 명확히 비판적이었던 간디는 왜 레닌과 볼셰비키들의 '숭고한 자기희생 정신'을 흠모했을까? 인도주의적 세계주의자인 타고르는 왜 1930년 소련 방문 이후에 소련을 "이 세상에서 비길 바 없이 흠모할 나라"라고 규정했을까?[15)]

인도주의자, 세계주의자, 평화주의자, 그리고 식민지 해방 투사들이 볼셰비키들과의 견해차가 있음에도 혁명과 초기 소련을 긍정하고 흠모한 근본적인 이유는, 그 당시로서는 거의 미증유이던 10월 혁명의 엄청난 급진성과 해방성에 있을 것이다. 혁명이 복합적인 만큼 그 해방성도

---

13) 박은식, 『한국독립운동지혈사』, 김도형 옮김, 소명출판, 2008, p. 155.

14) L. S. Feuer, *Einstein and the Generations of Science*, New York: Basic Books, 1974, p. 25에서 재인용.

15) B. Majumdar, *Rabindranath Tagore: The Poet of India*, New Delhi: Indus Publishing Company, 1993, p. 115에서 재인용.

매우 다층적이었다.

예를 들어 여성에게 투표권을 부여하고 남녀 사이의 완전한 평등을 즉각적으로 법제화한 10월 혁명은, 제1차 세계대전 이전에 영국 등 여러 나라에서 여성 투표권 쟁취 투쟁을 지지해온 많은 사람들에게 커다란 감동을 주었다. 1946년이 되어서야 비로소 여성에게 투표권을 준 선진국 프랑스는 전간기에 여성을 '시민'으로 대우하지 않았지만, '영원한 후진국' 러시아에서는 혁명의 열기 속에서 여성이 남성과 적어도 법적으로는 동등한 지위를 누리고 있었다. 또한 영국과 프랑스는 여전히 그 식민지에서 백인과 비백인을 법적으로 차별대우하고 있었는데, '노동의 러시아'에서는 유대인 트로츠키나 그루지야인 스탈린이 고위직을 역임하고 인기를 누린 데서 알 수 있듯 '민족차별 철폐'의 실체성을 여실히 보여주었다.

그런가 하면, 전간기만 해도 유럽의 부유한 열강에서도 무상의료나 무상교육은 여전히 머나먼 꿈이었는데, 가난한 소비에트 러시아에서는 이미 실현되었다. 소련의 대학을 방문한 외국 손님들이 수많은 민족적 소수자들을 포함한 노동자, 농민 출신 학생들이 열심히 공부하는 모습을 보고 얼마나 감동을 받았겠는가?[16] 소르본이나 케임브리지에서는 그때까지 볼 수 없었던 광경인데 말이다. 특히 인도를 포함한 식민지 출신들에게 볼셰비키들의 반제국주의 투쟁 지지는 '복음'과도 같은 소리로 들리지 않을 수 없었다. 평화주의자들에게 레닌과 다른 볼셰비키들의 제국주의 침략전쟁에 대한 비판이나 소비에트 러시아의 대체복무제

16) 초기 소련의 사회정책에 대해서는 B. Q. Madison, *Social Welfare in the Soviet Union*, Stanford: Stanford University Press, 1968, pp. 35~63 참조.

실시 등은 커다란 호소력을 지녔다.

그러니까 그루지야나 체첸에 대한 강제적 영토 편입이나 농민 반란 진압 등의 '흠'은 있어도 혁명 직후의 소련은 좌파뿐만 아니라 수많은 진보적, 인도주의적 인사나 식민지 지성인들에게는 '미래의 땅'이나 마찬가지로 보였다.

4. 러시아 혁명이 세계사에 미친 영향, 그리고 그 한계

러시아 바깥에서 10월 혁명에 대한 지지가 상당히 폭넓고 깊었던 만큼 혁명의 세계적 영향도 매우 심대했다. 우리가 10월 혁명을 '20세기의 핵심적인 사건'이라고 규정하는 것도, 단순히 10월 혁명이 내건 사회주의적 이상의 미래 지향성 때문만이 아니다. 그것은 바로 그 세계적 영향에 대한 정당한 평가이기도 하다.

무엇보다도 10월 혁명은 세계 체제 주변부를 근본적으로 바꾸어놓았다. 러시아와 직접 맞닿아 있기도 한 아시아에서 그 영향은 가장 빨랐고 직접적이었다. 중국에서는 처음에 소련의 지원을 받은 국민당이, 그리고 나중에 소련과 같은 비시장적인 개발 방식을 선호하고 사회주의 이상을 '중국화'시킨 공산당이 집권한 것부터가 세계사적 대사건이었다. '시장,' 즉 핵심부의 독점 재벌들이 아닌, 평민들의 신분 이동 욕망을 충족시켜주었던 업적주의적 관료집단인 공산당 간부집단이 지휘, 통제하는 방식으로서의 '적색 개발주의'는, 그 한계도 분명하긴 하지만 어쨌든 기존의 서방 본위의 자본 세력에 대한 새로운 도전을 의미했다.[17] 관료 주도의 개발주의 국가인 중국의 (구매력 기준으로 계산된)

국내총생산이 미국까지도 능가한 요즘 같은 상황은, 장기적으로 10월 혁명의 영향으로 가능해진 '주변부 세력의 세계적 반란'의 한 형태일 것이다.

10월 혁명이 담고 있었던 각종 민족 해방운동가들에 대한 연대의 메시지는, 중국이나 북한의 국가 주도 집단에 의해서 좀더 민족주의적 방식으로 해독되었다. 계통적으로 10월 혁명과 연결되어 있는, 반제 민족주의를 그 이념적 중핵으로 하는 북한의 지도부가 지금까지도 서방 세력이 주도하는 봉쇄정책에 맞서며 커다란 생존 능력을 발휘해온 것은, 민족주의화된 10월 혁명의 이상이 가진 잠재력을 확인시켜준다. 인도는 독립 후에도 급진적 사회변혁의 길로는 가지 않았지만, 1990년대 초반까지 보여준 계획경제나 혼합경제로의 지향은 분명히 소련으로부터 받은 이념적 영향과 무관하지 않았다. 역시 이념적으로는 다르지만, 이란이나 바트당 시절의 이라크, 시리아, 1990년대까지의 이집트 등지에서 이루어진 국가 주도의 개발 시도는 적지 않게 중국과 소련, 인도를 참고한 것이었다.[18] 한마디로, 장기적으로는 10월 혁명이 '제3세계 운동'의 모태 역할을 한 것이나 다름없다.

물론 '세계 체제 주변부에 대한 10월 혁명의 역할'을 살펴볼 때 '제3세계'의 각종 혁명 세력들이 10월 혁명의 사례를 비판적으로, 현지 상황에 맞추어 참고하고 활용해왔다는 점도 간과해서는 안 된다. 예를 들어 체 게바라는 이념적으로 마르크스주의를 지향했지만, 급진화된 노동

---

17) 중국 혁명의 의미와 한계에 대해서는 N. Harris, *The Mandate of Heaven: Marx and Mao in Modern China*, London: Quartet Books, 1978 참조.

18) 제3세계에서의 계획경제 내지 혼합경제의 발전 시도와 관련해서는 E. V. K. Fitzgerald & M. Wuyts(eds.), *Markets within Planning: Socialist Economic Management in the Third World*, New York: Frank Cass, 1988 참조.

계급이 없는 쿠바에서는 노동자 계급에 기반을 둔 무장봉기 대신 농촌 기반의 유격투쟁 전략을 활용했다.[19] 나중에 이런 전략은 니카라과 등지에서 혁명을 성공으로 이끌었다.

한데 최근에도 세계 체제 주변부에서 전개되는 혁명의 과정을 관찰하다 보면, 혁명의 성공을 위해 10월 혁명의 교훈을 직시해야 한다는 점을 여실히 느끼곤 한다. 만약 1918년 벽두에 레닌과 볼셰비키, 좌파 사회주의혁명당 등이 '입헌회의'라는 부르주아 의회주의 기관을 과감히 해산시킴으로써 완전한 단절을 이루지 않았다면, 과연 혁명의 성취를 온전히 보존하여 혁명을 완수할 수 있었겠는가? 프랑스 혁명 시기의 자코뱅 독재가 보여주듯이 결국 급진적 전위의 독재라는 '비상상황'만이 혁명이 변혁시킨 질서를 뿌리 내리고 고정시킬 수 있다.[20] 최근 베네수엘라에서 의회주의를 이용한 우파들의 좌파 정권 전복 작전을 지켜볼 때, 의회주의 원칙을 바꾸지 못한 것이 차베스 정부의 아킬레스건이 아니었나 하는 생각이 든다. 차베스는 신자유주의 시대 주변부 대중들의 저항을 이끈 굴지의 지도자였고 10월 혁명의 사례도 분명히 나름대로 참고하고 있었지만, 좋은 의미에서의 혁명적 독재를 성취하지 못한 것이 결국 그 정권의 하나의 약점으로 작용한 것이 아니었을까.

주변부에서 혁명을 전개하는 것은 레닌과 볼셰비키들의 계획이었다. 1919년 유럽 여러 곳(헝가리, 독일 바이에른, 아일랜드의 일부 지역 등)에서 소비에트 혁명의 실패를 직면하게 된 레닌은, 식민지적 착취/차별과

19) S. Farber, *The Politics of Che Guevara: Theory and Practice*, Chicago: Haymarket Books, 2016, pp. 15~53.

20) А. Тарасов "Национальный революционный процесс: Внутренние закономерности и этапы."

자본주의적 혹은 전前자본주의적 억압들이 복잡하게 얽히고설켜 이중 삼중의 억압 형태로 나타나는 식민지와 준식민지의 해방운동에 중점을 두기 시작했다. 이렇게 해서 1920년의 제2차 코민테른 대회 이후로는 식민지 지역의 민족 해방운동과의 제휴 방침이 결정되어 반제운동에 새로운 동력을 불어넣게 되었다.[21]

이와 동시에 코민테른의 가장 핵심적인 사업은 무엇보다 독일 등 핵심부 공업국가의 혁명 준비였다. 그런 혁명의 성공이야말로 후진국 러시아 등 주변부 국가에서의 비시장적 개발과 사회변혁의 전진을 결정적으로 도울 수 있었다. 한데, 우리가 익히 알다시피 핵심부에서의 사회주의 혁명은 결국 불발에 그치고 말았다. 소련 내지 동구와의 체제경쟁에 돌입한 황금기의 자본주의 국가들은, 복지국가 발전 등을 통해 노동자들의 체제내화를 도모했다. 소련으로부터의 압박이 서구식 복지국가 형성에 커다란 영향을 미쳤다는 것은 엄연한 사실이다. 그러나 그러한 복지국가에서는 레닌이 늘 비판한 것처럼 온건 사민주의 세력들이 더더욱 우향우해왔다. 레닌의 비판을 받았던 '배교자' 카우츠키 등은 적어도 성실한 개혁운동이라도 했지만, 오늘날 사민당들은 흔히 신자유주의적 개악을 주도하기도 한다. 혁명이 실패한 핵심부 국가들이 대단히 보수화된 셈이다.

물론 보수적 사민주의자들을 지지하는 노동 대중들이 10월 혁명의 '폭력성'이나 소련 같은 국가 체제에 내재된 비민주성이나 권위주의에 대한 환멸 등으로 급진성을 잃었다고 볼 수 있는 여지도 없지 않다. 실

21) S. Smith, *The Oxford Handbook of the History of Communism*, Oxford: Oxford University Press, 2014, pp. 119~23.

은 1956년 소련 공산당 제20차 전당대회에서 스탈린의 범죄에 대한 총서기장 흐루쇼프의 보고문에서부터 솔제니친의 『수용소 군도』 등 스탈린 시대 폭정에 대한 후대의 폭로까지, 스탈린주의와 관련된 각종 폭로가 1970~80년대에 대중적 보수화에 상당 부분 기여했다는 분석들이 있다. 그런 폭로들이 구미권 노동자, 지식인 들의 각국 공산당 대량 탈퇴로 이어지곤 했다. 물론 스탈린의 폭정은 혁명적 폭력이라기보다는 반혁명적 폭력이었음에 틀림없다. 한데, 너무나 일찍, 꽃피기도 전에 지고 만 소비에트 민주주의의 실패, 그리고 소비에트의 권력을 당 관료집단이 사실상 대체한 행태가 스탈린식 폭정을 가능케 한 풍토를 만든 것도 사실이다.[22)]

그렇다면 왜 1917년 10월 혁명이 가져온 사회 전반의 민주화는, 꽤나 이르게, 이미 1920년쯤에 관료집단에 의해서 거의 압살되었을까? 왜 소련은 민중의 풀뿌리 민주주의가 활발히 작동하는 나라가 아니라 결국 수직적인 권력 체계가 작동하는 관료국가로 전락해야 했는가? 결국 소련의 매력을 크게 파괴한 소비에트식 민주주의 발달 실패의 원인과 과정이야말로 우리들의 10월 혁명 연구의 초점이 되어야 한다.

완벽한 정답을 찾기는 어렵지만, 궁극적으로는 바로 10월 혁명의 복합적 성격이 혁명이 만든 사회의 민주성을 제한시킨 것이 아닌가 싶다. 사회주의를 지향하는 혁명이면서도, 10월 혁명은 동시에 아직도 근대적 공업국가나 대중사회가 존재하지 않았던 러시아에서 산업화 등의 종합적 근대화 과제까지 담당할 수밖에 없었다. 결국 근대화 담지 기관

---

22) 트로츠키의 분석에 의거한 1920~30년대 소련 체제 관료화와 그 원인에 대한 기술은 T. M. Twiss, *Trotsky and the Problem of Soviet Bureaucracy*, Leiden: Brill, 2014, pp. 44~453 참조.

으로서의 신생 국가가 대대적인 인민 총동원, 철저한 명령과 복종 위주의 서열 체계를 요구하며, 그 성질상 소비에트 민주주의 발전의 장애가 된 셈이다. 소비에트 개발국가의 가시적인 성과들이 특히 제3세계 지식인 지도자들에게 커다란 감동과 영감을 주곤 했지만, 구미권 노동자들의 입장에서는 실질적 참정권, 즉 사회 운영에서의 참여 권한이 사실상 제한된 소련 노동자의 입장은 꼭 부러운 것만은 아니었다. 결국 개발을 얻은 반면에 민초의 자율성과 민주성을 상실한 것은 1917년 10월 혁명 후속 과정의 가장 큰 한계였던 것으로 보인다.

5. 결론을 대신하여: 혁명의 종착지는 또 하나의 혁명의 출발지

1917년 10월 혁명은 21세기 벽두까지 이어진 하나의 장기적인 세계적 혁명과 변혁, 체제 수정의 '파도'를 일으켰다고 볼 수 있다. 이 '파도'는 제3세계의 독립국가 수립 및 계획경제 실험들도, (소련으로부터의 압력과 결코 무관하지 않았던) 핵심부의 복지국가 건설도, 유격투쟁 등으로 변화된 새로운 '무산자들의 사회주의 혁명' 프로젝트도 모두 종합적으로 아우른다.

문제는, 이 커다란 '파도'가 이제 그 길었던 주기의 거의 끝에 왔다는 사실이다. 공산당원이자 소련 관료 출신인 푸틴은, 비록 소련 시대의 사회적 성취물의 일부분(무상교육, 무상의료 등)에 감히 손을 대지 못한다 해도 기본적으로 사회주의 지향과 무관한 관료자본주의 체제를 이끌고 있다.[23] '사회주의' 간판을 끝내 내리지 않고 있는, 그리고 복지망 확충에 꾸준히 신경을 쓰는 중국이라고 해서 본질상의 차이가 있는 건 아니다.[24] 러시아와 중국이 이미 자본주의적 세계 체제에 편입된 이상, 그 주도 집단들의 운신의 폭에는 한계가 있을 수밖에 없다. 제재, 봉쇄에 갇혀 있지만, 사실 북한의 주도층도 이와 같은 편입을 장기적으로 희망하는 것으로 보인다. 인도의 경제계획 실험은 소련의 몰락과 함께 끝났고, 이집트나 이라크, 시리아의 '아랍식 사회주의' 계획도 이미 역사가 되었다. 서구 복지국가의 근간은 아직도 남아 있지만, 그것을 지켜내는 것조차도 서구의 노동 대중들에게는 거의 불가능한 과제로 보인다.

최근에 개봉된 켄 로치 감독의 대단히 훌륭한 사회 비판 영화인 「나, 다니엘 블레이크」는, 신자유주의화된 서구(영국)의 복지사무소가 복지 지출액을 무조건 줄이기 위해서 복지 수혜자들을 얼마나 철저하게, 계획적으로 괴롭히는지를 여실히 보여준다. 한때 '권리'로 인식되었던 복지는, 이제 국가가 되도록이면 덜 주기 위해 온갖 노력을 경주하는 '시혜'가 되고 말았다. 위대한 10월 혁명, 그리고 그 혁명의 장기적 영향으로 서구에서 전후에 이루어진 복지개혁들의 유산은 도대체 어디로 간 것일까?

하나의 장기적 혁명의 주기가 100년 만에 끝나가는 것이다. 그러나 10월 혁명을 시발점으로 하는 주기는 이제 종착역에 다다랐다 해도, 혁명에 대한 역사적 필연성은 100년 전보다 오히려 더 높다. 기상이변으로 여실히 드러난 생태계 파괴는 물론 미국, 중국, 러시아 등 열강 사이의 줄타기와도 같은 위험한 각축, 그 각축과 직결된 시리아와 우크라이

---

23) R. Sakwa, *Putin Redux: Power and Contradiction in Contemporary Russia*, London: Routledge, 2014, pp. 21~23.

24) M. Meisner, *Mao's China and After: A History of the People's Republic*, New York: Free Press, 1999, pp. 474~76.

나 동부에서의 피비린내 나는 대리전, 그리고 끝이 안 보이는 세계 경제의 장기 침체는, 자본주의의 내재적 한계와 사회주의로의 이동의 필연성을 너무나 명확히 보여준다. '사회주의냐 야만이냐'라는 명제가 가장 시의적절한 때는 바로 지금이다. 그렇기 때문에 새로운 혁명으로 나아갈 때 우리는 100년 전의 교훈에 귀를 기울여야 한다. 어떻게 하면 인민 대중들의 혁명적 민주성과 필요시의 혁명적 독재를 충돌 없이 양립시킬 수 있을지, 새로운 상황에서 '전위당'의 의미와 역할이 무엇인지, 노조들의 급진화를 어떻게 이룩할 것인지, 국민국가가 공기처럼 되어버린 후기 자본주의 시대에 '세계 혁명'의 프로젝트를 어떻게 추진할 것인지, 이 모든 문제들에 대해 다시 고민할 때 1917년 10월 혁명은 참고할 만한 많은 교훈을 안겨준다. 10월 혁명의 역사는 늘 현재진행형이다!

‘세계를 뒤흔든 혁명’에 대한 열광, 비판, 성찰:

러시아 혁명 100년, 해석의 역사

한정숙

1917년 러시아 10월 혁명은 세계를 뒤흔든 사건이요, 20세기 세계사에서 가장 중요한 사건의 하나였다. 20세기를 이념 대립의 세기로 만드는 결정적 계기가 되었던 이 세계사적 사건에 대해 당시부터 수많은 연구와 논평과 해석이 쏟아져 나왔던 것은 말할 나위도 없다. 러시아 혁명은 무수한 피를 흐르게 한 것 못지않게 많은 잉크도 흐르게 했다. 동서 진영이 대립했던 냉전 시대에도 그랬지만, 페레스트로이카와 소련 해체를 거치면서 1980년대 후반 이후 러시아 혁명에 대한 평가는 다시 한 번 맹렬한 논란의 초점이 되었다. 그리고 이 혁명에 대한 해석은 거의 언제나 당대의 현실에 대한 해석자의 태도와 밀접한 관련을 맺어왔다. 해석자의 정치적 태도에 따라 러시아 혁명에 대한 해석도 극에서 극으로 달라졌던 것이다.

그런 만큼 러시아 혁명의 해석사를 정리한 글도 이미 다수 발표되었다.[1] 한국에서도 1970년대부터 러시아 역사에 대한 연구가 본격적으로 시작된 이래 러시아 혁명이 단일 주제로는 가장 큰 관심을 모았다고 할 수 있다. 한국 학자들 중에서는 이인호 교수가 『러시아 혁명사론』에서 1980년대 말까지 발표된 러시아 혁명에 대한 해석과 연구 성과를 분류하여 정리했다.[2] 또한 페레스트로이카 시대의 역사 재해석과 관련하여 러시아 혁명사에 대한 소련에서의 논의를 소개한 글도 발표되었다.[3]

이 글은 러시아 혁명 100주년이라는 계기를 맞아 오늘날의 시점에서 러시아 혁명에 대한 해석의 역사를 다시 한 번 검토하고자 하는 시도다. 지금까지의 해석사를 정리한 문헌 가운데, 수많은 러시아 혁명 관련 저작들을 연대순으로 살피는 대신, 일정한 기준을 가지고 해석의 관점들을 분류한 흥미로운 글의 저자로는 제임스 빌링턴을 들 수 있다. 그는 러시아 혁명에 대한 해석을 여섯 개의 관점으로 분류하고 그 가운데

---

1) 러시아 혁명 해석사와 연구사를 살펴본 글의 목록은 상당히 길다. 다음은 그중 일부다. R. H. McNeal, "Soviet Historiography on the October Revolution: A Review of Forty Years," *American Slavic and East European Review*, vol. 17, no. 3, Oct., 1958; J. H. Billington, "Six views of the Russian Revolution," *World Politics*, vol. 18, no. 3, Apr. 1966; R. D. Warth, "On the Historiography of the Russian Revolution," *Slavic Review*, vol. 26, no. 2, Jun. 1967; И. И. Минц(отв. ред.), ***Критика основных концепций современной буржуазной историографии трёх российских революций***, Москва, 1983; R. G. Suny, "Revision and Retreat in the Historiography of 1917: Social History and Its Critics," *Russian Review*, vol. 53, no. 2, Apr. 1994; S. Kotkin, "1991 and the Russian Revolution: Sources, Conceptual Categories, Analytical Frameworks," *The Journal of Modern History*, vol. 70, no. 2, Jun. 1998; S. A. Smith, "The Historiography of the Russian Revolution 100 Years On," *Kritika: Explorations in Russian and Eurasian History*, vol. 16, no. 4, Fall 2015. 소련 초기의 혁명사 해석에 대한 글로는 다음이 유용하다. J. D. White, "Early Soviet Historical Interpretations of the Russian Revolution 1918~24," *Soviet Studies*, vol. 37, no. 3, Jul., 1985.

2) 이인호, 「러시아 혁명사 연구의 사학사적 배경」, 이인호 엮음, 『러시아 혁명사론』, 까치, 1992.

3) 권희영, 「페레스트로이카와 볼셰비키 역사의 재해석」, 『역사비평』 8호, 1990; 한정숙, 「볼셰비키 혁명사가 크게 수정되고 있다」, 『역사비평』 12호, 1991.

각기 대칭을 이루는 두 관점씩을 하나의 쌍으로 묶어서 세 쌍의 유형을 만들었다.[4] 그가 말하는 여섯 관점이란 1) 혁명을 불행하고도 병리적인 사건으로 보는 관점과 영웅적이고도 불가피한 사건으로 보는 관점(사건사적 관점), 2) 혁명을 복고적, 전통적 가치관에 입각하여 보는 관점과 계시적, 미래주의적 가치관에 입각하여 보는 관점(가치관 중심의 관점), 3) 혁명을 비극적 성격의 것으로 보는 관점과 혁명이 내포한 아이러니에 주목하는 관점(혁명의 의도와 결과의 불일치에 초점을 맞추는 관점)이다. 빌링턴은 연구자/해석자의 기질 혹은 개인적 성향을 기준으로 해석의 관점을 분류했다고 할 수 있다. 따라서 그의 개관은 무척 흥미롭기는 하지만 지식사회학적 맥락이 결여된 것이어서, 시대와 상황, 해석자의 존재 조건에 따라 러시아 혁명에 대한 해석이 어떻게 달라지는가를 보여주지는 않는다.

이 글은 지금까지 쏟아져 나온 러시아 혁명에 관한 연구 성과를 모두 정리·분류·소개하려는 과분한 시도와는 거리가 멀다. 그것은 한 편의 논문에서는 시도할 수 없는 거대한 작업이다. 그 대신 몇 가지 쟁점을 중심으로, 시대와 사회의 차이에 따라 나타나는 해석상의 특징들을 소개하기로 한다. 각 시대는 자신의 프랑스 혁명사를 가지듯, 자신의 러시아 혁명사도 가지는데, 바로 그 시대별로 특징적인 러시아 혁명사를 살펴보고자 하는 것이다.

러시아 10월 혁명에 대한 해석에는 수많은 쟁점이 있을 수 있지만 기본적으로 몇 가지 문제로 집약할 수 있다.

첫째는 혁명의 객관적 요소에 대한 평가다. 이는 혁명 전 러시아의 경

---

4) J. H. Billington, "Six views of the Russian Revolution," pp. 456~73.

제적 상황, 혹은 경제적 발전 단계의 문제와 관련된다. 이는 10월 혁명의 주도자들이 단순한 부르주아 민주주의 혁명이 아니라 사회주의 혁명(생산수단의 국유화, 프롤레타리아 독재)을 지향하고 있었다는 것 때문에 특히 문제가 된다. 즉 혁명 전 러시아가 사회주의 혁명을 감당할 만큼의, 혹은 이를 정당하고도 불가피한 해법으로 요구할 수밖에 없는 그러한 경제적 발전 단계에 있었는지 여부가 논란의 대상이 된다.

둘째는 행위자 혹은 혁명의 주관적 요소에 대한 평가다. 여기서는 민중과 10월 혁명 주도 세력의 관계, 다른 정파들과 볼셰비키의 관계, 레닌, 스탈린, 트로츠키 등 볼셰비키 지도자들에 대한 평가 등이 문제가 된다.

셋째는 혁명의 결과에 대한 평가, 특히 혁명 후 소비에트 사회가 겪은 변화가 10월 혁명의 직접적 결과인가 아니면 혁명의 배신인가 하는 문제다. 이는 특히 스탈린주의는 레닌주의의 연속선상에 있는가 아니면 스탈린은 혁명의 배신자인가 하는 문제와 연결된다. 혁명 이후에 수립된 소련 체제 전체의 성격에 대한 평가도 결국은 러시아 혁명에 대한 평가와 직결될 수밖에 없다.

이 글에서는 트로츠키, 스탈린 등의 볼셰비키 지도자의 저작은 검토했지만, 레닌의 저작은 검토 대상에서 제외했다. 레닌은 10월 혁명과 불가분의 관계에 있는 존재로서, 해석자가 아니라 그 자신이 곧 해석의 대상이기 때문이다.

1. 당사자와 목격자

트로츠키: 혁명 주역이 본 혁명의 일반 법칙

트로츠키는 러시아 혁명에 대한 체계적 역사 서술을 가장 먼저 시도한 인물이다. 그는 독일과 휴전협상을 하는 동안 짬을 내서 『러시아 혁명사: 10월 혁명부터 브레스트-리토프스크까지』[5]를 썼고 1918년 이를 출판했다. 이 책은 러시아 혁명에 대해 의구심을 품은 외국 독자들을 주된 독자층으로 설정하여 씌어진 것으로, 1917년 8월 말의 코르닐로프L. G. Kornilov 쿠데타 시도에서 10월 혁명 후 볼셰비키가 집권하기까지의 과정을 주로 정리하고 있다.

원래의 집필 의도대로 이 책은 독일어와 영어를 비롯한 여러 외국어로 번역되어 외국 독자들(특히 사회주의자들, 노동자들) 사이에 널리 유포되었다.[6] 트로츠키는 이 책에서 10월 혁명에 대해 "봉기восстание"라는 용어를 쓰고 있고,[7] 볼셰비키와 좌파 사회혁명당의 반反케렌스키A. F. Kerensky 연합전선에 대해서는 케렌스키에 대항하기 위한 "모의заговор"라는 말까지 거리낌 없이 쓰고 있다.[8] 그렇지만 그는 10월 혁명을 볼셰

---

5) 러시아어판의 제목은 *От Октябрьской Революции до Брестского Мира*이다.

6) 이 책은 거의 같은 시기에 "The History of the Russian Revolution to Brest-Litovsk"와 "From October to Brest-Litovsk"라는 두 개의 제목으로 영역되어 출판되었다.

7) 트로츠키는 볼셰비키 지지 세력의 무장행동과 반볼셰비키파인 사관생도들의 군사행동을 지칭하는 데 모두 동일하게 восстание라는 용어를 사용하고 있다. 그는 '봉기'라는 말이 도덕적 선악 판단을 포함하지 않는 중립적 용어라고 생각했음이 분명하다. Л. Д. Троцкий, *От Октябрьской Революции до Брестского Мира*, третье издание, Харьков, 1924, с. 74, 91, 106.

8) 같은 책, с. 111.

비키의 음모와 거사라는 쿠데타로 보지 않고, 소비에트가 권력을 인수하기 위한 길고도 힘겨운 협상 과정 속에서 일어난 한 전환점으로 보고 있다. 그는 볼셰비키의 무장봉기는 광범한 대중의 지지를 바탕으로 삼아 이루어진 것이었고, 그 후 사회주의 정당들의 광범한 연립정부가 수립되지 않은 것은 멘셰비키, 사회혁명당 등의 책임이라고 주장한다.[9] 또한 볼셰비키가 "형식적 민주주의"에 집착하지 않고, 사회혁명당 우파가 다수 의석을 차지한 제헌회의를 해산했던 것도 예상되는 정치적 혼란을 막기 위해서는 불가피한 일이었음을 역설한다.[10] 그는 이 같은 견해를 제시함으로써, 상당수 사회주의자들을 포함한 서유럽 관찰자들 사이에서 일고 있던 10월 혁명의 "비민주성"에 대한 논란을 불식시키고자 했다.[11]

트로츠키는 소련에서 추방당한 후 망명 생활 동안 집필한 『러시아 혁명사』와 『배반당한 혁명』에서는 일종의 '혁명의 자연사'를 서술하려고 했다. 그는 혁명에서 개인 행위자의 특성, 개인의 역할도 고려하기는 했다. 그래서 레닌이 없었다면 10월 혁명의 과정은 달라졌으리라는 것도 인정했고, 정치인으로서 케렌스키의 약점도 신랄하게 지적했다. 그러나 트로츠키의 주안점은 혁명의 역사적 필연성, 합법칙성을 입증하는 것이었다. 그리고 그는 혁명의 경과에 대한 보편적 법칙을 확립하고자 했다. 그렇기 때문에 트로츠키는 레닌이라는 특별한 인물도 역사 발전의 우연적 요소가 아니라 러시아의 과거 전체 역사의 산물이라고 주장했

9) 같은 책, c. 86.

10) 트로츠키는 실질적 지지 세력이 없는 제헌회의에 의존하는 정부는 정치생활의 중심지인 페트로그라드에서 당장 저항에 부딪쳤을 것이고, 몇 주 못 가서 새로운 봉기가 일어나 전복되었을 것이라고 추측했다. 같은 책, c. 114.

11) J. D. White, "Early Soviet Historical Interpretations of the Russian Revolution 1918~24," p. 333.

다.[12] 혁명의 자연사를 서술하기 위해 그는 특히 러시아 혁명과 프랑스 혁명의 유사점들을 공고히 하고자 했다.

잘 알려져 있다시피, 러시아 혁명 전에 트로츠키가 혁명의 진로와 관련하여 애초에 제시했던 것은 연속혁명непрерывная революция(파르부스A. Parvus와 트로츠키의 이론에서는 '영구혁명перманентная революция'으로 알려지게 되었다)론이었다. 서유럽에서 프롤레타리아 혁명이 일어나면 러시아에서 일어난 부르주아 민주주의 혁명은 이를 뒷받침으로 삼아 사회주의 혁명으로 성장·진화한다는 전략론이다. 이는 상황론을 전제로 하기는 했지만, 혁명의 일반 법칙을 염두에 두기보다는 러시아 혁명의 고유 논리를 좀더 부각시키는 혁명론이었다.

사실, 프랑스 혁명 후 러시아 지식인들 사이에서 이 혁명에 대한 관심이 지대하게 고조되었고 프랑스 혁명의 세력들, 용어들이 수많은 러시아 혁명가들의 마음을 사로잡았던 것은 분명하다.[13] 또한 관찰자들 사이에서도 러시아의 혁명 세력에 프랑스 혁명 세력을 대응시키면서 '볼셰비키는 자코뱅, 멘셰비키는 지롱드'라고 보는 유비론analogies을 드물지 않게 찾아볼 수 있었다.[14] 무엇보다 레닌 자신도 스스로 사회민주주의의 자코뱅파로 자처하기를 즐겼다. 러시아의 혁명적 인텔리겐치아가 혁명의 일반 법칙에 관심을 가졌고 그중에서도 가장 대표적인 혁명인 프

12) L. Trotsky, *The History of the Russian Revolution*, 3 vols., Max Eastman(trans.), vol. 1, London: Wellred Publications, 2007, p. 344.

13) J. Billington, *Fire in the Mind of Men: Origin of the Revolutionary Faith*, New York, 1980, pp. 141~42, 464~68; J. Bergman, "The Perils of Historical Analogy: Leon Trotsky on the French Revolution," *Journal of the History of Ideas*, vol. 48, no. 1, Jan.~Mar. 1987, pp. 73~78.

14) T. Kondratieva, *Bolsheviks et Jacobins: Itinéraire des analogies*, Paris: Payot, 1989, pp. 51~69.

랑스 혁명의 과정을 러시아 혁명 과정에 투영시켜 보고자 시도했다는 것은 자연스럽기까지 하다. 무엇보다도 러시아 혁명의 성격이 부르주아 민주주의적이어야 하는가, 사회주의적이어야 하는가를 둘러싼 길고도 치열한 논쟁이야말로, 프랑스 혁명이라는 선례를 염두에 두고서 행해진 것이었다. 곧, 러시아 혁명가들은 러시아의 물적 조건 위에서 이루어지는 혁명이 프랑스 혁명처럼 부르주아 혁명으로 귀결될 것인가, 그렇지 않으면 이를 넘어서는 프롤레타리아 혁명으로 나아가야 할 것인가를 놓고 격론을 벌였던 것이다.

그런데 젊은 시절의 트로츠키는 사회주의 혁명이 되어야 할 러시아 혁명이 부르주아 혁명인 프랑스 혁명과 같은 경과를 겪을 필요는 없다고 생각했다. 그리고 10월 혁명 후 1920년대 전반까지는 성공한 혁명과 내전의 일선 지도자로서 그가 자신의 입장을 바꿀 이유도 없었다.

그러나 1920년대 중반 이후 트로츠키는 볼셰비키 세력 판도 내에서 수세에 몰렸고 1930년대에는 정처 없는 망명자의 처지로 살게 되었다. 1930년대 초부터 그의 저술에서는 러시아 혁명과 프랑스 혁명을 비교하여 두 혁명 과정의 유사성을 확립하고 이를 상황 판단과 예측의 근거로 활용하는 경향이 강해졌다. 이는 트로츠키 자신이 한 주역으로서 활약했던 10월 혁명의 결과로, 어떻게 자기는 추방당하고 스탈린과 같은 범용한 인물이 집권하여 그토록 억압적인 체제를 수립할 수 있었던가를 설명하고자 하는 것이었다.

트로츠키는 『러시아 혁명사』에서 (러시아 혁명과 같은) 사건들은 그 자체의 법칙을 따른다고 주장했는데, 그가 말하는 법칙에는 두 가지가 있었다. 하나는 역사적 과정의 가장 일반적인 법칙인 불균등성의 법칙이고, 다른 하나는 복합적 발전의 법칙이다. 불균등성의 법칙이란, 어느 나라든지 선진적인 부문과 후진적인 부문이 공존하기 마련이고 부문별로 불균등 발전이 이루어지는 것을 말한다. 복합적 발전의 법칙이란, 후진국이 선진국의 최신 기술을 비롯한 선진적 문물제도를 받아들여 어떤 부문에서는 급속한 발전을 이루면서도 후진적인 부문도 그대로 포함하고 있는 것을 말한다.[15] 트로츠키의 견해로는 10월 혁명 전 러시아의 공업 발전은 바로 이 복합적 발전의 법칙을 가장 극명하게 보여주었다. 즉 러시아의 공업은 유례없이 급속하게 발전했는데 이 급격한 발전은 바로 후진성 자체에 의해 정해졌다는 것이다.[16] 그는 혁명 전 러시아가 한편으로는 서부 유럽의 식민지이면서 다른 한편으로는 자신보다 더 약하고 후진적인 나라들을 착취하는 제국주의 국가라는 데에서도 그 복합적 발전의 모습을 보았다.[17] 트로츠키는 이 같은 복합적 발전의 특징은 러시아 혁명 당시뿐 아니라, 자신이 러시아 혁명사를 쓰던 1930년대까지 계속되고 있다고 보았다.

트로츠키는 복합적 발전의 법칙으로써 1917년 10월의 영광과 그 후의 슬픈 상황을 설명할 수 있다고 생각했다. 그는 1922년 말 레닌이 병석에 누웠을 때부터 볼셰비키 당의 퇴화가 일어났고 결국 그의 사후에 결정적인 혁명의 배반이 일어났다고 보았다. 그리고 이를 프랑스 혁명의 반동 국면에 빗대어 테르미도르 반동이라고 불렀다.[18] 나아가 1930년대

15) L. Trotsky, *The History of the Russian Revolution*, vol. 1, p. 27.

16) 같은 책, p. 31.

17) 같은 책, p. 38.

18) 이러한 견해를 제시한 대표적인 글이 1935년에 발표된 「노동자 국가, 테르미도르 그리고 보나파르트주의Worker's State, Thermidor and Bonapartism」이며, 이 글의 내용은 1936년에 처음 출판된 『배반당한 혁명』에서도 상당 부분 되풀이되었다. L. Trotsky, *The Revolution Betrayed: What Is the Soviet Union and Where Is It Going?*, Max Eastman(trans.), New York: Pathfinder Press, 1972, pp. 86~114.

에 확립된 스탈린 체제를 새로운 유형의 보나파르트 체제라 불렀다. 트로츠키의 견해로는 보나파르트 체제는 자본주의 체제의 중대 (위기) 국면에 등장하는 부르주아 계급의 정치적 무기의 하나로서, 계급 갈등이 격화되는 국면에 등장하는 초계급적 국가권력을 의미한다. 그런데 "정치적으로 원자화한 사회 위에 출현하여 경찰과 장교 집단을 버팀목으로 삼아 군림하면서 어떠한 통제도 허용하지 않는" 스탈린 체제는 보나파르트 체제의 변형에 불과했다. 다만 그것은 역사상 유례가 없는 새로운 유형의 황제정, 곧 국민투표에 바탕을 둔 보나파르트주의였던 것이다.[19]

그런데 이처럼 러시아 혁명과 프랑스 혁명이 유사한 경로를 겪는다는 것은 트로츠키에게는 희망의 근거가 되기도 했다. 왜냐하면 프랑스의 테르미도르 반동이나 보나파르트주의는 반혁명 자체는 아니어서, 부르주아 민주주의 혁명의 성과를 완전히 무로 돌리고 봉건적 생산양식을 회복시킨 것은 아니었으며, 게다가 얼마 동안 지속되다가 무너졌기 때문이다. 그렇듯, 그가 보기에는 스탈린 체제 아래 있는 소련도 비록 퇴보는 했을망정 10월 혁명의 성과인 생산수단의 국유화가 뒤집혀 사유화가 진행되지는 않았으므로, 노동자 국가임에는 틀림없었다("퇴보한 노동자 국가"론).[20] 그리고 그는 장차 스탈린 체제가 무너져 진정한 노동자 국가가 수립되리라는 희망을 버리지 않았다. 비록 자신은 그 실현을 보지 못한 채 죽음을 맞이했지만.

19) 같은 책, pp. 277~78.

20) L. Trotsky, "Worker's State, Thermidor and Bonapartism," Leon Trotsky Internet Archive 2005(http://www.marxists.org/archive/trotsky/1935/02/ws-therm-bon.htm. 검색일: 2008. 7. 11).

그런데 트로츠키는 다른 한편으로 러시아 경제의 복합적 발전의 법칙을 말함으로써, 혁명 후의 발전 과정이 엄청난 어려움을 겪게 된 것은 객관적인 원인에도 기인한다고 암시했다. 따라서 그 같은 위험성을 경고했던 멘셰비키를 경멸하고 비난했던 데 대해 트로츠키 자신의 결정이 옳았음을 완전히 입증할 근거는 그 자신도 가지지 못하는 셈이었다. 물론 이 같은 인정이 역사적 상황 앞에서 볼셰비키가 내린 결단의 의미를 폄하하는 것과 동일시될 필요는 없지만 말이다.

존 리드: 미국 언론인이 관찰한 『세계를 뒤흔든 열흘』[21]

르포문학의 걸작으로 손꼽히기도 하는 이 저작 『세계를 뒤흔든 열흘』은 러시아 혁명 당시의 분위기, 모든 유형의 행위자들의 행동과 발언, 태도에 대한 생생한 보고서이며, 미국 출신의 한 사회주의자의 열렬한 10월 혁명 옹호론이기도 하다. 저자 존 리드는 레닌, 트로츠키, 카메네프, 케렌스키 등등 정치적 거물들을 밀착 동행하면서 그들의 행적을 살피기도 했지만, 그에 못지않게 노동자, 병사, 페트로그라드 시민들의 집회에 참석하여 그들의 직접적인 정치적 요구와 불꽃 튀는 연설·토론을 기록하고 혁명적 분위기를 전달하는 데도 주력했다.

리드는 1917년 10월 25~26일의 볼셰비키 봉기는 제2차 소비에트 대회의 개최를 막으려는 임시정부의 방침에 맞서는 방어적인 성격의 것이었고, 볼셰비키가 권력을 장악한 사건이 아니라 소비에트에 권력을 이

21) J. Reed, *Ten Days That Shook the World*, New York, 1919. 이 책은 한국어로도 완역되었다(존 리드, 『세계를 뒤흔든 열흘』, 서찬석 옮김, 책갈피, 2005).

양하기 위해 볼셰비키와 광범한 사회주의 정파 세력들이 협상을 시작한 출발점이었다고 해석한다. 마찬가지로 그는 봉기 자체도 볼셰비키 지도부의 요구보다 일반 대중의 요구에 따라 일어났다고 본다. 그의 이 같은 해석은 트로츠키의 10월 혁명 해석과 기본적으로 동일하다. 그리고 이러한 점 때문에 서방의 일부 연구자는 『세계를 뒤흔든 열흘』이 저자의 직접적인 목격에만 바탕을 둔 것이 아니라, 볼셰비키 정권이 지원해 준 자료들에 크게 의존했으며 부분적으로는 혁명 당시 볼셰비키 지도부가 원하던 해석 방향에 맞추어 쓴 글일 가능성이 있다고 주장한다.[22] 그러나 볼셰비키의 자료를 참고했다고 하더라도, 혁명적 상황과 분위기를 직접 목격하고 느낀 관찰자로서의 존 리드의 해석이 그에 근본적으로 좌우되었다고만 볼 이유는 없을 것이다.

1919년 초판 출간 당시 레닌은 직접 쓴 서문에서, 이 책은 "국제 노동운동의 근본 문제인 '프롤레타리아 혁명'과 '프롤레타리아 독재'라는 개념의 진정한 의미를 명명백백히 밝히는 데 도움을 줄 것이다"라며 호평했다.

수하노프: 혁명의 동반자가 쓴 『혁명의 기록』[23]

니콜라이 수하노프는 한때 사회혁명당의 농업, 농민경제 전문가로

22) J. D. White, "Early Soviet Historical Interpretations of the Russian Revolution 1918~24," pp. 337~38.

23) Н. Н. Суханов, *Записки о революции*, т. 1, Петроград, 1919; т. 1~7, Петроград, 1922~23. 원래 일곱 권으로 된 이 책은 한 권짜리 축약본으로 영역되어 출판되었다. N. N. Sukhanov, *The Russian Revolution 1917: A Personal Record*, J. Carmichael(ed. & trans.), Oxford: Oxford University Press, 1955. 또한 페레스트로이카와 함께 그의 책에

활약하면서 러시아 농민 공동체 옹호론을 폈고 마르크스주의로 전향한 다음에는 멘셰비키의 일원으로 활동했던 혁명가였다. 그는 1917년 봄에는 작가 고리키와 함께 마르크스주의 잡지인 『새로운 삶*Новая Жизнь*』의 편집자로 활동하기도 했다. 그의 부인인 갈리나 플락세르만G. Flakserman은 열혈 볼셰비크 활동가(일간지 『이즈베스티야』 편집진의 구성원이자 볼셰비키 중앙위원회 서기국의 일원)였기에 자기 부부의 집을 볼셰비키의 회합 장소로 제공했으며, 그 덕에 10월 혁명 직전인 1917년 10월 10일의 볼셰비키 지도부 회합이 바로 수하노프-플락세르만의 집에서 열리기도 했다. 이는 당시 사회주의 정파들이 결코 상호적대적이고 자기폐쇄적인 집단이 아니고 상황 여하에 따라 소통할 뿐 아니라 서로 뒤섞일 수도 있는 사람들의 모임이었음을 말해준다.

수하노프는 비록 스탈린 시대에 처형당하기는 했지만, 10월 혁명 당시만 하더라도 넓은 의미의 혁명 세력의 일원으로서 혁명가들의 회합에 참여하여 그들의 발언을 직접 청취할 뿐 아니라 그들과 격론을 벌일 수도 있는 위치에 있었던 사람이다. 그는 행동적 혁명가로서보다는 예리한 관찰력과 탁월한 문재文才를 가진 문필가로서 후대에 이름을 남겼는데, 그의 회고록 『혁명의 기록』은 혁명의 동반자였던 지식인이 직접 그 분위기를 기록한 보고서다.

이 책이 러시아 혁명사 연구에서 지닌 크나큰 가치에 대해서는 일찍이 영국의 현대사가 테일러A. J. P. Taylor가 이렇게 평한 바 있다. “만일 그 스스로 메시아를 고대해왔으며 그리스도의 사람 됨됨이에 깊은 감명을

대한 폄하 분위기가 사라진 후에는 러시아에서도 코르니코프A. A. Корников 교수의 노력에 힘입어 세 권짜리 통합본이 출판되었다(Москва, 1991~92). 나는 이 글을 쓰면서 이 세 권짜리 러시아어본과 축약 영역본을 함께 이용했다.

받았으면서도 개인적 신앙심에 결코 물들어버리지 않은 판단력을 지닌 로마 철학자가 있어서, 그리스도에 대한 보고를 남겼다면 그 가치는 헤아릴 수 없을 정도가 아닐까. 니콜라이 니콜라예비치 수하노프는 러시아 혁명 시기 동안 바로 이와 같은 목격자였다. 그의 책은 현재 세계의 문제 대부분을 낳은 원천이 된 저 엄청난 사건들에 대한, 추종을 불허할 정도로 가장 뛰어나고 가장 중요한 보고서다."[24] 『혁명의 기록』은 한 권씩 출판될 때마다 레닌도 숙독하면서 평을 남겼을 정도로 그의 관심을 끌기도 했다.[25]

수하노프는 볼셰비키를 제외한 정치 세력들 중에서는 가장 급진적인 민주주의 세력에 속했고, 제1차 세계대전 발발 후, 특히 2월 혁명 후의 상황에서는 멘셰비키 국제주의자 마르토프의 입장과 가장 가까웠다. 그는 2월 혁명 후 이중 권력의 상황에서, 소비에트가 '반혁명적'으로 돌아설 가능성이 있는 부르주아지 세력과 협력하지 말고 민주적 권력을 장악하기를 원했다. 그리고 이를 이라클리 체레텔리I. G. Tsereteli, 표도르 단F. Dan 등 소비에트 지도자들에게 적극적으로 요구하기도 했다. 그러나 이른바 혁명적 방위파(전쟁계속파) 멘셰비키 및 사회혁명당 주류 중심의 소비에트 지도부는 이를 거절했다. 그들은 부르주아지와의 연정을 계속 유지했고 전쟁 종식이나 '민주적 개혁'(수하노프가 가장 중시한 것은 토지개혁이다)에는 난색을 표했다. 멘셰비키 지도자들은 부르주아 혁명을 완수하여 정치적, 물적 토대가 완전히 성숙한 다음에야 비로

---

24) I. Getzler, *Nikolai Sukhanov: Chronicler of the Russian Revolution*, Oxford: Palgrave, 2002, p. xiii.

25) 레닌은 수하노프의 책뿐 아니라, 마르토프, 악셀로드와 같이 한때 그의 동지였으나 정적으로 돌아서 망명한 혁명가들의 해외 출판물도 열심히 구독했다. 같은 책, pp. 100~101.

소 사회주의 혁명 단계로 넘어가야 한다는 2단계 혁명론을 고수했고, 따라서 부르주아 혁명의 완수를 위해 입헌민주당 세력과 협력해야 한다는 생각을 포기하지 않았다. 그러나 그 배후에는 지도자들의 제국주의적 성향도 작용하고 있었다. 수하노프는 전쟁 정책을 계속했던 제1차 세계대전 당시의 독일 수상 이름을 따서, 멘셰비키–사회혁명당 주류 지도하의 소비에트가 "샤이데만 노선"에 빠져버렸다고 비판했다.[26)]

수하노프는 멘셰비키의 일원이자 논리적인 지식인으로서 2단계 혁명론을 거부하지는 않으면서도 철저한 반전파, 급진적 개혁파로서 이론적 도식보다는 구체적 현실을 판단의 근거로 삼고 있었다. 그러한 그가 보기에 이 같은 소비에트의 임무 방기야말로 볼셰비키의 권력 장악을 낳은 가장 중요한 원인이었다. 그는 볼셰비키 권력 장악에 적극 찬동하지는 않았지만 볼셰비키가 소수의 군사적 음모로 권력을 장악했다고는 결코 생각하지 않았고, 따라서 그런 이유로 볼셰비키를 비난하지도 않았다. 그의 전반적 논조는 오히려 10월 혁명(무장봉기) 자체의 불가피성을 인정하는 쪽이었다. 그는 소비에트파 사회주의자들이 부르주아지와의 연립정부에 연연하는 사이 대중의 지지가 볼셰비키에게 몰렸으며 이것이 10월 혁명 성공의 배경이었음을 인식하고 있었다. 또한 그는 1917년에 스탈린의 행적은 거의 눈에 띄지 않았음에 반해, 트로츠키는 맹렬한 연설로 대중을 휘어잡았고 대중을 볼셰비키 편으로 이끌어오는 데도 엄청난 영향력을 발휘했음을 세심한 기록을 통해 보여주었다.

문제는 10월 봉기 후 사회주의 세력들의 관계였다. 볼셰비키의 권력 장악이 확실해진 10월 25~26일의 제2차 전 러시아 소비에트 대회에

26) Н. Н. Суханов, *Записки о революции*, т. 2 книга 3, 1991, с. 124.

참석한 수하노프는 레닌이 공표한 평화에 관한 포고령, 토지에 관한 포고령 등을 개인적으로는 모두 환영했지만,[27] 그럼에도 볼셰비키의 집권이 확실해지는 과정에서 그들이 취한 태도에 대해서는 비판적이었다. 볼셰비키가 다른 사회주의 세력과의 광범한 연합(부르주아지 세력을 배제하고 사회주의 정파들이 모두 연합하여 형성하는 권력, 그것이 수하노프가 생각하는 '민주적 권력'이자 '민주주의의 통일전선'이었다) 없이, '단독으로' 집권하고자 한다는 사실이 이때 이미 명백했기 때문이다. 수하노프는 특히 트로츠키의 태도에서 이를 감지했다.[28] 그가 보기에 새로운 혁명을 통한 임시정부의 제거는 필요했다. 그러나 그것은 부르주아지와 지주들의 정치적, 경제적 지배를 철폐하는 데 헌신하는 민주주의 세력의 통일전선이 뒷받침해준다는 조건 아래서만 그러했다. 일이 그런 방향으로 나아가지 않는다는 것을 알았을 때 그는 "볼셰비키 권력의 승리, 성공, '합법칙성'과 역사적 사명을 믿지 않았"으며, 제2차 소비에트 대회장의 뒷자리에서 "침통한 마음으로" 대회 진행을 지켜보았다.[29] 수하노프는 10월 혁명 후 사회주의 제諸세력의 연립정부를 구성하고자 했던 소비에트파 사회주의자의 정치적 입장을 전형적으로 보여주었다.

수하노프는 볼셰비키의 집권 당시 그들의 구체적 정책에는 동의했지만 볼셰비키의 권력 행사 방식(단독 집권)에는 동의하지 않았기에, 한동안 이 새로운 집권 세력과 거리를 둔 독립적 문필가/관찰자로 남았던 그러한 혁명가의 자세로 글을 썼다. 그는 집권 후 볼셰비키의 전시공산주의 정책에 대해 비판적이었고 사회주의 체제의 수립 가능성에 대해서

---

27) Н. Н. Суханов, *Записки о революции*, т. 3 книга 7, с. 354~57.

28) 같은 책, с. 360.

29) 같은 책, с. 356.

도 회의적이었지만, 차츰 볼셰비키 권력 외에 다른 현실적 대안이 없음을 인정하고 이 권력을 수용했다. 그러나 멘셰비키 소속이었던 데다 10월 혁명 후 볼셰비키 집권 과정에 비판적이었던 전력을 가진 수하노프를, 스탈린 집권으로 나아가는 권력투쟁 과정에서 경직되어가고 있던 소련 정치가 그대로 놓아둘 리 없었다. 그가 멘셰비키 재판으로 숙청당하는 데는 『혁명의 기록』에서 그가 보여준, 자기 이상에 투철하고 강자의 논리에 휘둘리지 않는 냉철하고 세심한 기록자로서의 자세도 한 원인이 되었다.

케렌스키: 임시정부 수반의 총체적 볼셰비키 비판

2월 혁명으로 로마노프 왕조가 무너진 후 1917년 3월에 바로 임시정부 각료로 입각하여 7월부터 10월 혁명 때까지 정부 수반이었던 알렉산드르 케렌스키는 서방으로 망명한 후 여러 편의 글과 회고록에서 10월 혁명과 볼셰비키를 일관되게 부정적으로 평가했다. 그는 볼셰비즘을 그 자체의 논리와 구상을 갖춘 건설적 이념 체계라기보다 러시아가 처했던 현실에 대한 가장 철저한 정치적, 사회경제적 반동으로 규정했다.

케렌스키의 주장에 따르면, 당시 러시아는 제1차 세계대전이 발발한 이후 3년간 계속된 봉쇄와 러시아 자체 산업 발전의 전반적 후진성으로 말미암아 초래된 철저하고도 다면적인 경제적 피폐에 직면했고, 이것이 다시 심층적인 사회적 해체와 경제적 위기를 불러일으켰다. 볼셰비즘은 이 같은 사회적 해체, 경제적 위기의 표현이자 그에 대한 대응이었는데, 볼셰비키의 대응을 그는 구체적으로는 "반혁명적 반동"이라고 불렀다.[30] 그는 회고록에서 10월 혁명에 대해 "레닌의 음모는 그저 그런 판단착오의 소산이 아니라 러시아를 독일의 수중에 완전히 내맡기는 배신적 타격"이라고 평가했다.[31] 그리고 볼셰비키가 정권을 장악한 이후의 모든 상황, 모든 정책을 부정적으로 평가했다. 그는 1927년에 쓴 글에서 1918년 이후의 혁명정부의 노동정책을 노동자에 대한 과잉착취super-exploitation로 규정했고, (그때는 아직 농업 집단화가 시작되기 전이고 신경제정책Новая экономическая политика이 계속되고 있던 시기였음에도) 볼셰비키 정권이 농민에게서 자유를 빼앗아갔다고 주장했다.[32]

자신의 권력을 송두리째 빼앗아간 세력에 대한 케렌스키의 평가가 부정적일 수밖에 없었음은 심리적으로 충분히 이해할 만하다. 그러나 그의 평가는 지나치게 자기중심적인 시각 때문에 100퍼센트의 설득력을 가질 수는 없다. 그는 임시정부 수반으로 국정의 총책임자였던 그 자신이 러시아 사회의 '심층적인 사회적 해체와 경제적 위기'에 제대로 대응하지 못했을 뿐 아니라, 그로 인해 오히려 위기가 심화되고 있었던 것—예컨대 코르닐로프의 쿠데타 시도—에 대한 책임을 인정하려 하지 않았다. 그는 2월 혁명(그 자신이 사용한 용어로는 3월 혁명)이 농민들에게 토지와 자유를 주었다고 주장했다.[33] 그러나 2월 혁명 후 수립된 임시정부가 토지개혁을 실시하지 않은 채 계속 미루고 있었다는 점, 오히려 토지개혁을 기다리다 못해 초조해진 농민들이 스스로 지주들의

30) A. Kerensky, "Russia and Bolshevism," *Annals of the American Academy of Political and Social Science*, vol. 132, Some Outstanding Problems of American Foreign Policy, Jul. 1927, p. 42.

31) А. Ф. Керенский, *Россия на историческом повороте: Мемуары*, Москва, 1993, с. 310.

32) A. Kerensky, "Russia and Bolshevism," p. 44.

33) 같은 곳.

토지를 접수했다는 점, 그리고 이를 안 농민 출신 병사들의 전선 이탈이 계속되어 케렌스키 자신의 전쟁 계속 정책 자체도 뜻대로 진행될 수 없었다는 점 등은 언급하지 않고 있다.

10월 혁명과 그 후의 소비에트 체제에 대한 케렌스키의 견해는 학문적 해석이라기보다 개인적 반감에 바탕을 둔 정치적 해석일 수밖에 없었다. 볼셰비키에 대한 그의 극도로 부정적인 평가와 해석은 후에 쏟아져 나올 서방의 반反소비에트적 해석의 한 원천이라고 할 수 있다.

2. 소련의 공식 역사학과 소련(및 소련계) 지식인들

볼셰비키가 집권한 후 소련의 공식 역사학계는 10월 혁명을 세계사의 전 과정에 근본적 변화를 가져온 획기적 사건이요, 인류 역사의 '전사前史'에 종지부를 찍고 진정한 역사인 사회주의 사회의 수립을 가져온 위대한 혁명으로 간주했다. 소련의 대표적인 혁명사 전문가로서, 그 자신이 1917년부터 볼셰비키 당원이었던 이사크 민츠는 10월 혁명 70주년 기념논문집에 기고하면서, 1986년 제27차 소련 공산당 전당대회에서 통과된 새 강령(Программа КПСС 1986 года)의 다음과 같은 구절을 인용했다. "사회주의 10월 대혁명은 전 세계사에 대전환을 가져온 사건이며, 세계적 발전의 전반적 방향과 기본적 경향을 결정지었으며, 새로운 공산주의적 사회경제 구성체가 자본주의를 대체하는 돌이킬 수 없는 과정의 출발점을 이루었다."[34] 이 책이 출판된 것은 페레스트로이

---

34) И. И. Минц, "Октябрь-переломное событие всемирной истории," *Великий Октябрь*

카가 시작된 이후인 1987년이다. 그런데 이 같은 10월 혁명관은 그 이전의 책자에서도 물론 얼마든지 발견할 수 있다.[35)]

소련의 공식 역사학계는 러시아 혁명은 세 차례의 혁명을 거쳐 완성된 것으로 여겼다. 1905년 혁명은 제1차 러시아 혁명으로 부르주아 민주주의 혁명이고, 1917년 2월 혁명은 제2차 러시아 혁명으로 제국주의 시대의 부르주아 민주주의 혁명이며, 1917년 10월 혁명은 사회주의 대혁명으로 각각 규정되었다. 제정 러시아 정부와 임시정부는 물론이고 볼셰비키를 제외한 다른 사회주의 세력도 가차 없는 비판의 대상이 되었고 '볼셰비키가 민중을 지도하여 이룬 위대한 과업'이 찬양의 대상이 되었다.[36)]

볼셰비키 정권은 집권 직후부터 10월 혁명의 역사를 편찬하고자 했다. 10월 혁명과 이를 통해 이루어진 새로운 정권 수립 등에 관해서 '누가 기억을 장악하는가'는 극히 중요한 문제였다. 더욱이 러시아에서 마르크스주의적 역사 서술은 10월 혁명 후에 와서야 비로소 시작되는 단계에 있었다. 혁명의 주도자였던 볼셰비키는 러시아 혁명에 대해 비우호적인 외국 논객들이나 멘셰비키를 비롯한 반볼셰비키 세력뿐 아니라, '러시아 해방운동사 연구회Общество изучения истории освободительного движения в России'처럼 급진적 사회주의 노선을 취하되 볼셰비키 주류의 관점을 그대로 따르지는 않는 소비에트 사회 내 연구자들의 10월 혁명

---

70 лет: Научно-техническийи социальный прогресс О, Москва, 1987, с. 69.

35) 일례로 P. N. Sobolev, Y. G. Gimplelson & G. A. Trukan(eds.), *The Great October Socialist Revolution*, Moscow: Progress Publishers, 1977, p. 502 참조.

36) 20세기 후반에 이 같은 경향을 대표하는 저작은 이사크 민츠의 세 권짜리 저작 *История Великого Октября*, в 3 томах, Москва, 1967~72이다.

사 서술에도 맞서고자 했다.[37] 그런 만큼 볼셰비키 권력이 이 혁명을 당의 관점에서 기억하게 하는 데 온 관심을 쏟을 것은 당연히 예상되는 일이었다. 볼셰비키 당은 이 목적을 수행할 기구들을 설치하고 혁명사 해석의 방향을 주도하고자 노력했다.

볼셰비키 당이 혁명사 정리, 해석을 위해 최초로 수립한 기구는 '10월 혁명사와 러시아 공산당사 자료 수집 및 연구위원회,' 곧 당사黨史 위원회를 뜻하는 이스트파르트Истпарт라는 약칭으로 알려진 조직이다. 이 위원회는 1920년 9월 교육인민위원회 산하기구로 설치되었으며, 1921년 12월 1일부터는 공산당 중앙위원회 부설기구가 되었다가 1928년 레닌 연구소에 통합됨으로써, 독자적 기구로는 존속하지 않게 되었다.[38] 이스트파르트의 설치 목적은 "10월 혁명사 및 러시아 공산당사 관련 자료의 수집, 편찬, 출판"이었다.[39] 이 기구는 초창기 지도자였던 미하일 스테파노비치 올민스키(1863~1933)가 레닌과 망명생활을 함께 한 고참 볼셰비키 혁명가였던 데서도 알 수 있듯이, 10월 혁명의 이념에 전폭적으로 동조하고 사회주의 혁명의 대의를 확신하는 인물들로 구성되었다. 대부분의 위원들은 10월 혁명 과정에 개인적으로 깊이 관여한 경험을 가지고 있었다.[40]

이스트파르트의 목적은 볼셰비키 당의 관점에서 러시아 혁명사를 정

---

37) 러시아 해방운동사 연구회에는 베라 피그네르V. N. Figner를 비롯한 혁명가들과 역사가 타를레Tarle 등이 참여했다. F. C. Corney, *Telling October: Memory and the Making of the Bolshevik Revolution*, Ithaca/London: Cornell University Press, 2004, p. 206.

38) J. D. White, "Early Soviet Historical Interpretations of the Russian Revolution 1918~24," p. 341.

39) 같은 책, p. 340.

40) 이스트파르트의 구성과 활동에 대해서는 F. C. Corney, *Telling October*, pp. 100~25 참조.

리하는 것이었기에, 혁명에 대한 관점은 물론 자료의 확보 또한 대단히 중요한 문제였다. 이스트파르트는 일반적 의미의 문서기록은 물론 노래, 포스터, 깃발, 유인물 등 혁명과 관련된 다양한 자료를 수집하는 데도 총력을 기울였으며, 관련자들에게 회상록을 쓰게 하고 혁명 활동과 관련한 심층 설문조사를 실시하기도 했다.[41] 이 기구는 자체적으로 러시아 혁명 통사나 볼셰비키 통사를 펴내지는 않았지만, 기관지 『프롤레타리아 혁명*Пролетарская революция*』을 발간하여 개별 사안에 대한 해석과 정리를 시도했다. 이러한 이스트파르트의 활동은 쇼어의 표현을 빌리자면 "기억 창출을 통한 국가 형성 프로젝트"의 일환이었다.[42]

볼셰비키에게 10월 혁명의 역사를 정리하는 일은 자축과 자기 기념을 통해 권력의 정통성을 강화하는 의미를 가지고 있었다. 자발성과 사회적 합의를 비교적 존중하면서 진행된 볼셰비키의 자축과 자기기억 작업이 절정에 이른 것은 1927년 10월 혁명 10주년 기념행사에서였다. 이 행사를 위해 예이젠시테인의 「10월Октябрь」을 비롯하여, 구체제의 모순과 민중의 항쟁이 볼셰비키 주도의 '영웅적' 10월 혁명으로 귀결되는 과정을 보여주는 영화들이 제작되었고, 이는 러시아 혁명에 대한 볼셰비키의 해석을 일반인들에게 홍보하는 데 중요한 도구가 되었다.[43]

그런데 아무리 볼셰비키 당사와 혁명사를 일치시킨다는 전제를 가지

---

41) 또한 혁명수도 페트로그라드(레닌그라드, 현재의 상트페테르부르크)와 새 수도 모스크바뿐 아니라 지방 여러 지역의 혁명사를 파악하기 위해 여러 도시에 지부를 설치하기도 했다. 같은 책, pp. 112~13.

42) M. Shore, "Feeling the Cracks. Remembering Under Totalitarianism," *Kritika: Exploitations in Russian and Eurasian History*, vol. 8, no. 1, 2007, p. 164.

43) 10월 혁명 10주년 기념행사의 의미와 내용에 대해서는 F. C. Corney, *Telling October*, pp. 175~99 참조.

고 있었더라도, 소련 공식 역사학계 내부에서도 러시아 혁명의 주관적, 객관적 요소들에 대한 구체적 평가와 해석에서는 연구자와 역사 서술자마다 차이가 날 수밖에 없었다. 가장 핵심적인 논의의 쟁점이 되었던 것은 두 가지 문제였다.

1) 러시아 혁명의 지도 세력 및 인물에 관한 논의: 소비에트 정권 수립 이후 적어도 소련 내에서는 러시아 혁명 해석에서 레닌과 볼셰비키의 지도적 역할에 관한 한, 연구자들 사이에 이의가 없었다. 문제는 '스탈린의 역할 및 다른 볼셰비키 지도자의 역할을 어떻게 평가하는가'였는데 이 문제에 대한 역사학자들의 답변은 시대별로 조금씩 달라졌다. 스탈린의 일인 지배가 강고해질수록 레닌과 더불어 스탈린의 역할을 부각시키는 서술이 주를 이루게 되었고, 트로츠키를 비롯한 다른 볼셰비키의 역할은 축소되거나 서술에서 배제되었다. 그중에서도 '트로츠키의 반혁명적 책동'론은 혁명 후 소련 사회가 겪고 있는 모든 어려움을 설명하는 도구로 활용되었다.

2) 러시아 혁명의 경제적 필연성에 관한 논의: 러시아 혁명 당시의 경제구조를 밝히는 것은 혁명의 객관적 조건을 규명하는 데 중요한 문제였다. 이는 10월 혁명의 성격을 사회주의 혁명으로 보는가, 민주주의 혁명으로 보는가를 가름하는 결정적 시금석이 될 수도 있었다. 그런데 마르크스주의자이건 아니건, 전문 역사학자나 일반적 지식인의 혁명사 해석은 공산당의 지침과 반드시 일치하지는 않았다. 다음에서 몇 가지 경우들을 검토해보겠다.

야코블레프의 『10월의 역사적 의미』

소비에트 정권 초기에 정권 측 인사가 쓴 것으로서 가장 흥미로운 러시아 혁명 해석을 보여주는 문건의 하나는 1922년 야콥 아르카디예비치 야코블레프Y. A. Yakovlev(1896~1938)가 출판한 『10월 혁명의 역사적 의미』라는 제목의 소책자다. 이 시기 볼셰비키 당 지도부는 노동자 반대파와 프롤레트쿨트파가 내건 급진적 요구에 직면하여 이 도전을 물리치는 문제에 골몰하고 있었다. 당시 진행되고 있던 정치문화의 관료화, 당과 민중의 괴리 심화에 맞서, 노동자 반대파는 노동 계급(노동조합)이 정치경제적 결정권을 쥐어야 한다고 주장했고 프롤레트쿨트파는 부르주아 문화의 영향을 거부하는 급진적 노동 계급 문화의 창달을 주창했다.

볼셰비키 당 선동선전부의 부국장으로 재직하던 야코블레프가 우선적으로 고려해야 할 당 지도부의 입장은 급진적 사회주의 수립의 요구를 논파하는 것이었다. 이를 위해 그가 내건 담론은 '10월 혁명은 기본적으로 부르주아 민주주의 혁명의 과제들을 실현하는 사명과 함께 전개되었다'는 것이었다. 그는 이를 뒷받침하기 위해 차르 정부 말기의 혼란상, 2월 혁명 이후 들어선 임시정부의 무능, 코르닐로프 쿠데타의 성격 등을 지적했다. 그의 서술은 다음과 같이 요약할 수 있다.

> 차르 정권은 봉건 지주층이 지배하는 봉건적 체제였으며, 이에 맞서는 민중의 항거였던 1905년 혁명을 겨우 진압한 후 혁명적 상황의 출구를 제국주의 전쟁(제1차 세계대전)에서 찾게 되었다. 민중의 거듭되는 저항이 폭발하여 2월 혁명이 일어났는데, 이 혁명은 페트로그라드의 노동자

들과 병사들이 수행한 것이기는 하지만 그들은 조직되어 있지 않았다.[44)] 그래서 임시정부는 민중 세력이 아니라 처음에는 대지주/대자본가 계급에 장악되었다가 자본가/사회주의자 연합 세력의 수중으로 넘어갔다. 2월 혁명 당시부터 민중의 요구는 빵과 평화였으나 임시정부는 토지 문제 해결과 전쟁 종식을 위한 아무런 의미 있는 조치도 취하지 않았다. 심지어 부르주아 정부인 임시정부는 부르주아 계급의 요구에도 충실하지 않았다. 노동 계급의 요구를 누르기 위해서는 러시아 내 소수민족 부르주아지의 요구를 수용하여 그들을 동맹 세력으로 삼는 것이 아주 유용한 전략이었을 것이나, 임시정부는 이를 깨닫지 못했고 핀란드, 우크라이나 등의 (부르주아) 민족주의자들의 분리주의만 촉진시켰을 뿐이다. 민중의 볼셰비키 지지도가 높아지는 상황에서 코르닐로프의 쿠데타 시도가 일어났는데, 코르닐로프는 "스스로 혁명적 인물인 것처럼 행동하는 바람에" 차르 군대 장군들의 지지를 얻어내는 데 실패했고,[45)] 그의 군대는 결국 고립된 채 패퇴했다. 이 일을 겪은 후 레닌은 볼셰비키의 권력 장악이 불가피하다고 판단했다. 이리하여 "러시아의 대소 부르주아지가 해결할 수 없었던 부르주아 민주주의 혁명의 과제를 해결하는 사명이 10월 혁명의 몫으로 떨어졌던 것"이고 바로 이 때문에 러시아의 거의 전역에서 거의 유혈 없이 권력이 소비에트로 넘어갔던 것이며 "러시아 노동 계급은 〔……〕 자본주의의 전 세계적 운동이 하향곡선을 그리기 시작한 시기에 〔……〕 부르주아 민주주의 혁명을 하게 되었고, 완료했으며 완성했"던

44) Я. Яковлев, *Об историческом смысле Октября*, Москва, 1922, с. 10. 야코블레프의 서술에는 2월 혁명기 볼셰비키의 지도적 역할에 대한 언급은 없다.

45) 같은 책, с. 14.

것이다.[46)]

야코블레프는 혁명 직후 볼셰비키가 반포한 포고령들(모든 토지를 국유화하고 농민들의 이용권 아래 두게 한 '토지에 관한 포고령,' 소수민족들의 자율권을 강화한 '러시아 여러 민족들의 권리 선언' 등)은 부르주아 민주주의의 과제들을 실현한 것이라고 보았다. 그렇다면 10월 혁명은 사회주의와는 아무 관계가 없는 것일까? 물론 그렇지는 않다. 야코블레프의 견해로는 10월 혁명은 "사회주의를 위한 투쟁의 문"을 열었다.[47)] 이는 사회주의 정책의 즉각적 실시가 아니라 그 바탕을 마련하기 위한 노력을 뜻하므로, 시간적, 전략적 차원에서 보았을 때 장기적이고 점진적인 과정을 의미하는 것일 수 있다. 부르주아 민주주의 혁명의 과제를 수행하고 그 차원에 서 있는 혁명이면서, 동시에 사회주의를 위한 투쟁의 길을 열고 그 이후 사회주의로 성장·전화할 혁명, 이 두 가지 계기가 변증법적으로 결합되어 있는 것, 이것이 10월 혁명의 복합적 성격이다.[48)]

볼셰비키 당 선전선동의 핵심 담당자였던 야코블레프는 10월 혁명이 일어난 지 여섯 해째인 1922년에 책을 출판하면서도 그 사이에 있었던 전시공산주의와 신경제정책에 대해서는 한마디도 언급하지 않았다. 당내의 모든 문제, 국내외의 모든 문제는 오로지 10월 혁명 시기의 초심으로 돌아가야 해결될 수 있다는 생각이 반영되었기 때문으로 보인다. 야코블레프의 주장에서 특징적인 것은 멘셰비키적 2단계 혁명론에 입각한 것이 아닌가 생각될 정도로, 부르주아 민주주의 단계의 독자성

46) 같은 책, c. 15.
47) 같은 책, c. 16.
48) 같은 책, c. 17.

을 부각시키고 있다는 점이다. 10월 혁명을 단순히 '민주주의 혁명'이라고만 칭하는 것이 아니라 '부르주아 민주주의 혁명'이라는 복합어를 꼬박꼬박 사용하고 있는 데서 그러한 면이 더 두드러진다. 이는 레닌의 4월 테제가 받아들여진 이후 볼셰비키 사이에서는 거의 구사되지 않았던 용법이다.[49] 그러면서도 그는 지향점인 사회주의를 위한 투쟁에 대한 언급을 잊지 않았다. 어쩌면 야코블레프의 해석이야말로 10월 혁명의 원래 정신, 그리고 10월 혁명이 원래 걸었어야 할 길을 그 나름대로 정확히 파악한 것일 수도 있다. 국내외적으로 비극적인 상황 속에 휘말려들기 전, 적어도 내전 이전까지는 혁명 러시아는 이 길이 자신의 길이라고 여겼던 것이다. 그리고 야코블레프는 내전과 크론시타트 봉기, 신경제정책 도입을 모두 거친 시점에서 1917년 10월의 정신으로 돌아가자고 호소하고 있는 것이다.

포크롭스키의 10월 혁명 해석

미하일 포크롭스키M. Pokrovsky는 러시아 역사 해석에서 스탈린과 그의 추종자들의 개입이 아직 지배적으로 작용하지 않던 시절에 저술 활동을 했던 학자로서, 소련 초기 마르크스주의 역사학의 대부로 일컬어지던 인물이다.[50]

49) 그러나 '부르주아 민주주의 혁명과 그 후에 이루어지는 사회주의 혁명'이라는 2단계 혁명론이 4월 테제 이후의 볼셰비키 혹은 소련 공산당 지도부의 사고 틀에서 완전히 배제되었던 것은 결코 아니다. 중국 혁명 과정에서 스탈린이 1930년대 내내 국공합작을 지원했고 1940년대 후반까지도 국민당을 지지했던 것을 상기해보아도 이를 알 수 있다.

50) 1920년대 소비에트 사학계에서 포크롭스키가 차지했던 막강한 지위에 대해서는 J. Frankel, "Party Genealogy and the Soviet Historians(1920~1938)," *Slavic Review*, vol. 25, no. 4,

마르크스주의의 열렬한 신봉자였던 포크롭스키는 자신의 러시아 혁명 해석에서도 물론 마르크스주의적 잣대를 적용하고자 했다. 그는 역사적 변화를 가져오는 것은 계급투쟁이요, 이 계급투쟁을 좌우하는 것은 물질적 이해관계라고 보았다. 그러면서 인간적 발전의 바탕에 놓여 있는 것은 경제적 발전이라고 이야기하기도 하여, 역사적 발전에서 주관적 요인과 객관적 요인을 모두 아우르고자 하는 태도를 보였다.[51)]

포크롭스키가 혁명 전 러시아 역사를 살피면서 제정 시대의 이른바 슬라브주의적 '부르주아 역사학자'들과 의견을 달리한 것은, 러시아 역사는 서유럽 역사와 비교하여 결코 특수하지 않고, 러시아 사회의 발전도 넓은 의미에서는 보편적 경로를 걸어왔다고 한 점이다. 그는 또한 러시아 사회가 서유럽과 접촉하면서 경제사회 구조가 일정한 영향을 받아 변화했다는 점도 인정했다. 그러나 러시아는 자연적, 기후적 조건으로 말미암아 서유럽 국가들보다 발달 속도가 늦었으며,[52)] 특히 자본주의의 발달은 멀찌감치 뒤떨어진 채 진행된 것이라고 보았다.

포크롭스키는 러시아 혁명의 전제조건을 설명하기 위해 러시아 역사가 풍부한 혁명적 전통을 가지고 있음을 강조했을 뿐 아니라(특히 농노제 아래서 빈번하게 일어난 농민 봉기를 중시했다), 혁명 전에 이미 러시아의 자본주의는 발달해 있었다고 주장했다. 경제적 유물론을 중시하는 포크롭스키에게서 러시아의 자본주의 발달 과정을 해석하는 데 핵심적인 개념은 '상인 자본'이었다. 1861년까지 러시아에 농노제가 존속했음

Dec. 1966, p. 570 참조.

51) M. N. Pokrovsky, *Brief History of Russia*, vol. I, D. S. Mirsky(trans.), Orono, Maine: University Prints, 1968, pp. 28~29.

52) 같은 책, p. 31.

을 근거로 들어 러시아 경제구조가 봉건적, 후진적이었다고 보는 견해가 지배적임을 그 역시 충분히 잘 알고 있었다. 그래서 그가 내놓은 것은 바로 농노제도 자본의 본원적 축적 과정의 하나라는 주장이었다. 농노제하 러시아의 지주들은 "본원적 축적의 도구"였고 탐욕스럽게 이익을 추구하면서 농민들을 착취했다는 것이다.[53]

포크롭스키는 러시아에서는 16세기에 상업자본주의가 발달했고 19세기에 산업자본주의가 발달하기 시작했으나, 농업에서 봉건적 요소는 여전히 강력하게 남아 있었다고 보았다. 그는 10월 혁명이 일어남으로써 '농민 자본주의'가 발달할 기반이 놓이게 되었다고도 했다.[54] 그러나 그가 보기에 10월 혁명은 부르주아 민주주의 혁명은 아니었다. 포크롭스키는 10월 혁명이 사회주의 혁명이 될 수밖에 없었던 이유를 1917년 2월 혁명 후부터 러시아 부르주아지가 노동자운동과 농민운동을 억압하는 반동 세력이 되었다는 데서도 찾았다. 그의 말을 빌리자면 "러시아 혁명은 주관적으로, 즉 지도자들의 생각에서뿐 아니라, 객관적으로, 즉 사태의 본성상으로도 사회주의 혁명이 될 수밖에 없었다."[55] 그는 러시아 혁명은 '프랑스 대혁명'보다 훨씬 더 심대한 의미를 가진다고 주장했다. 왜냐하면 러시아 혁명은 '프랑스 대혁명'기의 누구도 실현하

53) M. N. Pokrovsky, "The Revolutionary Movement of the Past," *Russia in World History: Selected Essays*, R. Szporluk & M. A. Szporluk(ed. & trans.), Ann Arbor: University of Michigan Press, 1970, pp. 91~92. 슈포얼럭은 사회주의적 본원 축적에 관한 프레오브라젠스키의 명제, 즉 "1) 지주가 농민을 착취해서 자본을 축적하고 상인들과 나누어 가진다. 2) 국가가 농민에게서 세금을 징수하고 그중 일부를 자본으로 전환시킨다"가 러시아 역사에서 농노제 시기의 본원 축적 과정에 대한 포크롭스키의 견해를 잘 표현해 주고 있다고 본다. R. Szporluk, "Pokrovskii's View of the Russian Revolution," *Slavic Review*, vol. 26, no. 1, Mar., 1967, p. 82.

54) R. Szporluk, "Pokrovskii's View of the Russian Revolution," p. 73에서 재인용.

55) M. N. Pokrovsky, *Brief History of Russia*, vol. II, p. 21.

지 못한 대토지 몰수와 균등 분배, 대기업 몰수와 국유화라는 사회주의적 정책을 취했기 때문이다.

포크롭스키는 러시아 혁명의 또 다른 의미를 제국주의 전쟁과의 관련 속에서도 찾았다. 그는 1927년 이스트파르트 주관으로 『10월 혁명사 개관』이라는 책을 편찬하여 내놓았는데, 이 책에서 그의 동료였던 시도로프는 혁명 전 러시아의 경제 발전 단계에 대해 다음과 같은 견해를 표명했다. 즉 러시아는 제1차 세계대전 이전에 유례없이 급속한 자본주의 발전을 이루어 독점자본주의의 형성 단계에 이르렀지만 이는 서구 자본의 강력한 개입 아래 이루어졌다는 것이다.[56] 포크롭스키는 시도로프에 비해 러시아 자본과 외국 자본의 관련성을 더욱 강조하는 편이었던 것으로 보인다. 소련 초기 마르크스주의 역사학의 좌장이 보기에, 러시아 제국은 영국과 프랑스에 진 부채로 인해 두 나라에 심하게 예속된 처지였으며, 특히 주러시아 영국 대사인 부캐넌은 러시아 황제를 좌지우지하는 "막후의 황제" 혹은 "무관의 황제"[57]나 다름없었다. 러시아 제국이 제1차 세계대전에서 취한 해군의 공격 방향도 영국/프랑스와 부딪치지 않으면서 독일을 견제하기 위해 다르다넬즈 해협으로 진출한다는 정책에 따라 결정되었다.

그런데 10월 혁명 후 볼셰비키는 연합국들과의 관계를 단절하면서 전쟁 전 두 나라에 진 채무를 무효화시켰다. 볼셰비키 정권을 전복시키고자 하는 반혁명 세력은 (만일 집권한다 하더라도) 채권국으로부터 부

---

56) А. Сидоров, "Влияние империалистической войны на экономику России," *Очерки по истории Октябрьской революции*, М. Н. Покровский(ред.), том 1, Москва: Государственное издательство, 1927, с. 7~20. 포크롭스키는 이 책의 서문을 썼다.

57) М. Н. Покровский, "Историческое значение Октябрьской революции," *Империалистическая война: Сборник статей 1915~1930*, Москва, 1931, с. 259~60.

채 전액 탕감 문서를 얻어내지 못한다면 전쟁 전의 대외부채를 다시 되살릴 수밖에 없었을 것이다. 그런데 이는 소비에트 러시아의 노동자 농민들이 용납할 수 없는 일이었다. 따라서 포크롭스키는 프랑스 혁명의 경우와는 달리 러시아 혁명은 "반동 없는 혁명"이 되리라 예상했다.[58] 다시 말해 10월 혁명은 러시아가 제국주의 세력에 대한 예속을 극복하게 해주었다는 점에서도 역사적 의미를 가졌다. 이것이 10월 혁명 10주년이 되는 1927년까지도 포크롭스키가 낙관적으로 표현할 수 있었던 신념이었다.

그러나 포크롭스키의 주장은 그의 사후 스탈린파의 맹렬한 비판에 부딪쳤다. 포크롭스키의 역사학은 역사에서 주관적 요인과 객관적 요인을 모두 살폈지만, 전반적으로 개개인의 행위보다는 역사의 객관적인 발전 과정, 한 사회의 사회경제적 발전 단계를 중시하는 것이었다. 이러한 역사 서술에서는 스탈린 같은 개별 혁명가의 활동을 과도하게 중시할 여지는 없었다. 그는 인민주의 혁명가들의 주의주장에 마르크스주의와 유사한 면이 있음을 밝히려 했고,[59] 멘셰비키의 혁명 활동도 무조건 매도하는 대신 사료에 바탕을 두어 재조명하고자 시도했다. 포크롭스키의 견해로는 레닌은 여러 모로 탁월한 인물인 것은 분명하지만, 하늘에서 뚝 떨어진 인물이라기보다 인민주의자들을 비롯한 선대 혁명가들이 쌓아올린 혁명 전통의 종합자였다.[60] 그런 한편 포크롭스키는 제정 러시아가 "민족들의 감옥"으로서 그들의 자유와 자율성을 누르는 억

58) 같은 책, c. 262.

59) J. Frankel, "Party Genealogy and the Soviet Historians(1920~1938)," p. 571.

60) M. N. Pokrovsky, "Lenin's Role in the Russian Revolution," *Russia in World History*, p. 184.

압적 체제였다고 보고 있었다.[61)]

이러한 관점은 제정 시대 이래 러시아-소련의 국경 안에 포함된 여러 민족들을 하나의 국가 단위 안에 통합시키고 이를 소비에트식 애국주의의 덮개로 강화하고자 했던 소련 최고 정권 담당자들의 의도에도 부합하지 않았다. 스탈린이 1934년 새로운 볼셰비키 당사—다음에 언급할 『소련 공산당사(약사)』로 구체화된다—의 집필 필요성을 주장하면서 내세웠던 명분 가운데 하나는 바로 포크롭스키 역사학의 오류를 수정해야 한다는 것이었다. 스탈린파는 포크롭스키의 혁명사 해석을 트로츠키주의적인 것, 비변증법적인 것이라고 공격했다. 포크롭스키는 사후 숙청을 당한 셈이다.

내전사 편수위의 『소련 내전』

이스트파르트는 1928년 레닌 연구소에 흡수되어 독자적 기구로서 존재 의미를 잃어버리게 되었다. 이 기구는 특정한 인물을 위한 역사 연구를 지향하지 않았기 때문에 볼셰비키 당내 논쟁 시기에 스탈린에게 특별히 유리한 역사 해석을 내리지도 않았다. 10월 혁명사 서술이라는 목적을 위해 그 후에 설치된 기구는 '소련 내전사 편수중앙위원회 서기국'으로 1951년까지 존속했다. 이 기구는 스탈린, 고리키, 몰로토프, 보로쉴로프, 키로프 등 정치·문화계 거물들의 이름을 편수위원진에 포함

61) M. N. Pokrovsky, "The Prison of Nations," *Russia in World History*, pp. 108~16. 이 다소 짤막한 글에서 포크롭스키는 비러시아 민족에 대한 러시아 제국 정부의 억압적 정책을 생생히 보여주었다. 그는 만주에서도 러시아인들이 중앙아시아에서처럼 만행을 저질렀다고 썼다. 같은 책, p. 112.

시켜 두고 있었던 데서 알 수 있듯,[62] 혁명 해석과 관련하여 집권 세력의 견해를 반영하는 역사 서술을 했다. 내전사 편수위는 작업의 외적 생산성 면에서는 성과가 없지 않아서, 스탈린 집권 시기였던 1935년에서 1943년 사이에 『소련 내전*Гражданская война в СССР*』 두 권을 펴냈다.[63] 1권은 1914년 제1차 세계대전 발발 시기부터 1917년 10월 혁명 직전까지, 2권은 10월 혁명 준비기부터 볼셰비키의 권력 장악 초기(11월)까지를 서술 대상으로 삼고 있다. 많은 삽화를 넣어 호화 장정본으로 출판된 이 책은 연대순으로 사건의 진행을 다루되 특히 볼셰비키 지도자 및 활동가 들의 동향을 세세하게 그려내고 있어서 혁명의 사건사, 혁명의 인물사라고 부를 수 있다.

그러나 이 같이 세밀한 묘사가 반드시 역사적 사실에 합치되는 것은 아니었으며, 또한 혁명의 사회경제적 원인, 국제적 배경, 지도 세력 등과 관련하여 반드시 수긍할 만한 해석을 내리고 있는 것도 아니다. 스탈린 정권은 이 책을 볼셰비키의 '찬란한 업적에 바쳐진 불멸의 영웅서사시이자 찬가'로, '정리되고 정비된 자기기억의 저장고'로 삼고자 했음에 틀림없다. 그것은 볼셰비키가 자기 자신에게 바치는 찬양이었다.

그런데 이 책은 볼셰비키 집단 내에서도 특정한 인물들을 선택하여 그들을 주인공으로 삼고 영웅으로 부각시킨다. 그것은 스탈린의 혁명적 기여를 부각시키겠다는 으뜸가는 목적 때문에 왜곡되고 누락되고 덧칠된 기억으로 남는다. 2월 혁명 후 레닌을 비롯한 망명 혁명가들이 귀국하기 전 국내파 볼셰비키를 이끌고 있던 스탈린은 이 혁명을 부르주아

62) R. H. McNeal "Soviet Historiography on the October Revolution," p. 272.
63) 제3권은 편수위가 폐지되고 스탈린도 사망한 후인 1957년에 출판되었다.

민주주의 혁명으로 여겼고, 따라서 임시정부를 지지하면서 혁명적 방위주의를 용인했다. 그러나 이 책은 이 사실을 감추기 위해 2월 혁명 후 레닌의 귀국에 이르는 시기를 다루면서 레닌에 대해서만 언급할 뿐 스탈린에 대해서는 한마디도 하지 않았다.[64)] 나아가 이러한 당황스러운 사실 때문에 이 책에서는 2월 혁명이라는 중대한 상황 속에서 볼셰비키의 활동에 대한 서술을 찾아볼 수 없다. 그런가 하면 10월 혁명 당시 군사적 봉기의 지도자로서 트로츠키가 수행한 역할을 묵살하기 위해 그가 페트로그라드 소비에트 군사혁명위원회 지도자였다는 사실은 전혀 언급하지 않은 채, 무장봉기가 스탈린을 으뜸으로 하는 볼셰비키 당 중앙위원회의 지도를 받았으며 스탈린은 레닌의 가장 가까운 조력자였다고만 쓰고 있다.[65)] 그 대신 트로츠키는 10월 혁명을 사보타주하기 위해 비밀리에 일을 꾸민 인물로 비난받는다.[66)] 한마디로, 트로츠키의 이름은 비난과 욕설을 위해서만 언급되고 있다.[67)]

스탈린 집권 이후 그의 권력이 공고해진 상황에서 씌어진 책이라 트

64) *История гражданской войны в СССР*, том 1: *Подготовка Беликой пролетарской революции*, М. Горький, В. Молотов, К. Ворошилов, С. Киров, А. Жданов & Й. Сталин(ред.), 2-е издание, Государственное издательство политической литературы, 1938, с. 85~88. 이 책에 스탈린에 대한 서술이 처음 나오는 것은 민족 문제에 대한 그의 소책자(1913)를 언급하는 부분이다. 이 책은 이를 민족 문제에 대한 레닌적-스탈린적 입장 정리로 평가하고 있다. 같은 책, с. 42~43.

65) M. Gorky 외(eds.), *The History of the Civil War in the USSR*, vol. 2: *The Great Proletarian Revolution*, Moscow: Foreign Languages Publishing House, 1946, p. 174.

66) 같은 책, p. 187.

67) 고리키, 키로프 등이 사망하고 난 다음에 제2판에서 추가된 내용이기는 하지만, 이 책 제1권의 말미에 첨부된 인물 설명에서 편자들은 트로츠키가 키로프, 고리키, 멘진스키, 쿠이브이셰프 등에 대한 악랄한 암살을 조직하고 교사했다고 주장했다. 상상력 넘치는 집필자들은 오래전부터 정처 없는 외국 망명생활을 이어가고 있던 트로츠키가 국내 거물 정치인들의 암살 음모를 지휘한다는 것이 가능하다고 진정으로 믿을 수 있었을까? *История гражданской войны в СССР*, том 1, с. 295.

로츠키에 대한 스탈린의 열등감이 거리낌 없이 공격적인 언어로 표출되었다고 이해하면 될지도 모르겠다. 그러나 다른 한편으로 안타까운 것은 이러한 서술이 다름 아닌 작가 막심 고리키가 으뜸 편찬자로 이름을 올린 책 속에서 이루어졌다는 사실이다. 고리키는 이 책에서 내린 평가와 해석을 그대로 믿었던가? 그렇지 않다면 그는 이 같은 서술이 필요하다고 생각했던가? 필요하다면 무엇에 필요하다고 여겼던가? 분명 작가로서의 그 자신의 양심에 필요하다고 믿지는 않았을 것이다. 몰로토프나 키로프 같은 다른 편자보다는 작가 고리키의 이름 때문에 특별히 신경이 쓰이는 그러한 책이다.

스탈린주의적 역사 해석의 정점 『소련 공산당사(약사)』

스탈린 시대에 러시아 혁명에 관한 소련 공식 역사 서술의 방향을 결정하는 데 가장 큰 영향을 미친 책은 1938년에 출판된 『소련 공산당사(약사略史)*История всесоюзной коммунистической партии(Большевиков). Краткий курс*』(아래에서는 『약사』로 칭한다)였다. 1956년 2월 제20차 소련 공산당대회에서 흐루시초프가 스탈린 비판 연설을 통해 탈스탈린화 정책의 신호탄을 쏘아 올릴 때까지 이 책은 소련의 역사학과 사회과학의 연구·해석 방향을 배타적으로 규정했다.[68]

속표지 문구로는 공산당 중앙위원회 편찬위원회가 편찬하고 중앙위

68) 이 책이 이 시기 소련에서 누렸던 배타적, 독점적 지위에 대해서는 P. H. Avrich, "The Short Course and Soviet Historiography," *Political Science Quarterly*, vol. 75, no. 4, Dec. 1960, pp. 543~48 참조. 1953년 3월 스탈린이 사망한 직후부터 이 책의 권위에 금이 가기 시작했다.

원회가 승인했다고 기록되어 있지만, 이 책은 실제로는 스탈린에 의한, 스탈린을 위한, 스탈린의 책이었다. 집필 작업 자체만을 놓고 보면 예멜리얀 야로슬라프스키, 표트르 포스펠로프 같은 역사서 저술가들이 주된 역할을 했다는 견해가 있지만,[69] 스탈린이 이 책의 집필 필요성을 처음으로 주장했으며 책이 집필되는 동안 집필자들에게 서한을 보내 그 방향을 지정했던 것에서도 보듯,[70] 이 책의 완성을 가능케 한 제1동인은 스탈린이었고 그 결과물은 스탈린 개인 숭배를 위한 으뜸가는 홍보책자였다.

스탈린은 1929년 봄 이전까지는 역사학에 관심이 없었다고 한다.[71] 그러다 당내 권력투쟁의 와중에 역사 해석을 권력투쟁의 도구로 사용할 수 있음을 깨달았고, 그 후 이를 최대한 활용했다. 소련 공산당 기관지 『프라브다』는 이 책의 저자가 스탈린이라고 주장했으며 1946년 초에는 이 책이 스탈린 저작집에 포함된다고 예고하기도 했다.[72] 그런 책인 만큼, 사회주의 혁명으로서의 10월 혁명의 기본적 성격과, 혁명을 이끈 볼셰비키 당의 용감함과 통찰력을 강조하고 있는 것은 물론이지만,[73] 더 큰 비중은 혁명과 혁명 전후의 모든 국면에서 스탈린의 역할을 찬양하는 데 놓여 있었다고 해도 과언이 아니다. 스탈린의 최대 정적이

---

69) G. M. Enteen, "Writing Party History in the USSR: The Case of E. M. Iaroslavskii," *Journal of Contemporary History*, vol. 21, no. 2, Apr., 1966, p. 322.

70) P. H. Avrich, "The Short Course and Soviet Historiography," pp. 539~40.

71) R. F. Byrnes, "Creating the Soviet Historical Profession, 1917~1934," *Slavic Review*, vol. 50, no. 2, Summer, 1991, p. 304.

72) P. H. Avrich, "The Short Course and Soviet Historiography," pp. 547~48.

73) ***История всесоюзной коммунистической партии*(*Большевиков*). *Краткий курс***, под редакцией комиссии ЦК ВКП/б/, Одобрен ЦК ВКП/б/1938 год, Москва: Государственное издательство политической литературы, 1938, с. 195~204. 이 책은 아래에서는 *Краткий курс*라고 표기한다.

었던 트로츠키는 기회만 있으면 비하되는 반면, 스탈린은 레닌과 같은 수준의 위대한 지도자로 찬양되고 있다. 이 책에서 스탈린은 역사적 사실에 부합되지 않게, 코르닐로프 쿠데타를 격퇴하고 10월 혁명을 주도했으며 내전을 승리로 이끈 주역으로 내세워지고 있는 것이다.[74)]

그 못지않게 눈길을 끄는 것은 이 책이 10월 혁명 전 러시아 사회를 서유럽 국가들의 반半식민지полуколония로 평가하고 있다는 점이다.[75)] 혁명 전 러시아의 사회경제적 성격을 레닌 제국주의론의 관점에서 규정하는 것은 러시아 혁명의 필연성을 설명하는 데 불가결한 요소였다. 그런데 제정 말기 러시아를 엄밀한 의미의 제국주의 국가로 볼 것인가, 반식민지 국가로 볼 것인가는 결코 자명한 문제가 아니었다. 이는 1920년대 후반 이래 볼셰비키 당내 권력투쟁에서 핵심 쟁점의 하나로 떠올랐다. 스탈린은 애초에 트로츠키와 그의 지지자들을 제거하기 위해 반식민지론을 공격했으나, 그들이 완전히 무력해진 후 1934년에는 이 담론을 적극적으로 수용했다.[76)]

> 1914년 이전에 러시아 산업의 가장 중요한 부문들은 프랑스, 영국, 벨기에 등의 연합국 국가들을 위주로 하는 외국 자본의 수중에 놓여 있었

74) 이 책도 10월 혁명 시기 봉기의 군사적 지도와 관련하여 『소련 내전』과 같은 내용을 담고 있다. 즉, 1917년 10월 16일 볼셰비키 당 중앙위원회 확대회의가 열렸으며, 이 회의에서 스탈린을 지도자로 하는 봉기 지도 당중앙이 선출되었는데 이 기구가 10월 봉기의 주축인 페트로그라드 소비에트 군사혁명위원회의 핵심 지도부였다고 쓰고 있다. 같은 책, c. 197. 실제로는 당시 페트로그라드 소비에트 군사혁명위원회의 지도자요, 10월 군사봉기의 지도자가 트로츠키였음은 잘 알려져 있다.

75) 같은 책, c. 156.

76) R. Markwick, *Rewriting History in Soviet Russia. The Politics of Revisionist Historiography, 1956~1974*, New York: Palgrave, 2001, pp. 76~77.

다. [……] 이 모든 상황에다 설상가상으로 차르가 프랑스와 영국에서 체결한 수십 억 루블의 부채까지 더해져서 차르 정부는 영-프 제국주의에 붙들어 매였고 러시아는 이들 국가의 조공국가, 그들의 반식민지가 되어버렸다.[77]

이 구절은 러시아 제국이 제1차 세계대전에 참전할 수밖에 없었던 상황을 설명하는 부분이다. 그러나 1930년대의 맥락에서 읽었을 때 이는 스탈린 정권이 트로츠키를 비롯한 당내 좌파들이 중시한 계급투쟁보다 러시아-소비에트 애국주의를 향해 나아가고자 함을 보여주는 주장이었다.[78] 이 담론을 더 확대해서 주변 자본주의 국가들의 개입 위협을 강조하면, 소련에서 일국사회주의를 건설해야 할 필요성을 강조할 근거가 마련되는 셈이었다.[79]

방향전환파와 '러시아의 구원자로서의 볼셰비키 혁명'론

10월 혁명 후 소비에트 정부에 반대하여 외국으로 망명했던 반볼셰비키 지식인들 가운데 일부는 1920년대에 볼셰비키 혁명의 의미를 긍정적으로 해석하면서 러시아로 귀환하거나 친소련적인 입장을 견지했다. 이들 중 대표적인 집단은 니콜라이 우스트랼로프N. Ustryalov, 알렉세이 톨스토이 등으로 대표되는 방향전환파Сменовеховцы다. 이들은 볼셰

77) *Краткий курс*, с. 156.

78) R. Markwick, *Rewriting History in Soviet Russia*, p. 77.

79) *Краткий курс*, с. 341. 이 문제에 대해서는 W. Slater, "The Orthodox Ethic: Thoughts on the Russian Economy from the Nationalist Opposition," *Journal of Contemporary History*, vol. 34(3), 1999, p. 387도 참조.

비키와 소련 공산당의 정치·경제·사회 정책에는 동의하지 않으면서도, 볼셰비키야말로 구 러시아 제국의 영토적 통합성을 유지하면서(즉 러시아의 영토가 분할되어 다른 열강들의 수중에 들어가거나 여러 민족들의 나라로 쪼개지는 것을 막으면서) 러시아에 새로운 정치질서를 부여할 수 있었던 유일한 정치 세력이었다고 인정하고, 이런 점에서 볼셰비키의 의미를 높이 평가했다.[80)]

'방향전환파'라는 명칭은 1921년 프라하에서 출판된 정치평론집 『방향전환*Смена вех*』에서 비롯된다. 이 책의 제목은 1905년 혁명의 좌절 후에 출판된 사회평론집 『이정표*Вехи*』를 염두에 두고 선택된 것이다. 『이정표』는 '방향표시판'이라고도 번역될 수 있는데, 이 책은 1905년 혁명 후 우경화된 분위기를 반영하여 러시아 인텔리겐치아에게 혁명운동에 열중하기보다 정신적 가치의 중요성을 돌아보라고 촉구했다. 『방향전환』은 역시 우파 지식인들에 의해 집필되었지만 그 방향은 『이정표』에서 다시 전환되었다. 다시 말해 이제 상황이 또다시 정반대로 바뀌어, 10월 혁명이 성공하고 소비에트 체제가 승리한 상황에서 러시아 인텔리겐치아가 선택해야 할 길은 무엇인가를 말하고자 한 것이 『방향전환』인 것이다. 단적으로 말하자면 이 책의 필자들이 주장하는 것은 소련 체제 인정론이었다. 그들은 "소비에트 권력이 러시아를 구했다"고 주장하면서 "소비에트 체제가 존속한다는 사실 자체가 이미 이 체제가 민중적 성격을 가졌다는 것을, 그리고 이 체제의 독재와 강압성도 그 나름

---

80) *Смена вѣхъ: Сборник статей*, июль 1921 г., Прага, 1921. 이 책은 초판이 1921년 7월에 출판되었고, 재판이 1922년에 출판되었다. 1921년 10월부터 1922년 5월까지는 같은 제목의 주간지도 발간되었다.

대로의 역사적 적합성을 가진다는 것을 입증한다"라고 평가했다.[81)]

이에 바탕을 두고 방향전환파는 망명한 러시아인들을 향해, 볼셰비키에 대한 반대를 중단하고 조국을 위해 소비에트 정권에 협력해야 한다고 권고했다. 그들은 이를 위해 조국으로 돌아가야 한다고 주장했고 실제로 일부는 망명지를 떠나 귀국했다. 영토적으로 통합된 강한 러시아를 무엇보다 중시했다는 점에서 이들은 러시아 국가주의자라고 할 수 있다. 이 운동의 이론적 주도자였던 니콜라이 우스트랼로프는 원래 입헌민주당 지지자였고 내전 시기에 백군에 합류하여 싸우다가 패전 후 하얼빈에서 망명생활을 했던 인물이다. 그의 회고에 따르면 내전 종식 전부터 이미 그는 이와 같은 생각을 가지고 있었으며 다른 백군 지지자들에게 이 같은 생각을 전파했다.[82)]

우스트랼로프는 자신의 담론을 민족 볼셰비즘이라 불렀다.[83)] 여기서 볼셰비키는 이념에 상관없이 러시아 민족의 구원자, 국가의 영토적 통합성의 수호자로 부각된다. 대내적으로 내전을 종식시키고 무정부상태를 극복했다는 데서도 그러했고 대외적으로 유럽 열강에 대한 종속을 물리쳤다는 데서도 그러했다. 우스트랼로프에게는 국가의 사회경제적 내용보다 외적 형태가 중요했다. 스탈린이 러시아 혁명은 종속적, 반식민적 상황에서 일어난 것이며, 혁명을 통해 그러한 상황을 극복했다고 본 것은 이들의 볼셰비키 해석과도 맞아떨어질 수 있었다.[84)] 붕괴되리라

---

81) Бобрищевъ-Пушкинъ, "Новая вѣра," *Смена вѣхъ*, с. 144.

82) Н. Устрялов, "Вперед от Вехи("Смена Вех" Сборник статей.Прага, 1921)," *Национал-Большевизм*, Москва, 2003, с. 195~96.

83) Н. Устрялов, "Национал-Большевизм(Ответ П. В. Струве)," *Национал-Большевизм*, с. 156.

84) 그리고 실제로 후에 서방의 일부 논자들은 소련 체제의 성격을 민족 볼셰비즘이라 규정하

생각했던 소비에트 체제가 견고하게 유지되면서 토대를 강화해가는 데 반해 망명 지식인들은 생활의 기반도 없이 고단한 유랑생활을 해야 한다는, 존재조건 자체의 차이에서 비롯되는 인식 변화도 작용했다. 더욱이 이들의 주장의 근저에는 '타락한 유럽 문명에 맞서서 온 세상을 구하는 러시아의 세계사적 사명'이라고 하는 러시아 지성사의 유구한 담론 전통도 깔려 있었다.[85)]

10월 혁명과 소련 정권에 대한 이 같은 해석은 러시아인들의 입장에서는 러시아 민족주의라 할 수 있고, 소수민족의 입장에서는 대러시아 제국주의라 할 성격의 것이었다. 그런데 우스트랼로프와 그의 동지들이 원래 백군을 지지했으면서도 망명생활 중 이처럼 대담한 주장을 펼 수 있었던 것은 볼셰비키 정권이 점차 변화해서 '러시아판 테르미도르 반동'이 일어나고 결국 소련의 사회경제 체제도 변하리라는 확신이 있었기 때문이다. 우스트랼로프 또한 당대의 많은 논객들처럼 프랑스 혁명과 러시아 혁명의 유비론을 바탕에 깔고 논의를 전개했는데, 그는 이미 레닌 생전에 행해졌던 신경제정책을 테르미도르로 보고 있었다. 테르미도르란 그가 보기에 반혁명이 아니라 동일한 혁명 세력 내에서 일어나

게 된다. M. Agursky, *The Third Rome: National Bolshevism in the USSR*, Boulder/London: Westview Press, 1987은 레닌의 볼셰비즘 자체가 슬라브주의 전통과 연결된 것으로 보는 반면 D. Brandenberger, *National Bolshevism: Stalinist Mass Culture and the Formation of Modern Russian National Identity, 1931~1956*, Cambridge, MA: Harvard University Press, 2002는 스탈린 체제를 민족 볼셰비즘으로 부르고 있다.

85) 단행본 『방향전환』에서 보브리셰프-푸시킨은 "빛은 동방에서"라는 옛 격언을 빌려, "동방(러시아)은 또다시 찬란하게 빛나고 있다"라고 썼다. **Бобрищевъ-Пушкинъ, "Новая вѣра,"** c. 148. 내전을 끝내고 겨우 혼란을 수습해가고 있던 소비에트 러시아에 대한 평가로는 상징적이다. 『방향전환』을 이어받아 1922년 5월부터 베를린에서 간행되었던 일간지 『전야*Накануне*』에 게재된 소설가 알렉세이 톨스토이의 글도 이러한 경향을 대표적으로 보여준다.

는 일종의 "궁정 쿠데타"로, 온건파가 "브레이크 밟기спуск на торможах"로써 강경급진파를 제압하고 공포정치를 종식시키는 일이었다.[86] 그는 이를 혁명의 진화로 평가하기도 했다.[87] 크론시타트 봉기의 비극을 계기로 하여 실시된 신경제정책은 반혁명은 아니지만, 적어도 볼셰비키적 공산주의로부터의 후퇴라 여겼던 것이다.[88] 결국 볼셰비키는 공산주의를 포기하게 될 것이고 소비에트 러시아는 정치적 통일성을 유지하면서 경제적 힘을 회복하여 대국으로서 위상을 차지하리라는 것이 우스트랼로프의 예측이었다.[89]

1920년대 초, 300만을 헤아리던 망명(이른바 백계) 러시아 지식인들 가운데, 10월 혁명과 소련 정권에 대해 비슷한 방향의 해석을 내린 집단으로는 청년러시아파Младороссы[90]와 유라시아주의자들Евразийцы[91]이 있었다. 이들 그룹은 (귀국을 했건 하지 않았건) 스탈린의 대숙청 이후에는 거의 해체되었다. 이와는 약간 다른 방향이기는 하지만, 일부 연구자의 견해를 따르자면 심지어 입헌민주당의 영수이자 1917년 2월 혁명

86) Н. Устрялов, "Пути термидора," *Национал-Большевизм*, с. 150~51, 154.

87) 같은 책, с. 152.

88) 그는 신경제정책을 "볼셰비즘의 경제적 브레스트 조약"이라 부르기도 했다. Н. Устрялов, "Перерождение Больщевизма," *Национал-Большевизм*, с. 137. 제1차 세계대전에서 벗어나기 위해 소비에트 러시아가 독일과 단독으로 체결한 강화조약인 브레스트 조약이 소비에트 러시아의 입장에서는 굴욕적인 양보 조치였음을 생각할 때 신경제정책에 대한 우스트랼로프의 평가가 어떤 의미인지를 알 수 있다.

89) 같은 책, с. 139, 141.

90) 청년러시아당과 그 지도자였던 카젬-벡의 정치적 견해에 대해서는 N. Hayes, "Kazem-Bek and the Young Russians' Revolution," *Slavic Review*, vol. 39, no. 2, Jun. 1980, pp. 255~68 참조.

91) 1920~30년대 고전적 유라시아주의자들의 현실정치론에 대해서는 한정숙, 「슬라브적인 것과 유라시아적인 것: 범슬라브주의와 유라시아주의를 통해서 본 러시아의 민족주의 이념」, 한국서양사학회 엮음, 『서양에서의 민족과 민족주의』, 까치, 1999, pp. 283~93 참조.

후 임시정부의 외무장관을 역임했던 파벨 밀류코프조차 망명 기간 동안 차츰 10월 혁명 이후 수립된 소련 체제에 대해 긍정적인 입장을 취하기 시작했다. 밀류코프는 스탈린 치하의 소련이 동서 사이의 연결자인 거인적 존재로 부상하리라는 희망을 가졌던 것이고 이것이 소비에트 체제에 대한 어느 정도의 입장 전환을 가능하게 했다.[92]

1950~60년대 소련의 수정주의 역사학자들

1956년 2월, 제20차 소련 공산당대회에서 당 제1서기 흐루시초프가 스탈린을 비판하는 비밀 연설을 하고 탈스탈린화 정책을 주도하면서 소련의 지식인 사회에서도 이른바 '해빙' 분위기가 형성되었다. 포크롭스키와 가깝게 지냈던 역사학자 안나 판크라토바는 흐루시초프 연설이 있기 전에 이미 스탈린 개인 숭배를 비판하면서 그러한 개인 숭배에 바탕을 둔 『약사』의 문제점을 지적했다. 공산당사를 수정할 필요성이 제기되면서, 1957년 6월부터는 새로운 역사학 학술지로 『소련 역사*История СССР*』와 『근현대사*Новая и новейшая история*』가 발간되기 시작했다. 용도 폐기된 『약사』를 대체할 역사서의 서술도 비교적 빠른 속도로 진행되어 1959년 1월에는 새로운 소련 공산당사가 출판되었다. 혁명의 기본 성격, 볼셰비키와 레닌의 지도적 역할 등에 대해서는 서술상의 변화가 없었으나, 혁명 과정에서 스탈린이 담당한 역할에 대해서는 서술의 비중이 감소했다.

92) A. P. Mendel, "Introduction," P. Miliukov, *Political Memoirs 1905~1917*, A. P. Mendel(ed.), Ann Arbor: University of Michigan Press, 1967, pp. xiv~xv.

한편 제20차 당대회 이후의 새로운 지적 움직임에 고무된 일군의 역사학자들은 러시아 혁명에 대한 해석의 경직성에서 벗어나, 새로운 해석 가능성을 찾고자 했다. 이들을 소련 역사학의 수정주의자들이라 부를 수 있다.[93] 이들은 사회주의 혁명의 민주적 성격을 부각시키고자 했으며, 혁명 이전 시기 러시아의 사회경제 구조의 성격에 대해서도 스탈린주의적이던 『약사』와는 다른 해석을 제시하고자 했다.

이들 가운데 가장 먼저 그러한 문제의식을 드러낸 인물은 예두아르트 부르드잘로프다. 그는 1956년 초 『역사의 제문제*Вопросы истории*』지에 실은 역사학계 동향 비판문에서 역사 연구자들에게 가해졌던 공산당의 압력을 신랄하게 비판하면서 공식 역사학에서 답습되어온 해석들을 재검토할 것을 요구하고 나섰다.[94] 그중에서 혁명사 연구와 관련해서 특히 큰 파문을 던진 것은 그가 혁명운동에서 볼셰비키의 역할만을 독점적으로 인정하는 태도를 버리자고 주장했다는 점이다. 그는 1905년 혁명에서 멘셰비키가 수행한 역할도 인정해야 한다고 암시했다. 또한 마르크스주의자로서 민중의 혁명성을 중시했던 부르드잘로프는 2월 혁명 기간 볼셰비키의 전술을 다룬 두 편의 논문[95]에서, 레닌이 귀국하기 전까지 볼셰비키의 전술은 다른 사회주의 정당들과 차이가 없었으며, 2월 혁명에서는 볼셰비키의 지도적 역할이 아니라 민중의 자발적 봉기가

93) 이들에 관한 체계적 연구서로는 R. Markwick, *Rewriting History in Soviet Russia* 참조.

94) 부르드잘로프 사건의 전말에 대한 소개로는 위의 책과 함께 D. J. Raleigh, "Translator's Introduction," E. N. Burdzhalov, *Russia's Second Revolution: The February 1917 Uprising in Petrograd*, Bloomington, Indiana: Indiana University Press, 1987, pp. xii~xviii 참조. 이 책은 2월 혁명에 관한 부르드잘로프의 단행본을 영역한 것이다.

95) Е. Н. Бурджалов, "О тактике большевиков в марте-апреле 1917 года," *Вопросы истории*, но. IV, 1956, с. 38~56; Е. Н. Бурджалов, "Еще о тактике большевиков в марте-апреле 1917 года," *Вопросы истории*, но. VIII, 1956, с. 109~14.

가장 결정적인 역할을 했음을 밝히기도 했다.

그러나 소련 정권은 부르드잘로프의 이와 같은 견해를 받아들일 만큼 자기혁신에 성공한 세력은 아니었다. 부르드잘로프와 『역사의 제문제』 편집진에 대한 탄압이 가해졌고 이는 후에 '부르드잘로프 사건'이라는 이름으로, 정치권력이 학문의 자유를 탄압한 선명한 사례로서 두고두고 사람들 입에 오르내리게 될 터였다. 부르드잘로프의 책 『제2차 러시아 혁명: 페트로그라드 봉기*Вторая русская революция: Восстание в Петрограде*』는 당국의 탄압이 완화된 1967년에 출판되었는데, 1956년에 큰 파문을 일으켰던 논문들의 문제의식이 오롯이 담겨 있다.

혁명 당시 러시아 사회의 경제구조(객관적 조건)와 관련하여 1960년대 중반까지 새로운 세대 소련 연구자들이 주로 선호한 것은 복합구조론이었다.[96] 복합구조(러시아어로는 многоукладность이다. 이는 '경제 제도의 다중성'이라고 번역할 수도 있을 것이다)론은 혁명 당시 러시아의 전체 사회경제 구조에서는 자본주의적 경제 제도가 지배적이지 않았으며, 오히려 '상이한 경제 제도를 특징으로 하고 불균등한 발전 단계에 있는 여러 경제 부문들이 공존했다'는 견해다. 마르크스주의 역사 해석에서 기본적으로 사회주의 사회는 자본주의 단계 이후에 오는 것으로 설정되어 있는데, 복합구조론은 혁명 전 러시아의 사회경제 구조가 이 같은 이론 틀에 잘 맞는 것인지 재검토해보겠다는 문제의식에서 출발했다고 할 수 있다.

이 견해는 혁명 직후까지도 농민적, 소상품적 경제 제도가 강하게 남

96) 1960년대 소련 역사학계의 복합적 경제구조론과 소련 정권 측 반응에 대해서는 R. Markwick, *Rewriting History in Soviet Russia*, pp. 89~102 참조.

아 있었을 뿐 아니라, 심지어 봉건제 이전의 경제 제도(곧 가부장제적 경제 제도)의 잔재까지 남아 있었다는 사실을 끌어안을 수 있다. 포크롭스키도 부분적으로는 이 해석을 제시한 바 있었다. 이 관점은 왜 러시아 혁명 후 소련 사회가 사회주의로의 이행과 관련하여 그토록 큰 고통을 겪었는가를 설명해주며, 또한 스탈린주의가 취약한 경제적 토대 위에 덮어씌워졌음을 보여주는 것이기도 했다. 복합구조론은 러시아 혁명의 '합법칙성'을 인정하지 않거나, 더 나아가 혁명의 정당성을 근본적으로 부정하는 이론이 아니다. 앞에서 언급했다시피, 일찍이 러시아 혁명의 주도자 중 한 사람인 트로츠키도 혁명 시기 러시아의 사회경제 구조가 '불균등 발전의 법칙'과 '복합 발전의 법칙' 아래 놓여 있었다고 보았다. 복합구조론을 따를 때, 대표적인 1960년대 역사학자의 한 사람이었던 볼로부예프가 해석한 것처럼 10월 혁명은 '사회적 발전의 객관적 법칙'으로만 설명되는 것이 아니라, 1917년 당시 러시아가 당면했던 복합적인 민주적 과제들을 해결하는 데 볼셰비키가 가장 적극적이었기 때문에 일어난 혁명으로 볼 수 있는 것이다.[97]

60년대 세대라 불렸던 새로운 세대의 소련 역사학자들은 이처럼 러시아 혁명과 스탈린주의를 새로운 시각에서 해석하고자 했다. 그러나 이들의 학문적 시도는 브레즈네프 시기에 이르러 탄압의 대상이 되었다. 그런 한편 흐루시초프의 탈스탈린화 정책이 시작된 후에도, '10월 혁명은 러시아를 경제적, 민족적 위협, 곧 외세에 의한 국토의 분할 위기에서 구했다'는 해석이 널리 통용되었다.[98]

97) 같은 책, pp. 101~102.

98) R. H. McNeal, "Soviet Historiography on the October Revolution," p. 280.

소련 학자들은 전반적으로 러시아 혁명을 정당화하되, 그 후의 어려움을 설명할 수 있는 이론을 마련하기 위해 고심했다. 그러면서도 당의 지도적 역할, 혁명 지도자들의 영웅적 업적을 부각시키고자 했다. 특히 스탈린 격하운동 이후에는 일부 소련 학자들이 러시아 혁명 해석을 통해 당대 소련 사회의 문제점들에 대해 비판적으로 성찰할 수 있는 가능성을 찾고자 했다. 이는 가시적 성공을 거두었다고 보기는 어렵지만 페레스트로이카 시기의 새로운 역사학의 문제의식으로 이어졌다.

3. 소련 바깥에서의 러시아 혁명 해석

러시아 혁명과 이후 과정에 대한 해석은 러시아 내부 못지않게 외부 세계에서도 논자의 정치적 입장에 따라 극과 극으로 나뉘었다. 존 리드의 예에서 보듯, 적지 않은 서방 지식인들이 러시아 혁명에 열광했지만, 다른 많은 논자들은 '볼셰비키의 음모에 의한 권력 장악'에 대한 비판을 쏟아냈다. 혁명적 마르크스주의자로서 국제사회주의 운동 세력 내에서 레닌과 맞먹는 위상을 가진 지도자였던 로자 룩셈부르크도 볼셰비키의 집권 방식에 대해 불편한 감정을 가졌다. 그녀는 한편으로는 레닌과 트로츠키가 내적 절망과 모순 속에서 온갖 난관에 찬 가시밭길을 헤치고 혁명에 성공한 것을 높이 평가했지만, 다른 한편으로는 볼셰비키가 대중의 자발성과 창의성을 무시했다고 여겨 10월 혁명을 비판했다.[99)]

99) R. Luxemburg, "Zur russischen Revolution," *Gesammelte Werke*, Bd. 4, Berlin: Karl Dietz Verlag Berlin, 2000, pp. 332~62.

1922년 룩셈부르크의 사후 발견된 원고 「러시아 혁명」은 독일 공산당 내에서 격렬한 논쟁을 불러일으켰다. 일찍이 볼셰비키의 당 조직이 지나치게 중앙집중적이라는 이유로 레닌의 당 조직론을 비판하기도 했던 룩셈부르크인지라 10월 혁명의 전략과 방법론, 볼셰비키 집권 후의 공포terror정치 동원, 당과 대중의 관계에 대한 그녀의 비판은 사뭇 이례적인 것만은 아니었다. 룩셈부르크의 긴밀한 동지였던 클라라 체트킨과 아돌프 바르스키는 1918년 11월 독일 혁명이 실패로 끝난 후 룩셈부르크가 견해를 바꾸었다고 주장하기도 했으나, 스탈린은 룩셈부르크와 그녀의 동료들이 절반의 멘셰비키라고 단죄했다.[100)]

그런가 하면 미국 출신 언론인이자 저술가인 윌리엄 체임벌린은 러시아 혁명 후 오랜 소련 체류 기간에 그 자신이 직접 관찰하고 목격한 소련인들의 생활과 여론, 정서적·심리적 분위기를 염두에 두고 볼셰비키에 비교적 우호적인(그렇지만 존 리드의 책처럼 열렬하게 볼셰비키에 동조적이라고 할 수는 없는) 『러시아 혁명사』를 집필하여 1930년대에 출판했다. 그의 책은 1917년 2월 혁명부터 1921년(내전 종료)에 이르는 역사를 시간 순으로 추적한 것인데 주로 혁명가들이나 당대인들의 회고록, 출판된 사료 등을 이용했고, 문서고 자료나 접근이 어려운 자료를 활용하지는 못했다. 그렇지만 이 책은 서방 세계의 대중이 쉽게 접근할 수 있는 러시아 혁명사 개설서로서 오랫동안 명성을 누렸다.[101)] 체임벌린은 레

100) O. Luban, "Rosa Luxemburg's Critique of Lenin's Ultra Centralistic Party Concept and of the Bolshevik Revolution," *Critique*, vol. 40, no. 3, Aug. 2012, p. 358.

101) W. H. Chamberlin, *The Russian Revolution*, vol. 1. 1917~1918: *From the Overthrow of the Czar to the Assumption of Power by the Bolsheviks*, vol. 2. 1918~1921: *From the Civil War to the Consolidation of Power*, London: Macmillan, 1935. 이 책은 그 후 내용 수정 없이 여러 차례 재출판되었다.

닌의 특출한 개성과 마르크스주의 이념의 역할, 유럽과 아시아의 중간에 위치한 사회로서의 러시아 역사의 특수성, 인구의 대다수를 차지하던 러시아 농민층의 심리적 특징 등등을 고찰한 끝에, 결국 시대정신이 급진파인 볼셰비키에 더 부합했기에 이들이 승리했다는 결론을 내렸다.[102] 체임벌린은 온건좌파 지식인으로서, 러시아 혁명은 개인적, 시민적 자유를 신장시키지는 못했으나(차르 시대보다 오히려 약화시키기까지 했다), 사회적 민주주의는 현저하게 신장시켰다고 후하게 평가하기도 했다.[103]

러시아 혁명에 대한 서방 사회의 견해는 서방과 소련의 관계에 따라 변화했다. 체임벌린은 제2차 세계대전이 진행 중이던 1942년, 러시아 혁명과 소련 정치에 대한 미국 사회의 그때까지의 평가를 간략히 개관했다. 그에 따르면 러시아 혁명 직후에는 그 유혈적 양상에 대한 과장된 보고 때문에 미국인들 사이에 부정적인 견해가 우세했지만, 1920년대 말 이후 소련에서는 5개년 경제계획이 실시되는 반면 서방 자본주의는 위기에 몰리는 상황이 되자 미국 지식인들 다수가 러시아 혁명과 소련에 대해 융통성 없을 만큼 우호적인 태도를 보였다. 1930년대 중반 소련의 대숙청이 알려지면서 부정적인 평가가 확산되었지만, 제2차 세계대전에서 독소전쟁이 시작되고 소련이 동부전선을 맡아 나치 독일에 맞서 분투하자 소련에 대한 미국인들의 태도에는 열렬한 호의가 넘치게 되었다.[104] 러시아 혁명에 대한 견해도 이에 상응하게 변화를 거듭했다.

102) W. H. Chamberlin, *The Russian Revolution*, vol. 2, p. 460.

103) W. H. Chamberlin, "The Russian Revolution 1917~1942," *Russian Review*, vol. 2, no. 1, Autumn, 1942, p. 7.

104) 같은 글, pp. 8~9. 러시아에서 2월 혁명이 일어났을 때 서방 사회의 반응은 매우 호의적이었다. 제1차 세계대전에 제정 러시아와 한편이 되어 참전하는 것을 꺼리던 미국의 윌슨 대

그러나 러시아 혁명과 소련 체제에 대한 서방 사회 주류 지식인 집단의 태도는 냉전이 시작되자 다시 표변했다. 사실 미국 학자들이 러시아 연구에 본격적으로 뛰어들기 시작한 것도 냉전이 시작되어 소련이 미국의 가장 중요한 적대 세력이 되면서부터다. 미국 학자들은 나치스라는 적대 세력이 사라지자, 제2차 세계대전 때까지 동맹 세력이었던 소련을 새로운 적대자로 삼고 소련 체제를 있게 한 러시아 혁명에 관심을 돌리기 시작한 것이다. 이제는 반공주의적 해석이 휩쓸게 되었다. 이러한 경향의 연구는 1950~60년대에 주류를 이루었으나, 그사이에 독자적 해석을 내놓는 연구자들도 없지 않았다. 그리고 1970년대 이후에는 서방에서도 러시아 혁명 연구 인력의 현격한 증대와 더불어, 연구 경향도 상당히 다양해졌다. 아래에서는 서방 연구자들의 견해 중 대표적인 것을 몇 가지 갈래로 나누어 살펴보겠다.

프랑스 혁명과 러시아 혁명 유추론

관찰자의 입장에서 10월 혁명과 그 이후 과정을 평가한 유럽 지식인들의 논의에서도 프랑스 혁명과 러시아 혁명의 진행 과정을 유비론적으로 비교하는 경향을 찾아볼 수 있다. 알베르 마티에즈의 일부 논의와 아이작 도이처의 해석도 그러한 경우에 해당한다. 이들의 논의는 두 혁명의 유비에 입각하되 특히 '러시아 혁명에서 테르미도르 반동을 말할 수 있는가'라는 문제에 많은 관심을 기울인다는 점에서도 공통점을 가

통령은 2월 혁명이 나자 이를 환영하며 곧 미국의 참전을 결정했다. W. H. Chamberlin, "The First Russian Revolution," *Russian Review*, vol. 26, no. 1, Jan. 1967, p. 11.

진다.

프랑스 혁명사 전문가로서 막강한 권위를 인정받고 있던 마티에즈는 러시아 혁명 발발 후 몇 년 동안 이 혁명에 대해 호의적인 입장을 견지했다. 볼셰비키가 폭력과 독재로 민주주의를 억압한다는 서유럽인들의 세평에 맞서는 입장이기도 했다. 『자코뱅과 볼셰비즘』이라는 마티에즈의 소책자는 이 두 급진적 정치 세력의 성격과 정책, 그들이 처한 상황, 지지 세력 등을 거의 비슷한 것으로 파악하고 있다.[105] 그는 볼셰비키와 자코뱅 모두 하층 계급의 지지를 받고 있었으며 그 지도자들은 구 지배계급 출신이라는 것, 대내외 전쟁이라는 비상상황에 처해서 독재적 정치를 할 수밖에 없었다는 것, 비상상황에서 통제경제와 공포정치를 실시했다는 것, 온건과 과격 사이에서 균형을 취했다는 것 등을 양자의 공통점으로 들었다. 물론, 자코뱅은 혁명의 승리를 위해 혁명전쟁을 원했고 볼셰비키는 혁명의 성과를 확보하기 위해 평화를 원했다는 차이가 있기는 했다.[106] 마티에즈는 그럼에도 자코뱅주의와 볼셰비즘은 공통점이 더 많다고 보았고 "러시아 혁명가들은 프랑스 혁명가들을 자발적으로, 의식적으로 본받았다"라고 주장했다.[107] 그가 보기에 레닌은 러시아 혁명의 로베스피에르나 다름없었다.

나아가 마티에즈는 프랑스 혁명에 비추어 보았을 때 러시아 혁명이 걷게 될 길을 예견할 수 있을지 가늠해보고자 했다. 곧 러시아 혁명의

105) A. Mathiez, *Le Bolchévisme et le Jacobinisme*, Paris: Librairie de l'Humanité, 1920. 또한 최갑수, 「프랑스 혁명과 러시아 혁명: 비교와 상관성」, 『프랑스사 연구』 18호, 2008년 2월, pp. 96~104에서는 마티에즈의 '볼셰비즘-자코뱅주의' 유비론이 정리되어 소개되었다.

106) A. Mathiez, *Le Bolchévisme et le Jacobinisme*, p. 4.

107) 같은 책, p. 22.

앞길이 러시아판 테르미도르 반동과 보나파르트의 등장으로 이어지지 않을지 살펴보고자 한 것이다. 여기서 주목해야 할 것은 두 혁명의 유비론을 펼치던 1920년대에 마티에즈는 테르미도르를 반드시 반동적인 것이라기보다 급진파가 분열되고 서로를 죽인 끝에 찾아오는 자연스러운 귀결이라고 보았다는 점이다. 게다가 그는 프랑스 혁명기에도 경제적 후퇴는 테르미도르 반동 이후에 찾아온 것이 아니라 로베스피에르가 지도하던 공안위원회 집권 말기에 이미 시작되었다고 주장했다. 그리고 한 연구자의 의견을 따르면, 마티에즈는 소비에트 러시아에서 1921년에 채택된 신경제정책이야말로 테르미도르 9일 이후의 정책과 유사한 "경제적 후퇴"라고 여겼다.[108] 이것은 앞에서 살펴본 우스트랄로프의 '소비에트 테르미도르'론과 크게 다르지 않은데, 하얼빈에 망명 중이던 우스트랄로프와 마티에즈 중에 누군가가 다른 이에게 영향을 미친 것인지, 그렇지 않으면 두 사람이 독자적으로 그러한 방향의 테르미도르 해석으로 나아간 것인지는 앞으로 살펴보아야 할 것이다.[109] 다만, 1920년대 중반에 일군의 소련 학자들이 마티에즈의 저작에 바탕을 두고 테르미도르에 대한 논의를 펼쳤음은 분명하다.[110] 특히 그중 한 사람인 도브롤류프스키는 1927년 「테르미도르 공회Convent의 신경제정책」[111]이라는 시사적인 제목의 논문을 발표하기도 했다. 여기서 신경제정책은 보통명사이지만, 크론시타트 봉기 이후 볼셰비키 정부가 도입한 경제정책

108) T. Kondratieva, *Bolcheviks et Jacobins*, p. 189.

109) 우스트랄로프의 「테르미도르의 길」은 1921년 6월에 하얼빈에서(잡지 *Новости Жизни*) 처음 출판되었다.

110) T. Kondratieva, *Bolcheviks et Jacobins*, pp. 189~90.

111) К. П. Добролювский, "Новая экономическая политика термидорянского Конвента," *Записки Одеського Институту Народньої Освіти*, т. 1, 1927.

을 가리키는 고유명사가 그 배후에서 얼굴을 내밀고 있음은 말할 나위도 없다.[112)]

흥미로운 것은, 러시아판 보나파르트로 여겨지게 될 인물의 정체에 관한 문제다. 마티에즈는 러시아 혁명도 프랑스 혁명처럼 군사적 독재자의 출현을 맞게 될지도 모른다는 가능성을 우회적으로나마 지적했는데, 그가 두 혁명의 유비론을 활발히 전개하던 소비에트 내전 직후라는 시기에는 유능한 군사독재자 후보로 세인들의 뇌리를 떠돌던 인물은 사실 내전을 승리로 이끈 군사 천재 트로츠키였다. 그런데 정작 트로츠키 자신은, 이미 앞에서 살펴본 대로, 세력을 잃고 추방당한 후 쓴 일련의 글에서 테르미도르 반동에 대해 훨씬 더 부정적인 평가를 내렸을 뿐 아니라 러시아 혁명의 성과를 뒤집는 보나파르트로 스탈린을 지목했던 것이다.

유대계 폴란드인으로서 히틀러의 등장 이후 영국으로 망명하여 그곳에서 주로 활동했던 아이작 도이처는 상당 기간 동안 트로츠키주의자로 활동했고, 트로츠키 전기 3부작과 스탈린 전기를 썼다. 이들 저술에서 도이처의 러시아 혁명 해석은 망명 후 트로츠키의 저술에서 보이는 해석을 상당 부분 따르고 있으며, 특히 테르미도르 반동에 대한 그의 견해는 트로츠키의 해석과 큰 차이가 없다.

그러나 1951년의 논문 「프랑스 혁명과 러시아 혁명: 몇 가지 시사적 유비론」에서 도이처가 행한 두 혁명 비교론은 그 나름의 독자성을 가지고 있다. 그는 무엇보다 혁명 이전의 구체제와 혁명 이후 수립된 새로운

112) 그러나 1928년부터는 포크롭스키와 그 추종자들을 중심으로 마티에즈의 테르미도르론과 그 유비론에 바탕을 둔 러시아 혁명 과정 해석 경향에 대한 강경한 비판이 전개되었다. T. Kondratieva, *Bolcheviks et Jacobins*, pp. 197~209.

체제의 연속성과 단절성이라는 점에서 볼 때 러시아 혁명이 프랑스 혁명보다 훨씬 큰 단절성을 보여준다고 해석했다. 그는 19세기 말 프랑스 혁명에 대한 연구서를 세상에 내놓았던 알베르 소렐A. Sorel의 해석을 인용하여, 프랑스 혁명 이전의 구체제 하에서는 혁명 후 이루어질 부르주아적 사회 제도의 요소가 이미 상당한 수준으로 성숙해 있었다고 보았다. 이에 반해 러시아 혁명 후 도입된 계획경제와 집산주의적 사회 제도는 혁명 전 러시아에는 존재하지 않았던 아주 새로운 요소이며, 혁명과 혁명으로 수립된 정부의 의식적 창조물이라고 보았다. 그런 의미에서 그는 스탈린이라는 인물이 경험주의자이자 전제적 통치자이기는 하되, 프랑스 혁명의 어떤 지도자보다 깊은 흔적을 역사에 남겼다고 평가하기도 했다.[113]

그러면서도 도이처는 두 혁명의 공통점도 인정했다. 그것은 첫째, 혁명 후 수립된 체제들이 혁명 전의 국경선 유지를 비롯하여 국가 이성을 중시하는 정책을 폈다는 점이고, 둘째, 혁명이 국외에 보급되었으되 이는 혁명 고조기가 아니라 국내에서 혁명이 가라앉은 후에 통치자에 의해 인위적으로 이루어졌다는 점이다(나폴레옹의 유럽 지배, 동유럽의 스탈린주의 정권 수립). 이는 혁명의 이름, 국제주의, 보편주의의 이름으로 행해졌다. 그러나 바로 혁명이 보급한 가치로써 각성된 타국 인민들이 혁명 원조국들의 지배에 반발하고 나선 것이 그 귀결이었다.[114] 유럽 좌파 지식인인 도이처는 러시아 혁명으로 수립된 체제를 비판적으로 이해하는 데 입각한 저작에서 출발했다. 그런데 제2차 세계대전 후 스탈린

113) I. Deutscher, "The French and Russian Revolutions: Some Suggestive Analogies," *World Politics*, vol. 4, no. 3, Apr. 1952, pp. 372~73.

114) 같은 책, pp. 374~77.

체제가 동유럽 국가들에 수립된 이후에는 그 비판의 강도가 더욱 높아졌다고 할 수 있다.

냉전주의적, 반공주의적 해석

제2차 세계대전 시기까지만 해도 서방, 특히 미국 사회의 주류는 대독對獨전쟁의 동지였던 소련에 대해 우호적인 시각을 견지해왔지만, 전쟁이 끝나고 유럽을 놓고 냉전이 시작되자 곧 소련에 대해 적대적인 태도를 보이기 시작했다. 소련 공산당 집권의 출발점이었던 러시아 혁명에 대한 견해도 전체적으로 보아 훨씬 부정적인 방향으로 기울었다.

냉전 시대 서방 사회 주류의 소련관은 한마디로 소련은 전체주의 사회라는 것이었다. 제2차 세계대전 후 특히 큰 세력을 얻게 된 전체주의 담론의 학문적 기초를 놓은 인물은 한나 아렌트다. 그녀는 주저 『전체주의의 기원』(1948)에서 나치즘과 스탈린주의를 모두 전체주의 체제로 보았다.[115] 사실 아렌트는 러시아 혁명 후 소비에트 정부를 일관되게 전체주의 체제로 본 것이 아니라, 스탈린이 일당독재를 전체주의로 바꾸었다고 말했다.[116] 그렇지만 세부적 사실을 면밀하게 구분하지 않는 논자들에게 이는 큰 의미를 가지지 않는 일이었을 것이다. 전체주의론은 소련 사회를 바라보는 서방(특히 미국) 학자들의 시각에도 큰 영향을 미쳤다. 여기서 지적해야 할 것은 주지하다시피 아렌트 자신은 자기가 경

115) 3부로 구성된 이 책에서 전체주의 체제를 직접 분석한 것은 제3부다. 아렌트는 전체주의가 등장하는 사회는 대중이 계급의식을 가지지 못하고 폭중暴衆, mob이 되어 있는 사회라고 말한 다음, 전체주의 운동, 집권 후 전체주의 정부의 특징을 차례로 분석한다.

116) H. Arendt, *The Origins of Totalitarianism*, San Diego/London/New York, 1979, p. 379.

험했던 나치 독일에 대해서는 비교적 잘 알고 있었지만 소련 사회에 대해서는 그리 잘 알지 못했고 정밀하게 분석하지도 않았다는 점이다. 그런데 전체주의 담론을 수용한 반공주의적 학자들은 이 개념을 별도의 분석 없이 사용할 수 있는 특허장 같은 것으로 여기고, 10월 혁명 이후 소련 사회 전체를 악마화하는 데 이를 사용하는 경향이 있었다. 여기에다 말년의 트로츠키도 스탈린 체제를 전체주의 사회라고 규정했다.

> '짐이 곧 국가다L'État, c'est moi'라는 구절은 스탈린 전체주의 체제의 가혹성에 비하면 거의 관대한 표현이라고 해도 좋겠다. 루이 14세는 자기를 국가와 동일시했을 뿐이다. 로마 교황들은 자기를 국가 및 교회와 동일시하기는 했으나 그것은 단지 일시적으로 권력을 잡는 기간에 한정된 일이었다. 전체주의 국가는 황제교황주의를 훨씬 능가한다. 왜냐하면 이 국가는 나라의 전체 경제까지 포괄하기 때문이다. 루이 14세 태양왕과도 달리 스탈린은 '내가 곧 전체 사회이다La Société, c'est moi'라고 말할 법하다.[117]

트로츠키의 저술 가운데 소련 체제에 대해 비판적인 구절이나 표현이라면 무엇이든 즐겨 인용하는 경향이 있던 서방 사회의 논자들은 이 구절도 놓치지 않았다. 이러한 논자들의 영향 아래서 서방 사회에서는 '소련은 전체주의 사회'라는 등식이 오랫동안 따로 설명할 필요가 없는 공리처럼 여겨졌다.

서방 측 주류 역사학자, 사회과학자 들이 강력한 반공주의라는 이념

117) L. Trotsky, *Stalin*, Ch. Malamuth(trans.), London: Hollis and Carter, 1947, p. 421.

적 전제를 내세워 든 채 출발했기 때문에 러시아 혁명과 소련 체제에 대한 그들의 연구와 해석은 학문적 엄밀성과 지적 성실성을 인정받지 못하는 경우도 많았다. 에드워드 카는 1961년에 출판된 『역사란 무엇인가』에서 "최근 10여 년 동안 영어 사용권 나라들에서 만들어낸 소련 관계 문헌들 〔……〕 상당수는 상대방의 마음속에서 일어나고 있는 일을 가장 기본적인 수준에서조차 상상적으로 이해할 수 없었기 때문에 쓸모없는 것이 되어버렸다"[118]라고 평했다. 또한 월터 라커도 1967년에 러시아 혁명 관련 저작들을 개관하면서 "최근 몇 십 년 동안 새로 밝혀진 사실들은 혁명에 대한 재검토의 토대를 제공할 정도로 그렇게 세밀하지도 않고 그렇게 신뢰할 만하지도 않다. 그래서 1917년 혁명의 중요성에 대한 토론은 그 성격상 주로 도덕적, 이데올로기적이며 심지어 신학적이기까지 하다"라는 비판적 평가를 내렸다.[119] 소련 학계가 스탈린주의적 관점에 매여 있는 동안 서방 학계는 반공주의 전체주의론에 사로잡혀 앞으로 나아가지 못했던 것이다. 이념적, 정치적 입장을 불문하고 자료를 엄격하게 분석해야 한다는 것은 기본으로 수용되었다. 그러면서도 전반적으로 러시아 혁명은 볼셰비키라는 소수 음모집단에 의한 권력 장악, 소련 체제는 전체주의 체제라고 하는 해석이 반공주의적 해석의 주류를 이루었다.

---

118) E. H. 카, 『역사란 무엇인가』, 김택현 옮김, 까치, 1997, p. 42. 이 인용문은 필자가 약간 수정한 것이다.

119) W. Laqueur, *The Fate of the Revolution: Interpretations of Soviet History From 1917 to the Present*, London, 1967, p. 54. 이는 M. Hookham, "Reflections on the Russian Revolution," *International Affairs*, vol. 43, no. 4, Oct. 1967, p. 643, n. 4에서 재인용했다. 라커는 이 책을 1987년에 내용 변경 없이 재출판했고 위의 인용문은 이 책에도 실려 있다. 필자는 이 인용문이 1960년대 상황에서 수용된 양상을 살펴보기 위해 후켬의 논문에서 재인용했다.

이런 방향의 해석자들은 10월 혁명의 외적 측면에서부터 음모론을 들이댔다. 특히 독일이 레닌을 밀봉열차에 태워 러시아로 돌려보낸 뒤 권력에 올려놓았다는 독일-레닌 합작론은 냉전적 러시아 혁명 해석에서 오랫동안 인기를 끌어온 단골 소재였다. 레닌이 독일을 위해 활동한다는 식의 소문은 2월 혁명 후 그가 독일 영토를 거쳐 러시아로 귀환하자마자 그의 정치적 적대자들 사이에서 무성하게 나돌았다.[120] 냉전 시기에 그 같은 견해를 전파하는 데 앞장선 저자 가운데 한 사람으로 알란 무어헤드A. Moorehead를 들 수 있다. 그는 전문 역사가는 아니고 대중 저술가였다. 그가 1958년에 출판한 『러시아 혁명*The Russian Revolution*』은 한국에서 2년 뒤인 1960년에 번역, 출판되었다.[121] 러시아 혁명에 대한 전문 연구 서적이 없던 한국에서는 이례적일 정도로 빨리 번역되었던 셈인데, 이는 당시 한국 독서계의 러시아 혁명 인식이 냉전적 해석에 의해 좌우되었음을 말해준다.

서방의 극히 보수적인 논객들, 예를 들면 자국 사회의 계급 갈등과 민중의 급진적 움직임은 절대 우호적으로 보지 않을 논자들도 러시아 혁명을 해석할 때는 민중의 자발적 봉기를 강조하는 경우가 많다. 이는 볼셰비키의 역할을 축소하거나, 그 의미를 부정적으로 평가하기 위해서였다. 가장 보수적인 역사가가 가장 급진적인 민중혁명의 지지자와 똑같은 주장을 하는 아이러니에 찬 장면이 나타나기도 했다.

서방의 러시아 연구자들 중에서도 가장 강경한 반공주의적, 반소적 입장을 대표하면서 10월 혁명과 소련 체제에 대한 냉전주의적 해석을

---

120) L. Trotsky, *The History of the Russian Revolution*, Max Eastman(trans.), vol. 2, London: Wellred Publications, 2007, pp. 598~623.

121) 알란 무어헤드, 『러시아 革命』, 이중태 옮김, 自由舍, 1960.

주도한 연구자는 리처드 파이프스다. 폴란드 출신 유대계 학자인 그는 소련 체제뿐 아니라 러시아와 러시아인들 자체에 대한 반감이 강한 인물이다. 그래서 그가 1970년대 사회주의권에 대한 서방의 긴장완화 정책을 비판한 것을 두고 한 학자는 "파이프스는 반反소련적인가, 반러시아적인가"라는 물음을 던지기도 했다.[122]

파이프스는 대단히 부지런하고 작업량이 많은 것으로도 유명한 연구자인데 그의 러시아 혁명 해석은 혁명 이전 러시아가 후진사회였다는 자신의 해석과 밀접한 관련을 가진다. 그의 관점에서 러시아 혁명은 '후진성의 산물'이었다. 그는 혁명 전 러시아 사회가 부르주아지의 결여, 정신적 자유의 결여 등 후진성을 드러냈고, 그 결과 경찰국가의 길로 나아갔다고 보았다.[123] 볼셰비키와 10월 혁명에 대한 그의 부정적 평가는 알렉산드르 케렌스키의 저작을 연상케 한다(물론 10월 혁명 전 러시아의 상황에 대한 케렌스키의 평가는 파이프스의 그것과는 다르다). 그의 이 같은 기본 관점은 1990년에 출판된 『러시아 혁명』에서도 이어졌다.[124] 파이프스는 혁명 전 러시아도 폭압적, 후진적인 사회였고 혁명 후 소련도 그렇다고 보는 해석자이기에, 10월 혁명에 대한 그의 해석도 당연히 부정적일 수밖에 없다.

122) W. G. Krasnow, "Richard Pipes's Foreign Strategy: Anti-Soviet or Anti-Russian?," *Russian Review*, vol. 38, no. 2, Apr. 1979.

123) R. Pipes, *Russia under the Old Regime*, London: Weidenfeld and Nicolson, 1974.

124) R. Pipes, *The Russian Revolution*, Maryland: Knopf, 1990.

에드워드 카의 러시아 혁명 해석과 근대화론

냉전 시기에도 러시아 혁명과 소련 사회를 주류 지식인들과 다른 시각에서 바라보는 연구자들은 존재했다. 근대화론은 그들의 무기 중 하나였다. 근대화론은 흔히 주류 지식인들이 서구중심주의/미국중심주의를 확립하는 데 동원되어온 것이 사실이나 제2차 세계대전 후에 전개된 '다양한 경로의 근대화'론, '여러 유형의 근대화'론은 서구/미국 중심의 역사 발전론을 넘어서는 가능성을 열어주기도 했다.

러시아 혁명과 소련 체제를 넓은 의미에서 근대화 과정으로 이해하는 연구 경향을 가장 잘 대표하는 서방의 연구자는 아마도 에드워드 핼릿 카일 것이다. BBC 방송 연속 강좌 내용을 토대로 한 『역사란 무엇인가』의 저자로 너무나 잘 알려진 그는 서방 연구자 중에서는 가장 방대한 소련사를 집필한 저자다. 그의 14부작 『소비에트 러시아사』는 30년에 걸친 연구의 집대성으로, 1917년에서 1929년에 걸친 소련의 역사를 담고 있다.[125] 이 저작에 이어 출판된 것이 1979년의 『러시아 혁명: 레닌에서 스탈린까지, 1917~1929』로 이는 일반 독자들을 위한 대중적 안내서와도 같은 성격을 가진다.[126] 카는 냉전 시대에 러시아 혁명과 소련 체제를 가장 긍정적인 관점에서 평가한 서방 학자 중 하나이기도 하다. 그는 영국 외무부 관리로 수십 년 동안 일하면서 대외 유화책을 주장한 것으로 유명한데, 소련 역사에 대한 그의 전반적 태도는 이러한 온건한 대외정책론과도 무관하지 않을 것이다.

---

125) E. H. Carr, *The History of Soviet Russia*, 14 volumes, London: Macmillan, 1950~78.
126) E. H. Carr, *The Russian Revolution from Lenin to Stalin, 1917~1929*, London: Macmillan, 1979.

카의 러시아 혁명사/소련사 해석의 특징을 한마디로 규정한다면 혁명사상과 같은 이념이 아니라 국가를 고찰의 중심에 두면서[127] '내재적 관점에서 혁명사/소련사를 해석하고자 한 것'이라고 할 수 있을 것이다. 카는 소련사에 관한 저술 활동 초기에는 위기에 처한 서방 사회를 구원할 수 있는 원리를 러시아 혁명 이후 소련사에서 찾을 수 있다고 생각했을 정도로 혁명사를 긍정적으로 보았다. 그러나 저술 작업이 진행될수록 그의 평가는 완화되었다. 그는 혁명 후 스탈린 체제로 넘어가는 시기에 일어난 일련의 변화를 후진적 러시아 사회의 근대화, 공업화 과정으로 이해했으며, 소련의 계획경제는 자본주의 경제에 계획경제적 성격이 가미되는 데 영향을 미친 것으로 판단했다.

러시아 혁명 및 소련사에 대한 그의 해석 가운데 다른 연구자들의 연구에 가장 지속적으로 영향을 미친 것은 소련식 근대화-공업화가 (제국주의 지배를 겪은) 비서구사회를 위한 근대화-공업화의 모델이라고 본 부분일 것이다.[128] 실제 현실에서도 소련식 공업화-근대화 모델을 따랐던 제3세계 국가는 하나둘이 아닌 것이다.[129]

또한 카는 스탈린 체제의 성립에 관한 해석에서, 레닌주의와 스탈린주의의 연속성을 인정했다. 러시아 혁명사/소련사에 관한 카의 긍정적인 해석은 냉전 시대 서방의 주류 역사 해석과는 정면으로 배치되는 것

---

127) I. Deutscher, "Mr. E. H. Carr as Historian of Soviet Russia," *Soviet Studies*, vol. 6, no. 4, Apr. 1955, pp. 340, 344.

128) 이젠스타트는 복수의 근대화론을 전개하면서 소비에트 유형의 사회주의 사회를 1920~30년대에 부상한 '대안적 근대화'의 한 유형으로 소개하고 있다. S. N. Eisenstadt, "Multiple Modernities," *Daedulus*, Winter 2000, vol. 129, no. 1, p. 11. 또한 J. P. Arnason, "Communism and Modernity," *Daedalus*, vol. 129, no. 1, Winter, 2000, pp. 61~90은 이를 구체적으로 논의한 글 가운데 하나다.

129) J. P. Arnason, "Communism and Modernity," pp. 82, 85.

이었다. 이 때문에 카는 대가를 치러야 했다. 그는 오랫동안 영국의 대학에서 교수 자리를 얻지 못한 채 강단 학계의 외곽에 서 있어야 했다.

'외부로부터의 혁명'론

독일 출신으로 미국에서 활동한 독일사 및 러시아사 연구자 테오도어 폰 라우에는 1960년대 초 러시아 혁명을 기본적으로 "외부로부터의 혁명"으로 파악하는 글을 발표했다.[130] 즉 그는 서유럽 사회들과 비교하여 심각하게 후진적인 상태에 있던 자국의 현실을 인식하고 이를 한시라도 빨리 벗어나고자 하던 러시아인들의 열망이 혁명을 초래한 것으로 보았다. 이 또한 전형적인 냉전 논리와는 다른 시각에서 출발하여 혁명의 비교사를 위한 흥미로운 고찰 결과를 제시하고 있다. 그의 견해로는 혁명 전 러시아 사회는 경제적으로 유럽 대부분의 국가에 크게 뒤처져 있었다. 그는 산업과 사회적 교류 각 분야에서 러시아가 놓여 있던 후진적 상태를 통계수치를 통해 보여주고자 했다. 그뿐 아니라 그가 보기에 러시아는 문화적으로도 아주 빠른 속도로 서방 문화의 영향 아래 놓이게 되었다. 그리하여 19세기 중반 이래 전통적인 러시아 문물은 서유럽에서 건너온 외래 문물에 압도되었다. 이러한 상황에서 부유층은 자기 나라를 벗어나 외국으로 가서 살기를 원했지만, 인텔리겐치아는 혁명의 꿈revolutionary dream 속으로 도피해 들어갔다는 것이다.[131] 폰 라

130) Th. H. von Laue, "Imperial Russia at the Turn of the Century: The Cultural Slope and the Revolution from without," *Comparative Studies in Society and History*, vol. 3, no. 4, Jul. 1961, pp. 353~67.

131) 같은 책, p. 365.

우에는 혁명 전 러시아 사회가 유럽 사회보다 뒤떨어져 있었으며 외국과의 비교 속에서 자기 사회의 이 같은 성격을 깨달은 러시아인들이 혁명을 통해 후진성을 극복하고자 했다는 점에서 이 혁명을 "외부로부터의 혁명revolution from without"으로 불렀다.

폰 라우에의 러시아 혁명 해석은 10월 혁명을 단순히 공산주의 혁명가들의 권력욕에서 비롯된 음모의 산물로 보던 반공주의적 해석에서 벗어나 이를 구조적으로 볼 수 있게 해준다는 점에서 새로웠다. 그의 연구는 혁명 전 러시아의 사회경제 구조를 유럽 다른 나라와 비교해서 살피고 이를 통해 혁명의 원인을 찾고자 했다는 점에서(사회경제사적 해석), 정치적 해석 일변도, 크렘린학學 일변도로 기울어져 있던 미국 역사학계에서는 분명히 독보적인 자리를 차지할 수 있었다. 그의 '외부로부터의 혁명'론은 유럽 학계에도 영향을 미쳐, 예컨대 독일의 디트리히 가이어도 그의 해석을 상당 부분 수용한 『러시아 혁명사』[132]를 집필했다.

러시아 혁명이 유럽-러시아 사회발전의 편차에서 비롯되었다고 보는 외부로부터의 혁명론은 당시의 관점에서는 신선하기는 했지만 10월 혁명 자체의 해석으로는 미흡하다. 즉, 라우에는 후진성을 극복하려는 러시아인들의 노력이 왜 부르주아 민주주의 혁명을 낳지 않고 하필이면 사회주의 10월 혁명으로 귀결되었는지는 설명할 수 없었던 것이다. 그것은 정치적, 이념사적 분석을 시도하지 않았고 민중의 움직임도 고찰하지 않았기 때문이다. 그러나 그의 관점은 러시아 혁명 후 수립된 소련 체제가 결과적으로 근대화의 과제를 수행한 체제였다고 볼 수 있게 한

132) D. Geyer, *Die Russische Revolution: Historische Probleme und Perspektive*, Stuttgart: Kohlhammer, 1968.

다. 그런 의미에서 라우에의 '외부로부터의 혁명'론은 미국 역사학계에서 러시아 혁명에 대한 사회구조적 접근의 길을 열었다고 할 수 있다. 그리고 러시아 혁명을 근대화 과정의 일부로 보는 그의 견해는 카의 러시아 혁명론과도 일정하게 접맥되는 부분이 있다.

서방의 수정주의 학파

러시아 혁명사 해석은 아주 흔히 해석자 자신이 속한 사회의 문제를 극복하기 위한 지적 노력이 표현되는 장이 되어왔다. 베트남 전쟁, 데탕트, 68혁명 등을 목격하면서 서방 사회 자체의 자기반성 노력이 필요하다고 인식한 일부 연구자들은 냉전 담론을 넘어서서 러시아 혁명과 소련 체제에 대한 새로운 해석의 길로 나아갔다. 이들은 자신들의 사회 자체의 문제점에 대한 비판의식을 가지고 있었고, 이를 위한 유효한 비판 수단으로서 신좌파의 이념에 공감했다. 따라서 이들은 신좌파의 역사관과 보조를 맞추면서 혹은 그 영향을 받아서, 냉전적 연구자들에 비해 훨씬 긍정적인 관점에서 러시아 혁명을 해석하기 시작했다. 가장 두드러진 움직임은 10월 혁명이 볼셰비키의 음모에 의해 일어난 쿠데타가 아니라 민중의 자발적인 혁명적 동향에 따라 일어난 일이라고 보는 해석이 호응을 얻기 시작한 것이었다.

서방 자본주의 사회의 문제점을 인식하면서 러시아 혁명 및 소련 역사에 대해 새로운 관점을 제시하고자 한 서방 연구자들은 러시아 혁명과 소련 역사에 대한 전체주의적 해석을 극복하고자 했다는 점에서 공통점을 가진다. 이들을 일컬어 러시아 혁명과 소련사 연구의 수정주의 학파라 일컫는다. 소련 공산당 흐루시초프 제1서기의 주도로 이루어진

'해빙' 이후 소련 학계의 논의가 상대적으로 다양성을 가지게 되면서 수정주의적 경향을 보였듯이, 1960년대 이후 서방의 소련 연구도 그 자체의 수정주의를 등장시키게 된 것이다. 논자에 따라서는 쉴라 피츠패트릭의 관점을 따르는 학자들만을 수정주의 학파로 부르기도 하지만, 넓은 의미에서는 1960년대 이래 신경제정책을 옹호하고 러시아 혁명을 민중의 혁명으로 보고자 했던 연구자들도 수정주의 연구자로 불린다. 곧 냉전적·반공주의적 주류 해석에 수정을 가하고자 했다는 점에서 수정주의 학파로 불리게 된 것이다. 제2차 세계대전 이래 미국의 학계가 전체주의, 냉전주의를 특징으로 했는데 이에 반기를 든 연구 경향이 출현하여 큰 반향을 불러일으켰기 때문에, 연구자들 사이에서는 특별히 반反전체주의론적인 미국 연구자들의 새로운 연구에 수정주의라는 명칭을 붙이는 경향이 있다.

코트킨은 수정주의라는 말을 넓은 의미로 사용하여, 1960년대 이래의 수정주의적 역사 연구에는 크게 세 개의 흐름이 있다고 보았다.[133] 그 하나는 카이저나 맥대니얼의 연구처럼 10월 혁명을 노동자의 혁명으로 해석하는 경향[134]이고, 다른 하나는 모셰 레빈의 연구에서 보듯 1920년대의 신경제정책을 지속 가능한 정책으로 보고, 이것이 스탈린주의의 대안이 될 수 있었으리라고 보는 견해다.[135] 스탈린에 의해 숙청된 부하린을 긍정적으로 재평가한 스티븐 코언의 연구도 이 흐름에 포함된

---

133) S. Kotkin, "1991 and the Russian Revolution: Sources, Conceptual Categories, Analytical Frameworks," pp. 385~86.

134) D. H. Kaiser(ed.), *The Worker's Revolution in Russia, 1917: The View From Below*, Cambridge: Cambridge University Press, 1987; T. McDaniel, *Autocracy, Capitalism, and Revolution in Russia*, Berkeley: University of California Press, 1988.

135) M. Lewin, *Le Dernier combat de Lenine*, Paris: Les Éditions de Minuit, 1967.

다.[136] 이 연구의 주도자인 레빈이나 코언은 스탈린이 혁명을 배반했다고 보며 10월 혁명 자체의 정당성에는 의문을 가지지 않는다는 점에서 후배 세대인 카이저, 맥대니얼 등과 크게 충돌하지는 않는다. 이에 반해 피츠패트릭이 대표하는 세번째 흐름은 전체주의론에 반대하는 연구자들 내부에서도 치열한 논란을 불러일으켰다.

피츠패트릭은 1978년에 출간된 『러시아의 문화혁명』의 편찬자로서 스탈린주의를 아래로부터의 혁명으로 보는 견해를 내놓았다.[137] 이는 크게 보아, 1) 스탈린이 추진한 위로부터의 혁명이 광범한 지지를 얻었다는 것, 2) 스탈린의 정책 자체가 일반 민중의 요구의 산물이었다는 것의 두 가지 명제로 집약된다. 사회사적 연구를 특징으로 하는 피츠패트릭의 연구는 수많은 후속 연구를 촉발하기도 했지만, 동시에 수많은 비판을 받기도 했다. 특히 두번째 명제에 많은 비판이 쏟아졌다.

넓은 의미의 수정주의 연구자들 내부에서도 스탈린주의 해석을 둘러싸고 첨예한 견해차가 보이기도 한다. 10월 혁명과 신경제정책에 대해서는 비교적 중립적 혹은 호의적 시각을 가졌지만 스탈린과 스탈린주의에 대해서는 아주 비판적이었던 학자들 일부는 피츠패트릭과 그 지지자들의 스탈린주의 해석을 신랄하게 비판했으며 이들이 스탈린을 탈脫악마화한다고 공격했다.[138] 반면 피츠패트릭을 따르는 연구자들은 자신

136) S. F. Cohen, *Bukharin and the Bolshevik Revolution. A Political Biography*, New York: Vintage Books, 1973.

137) S. Fitzpatrick(ed.), *Cultural Revolution in Russia*, Bloomington: Indiana University Press, 1978. 피츠패트릭은 그 후 러시아 혁명에서 스탈린 집권 초기에 이르는 시기의 역사를 개관했다. S. Fitzpatrick, *The Russian Revolution 1917~1932*, Oxford/New York: Oxford University Press, 1984.

138) H. Kuromiya, "Stalinism and Historical Research," *Russian Review*, vol. 46, no. 4, Oct. 1987, p. 406.

들이 스탈린을 옹호하고자 하는 것이 결코 아니며, 개개인을 비판하고 도덕적으로 단죄하기보다는 스탈린주의와 같은 참혹한 일이 어떻게 일어났으며, 어떤 맥락에서 일어났는지를 설명하는 데 더 관심이 있는 것이라고 스스로 말했다.[139]

러시아사 연구의 수정주의는 사회사적 지향성을 가지는 것이 가장 큰 특징이다. 볼셰비키 혁명가들의 개별적 동기나 행동보다는 노동자, 지식인, 사무원, 농민 들이 혁명 상황 속에서, 혹은 혁명 이후 집단적으로 취한 입장, 그들의 열망과 지향, 행동을 주된 분석 대상으로 삼는다. 이는 20세기 후반, 서양 역사학계의 일반적 동향과 궤를 같이하는 움직임이다. 이 시기에 역사학계에서 가장 큰 영향력을 가졌던 프랑스 아날학파의 역사학과 마르크스주의 역사학은 모두 개인의 역사적 역할보다는 사회집단의 동향을 중시하고 사회사 연구의 중요성을 강조한다는 점에서 공통점을 가지고 있었다. 수정주의 역사학자들은 역사학의 첨단적 시각과 방법론을 열성적으로 수용하고 이를 자신의 연구 분야에 적용하려 한 사람들이었다. 그리고 이는 이러한 연구가 진행되던 시기의 해당 사회의 동향과도 맞물려 큰 주목을 받았다. 그 결과, 물론 냉전주의적 연구도 없지 않았으나 1970년대 이후 서방의 수정주의는 적어도 강단의 러시아사 연구에서 주류를 이루게 되었다. 그런데 서방에서 내재적 접근방식과 '아래로부터의 사회사'의 관점에 따른 이해의 자세를 가지고 러시아 혁명 및 소비에트 역사를 바라보기 시작한 지 얼마 안 되어, 소련-러시아인들 스스로 이 역사에 대한 종래의 해석을 수정하고 더 나아가 비판하기 시작했다. 이것은 소련에서 페레스트로이카가

139) 같은 책, pp. 405~406.

시작되고 사회주의 개혁정책이 실패하면서 소련이 붕괴된 데 따른 현상이다.

4. 페레스트로이카 시기 및 그 후의 러시아 혁명사 해석[140)]

1986년부터 소련 공산당 서기장 미하일 고르바초프가 주도한 페레스트로이카는 소련 자체에서 러시아 혁명과 소련 역사에 대한 전면적인 재평가가 시작되는 계기였다. 몇 십 년 동안 막혀 있던 역사학 논쟁의 봇물이 페레스트로이카가 진행된 5년 동안 한꺼번에 터져 나온 것 같은 상황이 전개되었다.

고르바초프는 페레스트로이카의 성공을 위한 사회과학의 책임을 일찍부터 강조한 지도자였다. 예컨대 그가 개혁정책 방향을 상세히 밝힌 1986년 2월 공산당 제27차 전당대회 중앙위원회 정치보고에는 이런 구절이 있다. "이 시대는 사회 분야 학문들이 실제적 삶의 구체적 필요에 응해 광범하게 등장해야 하는 것이 아닌가 묻고 있으며, 사회과학자들이 삶에서 일어나는 변화에 기민하게 대응하고, 새로운 현상들을 시야에 포착하며 진정으로 실천 방향을 이끌어줄 만한 결론을 내리기를 요구하고 있다."[141)] 이때 사회과학이란 경제학, 정치학, 사회학뿐 아니라, 역사학, 철학, 문학 등 인간에 관한 학문을 포괄하여 지칭하는 소련식

---

140) 4장의 내용은 한정숙, 「볼셰비키 혁명사가 크게 수정되고 있다」, 『역사비평』 12호, 1991에 크게 의존하고 있다.

141) М. С. Горбачёв, "Политический доклад центрального комитета КПСС XXVII съезды коммунистической партии Советского Союза"(http://lib.ru/MEMUARY/GORBACHEV/doklad_xxvi.txt_with-big-pictures.html. 검색일: 2008. 7. 10).

용어다.

고르바초프는 나아가 1987년 11월 러시아 혁명(10월 혁명) 70주년 기념 연설「혁명은 계속된다」에서 스탈린의 정책적 오류를 구체적으로 지적하면서 소련 역사의 중요한 쟁점들에 대해 언급했는데,[142] 이 연설이야말로 러시아 혁명에 대한 새로운 해석의 가능성을 여는 데 적지 않은 역할을 했다. 이 연설의 원래 의도는 스탈린주의의 극복을 위한 논의를 활성화하고 정치적 개혁을 위한 분위기를 조성하는 데 있었다. 이 연설에서 고르바초프는 10월 혁명을 사회진보의 신기원을 열어준 사건으로 평가하면서도 그 이후의 역사에는 비극, 쓰라린 실패 또한 포함되어 있었음을 유례없이 솔직히 인정했다. 또한 그런 만큼 사회주의를 발전시키고 레닌주의 및 10월 혁명의 이념과 실천을 계속 이어받고 수행할 것을 역설했다.[143]

이 연설은 중요한 해석상의 문제들을 제기했다. 무엇보다도 고르바초프는 사실상 10월 혁명 당시의 러시아 사회의 후진성을 고려할 때 혁명으로 바로 공산주의 사회를 건설할 수는 없었다고 인정한 셈이다. 그가 보기에는 혁명 후 도입된 '전시공산주의' 체제는 그것 자체로서 공산주의 이념을 실현하기 위한 제도가 아니라, 전쟁과 파괴로 인해 강요된 일시적 방편이었을 뿐이다. 이에 비해 전시공산주의의 폐지와 더불어 도입된 신경제정책은 실질적으로 사회주의의 물적 기반을 다지기 위한 것이었으며 따라서 신경제정책이 실시된 1920년대 초에 이르러 혁명적 실험이 시작되었다.

142) М. С. Горбачёв, "Октябрь и перестройка: революция продолжается," *Коммунист*, но 17, 1987

143) 같은 책, с. 3~4.

고르바초프는 구 볼셰비키 개개인에 대한 새로운 평가를 주도하여 이를 페레스트로이카를 위한 근거로 삼고자 했다. 그 좋은 예는 스탈린과 부하린에 대한 각각의 평가다. 즉 고르바초프는 스탈린과 관련해서는 공헌보다 훨씬 더 많은 오류 내지 범죄사항을 열거했던 반면, 부하린파를 거론할 때는 그들의 오류를 지적하기는 하면서도 레닌의 입을 빌려 부하린의 장점을 강하게 부각시켰던 것이다.

고르바초프의 연설에서 제시된 계급과 인간의 문제에 대한 입장은 파격적인 것이었다. 그는 여전히 노동 계급이야말로 발전하는 사회주의 및 혁명적 페레스트로이카의 전위라고 칭했지만, 그것은 거의 의례적인 수사였다. 그는 실제로는 계급 요인을 초월한 인간 전체, 인간주의적 요소를 더 강조하고 있었던 것으로 보인다. 사회주의 10월 혁명을 프롤레타리아 혁명으로 찬양하기보다 '인간을 위한 혁명' '인간 해방을 위한 혁명'이라 칭하는 것은 과거의 소련 공산당 지도자에게서는 결코 기대할 수 없는 일이었다. 필자의 개인적 견해로는 이 같은 해석이야말로 앞으로 러시아 혁명의 역사적 의미를 생각할 때 하나의 중요한 버팀기둥이 될 수 있지 않을까 한다.

그런 한편 고르바초프는 이 당시 개혁의 이념적 근거를 혁명 이후의 70년 역사에서 찾고자 했으며 또한 그것이 가능하다고 생각했던 것으로 보인다. 페레스트로이카 시대의 역사학은 "사회과학에서 진행되는 (낡은 틀의) 파괴 과정의 바로 진앙에 위치"[144]하게 되었으며, 역사에 대한 재해석은 심지어 페레스트로이카의 진로, 사회주의 전체의 진로에

144) "Коллективизация: Истоки, сущиность, последствия. Беседа за 'круглым столом'," *История СССР*, но. 3, 1989, с. 7.

직접 영향을 미치게 되었다.

고르바초프의 집권 이후 소련 학자들은 그 이전 시기에 비해 훨씬 더 자율적인 학문 활동을 추구할 수 있게 되었다. 그리고 그 덕분에 수많은 사실들이 새로 발굴되었고 새로운 해석들이 공개적으로 발표되었다. 페레스트로이카 초기에만 하더라도 학자들은 사회주의 이상의 실현이라는 과제와 관련하여 러시아 혁명의 정당성과 혁명 후의 고난을 연결시켜 함께 설명할 수 있는 틀을 찾으려고 노력하는 경향을 보였다. 많은 경우 소련 학자들은 집단 토론을 통해 새로운 혁명사 해석을 시도했다. 예를 들어 소련 학술원 산하 "10월 사회주의 대혁명사" 학술평의회는 1986년 12월과 1988년 4월 두 차례에 걸쳐 '원탁회의'를 개최했으며, 난상토론을 거쳐 새로운 해석 틀을 찾아내고자 노력했다.

1917년 러시아 혁명을 둘러싼 논의는 혁명 당시 러시아 사회의 구조, 혁명의 성격 규정, 1917년 전후에 활동했던 여러 정치 세력들(볼셰비키, 멘셰비키, 사회혁명당 좌우파, 자유주의적 부르주아지 등)에 대한 평가 문제 등을 둘러싸고 이루어졌으며, 이는 다시 10월 혁명은 유일한 대안이었던가 하는 논의와 연결되었다.

페레스트로이카 시작 이후에는 혁명 당시의 러시아 사회구조에 대한 논의에서 복합구조론에 다시 큰 관심이 쏠렸다. 이 이론은 앞에서 소개한 대로 1960년대 소련 역사학계에서 혁명사 해석의 '새 방향'으로 주목받았다가 브레즈네프 정권의 탄압을 받았는데, 고르바초프가 혁명 70주년 기념연설에서 언급하면서 다시 각광을 받았다.

그런데 페레스트로이카 시대의 복합구조론은 1960년대까지의 논의와 상당한 대조를 보인다. 즉 단순히 공업 부문에서 이루어진 높은 수준의 자본주의와 농업 부문의 후진성이 공존하고 있었다는 의미에서 그야말로 구조적 다중성을 강조하는 데 중점을 두었다기보다, 혁명 당시 러시아 사회경제 제도의 전반적 후진성을 좀더 강조한 것이 1980년대 후반 논의의 특징이다. 혁명사 연구의 원로로서 공식 역사학계의 러시아사 해석을 대표해왔던 이사크 민츠는 복합구조론을 매개로 하여 페레스트로이카 시기의 새로운 지적 경향에 보조를 맞추고자 했다. 사실 민츠는 복합구조론을 오래전부터 지지해온 학자였다. 그는 혁명 전 러시아 자본주의의 발달 수준이 충분히 높았다고 주장하는 사람들은 러시아가 혁명을 거치지 않고도 스톨리핀 개혁을 통해 부르주아 민주주의의 길로 나아갈 수 있었으리라는 가정을 깔고 있다고 쓰기도 했다.[145] 즉 이는 10월 혁명의 정당성, 역사적 합법칙성을 부정해온 서구 부르주아 사학의 입장과 다르지 않다는 것이었다. 민츠는 이와 관련하여 10월 혁명에서 노동자 계급의 역할만을 지나치게 부각시킬 것이 아니라, 이 혁명을 다른 대안 없는 상태에 놓여 있던 '인민'에 의한 혁명으로 규정해야 하며 그렇게 함으로써 여러 사회층(농민, 노동자, 병사, 도시의 여러 소시민층)의 조직적 활동에도 정당한 관심을 기울여야 한다고 촉구했다.[146]

농업 자본주의의 발달 수준을 지나치게 높이 상정할 경우 1917년 노동자 계급에 의한 사회주의 혁명과 농민혁명의 결합을 설명할 수 없다

145) 독일 역사학자 오토 회취O. Hoetzsch가 1917년 혁명 이전에 이미 비슷한 전망을 내용으로 하는 명제를 내세운 이래, 스톨리핀 개혁의 성공을 통해 러시아가 부르주아적-자본주의적 발전 경로를 걸어갈 수 있었으리라는 가정은 보수 진영의 서방학자들 사이에 상당히 널리 펴져왔다. 경제학자 로스토W. Rostow, 경제사학자 거센크론A. Gerschenkron, 역사학자 시릴 블랙C. Black 등은 이 문제와 관련하여, 러시아 자본주의가 자생적으로 고도의 발전 단계에 도달할 가능성을 가지고 있었다는 설을 옹호해온 대표적 학자들이다.

146) И. И. Минц, "О перестройке в изучении великого октября," *Вопросы истории*, но. vi, 1987, с. 5.

고 한 빅토르 다닐로프의 견해나, 당시 사회주의적 변혁의 필요성은 러시아 자본주의 발달의 기형화로부터 생겨났다고 한 볼로부예프의 견해는 모두 이 '복합구조'론에 바탕을 둔 것이다.

복합구조론의 옹호자들은 마르크스보다는 "마르크스를 러시아 상황에 창조적으로 적용한(새로운 시대의 현실에 맞추어 마르크스주의를 본질적으로 바로잡은)" 인물로서의 레닌에게서 이론적 뒷받침을 얻고자 했다. 이러한 주장을 대표하는 초기의 인물 중 하나인 유리 아파나시예프의 입장은 그 후 현저히 달라졌지만, 이 '새 방향'론을 계속 옹호한 논자들은 1917년 당시에는 러시아 사회가 "자본주의인가 사회주의인가"라는 물음(혹은 군사독재인가 프롤레타리아 독재인가라는 물음)에 부딪쳐 다른 선택의 대안을 가지지 못했다고 파악했다. 아울러 그들은 러시아 혁명(10월 혁명)의 역사적 합법칙성을 부인하는 해석은 거부하면서도, 러시아 혁명이 후진적 사회에서 이루어졌다는 사실과 그 후의 소련 역사가 겪게 된 어려움 사이의 직접적인 관련성은 결코 부인하지 않았다.

일부 학자들은 이 같은 복합구조론을 비판했다. 예를 들어 보브이킨은 '새 방향'론자들이 레닌의 저작을 근거로 들고 있지만 정작 레닌 자신은 '복합구조'라는 용어 자체를 사용한 적이 한 번도 없다고 지적했다.[147] 이와 함께 그는 혁명 후의 소비에트 러시아에 가부장적, 소상품

147) В. И. Бовыкин, "Проблемы перестройки исторической науки и вопрос о 'новом направлении' в изучении социально-экономических предпосылок Великой Октябрьской социалистической революции," *История СССР*, но. 5, 1988, с. 78. 실제로 레닌은 복합구조성многоукладность이라는 용어를 직접 쓴 것은 아니다. 그는 혁명 전후 시기 러시아에 다섯 개의 경제 제도가 있다고 말했으며 다양한 경제 제도의 유형이 존재한다고 지적했을 뿐이다.

생산적, 사경제 자본주의적, 국가자본주의적, 사회주의적 경제 제도(우클라드)등 "여러 경제 제도(우클라드)의 요소들"이 혼재했다고 하는 레닌의 규정은 과도기 경제에 대한 성격 규정일 뿐이고, 이것이 곧 혁명 전 러시아에 대해서도 복합구조론이 적용됨을 입증하는 것은 아니라고 주장했다.[148)]

그러나 전체적으로 보아 이 복합구조론은 (자본주의 발달 수준을 지나치게 강조하는 견해에 비해) 특히 혁명 전후 농민층의 존재 형태 및 그들의 혁명적 요구 분출과 관련하여 당대의 역사적 진실에 좀더 가까운 설명을 해줄 수 있다는 장점이 있었다. 또한 혁명 이후 도입된 신경제정책의 필연성과 강제적 농업 집단화 정책의 비합법칙성 등을 설명하는 데도 유용하게 원용될 수 있었다.

러시아 혁명에 대한 활발한 논의를 통해 혁명에 대해 부인할 수 없는 새로운 시각이 확립되었다. 그것은 러시아 혁명이 단일체가 아니라 여러 혁명의 복합체였다는 사실이다. 볼로부예프에 따르면 러시아 혁명 속에는 "프롤레타리아 혁명, 농민혁명, 반전反戰혁명, 민족 해방혁명" 등 여러 혁명이 공존했으며 이들은 상호작용하고 서로 영향을 미쳤다.[149)] 소련 학자들은 점차 10월 혁명은 경제적 성숙에 따라 합법칙적으로 일어난 것이 아니라 제1차 세계대전, 국민경제와 국가구조의 붕괴, 대중의 곤궁 등이 중첩된 파국적 비상시국의 부산물이라고 보기 시작했다.[150)] 다만, 페레스트로이카에 대한 희망이 남아 있을 때만 해도 역

---

148) 같은 글, c. 86~88.

149) 볼로부예프는 소련 역사학자들이 이 문제를 제대로 규명하지 못했다고 평가했다. P. V. Volobuev, "Perestroika and the October Revolution in Soviet Historiography," *Russian Review*, vol. 51, no. 4, Oct. 1992, p. 570.

150) 같은 책, p. 572.

사가들은 과거와 다를 바 없이, 레닌을 중심으로 한 볼셰비키가 상황을 제대로 판단하고 이 같은 난국을 돌파하는 데 지도력을 발휘했다고 평가했다. 그러다가 페레스트로이카가 난관에 봉착하면서 러시아 혁명의 역사적 의미를 부정적으로 평가하는 해석들이 쏟아지기 시작했다. 그렇다면 혁명이 아닌 대안이 무엇이었겠는가를 찾는 노력도 나타났다.

따라서 혁명사 재해석 작업은 러시아 혁명 전후의 여러 혁명 세력 및 혁명가들의 활동에 대한 평가에도 상당한 변화를 가져왔다. 곧 볼셰비키 가운데 트로츠키, 부하린, 지노비예프, 카메네프 등 스탈린의 주요 정적들이 혁명 전후에 수행한 역할이 좀더 공정하게 다루어지게 된 것은 물론이고, 멘셰비키나 사회혁명당 같은 비非볼셰비키 사회주의 혁명 세력에 대한 서술 방식도 현저히 바뀌었다. 1980년대 말로 가면서 볼셰비키 이외의 사회주의자들은 과거처럼 반혁명 세력으로 여겨지기보다는, 당시 러시아의 상황 속에서 자기들 나름의 주장과 정책을 가지고 볼셰비키와 경쟁했던(혹은 사회혁명당 좌파처럼 볼셰비키와 협력하기도 했던) 혁명가들로 여겨지게 된 것이다. 몇몇 글의 필자들은 비볼셰비키 혁명 세력(특히 멘셰비키)이 볼셰비키에 대한 대안이 될 수 있었으리라고 주장했으며, 그렇지 않은 다수의 필자들도 적어도 이들이 진정한 민주 세력이었다고 평가하면서 동시에 레닌이 이들과 협력하지 않았다는 점을(혹은 협력 관계를 단기간에 청산해버렸다는 점을) 지적함으로써 '볼셰비키 독재'를 비판하는 논거로 이용하기 시작했다.[151]

151) 사회혁명당 좌파에 대해 대단히 호의적인 시각에서 서술된 글로는 В. Голованов, "Левые Эсеры: Сорванный урок," *Литературная Газета*, но. 27, 29, 1990을 들 수 있으며 멘셰비키를 우호적으로 다룬 글의 예로는 В. Костиков, "След от шляпы Ю. О.," *Огонёк*, но. 10, 1990을 들 수 있다. 코스티코프의 글은 레닌의 절친한 동지였다가 경쟁자가 되었던 멘셰비키 지도자 마르토프를 새롭게 조명했다.

혁명사와 관련하여 또 하나의 쟁점이 된 것은 '헌법제정회의의 해산'이라는 문제였다. 볼셰비키 정부에 의한 헌법제정회의의 해산은 많은 소련 지식인들에게도 더 이상 당연하고도 합당한 조치로 받아들여지지 않게 되었다. 이 문제를 언급하는 논자들은 이에 대해 유보적 혹은 비판적 입장을 보였다.[152)]

혁명과 민주주의, 인민의 관계에 대해 페레스트로이카 시기 소련 학자들은 10월 혁명은 민주주의를 위한 혁명이었다고 주장했다. 다만 민중의 정치의식이 충분히 성숙치 못하여 내전 시기부터 여러 문제점이 나타났고, 볼셰비키는 민중의 통제를 받는 기구에서 민중에게 권력을 행사하는 기구로 전환되었다는 것이다. 하지만 페레스트로이카 시기 대부분의 소련 학자들은 결국 이 같은 전환이 소련 사회에 고통스러운 결과를 초래했음을 부인하지 않았다. 즉 민주주의와 사회주의를 결합하는 데 문제를 겪은 혁명임을 인정하게 된 것이다.[153)]

10월 혁명의 국제적 성격은 다른 어느 쟁점들 못지않게 중요하다. 이와 관련하여 페레스트로이카 시기 소련 학자들은 10월 혁명이 러시아 자체의 위기뿐 아니라 세계 자본주의의 위기에서 비롯된 것이라고 해석했다. 제1차 세계대전이 그 단적인 예였다.[154)] 또한 레닌과 볼셰비키 당은 세계 혁명을 기대하면서 혁명을 일으켰다는 것도 지적했다. 이러한 해석은 이 시기 학자들이 러시아 혁명 해석에서 제국주의론의 관점을

152) Г. А. Трукан, "Революция, которая потрясла мир," *История СССР*, но. 1, 1990, с. 100. 페레스트로이카 시기에도 헌법제정회의 해산의 불가피성을 옹호한 해석자가 있었다. В. Миллер, "История или уступка моде?," *Огонёк*, но. 36, 1989.

153) P. V. Volobuev, "Perestroika and the October Revolution in Soviet Historiography," p. 574.

154) 같은 책, p. 575.

포기하지 않았음을 보여준다.

한편, 10월 혁명 자체와 그 결과를 분리해서 보려는 경향도 있었다. 10월 혁명은 직접적인 과제를 완수했으며, 그 후 일어난 일들은 10월의 정신을 이어받은 게 아니라는 것이다. 볼로부예프도 스탈린주의는 10월 혁명으로 인한 것이 아니라 혁명의 타락, 곧 테르미도르 반동으로 인한 것이라고 파악했다.[155] 이로써 페레스트로이카 시기 일부 소련 학자들의 해석은 트로츠키의 혁명사 해석에 근접하는 경향을 보였다. 단, 앞에서 말한 '민중의 의식 불충분론'을 상기한다면, 페레스트로이카 시기 소련 학자들은 혁명의 타락 원인을 민중의 낮은 정치의식 수준의 탓으로 돌리고 있었던 셈이다.

5. 소련 해체 후의 다양한 논의

페레스트로이카 이후 러시아 학자들이 러시아 혁명과 소련 체제에 가한 비판은 서방의 진보적 역사학자들을 오히려 당황스럽게 할 정도였다. 이 시기에 서방에 온 러시아 학자들은 소련 체제는 물론 페레스트로이카에 대해서조차 소련 바깥 지식인들의 환상에 찬물을 끼얹는 발언을 서슴지 않았다. 예컨대 그들은 이렇게 말했다. "서방 학자들은 러시아 학자들에게 '우리들을 위해 사회주의를 포기하지 말아 달라'고 말한다. 혹은 '러시아에서 실현되었던 것은 사회주의가 아니었다고 말해 달라'고 말한다. 그러나 서방 학자들을 위해 러시아 사회가 자신의 생각

155) 같은 책, pp. 575~76.

과 다른 말을 할 수는 없다. 소련은 사회주의 사회였고 그것은 실패했다."[156)]

소련의 해체는 러시아 혁명과 소련 역사에 대한 기존의 해석을 다시 한 번 전면적으로 재검토하게 하는 계기가 되었다.[157)] 원래부터 러시아 혁명에 대해 부정적이었던 논자들은 회심의 미소를 지으며 더욱 날카로운 비판의 칼날을 들이대었다. 한때 러시아 혁명과 소련 체제에 대해 우호적이었으나 소련 해체 이후 환멸을 표현한 역사학자들도 있었다. 올란도 파이지스는 서방 역사학자들 가운데 이렇듯 반대 방향으로 선회한 대표적인 인물이다. 페레스트로이카 시기에 비교적 젊은 나이였던 그는 신경제정책 시기 러시아 농촌을 내재적 접근법에 의해 연구하는 것으로 보였으나,[158)] 소련 해체 후에는 러시아 혁명의 과정을 "인민의 비극"으로 보게 되었다.[159)] 스탈린 체제가 아니었다면 러시아 혁명 후 소비에트 사회가 다른 길로 갈 수 있었으리라는 수정주의 역사학자들의 가

---

156) 이는 1990년 가을, 독일 튀빙겐에서 열린 페레스트로이카 관련 학술대회에서 러시아 참석자들에게서 들은 말이다.

157) 소련 해체 후 러시아와 서방에서의 러시아 혁명사 연구의 동향에 대해서는 꼼꼼한 자료 분석에 바탕을 둔 박원용의 두 글이 유용하다. 박원용, 「사회주의 몰락 이후 러시아 혁명 해석의 흐름」, 『역사와 경계』 42권, 2002; 「소비에트 체제 해체 이후 러시아 혁명 해석의 주요 경향: 정치세력 및 노동 계급과의 관계, 신문화사적 관점을 중심으로」, 『동북아문화연구』 제29집, 2011. 그리고 다음은 이미 20년도 더 전에 쓰인 글들이기는 하지만 소련 해체 이후의 러시아 혁명사 연구 경향에 대한 분석으로서 여전히 좋은 참고가 된다. E. Sargeant, "Reappraisal of the Russian Revolution of 1917 in contemporary Russian historiography," *Revolutionary Russia*, vol. 10, no. 1, 1997, pp. 35~54; S. Smith, "Writing the History of the Russian Revolution after the Fall of Communism," *Europe-Asia Studies*, vol. 46, no. 4, Soviet and East European History, 1994.

158) O. Figes, *Peasant Russia, Civil War: The Volga Countryside in Revolution, 1917~21*, Oxford: Oxford Clarendon Press; Oxford/New York: Oxford University Press, 1989.

159) O. Figes, *A People's Tragedy: The Russian Revolution 1891~1924*, New York: Penguin, 1998.

장 중요한 전제에 도전한 것이다.

드미트리 볼코고노프는 소련 학자 가운데 러시아 혁명 관련자들에 대한 견해를 정반대로 바꾼 비교적 특이한 사례를 보여준다. 소련군 장성이었던 그는 소련 군사사연구소 소장이라는 직위 덕분에 문서고 자료를 자유롭게 이용할 수 있었다. 볼코고노프는 이러한 자료들을 활용하여 페레스트로이카 시기에 『영광과 비극: 스탈린의 정치적 초상』[160]을 출판했는데, 그것은 당시 소련 공산당 정권이 추구하던 "레닌의 정신으로 돌아가자"는 취지에 부합하는 내용으로 이루어져 있었다. 이 스탈린 전기 출판과 함께 그는 곧 러시아 혁명과 관련하여 국제적으로 가장 유명한 연구자의 한 사람으로 떠올랐다. 그런데 소련 해체 후 그는 소련 초기 지도자들에 대해 부정적인 평가로 가득 찬 일련의 저서들을 출판하기 시작했다. 러시아 혁명의 세 주역인 레닌, 트로츠키, 스탈린의 전기는 1992년부터 1996년까지 출판되어 '영수領袖 3부작'으로 알려지게 되었다.[161] 거대한 역사적 전환기에 건곤일척의 승부를 걸었던 혁명가들이 적지 않은 실수를 했을 수도 있고 이 실수를 만회할 기회를 가지지 못했을 수도 있지만, 그것에 대한 평가와 별개로 다소 지엽적으로 보이는 일상생활의 문제 같은 것을 거론하면서 인신공격을 하는 것은 진지한 역사 연구와 상관없다는 느낌을 줄 수도 있다. 여하튼 볼코고노

---

160) Д. А. Волкогонов, *Триумф и трагедия. Политический портрет И. В. Сталина*, Москва: АПН, 1989.

161) Д. А. Волкогонов, *Сталин*, В 2 т., Москва: Новости, 1991~92; *Троцкий: Политический портрет*, В 2 т., Москва: Новости, 1992; *Ленин. Политический портрет*, Кн. 1 и 2, Москва: Новости, 1994. 레닌에서 고르바초프에 이르는 일곱 명의 소련 공산당 최고지도자들을 평한 볼코고노프의 두 권짜리 저서 *Семь вождей. Галерея лидеров СССР, в двух книгах*, Москва: Новости, 1995는 김일환에 의해 한국어로 번역되어 『크렘린의 수령들』(1996)이라는 책으로 출판되었다.

프의 입장 선회는 다소 극단적이라는 느낌마저 줄 정도인데, 이것이 순전히 새로운 사료를 발굴한 결과인지, 그렇지 않으면 정치적 변화를 반영한 것인지는 그 자신만이 답할 수 있을 것이다. 1990년대 후반, 한국의 경제학자 정운영은 볼코고노프의 저서에 대해 다음과 같이 평했다. "(왜 사회주의가 망했느냐는) 문제 접근에 일조하는 '반공교재'이다. 혁명과 그 혁명의 실패를 자초한 수령의 오류는 이를테면 유물론적(?) 과제에 대한 관념론적(!) 고발로서 별로 새로울 것이 없지만, 그 오류의 집적이 역사의 비극적 종말을 유도했다는 저자의 항변은 한 번 들어볼 만하다."[162] 어쨌든 한때 이상의 전부였던 사회가 무너지고 나자 이에 대한 좀더 차분하고 진지한 성찰이 버거운 탓인지 실망감과 환멸을 여과 없이 드러내며 극단적인 반대쪽으로 달려가는 개인들은 언제든 목격되곤 한다. 이는 결국 20세기의 러시아 혁명 연구가 연구자들의 정치적 사로잡힘 때문에 거의 예외 없이 혁명사의 어느 일면만을 강하게 부각시키는 경향을 가지고 있었음을 말해준다.

서방에서는 강경보수 역사학자인 리처드 파이프스가 소련 해체를 전후한 시기에 수정주의자들을 향해 회심의 역공을 퍼부으면서 반공주의적 러시아 혁명사 해석의 최전선에 다시 나섰다.[163] 그는 "지극히 유토피아적인 이념에 대한 집념과 [……] 끝없는 권력욕을 결합해서 가지고 있던 지식인들(인텔리겐치아)"이야말로 러시아 혁명이라는 비극을

162) 정운영, "정운영이 읽은 책들," 『한겨레』, 1997년 12월 23일. 이는 위의 각주에서 소개한 『크렘린의 수령들』에 대한 짧은 소감이다.

163) R. Pipes, *The Russian Revolution 1899~1919*, London/New York: Fontana Pess, 1990; R. Pipes, "1917 and Revisionists(Sovietologists)," *The National Interests*, 31, 1993.

초래한 장본인들이라고 비판했다.[164] 이러한 일반론에서 출발하여 파이프스는 레닌과 볼셰비키에 대해 거의 맹목에 가까운 비난을 가한다. 그의 러시아 혁명 비판은 수십 년 동안 일관되게 이어져온 것이었으되, 소련의 해체로 그의 주장은 더할 나위 없는 호조건을 맞은 것처럼 보이기도 했다. 그렇다고 수정주의자들이 반성하고 회개하면서 파이프스에게 공손히 무릎을 꿇은 것은 결코 아니다.[165] 그들은 러시아 혁명사와 소련 초기의 역사를 냉전 시대식 이분법에 의해서만 보려는 태도를 여전히 거부하고 일상사, 문화사, 젠더의 역사, 심성사 등 더욱 다기화한 연구 주제에 따라 새로운 연구 성과를 내놓고 있다.

그런 한편 페레스트로이카 이후 혁명사에 관한 러시아 문서고가 열리고 많은 문서들이 공개된 것은 정치적·이데올로기적 편견과 선입견 없이 러시아 혁명을 연구하는 데 유리한 여건을 형성해주었다. 우선은 여러 정치 세력의 활동에 대한 자료집들이 쏟아져 나왔다. 이 같은 노력을 선도한 기관은 모스크바의 로스펜 출판사다. 로스펜이라는 명칭은 러시아 정치 백과사전을 뜻하는 'Российская политическая энциклопедия'의 약자로서, 이 출판사는 그야말로 러시아 정치사에 관한 모든 지식을 책으로 출판하려는 야심만만한 기획을 주도하

---

164) R. Pipes, *The Russian Revolution 1899~1919*, p. 122.

165) 피터 케네스는 혁명가들에 대한 파이프스의 증오가 너무나 심하여 그는 역사가이기를 그만두고 혁명가들의 고발자가 되어버렸다고 비판했다. 케네스가 보기에 파이프스의 논고는 거의 설득력이 없었던 것이다. P. Kenez, "The Prosecution of Soviet History: A Critique of Richard Pipes' *The Russian Revolution*," *The Russian Review*, vol. 50, no. 3, Jul., 1991, p. 346. 마르토프 전기를 쓴 역사학자 게츨러는 파이프스의 혁명사를 조목조목 아주 구체적으로 비판하고 있다. I. Getzler, "Richard Pipes's 'Revisionist' History of the Russian Revolution," *The Slavonic and East European Review*, vol. 70, no. 1, Jan., 1992, pp. 111~26.

고 있다. 그리하여 우선 "19세기 말~20세기 첫 3분기의 러시아 정당. 문서 유산Политические партии России. Конец XIX-первая треть XX века. Документальное наследие"이라는 총서를 통해 볼셰비키 당대회 의사록은 물론 멘셰비키, 사회혁명당, 입헌민주당, 무정부주의자, 10월당октябристы과 같은 정치 세력들의 활동에 관한 여러 권으로 된 자료집들을 집중적으로 출판하기 시작했다. 이 총서로는 지금까지 모두 44권의 정당사 자료집이 출판되었다.[166] 또한 1996년에는 "19세기 말~20세기 첫 3분기의 러시아 정당Политические партии России. Конец XIX-первая треть XX в."이라는 백과사전도 출판되었다. 많은 기획이 '옐친 대통령 재단'의 재정 지원을 받고 있는 데서도 알 수 있듯, 이 출판사의 서적들은 소련 체제에 대해 특별히 우호적이지 않으며 전반적으로 자유주의적 성향을 보여준다고 할 수 있다. 그렇지만 혁명기에 관한 한 특정한 정치 세력을 옹호하는 것을 목표로 하지 않으며, 여러 정당들의 활동에 관한 기초 자료들을 수집하고 소개하는 것에 주력하고 있다.

볼셰비키 이외의 정치 세력에 대한 연구는 정치적 우파나 극우 쪽으로 계속 향해갔다. 백군의 활동에 관한 자료, 망명 정치인들이나 문인들의 저작을 모은 『러시아 혁명: 문서집』[167]이 발간된 것이 그 두드러진 예다. 백군에 관한 문화적 생산물 중에는 백군 지도자들에게 심정적으로 밀착된 작품들도 발표되었다. 특히 대중을 상대로 하는 영화나 기념물에서 그러한 현상을 찾아볼 수 있다. 시베리아 백군의 지도자로서 전

166) 이 총서에 포함된 자료집의 목록은 다음 사이트에서 찾을 수 있는데 온전하지는 않다. www.rosspen.su/ru/archive/. 로스펜 출판사는 또한 지금까지 자료집을 포함한 스탈린주의 총서를 발간하여 2017년 7월 현재 98권을 출판했다.

167) И. В. Гессен(ред.), *Архив русской революции*, том 1~22, Berlin, 1921.

全 러시아 임시정부의 '최고 통치자'라는 칭호를 내세웠던 구 러시아 제국 해군 제독 콜착은 이러한 백군의 역사적 복권 움직임에서 가장 우선적으로 다루어진 인물이다.[168] 옴스크에 있는 내전사 연구소Институт изучении по истории гражданской войны는 콜착의 지휘본부가 있던 건물을 개조한 것으로, 내부는 콜착 기념관을 방불케 하는 것도 사실이다. 또한 그가 1920년 2월 처형당한 곳인 이르쿠츠크에 세워진 콜착 동상은 비극적 영웅의 풍모를 띠고 있기까지 하다. 그러나 백군에 대한 자료집 발간, 추모 조형물 건립을 실현하고 우호적 기억의 환기를 시도하더라도 백군에 대한 역사적 해석이 크게 달라지리라고 보기는 어렵다. 이들의 정치 강령은 전혀 민주적이지 않았고, 반동적인 세계관에서 한 발자국도 더 나아가지 못했다. 인종차별주의자인 백군 지도자들은 유대인에 대한 잔인한 학살을 명령하거나 방조했다. 다만 구제국의 영토를 고수하자는 그들의 주장은 당시 러시아인들에게 일정한 공감을 불러일으킬 만한 요소였는데, 사실은 백군 세력이 아니라 볼셰비키야말로, 그리고 소련이야말로 이 요구를 실현해내는 역량을 발휘했다. 백군에 대한 연구는 앞으로도 심화될 터인데 러시아 혁명사에 대한 이해에 어떠한 변화를 가져올 수 있을지 두고 보아야 할 것이다.

분명한 것은 각종 자료집의 발간이 소련 공식 역사학계에서 내놓았던 것보다 훨씬 다면적이고 다층적인 러시아 혁명사의 면모를 밝히는 데 기여하고 있다는 점이다. 예컨대 미국학자 마크 스타인버그가 편찬

168) 그와 혼외관계에 있던 귀족 여인의 로맨스를 다룬 영화 「제독Адмирал」은 한국에서 「제독의 연인」이라는 제목으로 상영되었다. 백군 서사의 신파적 낭만화라고 해야 할지, 상업화라고 해야 할지, 어쩌면 둘 다라고 해야 하는 정도의 영화다.

발간한 『혁명의 목소리』[169]에서는 2월 혁명 직후부터 1918년 초 헌법제정회의 해산 직후까지 노동자, 병사, 농민 들이 작성한 결의문, 편지, 신문 기고문, 시 등을 통해 이 시기 민초들의 정치적 태도를 보여준다. 정치 엘리트와 혁명 세력에 대한 이 시기 민중의 태도는 국면별, 그룹별로 적지 않은 차이를 보여준다. 2월 혁명 직후에는 모든 그룹이 혁명에 열광하고 소비에트에 전폭적 지지를 보냈지만 시간이 지날수록 소비에트, 임시정부, 볼셰비키에 대한 지지가 분화되며 다른 한편으로는 혁명의 과제에 대한 각 그룹의 견해도 상당한 차이를 보인다.[170] 농민층은 시민혁명 단계의 과제에 대한 열렬한 요구를 제기하고 있는 것이 인상적이며, 병사층은 2월 혁명 초기에만 해도 혁명수호전쟁에 대한 의지가 불탔으나, 10월 혁명 단계에 가까워지면서 하루빨리 전쟁을 끝낼 것을 요구하는 목소리가 전쟁 계속론을 압도하는 것을 확인할 수 있다. 즉 병사들 사이에서도 적어도 코르닐로프 쿠데타의 실패라는 결정적 전기를 겪고 나서는 볼셰비키의 제국주의 전쟁 비판론이 확실한 우세를 점하게 된 것이다. 공장 노동자들 사이에서는 페트로그라드 소비에트에 대한 지지가 압도적이었으며 10월 혁명 시기로 갈수록 볼셰비키에 대한 지지도 늘어났다. 그러나 헌법제정회의 해산에 대해서는 격앙된 반응이 적지 않았다. 이러한 것들은 혁명의 전개와 민중의 분위기에 대해 좀 더 세부적인 사실들을 파악할 필요가 있음을 말해준다.

러시아 혁명은 정치적, 경제적 혁명에 그치지 않았다. 세계 역사상의

---

169) M. Steinberg, *Voices of Revolution, 1917,* New Haven/London: Yale University Press, 2002.

170) 다만 적어도 이 문서집에 포함된 민중의 생산 문서 가운데 시기, 국면을 막론하고 로마노프 왕조 통치에 대한 일말의 향수나 우호적 평가를 담은 것은 없었다.

단일한 사건으로서 문화, 예술, 젠더 관계, 일상생활에서 가장 혁명적인 변화를 불러일으킨 것이 러시아 혁명이었다. 소비에트 러시아는 당시 세계에서 가장 선진적인 젠더 정책을 실시했으며 특히 보육정책과 같은 일부 정책은 바로 21세기 한국 사회에서 실현하고자 애쓰고 있는 바로 그 정책들이다. 무산 계급의 교육 기회는 획기적으로 확장되었고, 특히 민중을 위한 의료보건 정책은 누구도 부인할 수 없는 혁명정부의 성과였다. 소련 해체 이전의 혁명사 연구가 혁명의 보편적 법칙, 정치사, 사회사에 초점을 맞추었다면, 소련 해체 이후에는 혁명기의 문화사,[171] 일상사[172]에 대한 연구가 쏟아져 나오고 있다. 앞에서 말한 대로 서방의 수정주의 계열에 속한 역사학자들도 문화사, 일상사 연구에서 성과를 보여주고 있다. 이들은 소련에서도 사람들이 먹고 소비하고 일상생활을 영위하면서 생존술을 터득해갔을 뿐 아니라 예술을 생산하고 그 예술의 민주적 공유에서 세계사적 모범을 이루었음을 구체적으로 입증해준다.

다만 이 같은 노력도 여전히 혁명사에 관한 전모를 밝혀주지는 못하고 있다. 페레스트로이카로 혁명사 연구에 관한 금기가 사라지고 소련

171) M. Frame, B. Kolonitsky, S. G. Marks & M. K. Stockdale(eds.), *Russian Culture in War and Revolution, 1914~22*, Book 1. Popular culture, the arts, and institutions; Book 2. Political Culture, Identities, Mentalities, and Memory, Bloomington: Slavica Publishers, 2014는 최근의 대표적 성과다.

172) 러시아의 연구자인 오소키나의 연구는 스탈린 시기 소련인들의 일상사에 대한 연구에서 발군의 성과를 보여준다. E. A. Осокина, *За фасадом "сталинского изобилия,"* Москва: РОССПЭН, 1997; *Золото для индустриализации: Торгсин*, Москва: РОССПЭН, 2009. 러시아 혁명 후 일반인들과 경제생활, 소비생활에 대한 서방 학자의 연구를 대표하는 저서로는 J. Hessler, *A Social History of Soviet Trade: Trade Policy, Retail Practices, and Consumption, 1917~1953*, Princeton: Princeton University Press, 2004를 들 수 있다.

이 해체된 후에도 혁명사 연구의 전문가 볼로부예프는 이렇게 썼다. "혁명 후 70년이 지났음에도 진정으로 학문적이고 충실한 혁명사는 아직 없다."[173] 그는 그것이 '스탈린주의 날조 학파'의 해악 때문이라고 생각했다. 하지만 그것은 러시아의 경우에 해당하겠지만, 그러한 어려움을 겪지 않은 서방에서도 가장 학문적인 표준적 저작이 아직 나오지 않았음을 설명해주지는 못한다.

더욱이 한동안은 러시아 혁명에 대한 관심이 어느 사회에서나 크게 감소한 것으로 보였다. 그리고 소련 해체 이후 러시아 학자들은 서방 학자들보다도 오히려 더 심하게 러시아 혁명-소비에트 체제에 대한 부정적 평가에 기울어지는 경향을 보이기도 했다.[174]

그러나 전체적으로 볼 때 소련 해체 이후에도 러시아 혁명에 대한 연구는 계속되고 있을 뿐 아니라 오히려 진정한 학문적 연구는 지금부터라는 느낌을 줄 만큼 상당히 흥미로운 연구 성과들의 발표도 목격되고 있다. 자료의 제약이 어느 정도 해결된 데다 문화 연구와 같은 새로운 영역이 추가되면서 활발한 논의를 촉발하고 있기 때문이다. 그런 한편 전통적 주제였던 '러시아 혁명과 스탈린주의의 관계' '내전기 농민층의 동향' '스탈린주의의 대안' 등의 문제도 진지하게 다루어지고 있다. 최근 출판된 매럿의 『10월 혁명의 전망과 회고』[175]는 21세기의 파고가 점점 높아지는 상황에서도 러시아 혁명사의 전통적인 주제를 절대로 포기하지 않는 저자의 지적 항로를 보여준다. 그는 변함없이 스탈린주의의

173) P. V. Volobuev, "Perestroika and the October Revolution in Soviet Historiography," p. 566.

174) 박원용, 「사회주의 몰락 이후 러시아 혁명 해석의 흐름」, pp. 106~107 참조.

175) J. E. Marot, *The October Revolution in Prospect and Retrospect: Interventions in Russian and Soviet History*, Chicago: Haymarket, 2013.

대안 문제를 논하고 있고, 트로츠키의 오류 문제를 다룬다. 또한 역사학적 연구라기보다 정치철학적 영역에 가까운 책으로는 슬라보예 지젝, 안토니오 네그리 등 좌파 지식인들이 쓴 『레닌 재장전』[176]을 들 수 있다.

혁명 100주년을 맞는 해인 2017년, 러시아에서는 혁명 관련 서적들이 서점의 서가들을 풍성하게 장식하고 있는 가운데 정통 레닌주의자들의 본격적인 반격이 기념논문집의 발간이라는 형태로 이루어졌다. 마르크스-레닌주의 학술지 『대안*Алтернатива*』에 기고하는 필자들을 주축으로 하는 일군의 연구자들이 『대혁명의 정점』[177]이라는 1,200쪽이 넘는 논문집을 낸 것이다. 대표 편자는 모스크바 사범대학 교수인 정치학자 보리스 슬라빈과 모스크바 대학 경제학과 교수이자 『대안』지 편집장인 알렉산드르 부즈갈린이다. 여기에는 레닌, 스탈린, 트로츠키, 로자 룩셈부르크, 플레하노프, 마르토프, 그람시 등 혁명가들의 저작과 오늘날 연구자들의 글이 함께 실려 있다. 종속 이론의 대표자 가운데 하나인 사미르 아민, 고르바초프의 지지자였던 역사학자 블라들렌 로기노프를 비롯하여 여러 논자들이 기고했고, 이미 사망한 소련 시대 농업사 전문가 빅토르 다닐로프, 미학자이자 문화학자인 미하일 리프시츠의 옛 논문들도 재수록되었다. 슬라빈은 2월 혁명은 부르주아 민주주의 혁명으로, 10월 혁명은 사회주의 혁명으로 부르면서, 부르주아 민주주의 혁명은 진정한 프롤레타리아 혁명 작업, 사회주의적 작업의 부산물이라고 보고 있다. 그는 러시아 역사와 세계사에서 10월 혁명의 의

---

176) S. Budgen, S. Kouvelakis & Slavoj Žižek(eds.), *Lenin Reloaded: Toward a Politics of Truth*, Durham: Duke University Press, 2007. 이 책은 이현우를 비롯한 여러 역자들의 노력으로 한국어로도 출판되었다(마티, 2010).

177) Б. Ф. Славин, А. В. Бузгалин(ред.), *Вершина Великой Революции. К 100-летию октября*, Москва: Алгоритм, 2017.

미가 결코 쇠퇴하지 않았을 뿐 아니라 더욱 시의적절한 것이 되어가고 있다고 말한다.[178] 이 책의 필자들이 말하는 대안은 물론 신자유주의와 보수주의에 대한 사회주의적 대안을 의미한다.[179] 이 책에서 제국주의의 문제를 중시하고 있는 것[180] 또한 신자유주의가 승리한 듯이 보이지만 동시에 몰락의 징조를 완연히 드러내 보이고 있는 시대에, 세계사에서 차지하는 러시아 혁명의 위상을 분명히 하고자 하는 편자들의 의도를 보여준다고 하겠다. 『대혁명의 정점』은 전반적으로 새로운 개념이나 논의가 돋보인다기보다 러시아 레닌주의자들이 여전히 건재함을 증명하는 문서로서 더 의미를 가진다. 다만 필자들은 모두 노장 세대에 속한다. 이 책에 젊은 세대의 참여가 전무하다는 것은 현재 러시아의 지적 풍토의 일단을 보여준다고 할 수 있다.

한국에서는 이완종이 수년 전 『10월 혁명사』를 출판했다.[181] 이는 한국인 연구자에 의한 최초의 본격적인 러시아 혁명사 연구 단행본이었다. 그는 문서고 문서를 분석하여 새로운 사실을 밝히는 데 주력하기보다는 이미 잘 알려진 간행물과 신문의 내용을 다시 한 번 정밀하게 검토함으로써 러시아 혁명과 소련 체제의 성격을 재해석하는 데 주력했다. 그의 주장의 핵심은 레닌주의와 스탈린주의의 연속성을 인정하고, 스탈린주의를 낳은 사회적 배경과 맥락을 중시해야 한다는 것이다. 스탈린주의의 사회적 배경과 맥락 중시라는 면만을 놓고 본다면 피츠패트릭 이래의 미국 수정주의 연구자들의 스탈린주의 해석과도 유사한 면

178) 같은 책, c. 8, 11, 15.
179) 같은 책, c. 1177~213.
180) 같은 책, c. 1097~131.
181) 이완종, 『10월 혁명사』, 우물이있는집, 2004.

이 있는 것 같지만, 이완종은 사회사적 연구 방법을 쓰지 않고 정치사상사적 방법론으로 스탈린주의에 접근했다는 점에서 다르며, 스탈린 자체에 대한 평가도 피츠패트릭 학파와 다르다. 이완종은 스탈린을 비판하는 해석을 트로츠키적인 것으로 보고, 서방의 주장도 트로츠키적 해석에서 영향을 받은 것이라고 보았다. 그의 주장은 스탈린주의의 프리즘으로 10월 혁명과 소련 체제를 해석하고자 하는 것이라 할 수 있다. 또한 레닌과 스탈린의 연속성을 인정하고자 했다는 점에서 그의 견해는 에드워드 카의 주장과도 상통하는 바가 있으나, 이완종의 연구가 좀 더 이념적 지향성을 가지고 있는 것으로 보인다. 카의 저작은 냉전 체제 하에서 소련을 이해하고자 하는 지적 노력의 산물이었다. 반면, 이완종의 저서는 소련 해체 후 스탈린주의를 긍정적으로 이해하고자 하는 것이어서 두 논의의 시대적 맥락이 다르다.

6. 새롭게 시작되어야 할 러시아 혁명 해석

소련 체제가 붕괴한 후 러시아 혁명을 부정적으로 보고 볼셰비키와 관련된 모든 것을 비판적으로 보는 것이 상당히 일반적인 현상이 되었다. 그렇다면 러시아 혁명을 한칼에 부정하고 그 역사를 파묻어버리면 그만인가. 다시 한 번 질문을 던져본다. 러시아 혁명은 잊어버려도 괜찮은 한낱 불행한 옛일에 지나지 않는 것일까? 프랑스 혁명에 대한 평가도 아주 오랫동안 엇갈렸다. 프랑스 혁명 후 공화국이 제자리를 찾기까지 1세기 이상이 걸렸고 그 사이에는 두 차례의 유혈혁명, 두 명의 황제, 두 왕조의 통치, 파리 코뮌의 비극 등, 수많은 우여곡절과 부침이 있었다. 러시아 혁명에 대한 해석이 제자리를 찾는 데에도 그만큼의 시간이 걸릴 것이다.

앞에서도 말했듯, 러시아 혁명 해석에서 쟁점이 되는 것은 2월 혁명이 아니라 10월 혁명이다. 즉 10월 혁명이 부르주아 혁명이 아니라 사회주의 혁명이었기 때문에 지금까지 그토록 엄청난 논란이 일었던 것이다. 연구자들은 소수의 예외를 제외하고는 혁명 전 러시아 사회가 붕괴될 수밖에 없는 후진적 구조를 가지고 있었고 여기에 수많은 구체적 문제들이 중첩되었다는 사실을 대체로 인정한다. 그렇기 때문에 로마노프 왕조의 붕괴를 가져온 2월 혁명에 대해서는 해석상 그리 큰 이견이 없다(볼셰비키의 지도적 역할을 둘러싸고 벌어졌던 소련 학계의 소동을 제외한다면).

하지만 '전제정이 무너진 후 어찌하여 부르주아 체제가 수립되어 발전하지 않고 사회주의 혁명-프롤레타리아 독재로 이어졌는가'에 대해서는 수많은 쟁점과 해석이 맹렬한 폭우처럼 쏟아지는 가운데 합법칙성론과 음모론이 정면으로 충돌했다. 그런데 단순히 음모로 집권했던 세력이 70년을 지속한다는 것은 불가능하다. 그리고 전 세계적으로 이를 모범으로 한 수많은 혁명 혹은 혁명 시도를 낳는 것도 가능하지 않다. 러시아 혁명은 소련 해체 후 수많은 것이 망각된 상황에서 생각하는 것보다는 훨씬 더 열광적인 반응을 불러일으키고 열렬한 추종 세력을 형성했던 세계사적 사건이었다. 특히 이 혁명이 제국주의 반대 세력과 식민지 민중에게 주었던 기대와 희망은 오늘날에도 결코 잊어서는 안 된다. 그렇기에 이 혁명에 대한 연구는 더욱 필요하며, 그 세계사적 의미를 밝히려는 노력은 앞으로도 계속되어야 한다.

혁명의 전체 상을 밝힌다면 민중의 염원·열망과 볼셰비키의 세계관·

정책이 행복한 일치를 이루었던 단계와 실제로는 양자의 지향성이 달랐기 때문에 어긋날 수밖에 없었던 지점, 그리하여 권력을 장악한 세력이 민중을 지도의 대상으로만 여기고 심지어 탄압하는 국면 등을 세세히 밝혀낼 수 있을 것이다. 민중의 사회주의와 볼셰비키의 사회주의는 서로 다른 것이었다. 인구의 대다수를 점했던 농민들은 사회주의를 토지의 균등 분배로 이해했던 반면, 사회주의와 관련한 볼셰비키의 선택은 내전과 국제적 고립을 겪으면서 시기마다 바뀌어갔다. 스탈린주의는 양자의 불일치 상황에서 혁명 세력이 민중을 다시 지배의 객체로만 여기게 된 데서 비롯된다. 민중과의 마찰이 정치적 긴장을 불러왔고 여기에서 이를 수습하기 위한 방안으로 공포정치가 빚어졌던 것이다.

그러나 이제는 2월 혁명과 10월 혁명을 단절된 과정으로 보지 않고 연속선상에서 보려는 움직임도 뚜렷이 감지된다. '10월 대혁명'이라는 말은 1957년 10월의 스푸트니크호 발사 50주년을 기념하면서 이 우주항공개발 역사의 대사건을 지칭하는 다소 희화화된 어법으로 사용되기도 했다. 그런데 슈빈 같은 논자는 2월 혁명과 10월 혁명을 한데 묶어 러시아 대혁명으로 칭한다.[182] 러시아 혁명을 프랑스 대혁명과 같은 반열에 놓되 2월 혁명에 대해서도 더욱 적극적인 의미 부여를 하려는 것이다. 100년이 지난 후 이 거대한 과정을 총체적으로 바라보는 시각에서는 충분히 나올 수 있는 이야기다. 1917년 혁명이 단순히 세계정세에 큰 영향을 미쳤다는 데 그치지 않고, 인류의 삶에 불가역적 변화를 초래했으며, 러시아 혁명 이후로는 다시는 그전으로 돌아가지는 못한다

182) А. Шубин, *Великая Российская революция: от февраля к октябрю 1917 года*, Москва: Родина Медиа, 2014.

는 의미의 대혁명이었다는 인식이 확립될 날이 오리라고 생각한다.

러시아 혁명은 과거와의 급격하고 근본적인 단절을 통해 새로운 세상을 세워간다는 의도 아래 진행되었으므로 엄청난 고투의 과정을 포함할 수밖에 없었다. 기존 체제에서 조금이라도 혜택을 받았던 사람들과의 갈등은 당연히 혈투로 이어졌다. 그런데 아무리 그렇다 해도 왜 100년 후의 자국 지식인들이 이 혁명에 대해 긍정적으로 이야기하지 않는가? 그들이 신자유주의에 포섭되어 그렇다는, 게으른 답에 만족하지 못한다면 다시 이에 답하기 위해 노력해야 한다. 나는 헌법제정회의의 해산이야말로 러시아 혁명의 운명을 보여주는 상징적 사건이었다고 생각한다. 이는 볼셰비키가 일반민주주의의 의미를 어떻게 평가하고 있었던가를 가장 직접적으로 보여준다. 그들은 결국, 실질적 민주주의를 위해서는 민중의 뒷받침이 없는 형식적 민주주의는 중요하지 않다고 판단했다. 그런데 이때 민중은 결집력이 높고 정치적 의사표현 욕구가 가장 분명한, 볼셰비키 자신의 핵심 지지 세력을 의미하는 것이었다. 일반 민중은 헌법제정회의를 학수고대하고 있었기에, 이 기구가 개회 직후 해산되자 레닌에게 격렬한 항의와 비난의 편지를 보낸 사람들도 있었다.[183] 그러나 이 헌법제정회의 해산에 대해 공개적인 집단적 저항은 일어나지 않았다. 물론 몇 달 후 사회혁명당 주류가 헌법제정회의파라는 명칭으로 볼셰비키에 맞서 내전에 참여하기는 했으나 그들도 결국은 러시아 민중의 선택을 받지 못했다. 내전에서 볼셰비키가 승리한 것은 사실이니까. 헌법제정회의 해산에 대한 평가는 어떤 세력은 옳고 어떤 세력은 그르다는 식의 도덕적 판단에 입각하여 내릴 수 있는 것이 아니며, 농

183) M. Steinberg(ed.) *Voices of Revolution*, pp. 301~303.

민적 러시아와 도시적 혁명가들 사이에 존재하던 '과제에 대한 인식 격차,' 그 엄청난 비극적 격차에 대한 역사적 이해에 입각해서 내려야만 한다.

또 한 가지 잊어서는 안 되는 점을 이야기하자면, 러시아 볼셰비키와 10월 혁명에 대한 고찰의 범위를 러시아 국내에 한정시키지 말고 논의의 지평을 넓혀 국제적, 세계 체제적 시야에서 살펴보아야 한다는 것이다. 그럼으로써만 러시아 혁명이 러시아 역사 내부에 대해서뿐 아니라 세계사 전체에 대해 던진 교훈, 그 역사적 의미를 제대로 평가할 수 있다. 즉 볼셰비키가 책략에 능한 집단이어서 구호로써 노동자들을 현혹시켰다가 이후 배신했다는 차원에서 생각하기보다, 이 같은 비극은 근본적으로 세계사적 모순이 러시아에 전가됨으로써 일어났던 것은 아닌가를 생각해보아야 한다는 말이다.

예를 들어 볼셰비키 혁명은 제1차 세계대전의 와중에서 일어난 것인데, 전쟁을 당장 중단시키고자 한 세력은 러시아에서 세력이 아주 작았던 좌파 사회혁명당과 멘셰비키 국제주의자들을 제외하고는 볼셰비키가 유일했다. 그런데 볼셰비키의 그 같은 전쟁 중단 노력은 연합국과 일본의 간섭전쟁을 불러일으켰고 연합국 측은 내전에서 백군 측에 무기를 지원했다. 이 내전은 러시아 혁명을 그 출발점부터 고통스럽게 만드는 가장 큰 요인이었다. 과연 10월 혁명 후 러시아에서 일어난 혼란, 노동자들의 삶의 파괴, 혁명적 이상의 붕괴에 서방 자본주의 국가들은 책임이 없는지 근본적으로 생각해볼 필요가 있다. 사회주의 혁명정부를 고통으로 몰아넣은 것은 볼셰비키의 권력욕이라기보다 제국주의 세력인 것이다. 혁명에 대한 비판자들 가운데 이 점을 제대로 지적하는 논자는 드물다. 전시공산주의와 대기근은 다름 아닌 내전의 산물이었고, 내전은 서방 측의 부추김을 받았는데도 말이다.

가장 극단적이고 경직된 단계에서 스탈린 체제는 분명 비극적 양상을 띠었고, 문화 및 학술 정책은 소극笑劇의 모습을 보이기까지 했다. 그런데 이 체제의 수립 또한 세계 자본주의의 경기순환과 관련지어 생각해보아야 한다. 소련의 농업 집단화는 1929년 중후반부터 본격화되었고 이것이 농업과 농민들에게 재앙을 초래했음은 잘 알려져 있다. 그런데 이 농업 집단화는 공업화에 투입할 자금 마련을 위해 국제 곡물시장에 농산물을 팔던 소련이 대공황으로 국제 시장의 곡물 가격이 폭락하자 그 대응책으로 더욱 강경하고 가혹하게 추진한 것이었다. 즉 대공황과 전면적 농업 집단화, 스탈린주의는 서로 떼놓고 생각할 수 없는 것이다. 제1차 세계대전 후 경제위기에 처했던 독일이 미국의 지원으로 경제회복의 길에 들어섰다가 1929년 대공황이 발생하고 미국이 단기채권을 회수해 들이자, 또다시 경제적 급전직하의 상황에 몰리게 되었고 여기서 히틀러가 출현하게 된 것과 비교해볼 수 있다. 즉 유럽의 내전 상황과 세계 경제의 위기 상황에서 사회심리적, 정치적, 경제적으로 취약한 고리를 이루던 사회들이 나치즘이나 스탈린주의와 같은 초강경 노선의 선택으로 나아갔다는 점을 다시 한 번 상기할 필요가 있다. 이러한 점들을 고려할 때 러시아 혁명 이후 스탈린주의에 이르기까지 공산당의 노동정책을 비롯하여 파란만장하고 순탄치 못한 과정을 좀더 잘 이해할 수 있다고 본다. 더욱이 소련은 대공황을 겪지 않았다는 사실 또한 기억할 필요가 있다. 서방의 대공황기가 과연 사회주의 소련이 이 시기에 겪은 어려움보다 더 견디기 수월한 고통을 주었는지도 성찰해보아야 한다는 뜻이다.

국제적 관점에서 러시아 혁명을 평가해야 한다고 말할 때 가장 중요한 것은, 이 혁명으로 '비서구' 세계가 국제관계에서 주체로서 목소리를 높일 수 있게 되었다는 사실이다. 러시아 혁명으로 수립된 소비에트 러시아-소련 정부는 '자본주의적 근대화' 모델이 아닌 대안적 발전 경로의 원형을 제시하고[184] '반제국주의' 투쟁 세력의 지원자가 되어주었다. 러시아 혁명(볼셰비키 혁명)은 계급혁명이었다. 그러나 그 후 이 혁명의 영향을 받거나 혹은 이 혁명으로 수립된 소련 체제가 버팀목이 되어준 데 힘입어 반제국주의 투쟁으로 나아갔던 사회의 혁명 세력은 볼셰비키에 비해 민족 문제와 반제국주의 투쟁이라는 과제를 더 우선순위에 놓았다.[185] 계급혁명 노선과 민족혁명 노선 사이에는 적지 않은 사상적, 이념적 차이가 있다. 그럼에도 중국을 비롯해서 과거에 제국주의 세력의 공격이나 지배를 받았던 사회들은 러시아 혁명이 단순히 2월 혁명 노선으로만 이어졌을 때는 상상할 수 없었을 새로운 국제관계 공간 속에서 주체로 등장하게 되었다. 오늘날 중국과 러시아가 서로 다른 체제를 가졌음에도 긴밀한 협력 관계를 유지하고 있는 것은, 10월 혁명의 장기적 영향 가운데 가장 중요한 결과물이라 하겠다.

10월 혁명에서 주도적 역할을 했던 혁명가들의 '사악함'을 부각시키는 일은 파이프스를 비롯한 냉전 시대 역사가들이 할 만큼 했다. 그리고 냉전 시대 러시아 혁명 해석은 많은 경우 엄밀한 의미의 역사라기보다 선전이었다. 많은 경우에 소련 시대 공식 역사학이 체제 유지를 위한

184) J. P. Arnason, "Communism and Modernity," pp. 61~90.

185) 러시아 혁명은 세계 역사상 국제주의가 승리하고 계급 이념이 민족 및 민족주의 이념보다 우세했던 최초의 혁명이라는 평은 한때 마르크스주의 안에서 레닌의 라이벌이었다가 후일 우파로 전향한 표트르 스트루베가 1918년에 쓴 글에 이미 등장했다. S. A. Smith, *Revolution and the People in Russia and China: A Contemporary History*, Cambridge: Cambridge University Press, 2008, p. 152에서 재인용.

선전의 역할을 했던 것처럼 말이다. 연구자들은 이제 러시아 혁명을 단죄하는 데 주력하기보다는, 러시아 혁명으로 러시아인들의 삶에 어떤 변화가 일어났고 혁명이 어떤 어려움을 겪었는가, 세계 자본주의와 제국주의는 이 엄청난 충격 앞에서 어떤 변화를 겪었는가, 러시아 혁명이라는 엄청난 도전이 있었기에 세계 자본주의는 그나마 조금이라도 인간화할 수 있었던 것이 아닌가 등을 객관적으로 살펴볼 필요가 있다. 무엇보다도, 정직한 관찰자라면 러시아 혁명이 아니었다면 그 후 자본주의는 자기수정의 가능성을 쉽사리 찾을 수 있었을 것인가, 찾는다 하더라도 훨씬 오랜 시간이 걸리지 않았을 것인가를 물어보아야 한다.

이는 세계 체제 속에 러시아 혁명을 놓고 그 의미를 규명하는 데 관심을 기울여야 한다는 것을 의미한다. 아마도 규제받지 않는 신자유주의 때문이건, 다른 어떤 원인 때문이건 사회적 불평등에 대한 비판이 확산된다면, 그때 사람들은 사회주의 혁명의 역사로 다시 눈길을 돌릴 것이다. 그때는 똑같은 혁명 과정을 다시 되풀이하기를 원하는 마음에서가 아니라, 과거 역사 속의 사람들이 어떤 위기 속에서 어떤 사회적 이상을 품고 어떻게 이를 실현하고자 했는지 다시 한 번 돌이켜봄으로써 현실에 관한 어떤 판단 근거를 얻기 위해서 그렇게 할 것이다.

민중과 볼셰비키의 불일치, 국제관계 속 볼셰비키의 위치, 이에 대한 볼셰비키 자신의 인식을 밝혀낼 수 있다면 러시아 혁명에 대한 인식을 한 차원 높이는 데 기여할 수 있을 것이다. 이는 열광과 이상주의가 넘쳤던 한 혁명이 스스로의 과제로부터 소외되는 과정에 대한 냉철한 지적 성찰을 요구한다.

레닌의 10월 혁명과 사회주의 이행 전략:

정치혁명과 사회혁명의 결합체로서 코뮌

박영균

1. 1917년 8~9월의 레닌: 『국가와 혁명』의 저자

1917년 8월부터 9월까지 레닌은 핀란드에서 『국가와 혁명』을 썼다. 그 당시 러시아는 2월 혁명 후, 혁명의 물결을 되돌리고자 하는 반혁명의 기운이 정점을 향해 치닫는 중이었다. 1917년 2월 혁명을 주도한 것은 '페트로그라드 노동자·병사 소비에트'지만 이들은 2월 혁명 이후 수립된 케렌스키 임시정부를 지지했다. 따라서 2월 혁명 이후, 러시아에는 부르주아와 멘셰비키가 연합한 케렌스키 임시정부와 노동자·병사 소비에트라는 두 개의 권력이 공존하는 '이중권력' 상태가 지속되고 있었다. 하지만 이런 상태는 오래갈 수 있는 것이 아니었다. 서로 다른 성격을 가진 두 개의 권력이 충돌하는 것은 시간 문제였다.

1917년 7월 페트로그라드에서 봉기가 일어났다. 케렌스키 임시정부는 이를 진압했고 그 이후, 그들은 혁명 세력을 제거하기 위해 대대적인 정치 탄압을 전개했다. 그들은 레닌을 독일의 스파이로 지목하여 체포령을 내렸고 레닌은 이를 피해 핀란드로 숨어들었다. 반혁명의 기운이 고조되었고 8월 말 코르닐로프 장군은 이 모든 혁명의 성과를 무산시키는 쿠데타를 일으켰다. 그런데 혁명과 반혁명의 충돌이 정점을 향해 치닫고 있던 바로 그때, 레닌은 은신처에서 마르크스-엥겔스의 국가론과 프롤레타리아 독재에 대한 연구를 담은 『국가와 혁명』을 썼다.

레닌은 언제나 결정적인 국면에서 '이론적 실천'을 수행했다. 그는 매우 반동적인 폭압과 정치적 패배가 진행되고 있을 때도, 혁명이 한창 고조되어갈 때도 책을 읽고 글을 썼다. 1914년 제1차 세계대전이 일어나고 제2인터내셔널이 붕괴할 때인 1914년 9월부터 1915년 5월까지 그는 헤겔의 논리학을 읽고 『제국주의론』(1916)을 썼다. 또한, 1905년 혁명이 한창 전개되고 있었던 6~7월에도 레닌은 '노동자·농민의 혁명적 민주주의 독재론'을 정식화한 『민주주의 혁명에서 사회민주당의 두 가지 전술』을 저술했다.

알튀세르는 바로 이런 레닌의 이론적 실천을 '구체적 정세에 대한 구체적 개입'으로, 혹은 '계급투쟁에서의 정치적 개입'이라는 '철학의 실천'으로 규정한 바 있다. 레닌의 이론적 실천들은 한편으로 정세의 특수한 국면들에 대한 개입이기 때문에 이로부터 비롯되는 '상황 의존적 성격'을 가지고 있었다. 하지만 이런 '정세 개입'이 각각의 상황들이 가진 개별성의 차원에서만 이루어진 것은 아니다. 여기에는 그런 각각의 국면들에 대한 개입에 일관적으로 적용되는 원칙들 또한 존재하고 있었다. 레닌은 『국가와 혁명』을 통해 이런 원칙에 근거한 정치적 개입을 만들어가고자 했다.

혁명과 반혁명 사이의 투쟁이 정점을 향하고 있다는 사실 자체가 임박한 사회주의 혁명에서 '국가권력'에 어떠한 입장을 취해야 할지에 대한 이론적 실천을 요구하고 있었기 때문에 『국가와 혁명』은 정세 개입적인 텍스트로서 '상황 의존적 성격'을 가지고 있었을 수밖에 없었다. 하지만 다른 한편으로, 이와 같은 정세에 개입함으로써 레닌이 나아가고자 했던 것은 마르크스와 엥겔스가 이미 제시했던 '코뮤니즘communism으로의 이행'을 생산하는 사회주의 혁명이었다. 따라서 거기에는 마르크스-엥겔스의 코뮤니즘으로의 이행 전략에 대한 레닌의 독해가 담겨 있다.

하지만 아직까지도 많은 사람들이 이와 같은 레닌의 전략을 '사회주의 혁명'이라는 관점에서만 다룰 뿐, '코뮤니즘으로의 이행'이라는 관점에서 다루지 않고 있다. 물론 레닌은 기존의 지배 체제를 전복하는 혁명에는 성공했으나 코뮤니즘으로의 이행이라는 새로운 사회 건설로 나아가는 데는 실패했다. 그래서 이전이나 지금이나 사람들은 레닌의 정치학을 지배 체제의 전복이라는 혁명의 관점에서만 읽는 경향이 있다. 하지만 오늘날 우리에게 더욱 중요한 것은 그의 실패다. 왜냐하면 마르크스와 엥겔스는 코뮤니즘에 대한 이념을 정초하고 그것을 실현하기 위한 정치조직과 실천들을 실험하고 수행했지만, 레닌처럼 코뮤니즘이 물질적으로 현실화된 사회를 직접 건설할 수 있는 기회를 갖지는 못했기 때문이다.

레닌은 혁명에 성공함으로써 코뮤니즘으로의 이행을 실천할 수 있는 기회를 가졌고 역사상 한 번도 경험한 적이 없는 미답의 영역에 발을 들여놓았다. 그리고 그는 바로 그 지점에서 좌초되었다. 따라서 많은 사람들이 현실사회주의권의 붕괴와 해체 이후, 이런 레닌의 실패를 가지고 그의 성공까지 싸잡아 비판하고 무의미한 것으로 만들어버리고 있다.

하지만 레닌의 이 기회는 그냥 주어진 것이 아니다. 레닌의 실패는 레닌의 성공이 가져다준 것이었다. 오늘날 우리 또한 자본주의가 생산하는 총체적 위기와 싸우고 있다. 따라서 그의 성공을 가능하게 해준 혁명론은 오늘날에도 여전히 필요하며 유효한 참조 대상이 되어야 한다.

모든 사람들이 현재 눈앞에서 벌어지는 일에 급급해할 때, 레닌은 항상 한발 앞서서 미래를 선취적으로 사고했다. 1905년 당시에도 다른 사람들이 지금 벌어지는 혁명에 대해 어떤 태도를 취하고 권력을 장악한다면 어떻게 장악할 것인가를 중심으로 사고하고 있을 때, 그는 오히려 혁명 이후 노동자 계급이 어떻게 권력을 유지하면서 사회주의 혁명으로 나아갈 것인가라는 '선취적 사고'를 통해서 오히려 현재 벌어지는 혁명에서 노동자 계급이 누구와 동맹을 맺고 어떤 방식으로 권력을 장악하여 사회주의 혁명으로 나아갈 것인가를 생각했다. 미래를 결정하는 것은 바로 현재이기 때문이다.

『국가와 혁명』 또한 마찬가지였다. 『국가와 혁명』에서 레닌은 1917년 혁명이 향하는 미래를 선취하고 있었다. 혁명과 반혁명 간의 대립이 정점을 향해 나가고 있다는 것은 곧 운명의 시간이 도래한다는 것, 즉 사회주의 혁명의 순간이 도래한다는 것을 의미했다. 하지만 사회주의 혁명의 운명을 결정하는 것은 두 세력이 맞부딪히는 그 순간이 아니다. 두 세력의 운명을 결정하는 것은 그전에 준비된 미래, 즉 누가 미래로의 길을 여는가에 달려 있다. 바로 이런 점에서 레닌은 『국가와 혁명』에서 마르크스주의가 꿈꾸는 미래인 코뮤니즘으로의 이행이라는 관점에서 사회주의 혁명과 국가의 문제를 다루고 있다.

마르크스주의에서 이행의 문제가 곧 국가의 문제가 될 수밖에 없는 것은, 마르크스-레닌에게서 '코뮤니즘'의 궁극적 비전은 단지 사적 소유의 부정이 아니라 '계급'과 '국가'가 없는 사회를 건설하는 것이기 때문이다. 하지만 아직까지도 많은 사람들은 이와 같은 '국가 없는 사회'라는 코뮤니즘에 대한 비전을 마르크스주의적인 것이 아니며 오히려 '무정부주의'적인 것으로, 반反마르크스주의적인 것으로 간주하는 경향이 있다. 따라서 이런 사람들은 프롤레타리아 독재와 코뮌을 대립시키고 코뮌을 마르크스주의로부터 제거하는 경향을 가지고 있다.

게다가 오늘날 레닌은 악명 높은 독재자가 되었다. 그리고 이 독재자라는 오명을 가장 극적으로 표현하는 개념이 프롤레타리아 독재다. 그러나 레닌의 정치는 마르크스-엥겔스가 생각했던 코뮤니즘을 실현하기 위한 것으로, 그는 제2인터내셔널의 붕괴를 불러온 제1차 세계대전이라는 제국주의 전쟁에 맞서 혁명적 마르크스주의를 실천했으며 그것도 프롤레타리아 독재론을 옹호함으로써 그렇게 했다. 게다가 레닌이 실천한 프롤레타리아 독재론은 1917년 10월 혁명을 통해 그대로 구현되었다. 따라서 레닌의 사회주의 혁명을 제대로 보기 위해서는, 코뮤니즘으로의 이행이라는 관점에서 당시 레닌의 전략을 다루어야 한다.

2. 레닌의 정치적 개입: 제국주의 전쟁과 사회주의 혁명

레닌의 정치적 개입은 마르크스주의 역사로 볼 때, 마르크스-엥겔스 사후 증대되고 있었던 '마르크스주의의 위기'에 대응하면서 이루어진 것이었다. 당시 봉착했던 마르크스주의의 위기는 독점자본주의에 근거하고 있는 제국주의 간의 충돌이 세계대전으로 비화하면서 국제 공산주의 운동 자체가 붕괴하는 '위기'였다. 당시 제2인터내셔널에 소속되어 있었던 각국의 사회주의 정당들은 자국의 전쟁을 지지함으로써 세계주의자로서의 마르크스주의 이념을 저버리고 민족주의의 포로가 되는 '사회배외주의'로 전락했을 뿐만 아니라, 각국의 입장에 따라 서로가 적이 되어버림으로써 국제적인 코뮤니즘 운동의 와해를 불러왔다.

그것은 바디우가 말한 것처럼 진보에 대한 목가적이고 낭만적인 믿음과 부르주아적인 믿음뿐만 아니라 자본에 저항하면서 나름의 진보를 추구했던 사회주의적인 믿음 또한 사라지는, '대재앙disaster'이었다. 이런 대재앙에 맞서, 마르크스주의의 위기로부터 마르크스-엥겔스가 추구했던 코뮤니즘의 이념을 지켜냈던 것은 레닌이었다. 그 당시 레닌은 제2인터내셔널 내부의 사회배외주의자 및 수정주의자 들에 대항하여, 마르크스-엥겔스가 제시했던 코뮤니즘의 이념과 정신에 입각한 원칙을 변화된 세계에 맞춰 구체화하면서 코뮤니즘 이념을 구현하기 위한 전면적인 투쟁을 전개했다.

하지만 이와 같은 투쟁에서 레닌이 취한 태도의 가장 중요한 변별적 특징은 사회배외주의에 맞서 '프롤레타리아 국제주의'를 내세운 데 있지 않다. 당시 세계는 제국주의 간의 충돌이 제1차 세계대전이라는 인류사적 참화로 비화하고 있었다. 그런 상황에서 카를 카우츠키를 비롯하여 당시 독일사회민주당의 주류들은 '반전평화'만을 내세울 뿐이었다. 그리고 그것은 1914년 12월, 마르크스-엥겔스의 적자이면서 제2인터내셔널의 중심 정당이었던 독일사회민주당 의원들이, 카를 리프크네히트K. Liebknecht를 제외하고 모두 다 전쟁국채 발행에 찬성표를 던지는 충격적인 결과로 나타났다.

그러나 레닌은 이들 사회주의자들과 달랐다. 그는 '전쟁 반대'라는 중앙파의 소극적 태도를 격렬하게 비판하면서 '제국주의 전쟁의 내전으로의 전화,' 즉 '자국의 패배'를 목표로 하는 적극적 행동을 주장했다. 그것은 일반적인 상식으로는 도저히 믿기지 않을 정도로, 모험적이고 충격적인 전술로 보일 수밖에 없다. 전쟁이 일어나면 대중들 사이에서는 자국 정부를 중심으로 한 애국주의가 고조될 수밖에 없음에도 불구하고, 역으로 평화가 아닌 자국 정부의 붕괴, 전복을 주장하는 것이기 때문이다. 따라서 그것은 실현 불가능한 전술처럼 보인다. 하지만 레닌은 바로 이 전술을 토대로 하여 1917년 혁명을 추진했다.

그는 제국주의를 하나의 '정책'으로 파악한 카우츠키의 관점을 비판하면서 그것을 독점자본주의라는 자본주의의 새로운 '단계'의 산물로 규정했다. 더 나아가 그는 사회배외주의가 제2인터내셔널을 붕괴시킨 배후에는 독점적 초과이윤에 의해 매수된 노동자들이 있다는 점을 보여줌으로써 독점자본주의에는 노동운동의 분열 및 지배 체제화의 가능성이 있음을 보여주었다. 따라서 그는 이런 분석에 기초하여 한편으로는 프롤레타리아 국제주의라는 원칙 속에서 새로운 코뮤니즘의 국제적 운동 및 조직을 만들어갔고, 다른 한편으로는 러시아 내부에서 자국 정부의 패배 및 내전으로의 전화를 추진했다.

하지만 그렇기 때문에 레닌은, 제국주의 전쟁에 맞서 투쟁하는 동시에 '부르주아 국가 파괴'라는 마르크스-엥겔스의 입장을 되살려내는 이데올로기 투쟁을 전개해야 했다. 왜냐하면 제국주의 전쟁을 멈추게 하는 '내전'은 다름 아닌 독점자본주의 체제 그 자체를 파괴하는 혁명, 즉 부르주아 독재기구로서 국가를 프롤레타리아 국가로 바꾸는 혁명 없이는 가능하지 않기 때문이다. 바로 이런 점에서 레닌은 '프롤레타리아 독재론'을 마르크스주의의 핵심 요소로 부각시키면서 마르크스주의가 코뮤니즘으로의 이행에서 추구해야 할 전략적 원칙으로 제시했다.

하지만 이것은 레닌이 자의적으로 만들어낸 것이 아니었다. 현실사회주의권의 해체 이후, 마르크스-엥겔스가 제창했던 코뮤니즘이라는 형상의 해체에 가장 큰 영향을 미쳤던 것은 프롤레타리아 독재론이었다. 프롤레타리아 독재론은 '코뮤니즘으로의 이행'을 만들어내기 위한 세계 최초의 사회주의 혁명을 좌초시킨 주범으로, 또 레닌이 건설한 소비에트연방공화국을 비롯하여 현실사회주의 체제를 '전체주의' 사회로 타락시킨 주범으로 단죄되어왔다. 심지어 마르크스주의를 옹호하는 사람들조차 프롤레타리아 독재론은 마르크스-엥겔스의 사상이 아니라 레닌의 사상으로, 레닌에 의해 만들어진, 변질된 마르크스주의로 치부하는 경향까지 나타났다.

그러나 프롤레타리아 독재론은 마르크스-엥겔스의 가장 중요한 사상 중 하나이며, 마르크스주의가 부여한 코뮤니즘의 형상에서 가장 독창적인 이론 중 하나였다. 사람들은 마르크스-엥겔스를 계급투쟁의 이론가이며 노동가치론을 주창한 사람이라고 생각하지만 정작 계급투쟁과 노동가치론을 발견한 사람은 애덤 스미스나 데이비드 리카도와 같은 부르주아 국민경제학자들이었다. 물론 마르크스는 계급투쟁의 이론가였으며 노동가치론을 자본주의 경제학을 해부하는 데 사용했다. 하지만 마르크스가 정치경제학에서 새롭게 발견한 것은 '잉여가치론'이었다. 이와 마찬가지로 코뮤니즘이라는 이념은 마르크스-엥겔스가 만든 이념이 아니다.

마르크스-엥겔스 이전부터 코뮤니즘이라는 이념은 존재했으며 사회주의라는 개념도 존재했다. 그럼에도 마르크스주의가 코뮤니즘이면서도 여전히 마르크스주의일 수 있는 것은 그들의 코뮤니즘이 이전의 코뮤니즘과 전혀 다르기 때문이다. 이런 질적 독창성을 부여한 것이 바로 프롤레타리아 독재다. 마르크스와 엥겔스는 역사유물론을 통해서 계급의 존재 및 계급투쟁을 분석했을 뿐만 아니라, 이런 계급투쟁이 필연적으로 프롤레타리아 독재로 발전할 것이며 그것은 계급 없는 사회라는 코뮤니즘으로의 이행을 낳을 것이라고 보았다. 여기서 계급, 계급투쟁, 코뮤니즘은 그들의 작품이 아니다. 하지만 역사유물론과 프롤레타리아 독재론은 그들의 작품이다.

> 나에 관해서만 말하자면, 현대사회에서 계급들의 실존이나 그 계급들 사이의 투쟁을 발견한 공로는 나에게 속한 것이 아니라네. 부르주아 역사가들은 나보다 훨씬 전에 이런 계급투쟁의 역사적 전개를 서술했고, 부르주아 경제학자들은 이 계급들의 경제적 해부학을 서술했네. 내가 새롭게 한 것은 1) 계급들의 실존은 생산의 특정한 역사적 발전 단계와 묶여 있을 뿐이고 2) 계급투쟁은 필연적으로 프롤레타리아 독재로 귀결될 수밖에 없으며 3) 이런 독재 그 자체는 오로지 모든 계급의 지양과 무계급 사회로의 이행기일 뿐이라는 것을 증명한 것이라네.[1)]

하지만 마르크스-엥겔스 사후, 프롤레타리아 독재론은 온전하게 계승되지 못했다. 마르크스주의의 발전 과정에서 그에 대한 논의 자체가 정치 및 정세의 영향을 받아 변형되었기 때문이다. 특히, 카를 카우츠키는 '민주'와 '독재'를 대립시키면서 소비에트 권력을 '볼셰비키 독재'라

---

1) 카를 마르크스, 「마르크스가 뉴욕의 요제프 바이데마이어에게」, 박기순 옮김, 『칼 맑스 프리드리히 엥겔스 저작 선집 2』, 박종철출판사, 1997, p. 497. 이후 『칼 맑스 프리드리히 엥겔스 저작 선집』을 인용하는 경우 『저작 선집』으로 약칭한다. 또한 이하 인용문들은 MEGA를 1차로 참고하고, 여기에 없는 『독일 이데올로기』와 『공산당 선언』 등은 MEW를 참고해 번역을 수정했기 때문에 한국어판과 다소 차이가 있다.

고 비난했다. 이에 따라 아직도 많은 사람들이 프롤레타리아 독재에서 '독재'를 반민주적인 물리력으로 이해하는 경향이 있다. 하지만 마르크스-엥겔스를 비롯하여 레닌 역시 독재라는 개념을 그와 같은 방식으로 사용하지 않았다. 그들이 보기에 민주주의는 지배 형식일 뿐이며, 그 내용은 그것을 실질적으로 지배하는 계급에 의해 결정되기 때문에 민주주의와 독재는 서로 대립되는 것이 아니다. 오히려 그것은 내용과 형식이라는 점에서 다를 뿐, 하나의 대상을 지칭하는 두 개의 용어인 것이다.

자본주의에서의 부르주아 독재도, 사회주의에서의 프롤레타리아 독재도 '민주주의'라는 지배 형식을 가질 수 있다. 하지만 그것의 내용은 자본주의에서는 부르주아지의 독재로, 사회주의에서는 프롤레타리아트의 독재로 귀결될 수밖에 없다. 왜냐하면 부르주아 국가의 형태가 아무리 다양하더라도 그것은 본질적으로 여타 피억압 인민에 대한 부르주아지의 지배이듯이, 프롤레타리아 국가 또한 그 정치적 형태가 아무리 다양하다고 할지라도 그것은 본질적으로 부르주아지에 대한 프롤레타리아트의 지배이기 때문이다. 따라서 쟁점은 민주주의냐 독재냐에 있지 않았다.

3. 레닌의 프롤레타리아 독재론: 코뮤니즘으로의 이행

프롤레타리아 독재론을 둘러싸고 '독재냐 민주냐' 하는 대립은 마르크스-엥겔스가 프롤레타리아 독재론을 통해서 말하고자 한 가장 중요한 쟁점을 사실상 감추고 있다. 카우츠키는 1917년 혁명으로 건설된 소비에트연방공화국을 '보나파르트 체제'로 규정하면서, 반민주적인 국가의 물리력에 의해 폭압적으로 지배하는 체제라고 비판했다. 카우츠키가 소비에트연방공화국을 이렇게 규정한 것은, 그가 보통선거권과 의회-정당 시스템에 기초한 대의제 민주주의로 간주하는 도식에 빠져 있었기 때문이다. 여기서 주권은 오직 대표자에 의해 대의될 뿐이다. 반면 레닌은 대의제 민주주의를 넘어서 프롤레타리아트 스스로 주권을 행사하는 직접민주주의를 추구했다.

카우츠키는 계급의 '지배'(어떤 계급이 다수가 되는 상태)는 가능하지만 계급의 '통치'(어떤 계급이 직접적으로 정부를 구성하는 상태)는 불가능하며, 계급의 이해관계는 반드시 정당을 통해서만 대변되어야 한다고 생각했다. 따라서 그는 인민에 의한 직접적인 주권 행사를 부정했다. 그가 보기에 입법은 오직 의회를 통해서만 가능하며 주권은 의회에 의해, 계급의 지배는 정당에 의해 실현된다. 즉, 의회에서 부르주아 정당이 우세하면 부르주아의 지배가 되지만 사회주의 정당이 다수파가 되면 그 성격이 근본적으로 바뀌게 되는 것이다. 따라서 카우츠키의 민주주의는 기본적으로 대의제이며 그의 정치 전략은 '의회'를 통한 국가권력의 장악 노선이라고 할 수 있다.

하지만 이런 권력 장악 노선은 마르크스-엥겔스가 파리 코뮌을 경험하기 이전까지 가졌던 관점으로, 카우츠키의 '국가권력 장악 노선'은 그 이후 그들의 국가론에 나타나는 '정정'을 전혀 반영하지 않고 있다. 마르크스-엥겔스는 「공산당 선언」에서 "공산주의자들의 당면 목적은 다른 모든 프롤레타리아 정당들의 그것과 동일하다. 프롤레타리아트의 계급으로의 형성, 부르주아지 지배의 전복, 프롤레타리아트에 의한 정치권력의 장악Eroberung"[2]이라고 썼다. 여기서 프롤레타리아 독재는 국가권력의 장악으로 나타난다. 또한 '코뮤니즘으로의 이행'은 기존의 국가권력이 가진 물리력을 활용하는 차원에서 다루고 있을 뿐이다.

그렇기 때문에 여기서 국가권력은 "부르주아지로부터 모든 자본을 차례차례 빼앗고, 모든 생산 도구들을 국가의 수중에, 즉 지배 계급으로 조직된 프롤레타리아트의 수중에 집중시키며, 가능한 한 신속히 생산력들의 양을 증대"[3]시키는 수단으로 간주된다. 따라서 이 당시까지만 하더라도 그들은 '칼'이나 '망치' 같은 도구들이 어디에 사용하느냐에 따라 선 또는 악이 되는 것처럼 국가를 특정한 목적을 위해 마음대로 사용될 수 있는 가치 중립적인 수단, 도구로 간주했다. 하지만 1871년 파리 코뮌을 본 이후, 마르크스와 엥겔스는 이와 같은 '도구론'을 철회한 것이다.

엥겔스는 1872년 「공산당 선언」 독일어판 서문에 다음과 같이 썼다. "지난 25년에 걸친 대공업의 엄청난 발전, 이와 함께 진전된 노동자 계급의 당 조직에 비추어 볼 때, 그리고 무엇보다도 먼저 2월 혁명의 실천적 경험 및 더 나아가 프롤레타리아트가 처음으로 2개월간 정치권력을 장악했던 파리 코뮌의 실천적 경험에 비추어 볼 때, 이 강령은 몇몇 군데에서 오늘날 낡은 것이 되어버렸다. 특히, 코뮌은 '노동자 계급이 기존의 국가기구를 단순히 접수하는 것으로, 그것을 자신의 목적을 위해 움직이게 할 수는 없다'는 것을 증명해주었다."[4] 따라서 이것은 기존 관

---

2) 카를 마르크스·프리드리히 엥겔스, 「공산주의당 선언」, 『저작 선집 1』, p. 413.

3) 같은 책, p. 420.

4) 프리드리히 엥겔스, 「공산주의당 선언 1872년 독일어판 서문」, 『저작 선집 1』, p. 370. 여기서 엥겔스가 말한 것은 다음과 같은 마르크스의 언급이다. "노동자 계급은 기존의 국가기구the ready-made States machinery를 단순히 접수하는 것으로, 그것을 자신의 목적을 위해 움직이게 할 수는 없다"(카를 마르크스, 「프랑스에서의 내전: 국제 노동자 협회 총평의회의

점의 '근본적인 정정'을 의미했다.[5)]

파리 코뮌 이후, 마르크스와 엥겔스는 기존의 국가장치를 노동자들의 목적에 맞춰 사용할 수 없다고 봄으로써 국가권력을 '장악'할 것이 아니라 오히려 '파괴'해야 한다고 주장했다. 여기서 파괴되어야 할 것은 기존의 부르주아 국가권력이다. 부르주아 국가권력은 정신노동과 육체노동의 분업화에 근거하여 부르주아지의 지배 권력을 정당화하는 이데올로기적 장치와 물리적 국가장치를 작동시킨다. 따라서 부르주아 국가장치는 그것을 수행하는 사회적 존재들을 가지고 있으며, 그들이 바로 사회 전체의 행정과 군사, 그리고 사법이나 입법 등에서 통치력을 행사하는 관료들이다. 따라서 파괴되어야 할 것은 부르주아 국가장치 그 자체다.

그러나 이런 파괴는 아나키즘처럼 '국가 없는 상태'의 건설을 의미하지 않는다. 그들은 혁명 이후에도 국가는 남아 있을 수밖에 없다고 생각했다. 왜냐하면 부르주아의 정치권력을 파괴하더라도 그들은 여전히 자본이라는 경제권력을 가지고 있을 뿐만 아니라 이 사회 또한 자본주의라는 태내에서 발전된 것이기 때문이다. 따라서 정치권력을 장악한 프롤레타리아가 그와 같은 물리력으로 '코뮤니즘으로의 이행'을 만들어 가는 '프롤레타리아 독재'를 수행해야 한다. 레닌은 1871년 코뮌에 대한 마르크스의 분석을 다루면서 다음과 같이 말한다.

"우리는 혁명적 변화를 수행하는 데 국가가 필요하다는 것을 인식한

담화문」, 『저작 선집 4』, p. 61).

5) 이런 점에서 에티엔 발리바르는 이 정정을 "본질적 정정"이라고 규정하면서 "본질적이라는 것은 그 정정이 줄곧 마르크스 독해의 핵심점이었고, 나아가 마르크스주의자의 실천의 시금석이기도 했기 때문"이라고 말한다(에티엔 발리바르, 『역사유물론 연구』, 이해민 옮김, 푸른산, 1989, p. 75).

다는 점에서 무정부주의자들과 다르다. 그러나 우리는 가장 민주적인 부르주아 공화국에 존재하는 것과 같은 '기존의' 국가기구를 필요로 하는 것이 아니라 무장되고 조직된 노동자들의 직접적 권력을 필요로 한다는 점에서 기회주의자들 및 카우츠키 추종자들과 다르다. 그것이 바로 우리가 필요로 하는 국가이다. 그 본질에 있어 1871년의 파리 코뮌과 1905년 및 1917년의 노동자 대표 소비에트가 바로 그러한 국가이다. 이 기초에서 우리는 그 이상을 건설해야만 한다."[6)]

그런데 바로 이런 레닌의 생각을 프롤레타리아 독재=부르주아지에 대한 지배, 억압으로만 보는 경향들이 존재하는 것도 사실이다. 이들은 프롤레타리아 독재를 부르주아에 대한 지배로만 볼 뿐, '사회주의' 또는 '파리 코뮌'과 같은 역사적 형태들과 연결해서 이해하지 못했다. 이들은 프롤레타리아 독재와 사회주의를 구분하고 '사회주의로의 이행'을 만드는 과도기, 또는 혁명 이후 부르주아지의 반혁명을 제어하는 물리력이라는 관점에서만 프롤레타리아 독재를 본다.

하지만 위의 진술이 보여주듯이 레닌은 파리 코뮌 및 노동자 대표 소비에트를 프롤레타리아 독재와 본질적으로 동일한 맥락에서 다루었다. "자본주의 사회와 공산주의 사회 사이에는 전자에서 후자로의 혁명적 전환의 시기가 놓여 있다. 또한, 이 시기에 상응하는 정치적 이행기가 있으니, 이때의 국가는 프롤레타리아트의 혁명적 독재 이외에 다른 것일 수가 없다."[7)] 마찬가지로, 프롤레타리아 독재와 코뮌이 서로 다른 것, 심지어 적대적인 것으로 이해하는 경향도 만연해 있다. 하지만 엥겔스

6) 블라디미르 레닌, 「러시아 혁명에서 러시아사회민주노동당의 임무」, 조권일 옮김, 『레닌과 사회주의혁명』, 태백, 1989, pp. 143~44.

7) 카를 마르크스, 「고타강령 초안 비판」, 『저작 선집 4』, pp. 385~86.

는 다음과 같이 말한다. "프롤레타리아 독재. 좋다, 신사 여러분, 이 독재가 어떤 것인가를 알고 싶은가? 파리 코뮌을 보라, 그것이 프롤레타리아 독재였다."[8]

게다가 마르크스는 '자유로운 인민국가'라는 개념을 비판하면서 다음과 같이 말했다. "국가 제도는 공산주의 사회에서 어떤 전환을 겪을 것인가? 다시 말하면 지금의 국가 기능과 유사한 어떠한 사회적 기능이 거기에 남아 있을 것인가? 이 질문에 대해서는 오직 과학적으로만 대답할 수 있으며, 인민이라는 말에다 국가라는 말을 수천 번 결합해도 벼룩이 뛴 만큼의 문제에도 접근하지 못한다. 자본주의 사회와 공산주의 사회 사이에는 전자에서 후자로의 혁명적 전환의 시기가 놓여 있다. 또한, 이 시기에 상응하는 정치적 이행기가 있으니, 이때의 국가는 프롤레타리아트의 혁명적 독재 이외에 다른 무엇이 아니다."[9]

그러므로 마르크스-엥겔스에 따르면 코뮤니즘으로의 이행기는 사회주의이고 그것의 정치 형태는 프롤레타리아 독재이며 그것의 역사적 표현 사례는 파리 코뮌이라고 할 수 있다. 국제 공산주의 운동이 제국주의 전쟁으로 휘말려 들어가면서 와해되던 바로 그 시기에, 레닌은 이와 같은 마르크스-엥겔스의 프롤레타리아 독재론을 고수함으로써 제2인터내셔널의 개량주의 및 수정주의에 맞서 싸웠다. 또한 그는 '코뮤니즘으로의 이행기=사회주의(낮은 단계의 공산주의), 프롤레타리아 독재의 역사적 표현 사례=파리 코뮌(소비에트)'의 관점을 일관되게 견지하면서 1917년 10월 소비에트 혁명을 주도했고, 그럼으로써 세계 최초의 사회

8) 프리드리히 엥겔스, 「칼 맑스의 프랑스에서의 내전 독일어 제3판 서설」, 이수흔 옮김, 『저작 선집 6』, pp. 335·36.

9) 카를 마르크스, 「고타강령 초안 비판」, 『저작 선집 4』, pp. 385~86.

주의 혁명을 성공시킬 수 있었던 것이다.

4. 레닌의 소비에트 혁명: 파리 코뮌의 러시아적 형태

1917년 러시아에서는 두 번의 혁명이 일어났다. 1917년 2월 혁명과 10월 혁명이 바로 그것이다. 하지만 사람들은 종종 이 두 혁명 사이의 간극을 간과하는 경향이 있다. 1917년 2월 혁명은 레닌이 주도한 혁명도, 사회주의 혁명도 아닌, 통상 부르주아 혁명이라고 할 수 있다. 반면 10월 혁명은 레닌이 주도한 혁명이자 사회주의 혁명으로, 프롤레타리아 혁명이라고 할 수 있다. 따라서 레닌의 정치는 2월 혁명에 있는 것이 아니라 그로부터 8개월이 흐른 뒤인 10월 혁명에 존재한다. 그렇다면 우리가 주목해야 할 것은 이 기간 동안 레닌이 수행한 정치적 실천이다.

1917년 2월 혁명은 제국주의 전쟁과 폭정에 시달린 대중들의 봉기로부터 시작되었으며 그것은 차르 체제의 붕괴와 임시정부의 수립으로 귀결되었다. 즉 차르 체제를 파괴한 것은 레닌도 볼셰비키도 아닌 2월 혁명을 일으킨 대중이었다. 그 당시, 레닌은 스위스에 있었는데 2월 혁명이 일어난 이후, 4월 3일 당시 러시아의 수도였던 페트로그라드로 돌아왔다. 그런데 러시아로 돌아온 그가 가장 처음 한 일은 '모든 권력을 소비에트로'라는 슬로건으로 압축될 만한 조치들을 담고 있는 10개의 테제를 제출한 것이었다. 이 테제들은 오늘날 '4월 테제'라고 불리는 것으로, 그중 혁명의 핵심 조치들을 담고 있는 다섯번째 테제부터 여덟번째 테제까지의 내용은 다음과 같다.

5) 의회제 공화국이 아니라—노동자 대표 소비에트에서 의회제 공화국으로 되돌아가는 것은 퇴보가 될 것이다—전국에 걸쳐, 머리끝에서 발끝까지, 노동자·농업노동자·농민 대표 소비에트공화국. 경찰, 군대, 관료제의 폐지. 모든 공무원, 선출되고 언제든지 해임될 수 있는 모든 공무원의 급료는 유능한 노동자의 평균 임금을 초과하지 말 것.

6) 농업 강령에서 강조점을 농업노동자 대표 소비에트로 옮길 것. 모든 토지 재산의 몰수. 나라 안의 모든 토지의 국유화, 토지가 지역의 농업노동자 및 농민 대표 소비에트에 의해 처분되게 할 것. 독립적인 빈농 대표 소비에트의 조직화, 농업노동자 대표 소비에트의 통제 아래, 그리고 공공의 이익을 위해 각각의 대토지마다 (지역적 조건과 그 밖의 조건에 맞추어 지역 기관들의 결정에 따라 100 내지 300데샤틴 규모의 범위로) 모범농장을 설립할 것.

7) 나라 안의 모든 은행들의 단일한 국립은행으로의 즉각적인 합병, 그리고 국립은행에 대한 노동자 대표 소비에트에 의한 통제의 제도화.

8) 우리의 즉각적인 임무는 사회주의를 '도입하는' 것이 아니라 오직 사회적 생산과 생산물의 분배를 즉시 노동자 대표 소비에트의 통제 아래로 가져오는 것일 뿐이다.[10]

이들 테제는 그 당시 누구도 상상조차 할 수 없었던, 실로 경악스러

10) 블라디미르 레닌, 「현재의 혁명에서 프롤레타리아트의 임무」, 레닌출판위원회 옮김, 『레닌 저작집 7-1: 볼셰비즘과 10월 사회주의 혁명』, 전진, 1991, p. 25.

운 것이었다. 그것은 러시아 사회민주노동당 내에서 창당 때부터 대립해 왔던 멘셰비키들뿐만 아니라 오랫동안 레닌과 노선을 같이했던 볼셰비키들에게도 마찬가지였다. 심지어 그의 부인이었던 크룹스카야는 혹시나 레닌이 미친 것처럼 보일까 봐 걱정을 했을 정도였다. 하지만 레닌은 이와 같은 입장을 밀어붙였으며 그로부터 6개월이 지난 후인 10월에는 소비에트가 그 스스로 국가권력이 되는 '소비에트 혁명'을 추진했다. 따라서 10월 혁명을 세계 최초의 사회주의 혁명으로 만든 것은 바로 '모든 권력을 소비에트로'라는 전술이었다고 할 수 있다.

'모든 권력을 소비에트로'라는 슬로건은 레닌이 아무런 근거 없이, 자의적으로 만들어낸 것이 아니다. 그것은 마르크스-엥겔스의 파리 코뮌에 대한 분석에 근거하고 있었다. 그러나 1917년 혁명 당시 마르크스-엥겔스의 국가론을 연구하기 전부터 레닌이 이와 같은 국가론이나 혁명론을 가지고 있었던 것은 아니다. 그의 동료였던 볼셰비키들조차 4월 테제를 보고 그토록 경악을 금치 못했던 것은, 4월 테제가 담고 있는 혁명론이 1905년 혁명 당시 레닌이 제출했던 '노동자-농민의 동맹에 근거한 혁명적 민주주의 독재'를 부정하는 것처럼 보였기 때문이다.

1905년 당시 레닌이 제출한 '노동자-농민의 동맹에 근거한 혁명적 민주주의 독재'는, 주체를 노동자-농민으로 설정하고 있기는 했지만 그 혁명의 성격은 여전히 부르주아적인 것으로 생각하고 있었다. 그렇기 때문에 1905년 당시 레닌의 혁명론은 1차적으로 부르주아 혁명인 '노동자-농민의 동맹에 근거한 혁명적 민주주의 독재'를 통해서 프롤레타리아 혁명으로 성장, 전화해가는 '2단계 혁명론'이라고 할 수 있다. 하지만 4월 테제에서 그가 제출한 혁명은 노동자·농민·병사 소비에트가 직접 권력을 장악하는 것으로, 사실상 부르주아 혁명이 없는 프롤레타리아 혁명이었다. 따라서 1905년 혁명 당시 레닌이 제출한 혁명론을 믿고 있었던 '왕년의 볼셰비키'들에게 4월 테제는 사회주의를 '지금 당장' 도입하는, 급진적인 전술처럼 보였다.

레닌도 이것을 의식하고 있었다. 그렇기 때문에 그는 4월 테제에서 "우리의 즉각적인 임무는 사회주의를 '도입하는' 것이 아니라 오직 사회적 생산과 생산물의 분배를 즉시 노동자 대표 소비에트의 통제 아래로 가져오는 것"이라고 덧붙인 것이다. 그러면서 그는 1917년 2월 혁명으로 형성된 이중권력 상태가 1905년 당시의 혁명과는 질적으로 다른, 이미 '노동자-농민의 동맹에 근거한 혁명적 민주주의 독재'를 넘어서는 사태의 진전을 낳았으며, 1905년 혁명론을 반복하는 이들은 '왕년의 볼셰비키'라고 조롱하면서 혁명이 불러온 현실의 진전에 근거하여 혁명 전술을 짜야 한다고 주장했다.[11]

하지만 이것은 사실상 혼란스런 변명으로, 1905년에 생각했던 혁명과 1917년 4월 테제에서 생각하는 혁명 사이의 차이를 감추고 있을 뿐이다. 레닌은 1905년 혁명 당시에도 혁명 이후 권력을 장악하는 것은 '당'이 아니라 '소비에트'라고 주장했다. "내가 잘못을 범하고 있는지는 모르지만, (내 재량하에 있는 불안전하고 유일한 '종이' 정보에 의존하여) 나는 정치적으로 노동자 대표 소비에트는 임시혁명정부의 맹아로서 간주되어야 한다고 믿는다. 나는 소비에트가 가능한 한 빨리 스스로를 러시아 전체의 임시혁명정부로 선포해야 하고 (단지 또 다른 형태로 똑같은 것이 될) 임시혁명정부를 수립해야 한다고 생각한다."[12]

11) 블라디미르 레닌, 「전술에 관한 편지들」, 『레닌 저작집 7-1: 볼셰비즘과 10월 사회주의 혁명』, pp. 45~47.
12) 블라디미르 레닌, 「우리의 임무와 노동자대표 소비에트」, 『레닌 저작집 3-3: 1905년 혁명』,

하지만 여기서의 소비에트는 4월 테제에서 제출된 소비에트와 같지 않다. 1917년 혁명에서 소비에트는 파리 코뮌처럼 그 스스로 국가가 되는 것을 말한다. 하지만 1905년 혁명에서 소비에트는, 레닌이 '부르주아 민주주의에서 최고의 형태'라고 규정한 제헌의회를 소집하기 이전까지만 존재하는 정부로, 혁명을 추진하는 물리력을 가지고 이후 건설되는 국가에게 권력을 떠넘기는 역할을 하는 조직일 뿐이었다. "붕괴한 정부의 직무를 일시적으로 떠맡는 인민의 권력기관은 쉽고 단순한 러시아 말로 하면 임시혁명정부라고 불린다. 그러한 정부는 그 권력이 전 인민을 대표하는 제헌의회 소집과 함께 끝나기 때문에 일시적이지 않을 수 없다. 그러한 정부는 붕괴한 정부를 대체하며 혁명의 지지로서 그렇게 하기 때문에 혁명적이지 않을 수 없다."[13]

1905년의 레닌과 1917년의 레닌은 명백하게 달랐다. 레닌은, 파리 코뮌 이후 마르크스-엥겔스가 결정적인 '정정'을 했던 것처럼 그들의 '파리 코뮌에 대한 분석들'을 본격적으로 연구하고 난 이후에야 비로소 '코뮤니즘으로의 이행 전략'을 구체화할 수 있었다. 여기서 프롤레타리아 혁명은 기존의 국가장치 파괴로 등장하며, 기존의 국가장치를 파괴하고 새로운 국가를 형성해내는 것은 바로 '코뮌'이며 그런 코뮌이 '코뮤니즘으로의 이행'을 만들어가는 사회주의의 정치적 형태, 즉 프롤레타리아 독재 기관이라는 점을 레닌은 분명히 했다.[14] 따라서 1917년 2월 혁

전진, 1990, p. 288.

13) 블라디미르 레닌, 「죽어가는 전제와 인민지배의 새로운 기관」, 『레닌 저작집 3-3: 1905년 혁명』, p. 332.

14) 이와 같은 분석들에 대한 레닌의 연구를 발리바르는 다음의 세 가지 테제로 요약했다. ① "국가권력은 항상 단일한 계급의 정치권력이며, 이 계급이 사회의 지배 계급으로서 국가권력을 장악하고 있는 것"이라는 "국가권력에 관한 테제," ② "프롤레타리아 혁명, 즉 부르주아

명 이후, 레닌의 주장은 단지 정세 변화에만 근거한 것이 아니다. 그는 지속적으로 임시정부에 대한 소비에트의 지지를 철회할 것과 모든 권력을 소비에트로 집중시킬 것을 요구했다. 이것은 2월 혁명 이후 조성된 임시정부와 소비에트 간의 이중권력이 궁극적으로 충돌할 수밖에 없다고 보았기 때문이기도 하지만, 더 중요한 것은 마르크스-엥겔스의 파리 코뮌에 대한 분석에 근거하여 소비에트를 "프롤레타리아 독재의 러시아적 형태"[15]이자 "파리 코뮌 유형의 국가"[16]로 보았기 때문이다. 따라서 여기서의 소비에트는 임시혁명정부라는 일시적으로 존속하는 과도기적인 정부가 아니다. 그것은 이전과 질적으로 다른, "새로운 국가, 새로운 유형의 국가장치의 맹아이면서 동시에 〔……〕 대중의 직접적인 조직"이었다.[17]

그러므로 레닌이 1917년에 추진한 정치혁명은 소비에트 혁명이며, 파리 코뮌의 러시아적 형태인 소비에트가 기존의 관료제적 국가장치를 대체하여 그 스스로 국가권력이 되는 것이었다. 또한 그렇기 때문에 소비에트는 사회주의로 이행하기 위한 과도기적 형태가 아니라 코뮤니즘으로의 이행을 만들어가는 사회주의 또는 낮은 단계의 공산주의 국가라고 할 수 있다. 따라서 이 국가는 프롤레타리아 독재이면서도 파리 코

의 국가권력의 타도는 부르주아지의 국가권력이 물질적 형태를 취하고 있는 기존의 국가장치의 파괴 없이는 불가능하다"는 "국가장치에 관한 테제," ③ "사회주의가 다름 아닌 프롤레타리아 독재"이며 프롤레타리아 독재는 "사회주의 그 자체와 동일한 것"이라는 "사회주의와 공산주의에 관한 테제"(에티엔 발리바르, 『민주주의와 독재』, 최인락 옮김, 연구사, 1988, pp. 56~61).

15) 블라디미르 레닌, 『프롤레타리아 혁명과 배신자 카우츠키』, 허교진 옮김, 소나무, 1988, p. 50.

16) 블라디미르 레닌, 「전술에 관한 편지들」, 『레닌 저작집 7-1: 볼셰비즘과 10월 사회주의 혁명』, p. 45.

17) 에티엔 발리바르, 『민주주의와 독재』, p. 156.

뮌과 마찬가지로 대중의 자기-통치democracy, demo(대중)+cratia(지배)가 이루어지는 직접민주주의 지배 형식을 가진 국가이며, 사회 공동체들이 점차 국가의 기능을 흡수함으로써 국가 그 자체를 지양해가는 '비非국가'로서의 국가다.

5. 코뮤니즘의 이행 전략: 사회에 의한 국가의 흡수

아직까지도 많은 사람들이 프롤레타리아 독재와 코뮌을 서로 다른 것으로 이해하면서, 코뮤니즘은 아나키즘적인 것인 반면 마르크스주의는 국가를 부정하지 않고 오히려 국가를 이용하여 생산수단에 대한 사적 소유를 폐지하고 공산주의를 실현하려는 관점으로 간주하는 경향이 있다. 하지만 엥겔스는 정확하게 "국가란 한 계급의 다른 계급에 대한 억압기구 이외의 아무것도 아니며" "국가는 기껏해야 하나의 악에 불과"하다고 하면서 "계급적 지배를 위한 투쟁에서 승리를 쟁취한 프롤레타리아트는 이 악을 물려"받지만 "승리하는 프롤레타리아트는 코뮌과 마찬가지로" "국가라는 폐물을 내던질 수 있을 때까지 가능한 가장 신속하게 이 악을 제거"해야 한다고 말했다.[18] 따라서 엥겔스도 아나키스트처럼 국가는 근본적으로 악일 수밖에 없다는 것에서 출발하며 궁극적으로 국가 자체를 없애버리는 것을 혁명의 목표로 삼았다.

하지만 그것을 실현 가능한 것으로 만드는 방법에서 차이가 있다. 아

---

18) 프리드리히 엥겔스, 「칼 맑스의 프랑스에서의 내전 독일어 제3판 서설」, 『저작 선집 6』, p. 335.

나키즘은 지금-여기서 우두머리 없는 사회를 실현하고자 하며 그렇기 때문에 당장 모든 권위를 해체하고자 한다. 반면 마르크스와 엥겔스는 "정치적 국가, 그리고 그것과 더불어 정치적 권위는 다가올 사회혁명의 결과로 사라질 것이라는 점에 〔……〕 의견이 일치"함에도 불구하고 "사회혁명의 첫번째 행위가 권위의 폐지"여서는 안 되며[19] 오히려 그런 정치적 국가와 권위가 "계급 지배라는 존재를 떠받치고 있는 경제적 토대를 전복하기 위한 지렛대"[20]로 기능해야 한다고 본다.

그렇다고 해서 마르크스와 엥겔스가 자율적 공동체를 부정한 것은 아니다. 오히려 그들은 협동조합과 같은 자율적 공동체들이 본질적으로 코뮤니즘 이념에 근거하고 있다는 점을 인정했다. 심지어 엥겔스는 "국가 대신에 프랑스어 '코뮌'을 매우 잘 대표할 수 있는" 독일어 단어로 "공동체'를 쓸 것을 제안"하기도 했다.[21] 하지만 그들은 지속 가능한 공산주의가 되기 위해서는 그런 공동체들이 "자본주의 체제를 대체"하고 "협동조합들이 모두 공동계획에 의거하여 국민적 생산을 조절하고 따라서 생산을 자기 자신의 지휘 아래 두어야" 한다고 생각했다.[22] 즉, 그들이 보기에 코뮤니즘은 국민적 생산을 조절하고 통제하는 '국가적 수준'에서만 가능한 것이었다.

어떤 사람들은 이것을 국가주의적 전략이라며 비판할 수 있다. 하지만 이것은 '국가주의적 전략'이 아니다. 마르크스는 국가주의적 전략을

19) 카를 마르크스, 「권위에 관하여」, 『저작 선집 4』, p. 278.

20) 프리드리히 엥겔스, 「칼 맑스의 프랑스에서의 내전 독일어 제3판 서설」, 『저작 선집 6』, p. 67.

21) 프리드리히 엥겔스, 「엥겔스가 쯔비까우의 아우구스트 베벨에게」, 『저작 선집 4』, p. 458.

22) 카를 마르크스, 「프랑스에서의 내전: 국제 노동자 협회 총평의회의 담화문」, 『저작 선집 4』, p. 68.

취했던 라살레를 비판하면서, 기존의 국가를 통해서는 코뮤니즘으로의 이행을 만들어낼 수 없으며 그것은 오직 기존의 국가를 파괴하고 이전과 전혀 다른 형식을 가진 새로운 국가, 의회와 행정이 통일되어 있고 소환권과 같은 대중의 직접 통치가 가능한 직접민주주의적 지배 형식을 가지고 있는 파리 코뮌과 같은 국가를 건설함으로써만 가능하다고 주장했다. 그리고 이것이 바로 마르크스주의가 다른 코뮤니즘들과 질적으로 다른 고유성,[23] 즉 파괴와 소멸의 변증법으로서 프롤레타리아 독재론을 정초하도록 한 것이다.

하지만 마르크스-엥겔스 사후, 코뮤니즘으로의 이행을 낳는 파괴와 소멸의 변증법에서의 결절점으로서 프롤레타리아 독재를 단지 프롤레타리아가 국가권력을 장악하고 프롤레타리아가 지배하는 국가가 바로 프롤레타리아 독재라는 식으로 이해했던 것이다. 게다가 사회주의 생산양식론으로 대표되는 스탈린주의가 정식화되면서 '선 정치혁명, 후 사회혁명'이라는 식의 변혁론이 정립되었다. 하지만 마르크스-엥겔스가

23) 이런 국가론에서 마르크스주의의 고유성과 더불어 마르크스주의적인 코뮤니즘이 가진 고유성으로 다음의 차원이 추가되어야 한다. 그들은 역사유물론을 정립하고 이에 근거하여 코뮤니즘을 인간의 인식이나 의지의 산물이 아니라 물질적 조건들의 산물로 규정했다. "인간들은 자신들의 생활을 사회적으로 생산하는 가운데, 자신들의 의지로부터 독립되어 있는 일정한 필연적 관계들, 즉 자신들의 물질적 생산력들의 일정한 발전 단계에 조응하는 생산관계들에 들어선다"(카를 마르크스, 「정치경제학의 비판을 위하여」, 『저작 선집 2』, p. 477). 그들이 보기에 코뮤니즘은 '생산의 사회화와 생산수단의 사적 소유 간의 모순'이라는 자본주의적인 생산력과 생산관계의 모순에 의해 출현하는 것이다. 즉, 자본주의에서 생산력의 발전은 분업과 협업을 확대시키지만 그들이 생산한 부는 여전히 한 개인에 의해 독점되기 때문에 거대한 부의 독점과 상대적·절대적 빈곤화, 그리고 '자기 노동에 의한 소유의 정당화'라는 법적·윤리적 정당화의 파괴를 불러온다. 따라서 마르크스-엥겔스가 제시하는 코뮤니즘은 생산의 사회화에 맞춰 생산수단을 사회화하는 것으로, 생산의 사회화라는 경제적인 것에서 출발한다. "공산주의의 조직은 본질적으로 경제적이며 이러한 연합의 조건들을 물질적으로 창출하는 것이다. 공산주의의 조직은 기존의 조건들을 연합의 조건들로 만든다"(카를 마르크스·프리드리히 엥겔스, 「독일 이데올로기」, 『저작 선집 1』, p. 250).

소위 '코뮤나르드'를 비판했던 것은, 그들이 파리 코뮌을 '사회혁명'으로 보았기 때문이 아니다. 마르크스-엥겔스도 파리 코뮌을 사회혁명이라고 본다. 다만, 그 사회혁명이 곧 '정치혁명'이 되어야 한다는 점에서 차이가 있었던 것이다.

그런데도 사람들은 이와 같은 마르크스의 생각을 여전히 정치혁명이 사회혁명보다 더 중요하며 정치혁명을 우선적으로 추진해야 한다는 식으로 곡해하고 있다. 하지만 마르크스는 정확히 다음과 같이 말했다. "코뮌, 그것은 사회를 통제하고 제압하는 대신에 사회 자신의 살아 있는 힘으로서 사회가 국가권력을 다시 흡수하는 것이며 인민 대중 스스로가 그들을 억압해온 조직된 힘 대신에 그들 자신의 힘을 형성해냄으로써 국가권력을 다시 흡수하는 것이다. 코뮌은 인민 대중의 적들이 인민 대중을 억압하기 위해 휘둘러온 인위적인 힘을 대신하는 인민 대중의 사회적 해방의 정치적 형태다."[24]

여기서 코뮌을 정치혁명으로 만드는 것은, 코뮌 대신에 또 다른 형태를 가지고 있는 조직이나 기관으로서 국가를 건설하는 것이 아니다. 오히려 코뮌을 정치혁명으로 만드는 것은 코뮌 자신이 국가가 되는 것, 다시 말해서 사회 자신의 살아 있는 힘으로서 코뮌이 그 스스로가 국가권력이 됨으로써 사회혁명이 정치혁명이 되는 데 있다. 이러한 점을 정확히 파악하고 있는 마르크스주의자들은 그렇게 많지 않다. 하지만 1917년 레닌의 혁명으로부터 '현대 군주로서의 정당론'과 헤게모니론을 만들어냈던 그람시는 이를 정확히 파악하고 있었다. "오직 가능한 것은,

24) 카를 마르크스, 「프랑스에서의 내전: 국제 노동자 협회 총평의회의 담화문」, 『저작 선집 4』, p. 18.

국가의 목표는 바로 국가 자신의 종식과 소멸이라는, 다시 말하여 정치사회를 시민사회로 재흡수한다는 원칙의 체계를 창출하는 일이다."[25]

물론 레닌이 1917년 혁명에서 이와 같은 입장을 확고하게 견지했던 것은 아니다. 그 또한 지속적으로 동요했다. 10월 혁명 이후, 그는 제헌의회를 소집해서 소비에트의 정치적 정통성을 획득하고자 했으나 다수당이 된 사회혁명당 우파가 이를 거부하자 제헌의회를 해산시켜버렸다. 이후 사람들은 레닌에 의한 제헌의회 해산을 독재의 출현인 것처럼 비난했다. 하지만 문제는 제헌의회의 해산이 아니다. 오히려 문제는 제헌의회의 소집이었다. 제헌의회 소집은 1905년 혁명론의 잔재였으며 정치적 후퇴였다. 왜냐하면 그것은 마르크스-엥겔스가 파리 코뮌에 대한 분석에서 일관되게 견지했던 '코뮤니즘으로의 이행기=사회주의(낮은 단계의 공산주의), 프롤레타리아 독재의 역사적 표현 사례=파리 코뮌(소비에트)'을 위배하는 것이었기 때문이다. 제헌의회 선거가 끝난 이후 그가 썼듯이 소비에트는 제헌의회보다 훨씬 우월한 민주주의 기관이었다.[26]

게다가 레닌은 사회주의 혁명 이후 등장한 소비에트 권력이 지속적으로 계급투쟁을 통해서 대중권력을 창출해야 한다는 점을 잘 알고 있었었다. 하지만 현실적으로 그는 서구 제국주의의 지원을 받는 반혁명 세력과의 내전 속에서 '소비에트의 자기통치 능력'을 확대시키는 방향이

25) 안토니오 그람시, 『옥중수고 I』, 이상훈 옮김, 거름, 1993, p. 268.

26) "부르주아 체제로부터 사회주의 체제로 이행함에 있어서, 그리고 프롤레타리아 독재에 있어서 (노동자, 병사, 농민 대의원회의) 소비에트공화국은 (제헌의회로 치장된 부르주아 공화국에 비해) 훨씬 더 고도의 형태의 민주주의 제도일 뿐만 아니라 사회주의에로의 가장 무난한 이행을 보증할 수 있는 유일한 형태이기도 하다"(블라디미르 레닌, 「제헌의회에 관한 테제」, 『프롤레타리아 혁명과 배신자 카우츠키』, p. 137).

아니라 오히려 전시공산주의, 국가자본주의 체제라는 당에 의한 물리적 통제에 더 많이 의존해갔다. 그리하여 레닌 이후, 자율적인 인민의 통치 기관인 소비에트는 점차적으로 국가권력을 흡수하면서 국가 그 자체를 소멸시켜가는 것이 아니라, 오히려 그와 반대로 국가에 의해 흡수되면서 정치사회가 시민사회를 잡아먹고 자기통치기관으로서의 소비에트는 제 기능을 상실한 채, 국가 관료의 하위 전달 체계로 전락했던 것이다. 그러므로 레닌은 코뮤니즘으로의 이행을 만들어내는 데 실패했다. 하지만 그것이 오늘날 레닌이 무의미하다는 것을 의미하지는 않는다. 지젝은 레닌을 반복하는 것이 우리의 희망에 새로운 생명을 준다고 하면서 다음과 같이 말했다.

> 레닌을 되풀이하는 것은 '레닌이 죽었다'는 것, 그의 특수한 해법이 실패했다는 것, 그것도 아연할 정도로 실패했다는 것, 그러나 그 안에 구해낼 가치가 있는 유토피아적 불꽃이 있다는 사실을 받아들이는 것이다. 레닌을 반복한다는 것은 레닌이 실제로 한 일과 그가 연 가능성의 영역을 구분한다는 뜻이다. 레닌이 실제로 한 일과 또 다른 수준, 즉 '레닌 내부에서 레닌 자신을 넘어선' 것 사이의 긴장을 받아들여야 한다는 것이다. 레닌을 반복한다는 것은 레닌이 한 일을 반복하는 것이 아니라 그가 하지 못한 일, 그가 놓친 기회를 반복한다는 것이다.[27)]

그렇다면 오늘날 '레닌 반복하기'가 요구하는 것은 레닌이 한 일에 대해 단지 칭송을 늘어놓는 것이 아니라 오히려 그가 실패한 일을 다시 검

27) 슬라보예 지젝, 『지젝이 만난 레닌』, 정영목 옮김, 교양인, 2008, pp. 562~63.

토하고 이를 다른 방식으로 시작하는 것인지도 모른다. 하지만 그렇게 하기 위해서라도 레닌의 실패에 대해 말하면서 레닌의 성공까지 싸잡아 버리거나 10월 혁명 이후 코뮤니즘으로의 이행 실패를 마르크스-엥겔스와 다른 레닌의 잘못된 사상에서 나온 것으로 간주해서는 안 된다. 오히려 그가 그 당시 진짜 구상하고자 했던 것은 무엇이었는지를 먼저 분명히 하고 나서 그 이후, 그의 실패가 어디에서 비롯된 것인지를 따져 봐야 한다.

6. 레닌의 실패와 레닌 반복하기: 이행의 아포리아와 민주주의 이념

1917년 당시 제1차 세계대전 과정에서 붕괴해버린 제2인터내셔널에 대한 레닌의 정치적 실천은, 바로 오늘날 우리가 수행해야 할 정치적 실천으로서 '레닌 반복하기'의 현재적 의미를 부여해준다. 오늘날 우리는 지구화된 자본주의로 인한 총체적 위기와 싸우고 있다. 총체적 위기는 과거와 같은 빈부 격차나 경제적 빈곤화에 머무르지 않는다. 그것은 정치경제적인 문제를 넘어서 문화적, 환경적인 차원에서 빈곤과 삶의 파괴를 낳고 있다. 자본은 노동을 기계화하는 과정을 통해서 살아 있는 노동을 노동 현장으로부터 축출하고 있으며 지구상의 모든 생명체를 가치 증식의 대상으로 바꾸어놓는다. 그리하여 자본은 자기 스스로 무덤을 파고 있다.

사람들은 문화적, 환경적 위기에 대응하기 위한 삶의 전략들을 모색하고 있으며, 자본에 의해 배제된 자들은 '자본 없이 살기'라는 대안적인 삶을 모색하고 있다. 그리고 그렇게 그들은 서로의 삶을 나누는 방식을 창출함으로써 코뮤니즘의 이념적 형상들을 다시 불러들이고 있다. 이렇듯 각각의 영역에서 사람들이 나름대로 '자본 없이 살기'라는 대안적 삶을 만들어가고 있기는 하지만 그들이 함께 연대해서 만들어가는 공통적 실천은 거의 만들어내지 못하고 있다. 이것은 코뮤니즘이라는 이념에 공통적인 형상을 제공해주었던 마르크스-레닌주의가 무너진 이후, 아직까지 연대와 협력을 만들어낼 수 있는 코뮤니즘에 대한 공통적인 형상이 존재하지 않기 때문이다.

레닌의 실패로부터 시작하는 '레닌 반복하기'는 바로 이런 코뮤니즘에 대한 공통적 형상을 창조하는 데 새로운 생명을 불어넣을 것이다. 제2인터내셔널이 붕괴했을 때, 레닌은 이에 대항하여 마르크스-엥겔스가 제시한 코뮤니즘론의 핵심인 프롤레타리아 독재론을 되살려냈다. 그것은 마르크스-엥겔스의 '반복'이라고 할 수 있다. 하지만 그는 그것을 넘어서 '코뮤니즘으로의 이행기=사회주의,' 다시 프롤레타리아 독재의 역사적 사례인 파리 코뮌에 관한 마르크스-엥겔스의 분석을 당시 러시아의 현실에 창조적으로 적용시켰다. 그리고 그것을 통해 그는 소비에트 혁명을 추진했고 위기에 빠진 마르크스주의에 새로운 생명을 제공했다.

오늘날 우리 또한, 레닌이 마르크스-엥겔스를 반복한 것처럼 레닌을 반복해야 한다. 마르크스-엥겔스의 이행 전략을 레닌이 소비에트를 통해서 구체화했고 그람시가 평의회를 통해서 사유했듯이, 오늘날 우리는 우리 시대의 코뮌적 이행 전략을 사유해야 한다는 것이다. 물론 이를 위해서는 레닌의 텍스트 안에 여전히 동요하는 것들에 대한 강조점의 이동 또는 명료화가 선행되어야 한다. 레닌은 프롤레타리아 독재를 이야기하며 그것이 프롤레타리아 민주주의라는 점 또한 강조했으나, 중앙집권화와 독재를 의미론적으로 연결시키거나 정치혁명을 강조하면서 국가권력이라는 힘의 사용에만 치중함으로써 좀더 중요한 사회혁명을 주변화시키고 말았다. 그리고 그것은 프롤레타리아 독재와 코뮌 간의 분열로 이어졌다.

하지만 사회주의는 '코뮤니즘으로의 이행기'로서, 이행을 만들어내는 것은 국가권력을 장악한 프롤레타리아트가 생산수단을 국유화함으로써 이루어지는 것이 아니다. 마르크스-엥겔스는 생산의 사회화라는 물질적 조건 위에서 소유의 사회화가 이루어질 수밖에 없다고 보았기 때문에 아나키즘에 반대하고 국가를 경유한 이행 전략을 제시했다. "공산주의의 조직은 본질적으로 경제적이며 이러한 연합의 조건들을 물질적으로 창출하는 것이다. 공산주의의 조직은 기존의 조건들을 연합의 조건들로 만든다."[28] 여기서 코뮤니즘은 생산력을 지닌 개인들의 연합으로 등장한다.

"연합된 개인들의 총체적 생산력들을 전유함과 동시에 사적 소유는 정지"[29]하며 "진정한 공동체에 속한 개인들은 그들의 연합 속에서, 그리고 그들의 연합을 통하여 동시에 그들 자신의 자유를 획득한다."[30] 여기서 연합은 '어소시에이션association,' 즉 분업과 협업의 발달이라는 생산력의 발전이 가져온 물질적 조건 위에서 이루어지는 사회적 연결로, 분업과 협업적 체계에 의해 각 개인들에게 내재화되어 있는 생산 능력 자체를 사회화한다는 의미를 포함하고 있었다.

---

28) 카를 마르크스·프리드리히 엥겔스, 「독일 이데올로기」, 『저작 선집 1』, p. 250.
29) 같은 책, p. 258.
30) 같은 책, p. 247.

즉, "생산 도구 전체의 전유는 이미 개인들 자신 속에 있는 능력들의 총체의 전개인 것이다." 하지만 이것은 테일러나 포드 시스템처럼 일괄 생산 라인을 따라 하나의 생산 도구에 개인들이 종속되는 방식으로 생산 능력이 총체화되는 방식을 가리키지 않는다. "지금까지 모든 전유들의 경우에는 단 하나의 생산 도구 아래에 한 무리의 개인들이 포섭"되어 있었다면 이에 반해 "프롤레타리아들에 의한 전유의 경우에는 각각의 모든 개인들 아래에 한 무더기의 생산 도구들이 포섭되고 소유는 모든 사람들 아래에 포섭되어야 한다."[31] 따라서 생산수단의 사회적 소유 또한 특정한 생산수단을 중심으로 개인들이 포섭되는 것이 아니라 오히려 개인들이 특정한 생산수단을 각각의 모든 개인들 아래로 포섭해야 한다.

하지만 바로 그렇기 때문에 마르크스-엥겔스의 코뮤니즘은 '자기 배반적인' 아포리아를 가지고 있을 수밖에 없다. 그것은 오직 집단적 소유만이 가능하기 때문에 그 집단에 참여하는 개인들이 평등하고 자유롭게 통치에 참여하지 않는 이상, 그것은 언제든지 '소외된 권력,' 관료적인 권력으로 전화할 수 있다는 것이다. 그리고 현실사회주의에서 실제로 이와 같은 일이 벌어졌다. 그들은 혁명 이후, 기간산업들을 국유화하고 노동자 국가임을 천명했지만 생산자 대중과 인민은 그와 같은 산업을 통제하는 주인이 아니라 오히려 국가가 소유한 기업에 고용된 노동자들처럼 조야한 공산주의 노예들로 전락하게 되었다. 따라서 오늘날 반복되어야 할 레닌의 이행 전략은 철저하게 '정치학적인 것'이 되어야 한다.

31) 같은 책, p. 257.

하지만 이런 정치학적인 이행 전략은 국가권력을 사용하거나 장악함으로써 코뮤니즘으로의 이행을 생산하는 것이 아니다. 여기서 정치학적인 것은 민주주의적인 것이자 사회변혁적인 것이다. 엥겔스는 사회주의 혁명을 "새로운 진정으로 민주주의적인 국가권력으로 교체되었다는 것"[32]을 의미한다고 말하고 있으며, 마르크스 또한 지속적으로 "코뮌 체제는 사회에서 자양분을 얻고 사회의 자유로운 운동을 지배하는 '국가'라는 기생충이 이제까지 빨아먹은 모든 힘들을 사회라는 몸뚱이 the social body에 돌려주는 것"[33]이라고 반복해서 말하고 있다. 따라서 오늘날 레닌의 실패로부터 벗어나 새롭게 시작되어야 할 지점은 다음과 같다.

첫째, 마르크스주의가 코뮤니즘을 인류가 지향해야 할 사회, 또는 이상향으로 삼고 있었던 것은 분명하지만 코뮤니즘이라는 형상은 마르크스-엥겔스의 전유물도 아니며 마르크스-엥겔스 이전부터 존재해왔던 것이다. 하지만 마르크스-엥겔스의 코뮤니즘을 '마르크스주의'라는 독자적인 이념으로 만든 것은, 오로지 사적 소유에 대한 부정 또는 자본에 대한 반정립으로 규정되는 "조야한 공산주의"[34]를 넘어서 코뮌과 같

32) 프리드리히 엥겔스, 「칼 맑스의 프랑스에서의 내전 독일어 제3판 서설」, 『저작 선집 6』, p. 335.

33) 카를 마르크스, 「프랑스에서의 내전: 국제 노동자 협회 총평의회의 담화문」, 『저작 선집 4』, p. 66.

34) 마르크스는 '사적 소유에 대한 부정' 또는 '자본에 대한 반정립으로서 공산주의'가 "더 부유한 사적 소유에 대항하여 시기심과 평준화의 욕구"를 따르고 있으며 "가난하고 욕구 없는 인간의 자연스럽지 못한 단순성으로의 회귀"라는 "조야한 공산주의"로 나아갈 수 있다는 것을 너무나 잘 알고 있었다. 그래서 그는 생산수단을 장악한 국가가 노동자들을 고용했던 현실사회주의의 국가적 체계를 예견이라도 한 것처럼 조야한 공산주의는 "보편적 자본가로서 공동체, 공동체적 자본이 지불하는 봉급의 평등"으로 나타난다고 말했다. 그렇기에 마르크스가 생각한 공산주의는 '사적 소유에 대한 부정'을 넘어서 있다. 그는 이것을 사적 소유

은 자치적인 사회혁명을 정치혁명으로 전화시킴으로써 코뮤니즘의 이행 전략을 구체화했다는 점에 있다.

둘째, 그렇기 때문에 마르크스-레닌이 제시한 '코뮤니즘으로의 이행 전략'은 기본적으로 사회혁명적인 실천들을 기반으로 하고 있는 정치학적 패러다임으로, 이행의 핵심 문제는 대중 자신의 자기통치적인 사회권력 형태들을 만들어내는 데 있다는 점이다. 프롤레타리아 독재의 기관은 코뮌이며 레닌은 당시 러시아에서 그와 같은 형태를 소비에트에서 발견했으며 그람시는 공장평의회에서 발견했다. 따라서 오늘날 코뮤니즘으로의 이행을 사유할 때, 일차적으로 고려해야 할 것은 자본에 저항하는 투쟁만이 아니라 그 투쟁이 만들어내는 대중 자신의 자치적인 사회권력체들을 발견하고 이를 '정치적인 권력체'로 바꾸는 전략이라고 할 수 있다.

셋째, 국가권력은 마르크스가 말했듯이 보편 이해로 선언된 특수 이해의 물리적 장치라는 점에서 언제나 누군가의 지배력으로 나타날 수밖에 없다. 따라서 이 관점에서 보자면 국가는 언제나 누군가의 독재로 나타난다. 그런데 근대 국민국가 형성 이후, 민주주의는 바로 이와 같은 독재를 작동시키는 통치 형식이 되었다. 즉 부르주아도 프롤레타리아도 민주주의라는 통치 형식을 가지고 있다. 하지만 부르주아 독재의 지배 형식과 프롤레타리아의 지배 형식은 다를 수밖에 없다. 바로 이런 점에

에 대한 적극적 지양으로서 공산주의라고 하면서 그것은 "이제까지 발전된 부 전체 내부에서 생성된, 완전하고 의식적인 귀환으로서, 인간적인 인간, 즉 사회적 인간으로서 인간 자신으로의 귀환"이라고 규정한다. 그러면서 "이런 공산주의는 완성된 자연주의=인간주의이자 완성된 인간주의=자연주의로서, 인간과 자연 그리고 인간과 인간 사이의 충돌, 실존과 본질의 참된 해결"이라고 주장하고 있다(카를 마르크스, 『1844년의 경제학철학 초고』, 최인호 옮김, 박종철출판사, 1991, pp. 153~54).

서 부르주아 독재 대 프롤레타리아 독재는 '간접민주주의 대 직접민주주의'라는 지배 형식의 차이라는 관점에서 사유되어야 하며 혁명과 이행 전략 또한, 대중의 자기통치라는 민주주의적 이상의 실현 차원에서 실천되어야 한다.

넷째, 바로 그렇기 때문에 오늘날 반복되어야 할 레닌의 정치적 실천은 노동자-농민 동맹과 같은 1905년 당시의 레닌으로 돌아가는 것이 아니라, 1917년 당시 제출되었으며 모호하게 남아 있는 '코뮌-소비에트'라는 사회혁명적 대안권력들을 발견하고 이를 집합적 권력으로 조직하는 방향으로 나아가야 한다. 코뮌도, 소비에트나 평의회도 마르크스주의자들이 만들어낸 것이 아니다. 이것들을 창안한 자들은 계급투쟁의 한가운데 있었던 대중들이었으며 마르크스, 레닌, 그람시는 이를 단지 '발견'했을 뿐이다. 그렇다면 오늘날 우리는 이와 같은 것들의 현대적 형태, 한국적 형태들을 대중 투쟁 속에서 발견해내고 이를 혁명의 기관이자 대안적인 국가의 권력으로 육성해가는 전략을 모색해야 할 것이다.

러시아 혁명과 노동의 동원:

러시아 혁명·내전 시기 볼셰비키의 노동의무제 시행과 사회의 반응

류한수

1. 들어가며

1917년 10월에 러시아 페트로그라드에서 일어난 볼셰비키의 무장봉기로 수립된 혁명정부는 노동자 정부를 표방하면서 사회의 틀을 바꾸는 일에 나섰다. 러시아 혁명에 뒤이은 이른바 '최초의 여덟 달'과 세 해 동안의 내전기는 그 뒤 70년 동안 유지될 소비에트 체제의 뼈대가 만들어진 중요한 시기라고 할 수 있다. 초창기부터 '노동 해방'의 기치를 내걸었으며 육체노동을 하는 노동 계급을 지지 기반으로 삼았던 볼셰비키 당은 러시아라는 거대한 나라의 집권 세력이 된 뒤 나름의 사회주의관에 입각해서 노동정책을 입안하고 시행했다.

이 시기에 혁명정부가 취한 노동정책에 관해서 연구가 많이 이루어졌고 성과도 적지 않지만, 유독 한 가지 주제는 큰 관심을 끌지 못했다. 그것은 바로 노동의무제трудовая повинность다. 노동의무제는 내전 기간에 혁명 러시아에서 이루어진 노동 동원의 밑바탕이 된 원칙이자 제도였는데도, 소련(러시아) 역사학계에서 조명을 받지 못했다. 이에 관해 언급하더라도, 소비에트식 역사 서술이 대개 그렇듯, 당 노선을 정당화하는 피상적 수준에서 벗어나지 못했다.[1] 그나마 노동의무제를 비교적 깊이 있게 다룬 저술로는 알렉산드르 일류호프의 연구서[2] 정도가 손꼽힌다. 볼셰비키의 노동정책을 다룬 서방의 연구들[3]에서도 노동의무제는 지나가다 슬쩍 언급되는 수준에 그쳤다. 볼셰비키가 혁명과 내전 시기에 취한 노동정책을 조명한 한국의 연구에서도 노동의무제는 본격적으로 다뤄지지 않았다.[4] 이런 사정에 비춰 볼 때, 혁명 러시아의 노동의무제를 깊이 있게 살펴보아야 러시아 혁명사 연구의 큰 공백이 메워질 것이다.

이 글은 볼셰비키가 노동의무제를 자기들의 사회주의 이론 안에 어떻게 자리매김했는가, 혁명 뒤에 누가 왜 노동의무제를 도입해서 어떻게 실행했는가, 그리고 러시아 인민은 사회주의 정권이 시행하는 노동의무제에 어떤 반응을 보였는가를 살펴보고자 한다. 노동의무제를 둘러싼

---

1) 전형적인 예로는 А. В. Венедиктов, *Организация государственной промышленности в СССР*, том 1. 1917~1929 гг., Л., 1957, с. 660~63을 들 수 있다.

2) А. Ильюхов, *Политика Советской власти в сфере труда, 1917~1922*, Смоленск, 1998, с. 99~124.

3) M. Dewar, *Labour Policy in the USSR 1917~1928*, London: Royal Institute of International Affairs, 1956, pp. 45~47; F. Kaplan, *Bolshevik Ideology and the Ethics of Soviet Labour: 1917~1920: The Formative Year*, London: Owen, 1969, pp. 350~55; T. Remington, *Building Socialism in Bolshevik Russia: Ideology and Industrial Organisation 1917~1921*, Pittsburgh: University of Pittsburgh Press, 1984, pp. 82~92; S. Malle, *The Economic Organization of War Communism 1918~1921*, Cambridge: Cambridge University Press, 1985, pp. 478~80.

4) 윤용선, 「볼셰비키의 노동규율화 정책(1918~1920)」, 『러시아연구』 제10권 제1호, 2000년 6월, pp. 243~64; 이정희, 『러시아 혁명과 노동자: 기대와 갈등의 역사, 1917~21』, 느티나무, 2003.

논란과 이 제도의 시행 과정을 살펴봄으로써 소비에트 체제의 형성기인 혁명 직후와 내전 시기의 격변 속에서 전통적인 형태의 노동 동원이 변화를 겪으며 새로운 체제에 착종되는 과정이 드러날 것이다.

2. 볼셰비키의 사회주의 구상과 노동의무제

『소비에트 대백과사전』에서 '노동의무제' 항목을 찾아보면, "사회에 필요한 노동을 완수하려고 예외적인 경우에만 부과되는 단기간의 노동 부역"이라는 정의가 나온 뒤 "소비에트 권력의 첫 몇 해 동안 노동의무제는 대개 사회의 다양한 비非노동인자를 노동에 끌어들이는 방법으로 적용되었다"라고 설명되어 있다.[5] 그러나 볼셰비키 지도부는 노동의무제를 예외적인 경우에 사회의 특정 집단에 적용하는 노동 부역으로만 구상하지 않았다. 볼셰비키 당 최고지도자 블라디미르 레닌은 1917년 9월에 쓴 「닥쳐오는 파국, 그리고 그것과 싸우는 법」이라는 글에서 다음과 같이 주장했다.

> 일반노동의무제란 무엇일까?
>
> 이것은 현대의 독점자본주의를 디딤판으로 삼아 앞으로 내딛는 한 걸음, 일정한 일반 계획에 따라 경제활동 전체를 조정하는 쪽으로 나아가는 한 걸음, 인민의 노동을 절약하는, 즉 자본주의가 인민의 노동을 쓸데없이 낭비하지 못하도록 막는 쪽으로 나아가는 한 걸음이다.

5) *Большая Советская Энциклопедия*, 3-ое издание, том 26, М., 1977, с. 267.

독일에서 융커Junker(지주)와 자본가가 일반노동의무제를 도입하고 있으며, 따라서 이것은 노동자에게는 불가피하게 전시 징역이 되고 있다. [……] 노동자·농민 대의원 소비에트가 도입해서 조정하고 지도하는 일반노동의무제는 사회주의는 **아직 아니다**. 그러나 자본주의는 이미 아니다. 이것은 사회주의에 성큼 **다가서는 한 걸음**이다.[6)]

레닌이 노동의무제를 사회주의를 건설하는 한 방법으로 여겼음이 이 인용 문단에 잘 드러나 있다.

레닌의 말대로, 노동의무제 착상은 제1차 세계대전 때 주로 독일에서 수행된 노동 조직화[7)]에서 나왔다. 볼셰비키는 유럽의 자본주의 국가가 채택한 노동의무제를 못마땅하게 여겨서 "노동 계급의 노예화"로 일컬었다.[8)] 그러면서도 볼셰비키는 사회주의 기획을 위해 그 제도를 모방하는 데 주저하지 않았다. 이 점은 레닌의 요청을 받아 유리 라린이 러시아에 노동의무제를 수립하는 데 쓸 지침으로 삼고자 10월 혁명 직후에 독일의 노동의무제를 분석한 보고서를 준비한 사실[9)]에서 드러난다.

---

6) В. И. Ленин, *Полное собрание сочинений*, 5-ое издание, том 34, 1969, с. 193~94. 강조는 원문(이후 레닌의 *Полное собрание сочинений*를 *ПСС*로 약칭한다). 『공산주의 선언』에도 사회주의하의 노동의무제가 언급되어 있다. 이 문헌에서 마르크스와 엥겔스는 프롤레타리아 독재 체제가 할 일 열 가지 가운데 여덟째로 "모두에게 동등한 노동 강제"를 들었다. 카를 마르크스·프리드리히 엥겔스, 『공산주의 선언』, 김태호 옮김, 박종철출판사, 1998, p. 36.

7) 제1차 세계대전 때 독일 정부가 시행한 노동의 동원과 조직화에 관한 연구로는 G. Feldman, *Army, Industry and Labor in Germany 1914~1918*, New York: St. Martin's Press, 1992가 있다.

8) М. Лурье(Ю. Ларин), *Трудовая повинность и рабочий контроль*, Петроград, 1918.

9) T. Remington, *Building Socialism in Bolshevik Russia*, p. 82. 독일의 노동의무제에 관한 라린의 분석은 М. Лурье(Ю. Ларин), *Трудовая повинность и рабочий контроль*, с. 3~71에 있다.

볼셰비키 지도부는 노동자 정부가 세워지면 노동의무제가 경제를 살리는 데 이바지하리라고 생각했다. 일찍이 1917년 봄에 레닌은 「멀리서 보내는 편지」에서 일반노동의무제 없이는 "그 끔찍한 약탈 전쟁(제1차 세계대전—필자)으로 입었고 지금도 입고 있는 상처를 고치기 **불가능하며, 불가능함이 입증되었다**"라고 썼다.[10] 5월 말에 또 레닌은 "일반노동의무제 없이는 나라를 파탄에서 **구해내지 못한다**"라고 단언했다.[11] 8월에 열린 제6차 러시아 사회민주노동당(볼) 대회에서 채택된 결의문 「경제 상황에 관하여」에는 다음과 같은 선언이 나온다.

> 권력이 프롤레타리아트와 반半프롤레타리아트의 손으로 넘어올 경우에 노동력을 올바로 배분하고 생산을 제고하는 목적에서 일반노동의무제가 반드시 필요하다. 그런 조건 아래서만 일반노동의무제는 생산력의 최대 발전을 위한 가능성을 제공할 것이고, 노동자를 노예화하는 새로운 수단의 역할을 하지 않게 될 것이다.[12]

이렇듯, 볼셰비키는 자본주의 체제에서 인민의 노동을 수탈하는 제도였던 노동의무제가 사회주의 체제에서는 인민의 이익에 이바지할 수단으로 인식했다.

---

10) *ПСС*, том 31, с. 44. 강조는 원문.

11) *ПСС*, том 32, с. 107. 강조는 원문.

12) *Шестой съезд РСДРП(б), август 1917 года: Протоколы*, М., 1958, с. 259.

3. 윤리로서의 노동의무제에서……

볼셰비키는 사회주의 체제에서 노동의무제가 도입되어야 한다는 원칙을 가지고 있었지만, 권력을 장악한 뒤에도 몇 가지 까닭에서 노동의무제 도입을 서두르지 않았다. 우선, 노동의무제에 강압성이 들어 있었으므로 노동의무제를 안 좋게 보는 시선을 거두지 않는 노동 지도자가 적지 않았다. 제6차 러시아 사회민주노동당(볼) 대회에서 당 중앙위원회 위원인 블라디미르 밀류틴В. Милютин의 결의안 「경제 상황에 관하여」 초고를 검토할 때, 세르게예프А. Н. Сергеев는 노동의무제가 노동자를 노예로 만드는 수단으로 쓰일 수 있다면서 노동의무제 항목을 빼자고 제안했다. 그는 노동의무제가 노동자를 자본주의를 위한 엄한 규율 아래 두는 데 가장 딱 들어맞는 조처였다면서 "노동의무제를 이행하는 일은 노동 계급이 동조한다는 조건 아래서만 가능하다"고 잘라 말했다. 밀류틴은 "노동의무제는 〔……〕 실질적으로 노동의무제를 수행하고 있는 노동 계급이 아니라 노동을 하지 않는 계급을 겨눌 것"이라고 말하며 세르게예프를 달랬다.[13] 그런데도 노동의무제의 강압적 측면에 관한 의구심이 가시지 않았기 때문에 레닌도 노동 계급은 강제 노동의무에서 면제된다는 점을 강조하며, 1918년 5월 18일에 열린 제1차 전러시아 소비에트 재정부서 대표 대회에서 이렇게 말했다.

> 서유럽의 선진국가, 즉 영국과 독일은 〔……〕 부르주아지가 빠져나갈 구멍을 숭숭 남겨두고서 무산 계급을 대상으로 노동의무제를 도입했습

---

13) 같은 책, с. 218.

니다. 우리는 이 나라들의 경험을 활용해야 하지만, 전쟁이라는 제단 위에서 이미 희생을 충분히 많이 치른 가난한 사람이 아니라 맨 먼저 전쟁으로 부자가 된 자를 대상으로 삼는 노동의무제를 도입해야 합니다.[14]

사실, 일반노동의무제 도입에 관한 레닌의 입장은 조심스러웠다. 그는 1918년 4월에 쓴 「소비에트 정부의 당면 과제」에서 "노동의무제를 당장 도입하기 시작해야 하지만, 모든 조치를 실제 경험으로 시험하면서, 그리고 당연히 **부자를 대상으로** 하는 노동의무제를 첫걸음 삼아 아주 차츰차츰, 그리고 차근차근 도입해야 한다"라고 썼다.[15] 같은 해 3월 27일에 열린 국민경제최고회의 상임위원회 회의에서 밀류틴의 노동의무제 관련 테제가 검토되었다. 여기서 레닌은 이렇게 말했다. "우리는 노동의무제를 대규모로 실행할 수 없을 것입니다. [……] 어마어마한 제반 통계작업은 현재 우리 능력 밖에 있습니다." 이렇듯, 레닌이 신중했던 까닭은 얼마간은 막 걸음마를 뗀 혁명정부로서는 노동의무제 도입의 전제 조건인 노동인구의 정확한 산정과 집계라는 과업이 벅찼기 때문이었다. 레닌의 말을 이어받아 가브리일 베인베르크Г. Вейнберг는 "실업이 늘어나고 있고 모든 이에게 일자리를 주기가 불가능하므로 우리는 일반노동의무제를 실행할 수 없고 가까운 미래에도 실행할 수 없을 것"이라고 말했다.[16] 노동의무제가 대개 노동력 부족에 대한 대응임을 고

14) *ПСС*, том 36, с. 353.

15) 같은 책, с. 183~84. 강조는 원문. 제8차 당대회에 제출할 당 강령 초안에서 레닌은 일반노동의무제 시행을 언급하면서 "임노동을 쓰지 않고 제 힘으로 농사를 지으며 사는 소농에게 이것을 아주 조심스럽게 차츰차츰 확대해야 한다"고 강조했다. 같은 책, с. 74~75.

16) "Новое в ленинском документальном наследии," *Вопросы истории КПСС*, 1985, no. 1, с. 6; *Протоколы президиума Высшего Совета Народного Хозяйства*, *декабрь*

려한다면, 문을 닫는 공장이 속출해서 실업이 빠르게 늘어나는 1918년의 상황에서는 일반노동의무제의 도입이 절박하지도 현실적이지도 않은 정책이었다.

한편, 소비에트 정부는 노동의무제를 처음에는 부르주아지, 즉 '사회에 쓸모 있는 노동에 종사하지 않는 비노동인자'에게 적용했다. 혁명정부의 내각인 소브나르콤Совнарком은 1917년 12월 21일에 페트로그라드 주민이 거리에 쌓인 눈을 치우도록 일반노동의무제를 적용한다는 결의안을 채택했다. 여기에는 '생산 활동에 종사하지 않는 자'를 최우선 적용 대상으로 삼는다는 특별 지침이 들어 있었다.[17] 1918년 1월에 열린 제6차 페트로그라드 공장위원회 협의회는 페트로그라드 도에서 이탄泥炭을 캐서 골라내는 일에 부르주아지를 투입해야 한다고 의결했다.[18] 트로츠키는 1918년 6월 29일에 "농민과 노동자는 수천 년 동안 지배 계급을 위해 오물을 치워왔습니다만, 이제는 지배 계급이 농민과 노동자를 위해 오물을 치우도록 만듭시다!"라고 말했다.[19] 지난날의 특권층을 겨냥해 노동의무제를 적용하는 조치는 원칙 수준의 이론으로 뒷받침을 받았다. 1918년 초에 채택된 「피착취 근로인민의 권리 선언」은 "사회의 기생적 부문을 없애는 목적과 국민경제 조직화를 위해 일반노동의무제가

1917 г.~1918 г.: Сборник документов, М., 1991, с. 81~82, 82. 노동의무제 시행에 따르는 행정 업무를 해낼 기구가 없으므로 노동의무제 도입에 반대한다는 주장이 1919년 봄에도 지속되었다. *Экономическая жизнь*, 1919. 4. 13, no. 80, с. 1.

17) А. В. Венедиктов, *Организация государственной промышленности в СССР*, том 1, с. 370, 주 146.

18) И. А. Гладков(ред.), *Национализация промышленности в СССР: Сборник документов и материалов 1917~1920 гг.*, М., 1954, с. 196~97.

19) Л. Д. Троцкий, *Сочинения*, том 17, раздел 1, М.-Л., 1926, с. 293.

도입된다"고 천명했다.[20] 7월에 열린 제5차 전 러시아 소비에트 대회에서 인준된 소비에트 헌법 18조에서도 "사회와 경제 조직의 기생 층을 없애고자 일반노동의무제가 도입된다"고 선언되었다.[21]

'비노동인자'에 부과된 강제노동의무는 가혹했을 뿐만 아니라, 정치적 함의를 띠었다. 1918년에 페트로그라드 지역 노동의무제 위원회 의장을 지낸 군사인민위원회 관리 스밀그-베나리오M. Смильг-Бенарио는 훗날 이렇게 회상했다. "계급으로서의 부르주아지를 완전히 없애려고 페트로그라드 당국은 날마다 부르주아지를 겨눈 새로운 조치를 짜냈다. 그 같은 조치 가운데 하나가 노동의무제였다."[22] 스밀그-베나리오가 받은 인상은 새 체제를 못마땅하게 여기는 이의 편견만은 아니었다. 새 체제의 옹호자도 노동의무제 속에는 과거의 특권층에 가하는 보복의 의미가 들어 있음을 부정하지 않았다. 1920년 3월에 『철도원』의 한 기고자는 다음과 같이 썼다.

> 예전에 노동의무제에는 정치적 성격의 고려사항이 들어 있었다. 1918년에 부르주아지를 겨눈 노동의무제에서 경제적 목적이 추구되는 정도는 미미했다. 1918년에 노동의무제는 '강압 수단이며, 순수 프롤레타리

---

20) *ПСС*, том 35, с. 222; *Декреты Советской власти*, том 1, М., 1957, с. 322.

21) *Декреты Советской власти*, том 2, М., 1959, с. 551.

22) М. Смильг-Бенарио, "На советской службе," И. В. Гессен(ред.), *Архив русской революции*, том 3, Berlin, 1921, с. 155. 소비에트 체제의 지지자임을 자처하던 스밀그-베나리오는 1919년에 독일로 빠져나가 반소비에트 활동을 펼치는 문필가가 되었다. A. F. Ilyin-Zhenevsky, *The Bolsheviks in Power: Reminiscences of the Year 1918*, London: New Park Publications, 1984, pp. 136~41. 부르주아 인자에게 노동의무제가 적용된 사례에 관한 신문 기사로는 *Красная газета*(조간판), 1919. 1. 31, no. 23, с. 3; 1919. 2. 7, no. 29, с. 3이 있다.

아가 게으름뱅이에게 가하는 징벌'이었다.[23)]

노동의무제에 프롤레타리아트가 과거의 특권층에 가하는 징벌의 성격이 짙었다는 사실은 귀족 가문의 딸로 태어나 혁명 전에 상트페테르부르크의 병원에서 외과의로 일했던 소피야 볼콘스카야C. Волконская 공작부인이 남긴 다음과 같은 회고에서도 뚜렷이 드러난다.

어느 날인가 소집장을 받았다. 이튿날 아침 8시에 예전의 경찰서 안에 있는 집회장으로 나오라는 명령이었다. 나오지 않으면 호된 처벌을 받을 터였다.

나는 7시 반에 나섰다. 음울한 12월 아침인지라 캄캄하고 추웠다. 함박눈이 펑펑 내리고 있었다. 나는 아침을 걸렀다. 경찰서 안에 있는 방은 불을 때지 않았다. 우리는 40명쯤 되었다. 소녀, 구식 모자를 쓴 부인, 고급 구두와 비단 스타킹을 신은 여인, 해진 외투를 입은 노신사들이었다. 얼굴은 창백하고 눈은 풀려 있었다. [……]

우리는 30분 넘게 기다려야만 했다. 몸이 덜덜 떨리고 졸리고 기분이 참담했다. 잘 먹고 무지막지하고 거드름을 피우는 그자들이 마침내 나타났다. 그들은 우선 우리를 헤아리고는 나오지 않은 이의 이름을 적었다. 그런 다음 우리는 열을 지었고 명령을 받아 걷기 시작했다. 도시를 완전히 가로질러 갔다. 우리는 죄수처럼 무장 경비대에 둘러싸여 모스크바 저편 끝에 있는 랴잔 역으로 호송되었다. 족히 한 시간은 걸리는 거리였다. 목적지에 이르렀을 때에는 힘이 쭉 빠져 있었다. 목적지에서 그들

23) *Железнодорожник*, 1920. 3. 6, no. 51, c. 2.

이 우리를 여러 그룹으로 나누었고, 각 그룹에게 각기 다른 일거리를 주었다. 역사驛舍 뒤에 있는 공터에서 다른 대여섯 명과 함께 눈을 치우는 일이 내게 떨어졌다. 그들은 우리에게 크고 무거운 나무 삽을 주었다. 경비대원들은 빙 둘러앉아 담배에 불을 붙이고는 구경거리를 즐길 태세를 갖추었다. 우리에게 주어진 일거리는 쓸데없고 쓸모없음이 아주 분명했다. 유일한 목적은 지난날의 특권층인 우리에게 모욕을 주고 오늘날 주인의 무자비한 우위와 우리의 무기력함을 더 뼈저리게 느끼도록 만드는 데 있었다. 병사들은 우리를 놀리며 일을 하라고 다그치면서 다음과 같은 실없는 농지거리에 크게 웃어댔다. "어이, 여자분들! 너희는 눈을 조금도 무서워하지 않아도 돼. 너희 손으로 무슨 일을 하는 법을 배우기 딱 좋은 때니까. 빨리 해!" 한 아가씨가 창백한 얼굴을 돌려 자기를 괴롭히는 자 쪽을 바라보았다. 눈이 듬뿍 담긴 무거운 삽은 그 호리호리한 몸과 가냘픈 작은 손에는 너무나 힘에 부쳐 보였다. 우스꽝스럽게도 굽 높은 구두를 신은 그 아가씨는 뭔가 말을 하려다가 미끄러져 눈 위에 큰대자로 넘어졌다. 이 사고에 폭소가 터져 나왔다. "잘했어. 서커스를 할 만한데! 치마를 조금만 더 올려봐! 흐흐흐!" 그 아가씨를 도와주려고 손 내미는 사람은 없었다. [……] 조금 떨어진 곳에서 나머지 사람들보다 훨씬 더 형편없는 옷을 입은 한 늙은이가 벽에 몸을 기대고 서 있었다. 두 눈 밑에 살이 축 처져 있고 살갗이 잿빛으로 창백한 게 무슨 중병에 걸려 있음이 틀림없었다. "이봐, 영감! 당신이 여기 왜 있다고 생각해? 당신은 평생 쉬어왔어. 이제는 우리가 지켜보는 동안 당신이 일할 차례야." 능글맞은 얼굴에는 야비한 앙심이 가득 어려 있었다. 지난날 언제나 상전이었던 자에게 명령을 할 수 있다니, 이 얼마나 즐거운 일인가! 승리의 순간에 있는 인간이라는 짐승보다 더 추한 광경은 없다.[24)]

볼셰비키는 노동의무제를 도입한다고 선언하면서도 처음에는 노동의무제 도입이 파탄에 이른 경제를 되살리는 대책이라기보다는 도덕적 훈계라는 점에 의의를 두었다. 노동의무제가 언급될 때마다 "일하기 싫은 사람은 먹지도 말라"[25]라는 금언이 따라다녔다. 부르주아지에 강제 노동의무를 적용해서 거리의 눈을 치우거나 참호를 파도록 만드는 조치는 국민경제 조직화와는 연관이 없다. 따라서 이 단계에서 노동의무제는 볼셰비키 정권이 계급 간 차이를 없애고 균등하게 만들기를 목표로 삼은 노동자 정부의 정당성을 내세우는 방편이었다고 보아야 한다. 또한 노동의무 원칙에 따라 부르주아지에게 육체노동을 강제로 부과하는 정책은 다수가 소수를 지배한다는 의미에서 볼셰비키 정권이 프롤레타리아 독재라는 사실을 과시하는 수단이기도 했다. 요컨대, 처음에 노동의무제는 노동자 정부를 표방하는 볼셰비키 정권이 과거 특권층과 일반 대중을 대상으로 벌인 이중의 시위였던 셈이다.

---

24) S. Volkonskaia, "The Way of Bitterness," S. Fitzpatrick & Y. Slezkine(eds.), *In the Shadow of Revolution: Life Stories of Russian Women from 1917 to the Second World War*, Princeton: Princeton University Press, 2000, pp. 154~55. 말줄임표는 원문. 볼콘스카야 공작부인은 유서 깊고 부유한 보브린스키 가문에서 태어났다. 그의 아버지는 제정 정부의 농업대신이었으며, 남편 표트르 볼콘스키П. Волконский 공은 런던, 베를린, 빈에서 근무한 외교관이었다.

25) 신약성경 「데살로니가 후서」 3장 10절에 나오는 사도 바울의 말.

4. ……강제 노동 동원 수단으로서의 노동의무제로

러시아 공업이 실업이 아니라 노동력 부족으로 고통을 겪게 되면서 원칙적인 선언 수준에 머무르던 노동의무제에 다른 각도로 접근하려는 움직임이 나타났다. 일찍이 1918년 1월에, 불길하게도 전 러시아 노동조합 중앙평의회의 바실리 시미트В. Шмидт 간사가 실업이 늘어나고는 있지만 몇몇 산업 부문에서는 일손이 모자라서 어려움이 생기고 있다는 논거를 들면서, 노동력을 특정 산업 부문에 강제로 할당하는 조치에 찬성했다.[26] 1918년 후반부터 도시의 식량 부족 사태가 심해지자 노동자들은 먹을 것을 찾아 도시에서 썰물처럼 빠져나가 농촌으로 이주했다. 따라서 생산 유지에 필요한 최소한의 일손이 모자라 고통을 겪는 공장이나 도시, 공업 부문이 늘어났다. 이런 상황이 지속되자, 주저와 머뭇거림이 없지는 않았어도, 노동 지도자 사이에서 노동력 강제 배치에 찬성하는 견해가 세를 불려 나갔다. 1919년 초에 노동조합 상임위원단과 가장 큰 부문노동조합인 금속노조가 노동력이 모자라는 곳에 '노동자를 강제로 이전한다'는 데 찬성했다.[27] 뱌트카 도에 있는 이젭스크 무기공장은 1919년 초에 생산량을 늘리는 데 노동자 5천 명을 필요로 했다. 이 공장에 필요한 일손을 구하려고 노동인민위원회가 각지에서 모집 활동을 벌였지만, 한 달 반 동안 모스크바에서 구한 노동자가 22명에 지나지 않았을 만큼 결과는 참담했다. 결국, 강제 모집으로 구

---

26) *Первый всероссийский съезд профессиональных союзов, 7-14 января 1918 г.: Полный стенографический отчет*, М., 1918, с. 109.

27) *Известия*, 1919. 1. 15, no. 9, c. 4.

한 일손 2,248명이 이 공장으로 보내졌다.[28] 이렇듯, 시간이 지날수록 노동력 부족 현상을 해결하려고 강압책을 쓰는 일이 잦아졌다.

노동력 부족 현상이 나타난 이유는 실질임금이 급격히 떨어지는 가운데 조금이라도 더 나은 조건을 찾아 이 직장에서 저 직장으로, 이 도시에서 저 도시로 옮겨 다니는 노동자의 수가 늘어난 데에도 있었다. 이 같은 노동력의 유동을 어떻게든 막아야 한다는 목소리가 노동 지도자 사이에서 솟구치기 시작했다. 1918년 11월 22일에 열린 전 러시아 금속노동조합 페트로그라드 지부 소속 공산당원 회의에서 보로비크Боровик라는 활동가가 푸틸로프 공장에서 온 편지를 인용했다. 그는 "노동자가 이 공장에서 저 공장으로 끊임없이 옮겨 다닙니다. 이런 일은 다른 곳에서도 벌어집니다"라는 구절을 읽은 뒤, "이것은 지극히 바람직하지 않은 현상입니다. 이 점에서 우리는 단호한 조처를 취해야 합니다"라고 말했다.[29] 이듬해 2월 6일에 열린 전 러시아 금속노동조합 페트로그라드 지부 협의회에 제출한 보고서에서 이바노프Иванов는 다음과 같이 선언했다.

> 제정 체제보다 훨씬 더 엄하게 노동력을 등록하고 노동자를 공장에 붙박아놓는 문제를 처리해야 한다. (……) 만약 노동자에게 자유로이 옮겨 다닐 수 있는 권리가 주어지면 족히 절반은 떠나고 심각한 노동력 부족 현상이 심해질 것이다. (……) 생산성을 위해서 우리는 노동자를 풀어주

28) А. Ильюхов, *Политика Советской власти в сфере труда*, с. 112.

29) *Металлист*, Петроград, 1918, No.No. 13/14, с. 19. 보로비크는 개수제 임금 폐지에 반대하는 등 강경한 조치를 옹호하는 노동 지도자였다. *Петроградская правда*, 1918. 10. 16, no. 226, с. 4.

어 피테르Питер(페테르부르크의 별칭)에서 떠나가게 내버려 두어서는 안 된다. 한 공장에서 다른 공장으로 옮겨가는 것은 노동조합의 결정을 얻어 이루어질 수 있다.

한 공장의 대표로 온 스크로두모프Скродумов는 더 나아가 "우리는 혁명을 위해 우리가 농노화되어야 한다는 요구를 해야 합니다"라고 말하기까지 했다.[30)]

1919년에 반혁명 세력의 파상 공세를 가까스로 막아낸 볼셰비키 당 지도부는 노동력을 강제로 동원해서 무너진 경제를 되살리겠다는 전략을 세우고, 이를 위해 1920년에 일반노동의무제를 시행에 옮기는 일에 나섰다. 그 사전 작업은 1919~20년 겨울에 일사천리로 진행되었다. 1919년 12월 27일에 소브나르콤은 일반노동의무제 도입을 맡을 위원회를 만들기로 의결했고, 사흘 뒤 여러 인민위원회와 경제기구의 대표로 이루어진 위원회가 활동을 개시했다. 그리고 1920년 1월에 열린 제3차 전 러시아 국민경제회의 대회에서 노동의무제 적용을 요구하면서 "노동의무제는 실제 사실이 되어야만 한다"고 결의했다.[31)] 소브나르콤은 일할 능력이 있는 모든 사람에게 노동의무를 지우는 일반노동의무제 포고령을 1월 29일에 공표하면서 일반노동의무제 총국을 설치했다.[32)] 이

30) *Металлист*, Петроград, 1919, no. 4, с. 14~15. 여기서 '농노화'란 농노제 아래서 농민이 귀족의 영지에서 떠날 자유가 없듯 노동자가 다른 곳으로 일자리를 옮길 수 없게 만들어 현재 일하는 공장에서 계속 일하도록 만들어야 한다는 뜻으로 쓰인 표현이다.

31) *Резолюции третьего всероссийского съезда Советов Народного Хозяйства*, М., 1920, с. 23, 29.

32) 일반노동의무제 포고령 전문은 *Известия Главного Комитета по вообщей трудовой повинности*, 1921, no. 1, с. 13~14; J. Bunyan(ed.), *The Origin of Forced Labor in the Soviet State 1917~1921*, Baltimore: Johns Hopkins Press, 1967, pp. 110~12를 볼 것.

기구는 각 지역에 지부를 두어 노동인구를 조사하고 노동자를 다른 지역으로 보내는 업무를 총괄했다. 1920년 3월 초에 페트로그라드에 설치된 일반노동의무제 총국 지역위원회의 주된 임무는 "부족한 노동력을 찾아내서 끌어들여 공업, 국민경제, 운송을 담당하는 기구에 넘기"는 것이라고 선언되었다.[33] 1920년 5월 4일에 공표된 소브나르콤의 보충 포고령은 "어떤 형태로든 노동의무제에 따르지 않는 행동"을 노동의무 기피 행위로 정의했다.[34] 이로써 노동 기피 행위가 군인의 무단이탈 행위와 동일시되어 군법에 준하는 엄벌을 받을 법적 근거가 마련된 셈이다.

볼셰비키 당 최고위 지도부는 일반노동의무제를 노동력 동원의 토대로 간주했다. 경제 되살리기에 필요한 노동력을 확보하는 각종 동원 조치에 관한 볼셰비키 당 중앙위원회의 1920년 1월 22일자 테제에는 다음과 같은 선언이 들어 있다.

포고령은 1920년 2월 23일에 전 러시아 소비에트 중앙집행위원회ВЦИК의 인준을 받았다. 인준된 결의문은 *Постановления и резолюции сессий Всероссийского Центрального Исполнительного Комитета 7-го созыва*, М., 1920, с. 9~11에 있다. 글랍콤트루트 Главкомтруд는 Главный комитет по всеобщей трудовому повинности의 준말이다. 일반노동의무제 총국은 실질적인 최고 권력기구인 노동자·농민 방위위원회Совет рабочей и крестьянской обороны의 직속기구였다. 초대 일반노동의무제 총국장은 펠릭스 제르진스키Ф. Дзержинский였다. 일반노동의무제 총국의 수장으로 체카Чека 우두머리인 제르진스키가 선정되었다는 사실은 노동의무제가 강압을 통해 시행될 것임을 시사했다. 일반노동의무제 총국에 관한 포고령은 *Известия Главного Комитета по вообщей трудовой повинности*, 1921, no. 1, с. 14~16; J. Bunyan(ed.), *The Origin of Forced Labor in the Soviet State 1917~1921*, pp. 112~14를 볼 것.

33) ЦГА СПб., Ф. 33, Оп. 2, Д. 38, Л. 22; ф. 1000, Оп. 4, Д. 225, Л. 88; *Известия Главного Комитета по вообщей трудовой повинности*, 1920, no. 2, с. 39.

34) *Декреты Советской власти*, том 8, М., 1976, с. 147~48. 노동의무 기피 행위자의 상세한 정의는 Е. Брудно, *Что такое трудовое дезертирство*, М., 1920 참조.

> 일반노동의무제 원칙이 〔……〕 이제는 폭넓고 포괄적인 규모로 적용되어야 한다. 〔……〕 전반적 노동의무제 적용으로의 이행은 즉시, 〔……〕 필요한 노동력을 사회주의화한 경제에 확보해줄 수 있는 형태로 이루어져야 한다.[35)]

1920년 4월 중순에 열린 제3차 전 러시아 노동조합 대회에서 볼셰비키 당을 대표해 아닉스트A. M. Аникст가 제출해서 가결된 노동의무제 결의안에는 "생산과 경제활동에 종사하는 노동력의 증대와 이 노동력의 적절한 배분과 활용"은 일반노동의무제의 토대 위에서만 이루어질 수 있다는 선언이 들어 있다.[36)] 이처럼 1920년에 접어들어 강제 노동의무는 사회주의 경제 건설을 위한 항구적인 노동력 동원의 토대로 여겨졌고, 그러면서 노동력을 강제로 배분하는, 즉 노동자를 개인 의사와는 상관없이 노동력이 필요한 곳에 강제 배치하는 조치로 해석되었다.

5. 볼셰비키 당 지도부의 일반노동의무제 정당화

볼셰비키 지도부는 1920년부터 시행된 노동의무제의 강압적 측면을 정당화하려고 노동의무제를 사회주의와 연계했다. 당의 양대 경제 이론가인 니콜라이 부하린과 예브게니 프레오브라젠스키E. Преображенский는 자기들의 공저이자 공산당원이라면 누구나 한 번은 읽어야 할 교본

---

35) *Девятый съезд РКП(б), март-апрель 1920 года: Протоколы*, М., 1960, с. 555~56.

36) Ю. К. Милонов(ред.), *Путеводитель по резолюциям всероссийских съездов и конференций профессиональных союзов*, М., 1924, с. 260.

이 된 『공산주의의 ㄱㄴㄷ』에서 사회주의 경제 건설에 노동력의 효율적 활용이 지닌 중요성을 다음과 같이 강조했다.

> 생산수단이 거의 다 소모되고 원료가 매우 희귀할 때, 만사는 노동력의 올바른 적용에 달려 있다. [……] 분명한 점은 우리가 처한 많은 난관에서 빠져나올 유일한 출구는 우리가 보유해서 처분할 수 있는 노동력을 올바로 활용하는 데 있다.[37)]

문제는 노동력을 올바로 활용하는 데 가장 알맞은 방법이 무엇이냐는 것이다. 볼셰비키 지도부는 계획이 시장을 대신해 노동인구를 적절하게 배분할 수 있으며 중앙집권화된 국가기구가 노동의무제를 바탕삼아 효율적 계획을 입안하고 시행할 수 있다고 믿었다. 1920년 7월 말에 열린 전 러시아 일반노동의무제 총국 지부협의회에서 모틸료프B. E. Мотылев는 다음과 같이 천명했다.

> 일반노동의무제는 모든 시민이 일해야 한다는 의무뿐 아니라 [……] 노동력을 계산하고 배분하는 기관이 지정한 장소와 기업과 업종에서 일해야 한다는 것을 뜻합니다. 이 특성은 모든 경제 요소, 따라서 모든 노동인구를 계획에 따라 배분한다는 데 기반을 둔 사회주의 경제의 본질에서 비롯됩니다.[38)]

---

37) N. Bukharin & E. Preobrazhensky, *The ABC of Communism: A Popular Explanation of the Program of the Communist Party of Russia*, Ann Arbor: University of Michigan Press, 1990, clause 99.

38) *Экономическая жизнь*, 1920. 8. 3, no. 169, c. 1.

일반노동의무제 총국 부국장이 된 아닉스트는 같은 논리의 연장선상에서 1920년 12월 말에 열린 제8차 전 러시아 소비에트 대회에서 다음과 같이 말했다.

> 우리는 자유 고용으로 시작해서 여러 단계를 거쳐 일반 강제노동 원칙에 토대를 둔 대중 노동 동원으로 옮아갔습니다. 이로써 우리는 노동인구를 전국 차원의 규모로, 그리고 전체 국민경제의 이익을 위해서 등록하고 배분할 수 있게 되었습니다. 〔……〕 나라의 노동인구 전체가 한 걸음씩 차근차근 단일 지도부와 단일 원칙에 포괄되었습니다. 공화국의 노동인구는 국유화되었고, 국가의 재산이 되어서 국가의 질서와 목표를 수행하고 있었습니다.[39)]

1920년에 시행된 일반노동의무제의 강압성을 사회주의의 이름으로 정당화하려는 노력의 선봉에 선 이는 트로츠키였다. 1920년 2월 3일에 열린 전 러시아 소비에트 중앙집행위원회 회의에서 트로츠키는 다음과 같이 말했다.

> 우리는 노동의 자유에 관한 갖가지 공론을 허위에 찬 선입관과 온갖 거짓에 바탕을 둔 부르주아 체제의 잔재로서 격파하고 파기했습니다. 우리는 국가이며, 그 국가는 모든 시민과의 관계에서 자유롭지 않으며 스

39) А. М. Аникст, *Организация рабочей силы в 1920 году*, М., 1920, с. 63; J. Bunyan(ed.), *The Origin of Forced Labor in the Soviet State 1917~1921*, p. v.

스로 자유롭다고 여기지 않습니다. 반면에 국가는 이 시민들에게 자유를 주지 않습니다. 왜냐하면 국가는 이 시민들로 하여금 국가와 관련된 어떤 일을 하도록 만드는 한편 각 시민을 굶어죽지 않도록 보살피기 때문입니다. 우리는 국가가 우리를 위해 예속되어야 한다고 생각합니다만, 우리는 우리 스스로가 각 시민을 보살피고 책임져야 한다고 여깁니다. 그러나 우리는 똑같은 식으로 각 시민도 자기의 힘과 노동을 국가에 되돌려주어야 한다고 간주합니다.[40]

그는 이어서 다음과 같이 말했다.

일반노동의무제의 이행이라는 과제는 어디에 있을까요? 국가 전체를 조정과 중앙집권화가 이루어진 단일 경제로 보는 데 있습니다. [……] 사회주의 경제는 중앙집권화된 완전한 유기체이며, 노동력은 국가 전체를 포괄하는 단일 계획에 따라 경제 전반에 배분됩니다. 달리 말해, 이 노동력을 집계하고 배분하는 기관이 있어야만 합니다.[41]

트로츠키는 "노동의 조직화는 본질상 새로운 사회의 조직화"라는 전제에서 출발해서, 만약 그렇다면 "노동의 조직화는 일반노동의무제의 올바른 이행을 뜻한다"고 주장했다. 그에 따르면, 시장경제가 더는 작동하지 않는 사회주의 체제에서 "경제 과제를 해내는 데 필요한 노동력을 그러모으는 유일한 수단은 노동의무제의 이행"이었다. 그에게 강압

40) ГАРФ, Ф. 1235, Оп. 22, Д. 1, Л. 53.
41) ГАРФ, Ф. 1235, Оп. 22, Д. 1, Л. 53~54.

은 노동의무제 이행에서 피할 수 없는 요소였다. '노동의 군대화'는 노동의무제 원칙으로 정당화되었다. 트로츠키는 "공산주의 체제를 위해 노동의무제 원칙에는 절대로 논란이 있을 수 없다"고 잘라 말하고, "노동의무제의 이행은 노동의 군대화라는 방법을 이런저런 정도로 적용하지 않고서는 생각할 수 없다"고 못박았다.[42] 한편, 그는 다음과 같이 주장하기도 했다.

> 사회주의로 넘어간다는 것은 〔……〕 노동력이 자연발생적으로 배분되는 상태에서 〔……〕 경제 기관이 계획에 따라 전국의 노동자를 배분하는 상태로 옮아가는 것을 뜻한다. 〔……〕 이 같은 형태의 계획적 배분은 배분되는 사람이 국가의 경제계획에 종속되는 것을 전제로 한다. 이것이 **노동의무제**의 본질이다. 〔……〕 만약 계획경제가 노동의무제 없이는 생각할 수 없는 것이라면, 노동의무제는 노동의 자유라는 허구를 없애지 않고서는, 그리고 강압의 실행 가능성으로 보충되는 의무의 원칙으로 노동의 자유를 대체하지 않고서는 이루어질 수 없다.[43]

이처럼 트로츠키가 구상한 사회주의 경제에서 계획경제와 노동의무와 강압은 피륙처럼 서로 얽혀 있었다. 레닌은 노동의무제 시행에 강압을 사용하는 것을 정당화하는 트로츠키의 논리에 반박을 가하지 않고 오히려 전적으로 공감했다. 1920년 3월에 열린 제9차 공산당대회에서

42) Л. Троцкий, *Терроризм и коммунизм*, М., 1920, с. 124, 126, 127, 128~29. 노동조합의 최고 지도자 미하일 톰스키M. Томский는 노동의 군대화가 "일반노동의무제의 실행에 가장 필요한 전제조건"이라고 단언했다. *Красная газета*, 1920. 9. 21, no. 210, с. 3; М. Томский, *Избранные статьи и речи*, 1917~1927, М., 1928, с. 122, 124.

43) Л. Троцкий, *Терроризм и коммунизм*, с. 133. 강조는 원문.

레닌은 "우리는 **서슴지 않고 강압을 써서** [……] 노동의무제를 도입하고 있습니다. 강압 없이 이루어진 혁명은 그 어디에도 없기 때문입니다"라고 말했다.[44)]

지금까지 살펴보았듯, 1917년과 1920년 사이에 노동의무제의 성격이 계급 간 차이를 없애는 대책에서, 강압을 통해 노동을 동원하는 대책으로 바뀌었다. 이 같은 변화는 상당 부분 내전으로 말미암은 경제 붕괴 탓이었다.[45)] 문제는 볼셰비키가 일반노동의무제 원칙의 이행에서 강압에 의존했다는 데 있지 않다. 놀라운 점은 노동의무제라는 지고한 원칙을 볼셰비키가 너무나도 쉽사리, 그리고 너무나도 선뜻 억압책의 이론적 토대로 바꾸었다는 사실이다. 이 같은 전환은 절박한 상황이라는 요인 하나만으로는 완전히 설명될 수 없다. 노동의무제의 변질이라는 현상의 밑바탕에는 중앙이, 더 정확하게 말하자면 국가기구가 사회 전체의 일반의지를 가장 잘 인식할 수 있다는 인식이 깔려 있었다. 국가가 노동력을 배분하는 가장 뛰어난 조정자라는 생각이 노동의무제가 도덕

44) *ПСС*, том 40, с. 249. 강조는 필자. 부하린도 경제정책에서 강압을 사용하는 것을 열렬히 정당화했다. 1920년에 나온 『이행기의 경제학』에서 그는 "자본주의 체제에서 강압은 '전체의 이익'이라는 이름으로 옹호되었지만, 실제로는 자본가 집단의 이익을 위해서였다. 프롤레타리아 독재 아래서 강압은 맨 처음으로 실제 다수의 이익을 위한 다수의 도구가 된다"라고 주장했다. N. I. Bukharin, *The Politics and Economics of the Transition Period*, London: Routledge & Kegan Paul, 1979, p. 159. 레닌은 부하린의 생각에 동의했다. 그는 부하린의 주장이 인용된 문단 옆 빈칸에 "맞는 말!"이라고 써놓았다. В. Ленин, *Ленинский сборник*, том 11, М., 1929, с. 396.

45) 일리야 베르힌은 일반노동의무제가 내전이라는 상황 탓에 일시적으로 도입되었다고 주장했다. И. Берхин, *Экономическая политика Советского государства в первые годы Советской власти*, М., 1970, с. 150. 실바나 말도 노동의무제를 시행한 까닭을 이데올로기적 요인보다는 '내전으로 결정된 비상상황'에서 찾는다. S. Malle, *The Economic Organization of War Communism*, p. 479. 반론으로는 А. Ильюхов, *Политика Советской власти в сфере труда*, с. 108 참조.

적 훈계에서 억압 수단으로 바뀌는 것을 단 한 걸음의 문제로 만들었던 것이다.

6. 일반노동의무제에 반발하는 러시아 사회

사회의 틀을 새로이 짜려고 노력하는 혁명 러시아에서 몸 성한 사람이라면 누구나 빠짐없이 일해야 한다는 원칙 자체에 반대하기는 쉽지 않았다. 1918년 6월 3일에 열린 제1차 페트로그라드 제1시구區 소비에트 협의회에서 한 대의원은 일반노동의무제가 "모든 사람의 의무"라고 말했다.[46] 볼셰비키에 항거하는 세력도 노동의무제의 강압적 적용에는 반대할망정, 그 원칙 자체에는 이의를 제기하지 않았다. 제3차 전 러시아 노동조합 대회에서 멘셰비키의 일원인 벨롭스키는 "우리는 노동의무제에는 찬성합니다만, 노동 과정에서 나타나는 강압적 방식에는 반대합니다"라고 말했다.[47] 한편, 국민경제의 기틀이 무너지면서 혁명이 위기 상태에서 헤어 나오지 못하자, 노동의 동원에 얼마간은 강제가 필요하다는 인식이 퍼져 나갔다. 1920년 3월에 야로슬라블에서 열린 한 노동자 협의회에 참석한 영국인 아서 랜섬A. Ransome은 회의 분위기를 묘사하면서, 육체노동자를 비롯해 회의장에 있는 "어느 누구도 강제노동이라는 주된 구상에는 물음을 던지지 않는 듯했다"[48]라고 평했다. 반대

---

46) *Первая конференция рабочих и красноармейских депутатов 1-го Городского района: Стенографиче кие отчеты 25 мая-5 июня*, Петроград: 1918, с. 235.

47) Ю. К. Милонов(ред.), *Путеводитель по резолюция...*, с. 219, 160, n. 1.

48) A. Ransome, *The Crisis in Russia 1920*, London: Redwords, 1992, p. 51.

파마저도 강압을 얼마간은 받아들이겠다는 의사를 보였다. 1920년 6월에 멘셰비키 페테르부르크 위원회는 경제 분야에서 "나라의 생산성을 높이는 데 온 힘을 다하면서, 강압을 통해 조직화된 노동의무제를 목적에 알맞게 적용하는 데 〔……〕 주저하지 않"아야 한다고 호소했다.[49]

그러나 볼셰비키 당 지도부가 일반노동의무제를 바탕 삼아 추진한 강압적 노동 동원은 사회 구성원이 용인할 수 있는 수준을 넘어서면서 저항을 불러일으켰다. 우선, 반발하는 노동 지도자가 적지 않았다. 1913년부터 러시아에 머물면서 혁명가들과 친분을 쌓은 랜섬에 따르면, 국가경제계획위원회ГОСПЛАН의 라린 상임위원은 최고위 당 지도부가 제안한 노동의무제에서 "러시아 혁명의 종말의 시작"을 보았다.[50] 경영·관리 직원도 강압적 노동의무제의 효용에 회의감을 품었다. 이름난 공학기사 표트르 팔친스키П. Пальчинский는 1920년 5월 15일에 열린 전 러시아 금속공업 공학기사 협의회에서 노동의무제에 관해 이렇게 말했다.

> 이 조치는 원래 취지인 재건의 이름으로 산업을 망치는 것과 마찬가지입니다. 콜로멘스크 공장에서 일하는 노동자가 있는데 여러분이 그 사람을 타간로크에 옮겨다 놓는다면, 그는 적응할 때까지 모든 것이 낯설고 심리 상태가 전혀 다를 터이기 때문에 그곳에서 일을 할 수 없을 것입니다. 이런저런 당국이나 정치경제학 이론가가 〔……〕 생명이 없는 물건을 대하는 식으로 사람을, 그의 심리를, 그의 자유와 정신적 본체를 대하

49) З. Галили, Альберт Ненароков и другие(ред.), *Меньшевики в 1919~1920 гг.*, М., 2000, с. 570.

50) A. Ransome, *The Crisis in Russia 1920*, p. 80.

면서 〔……〕 누구를 어디로 보내라고 말했다는 이유 하나만으로 파탄에 이르는 삶이 있어서는 안 됩니다.[51]

일반노동의무제를 보는 여론은 매우 좋지 않았다. 1920년 4월 26일에 열린 여성부 페트로그라드 협의회는 "노동의무제는 가정주부를 해방하여 혁명 건설에 참여하게 한다"는 결의문을 채택했다.[52] 그러나 정작 가정주부들은 노동의무제를 못마땅하게 여겼다. 6월 12일에 열린 페트로그라드 가정주부 구역 조직가 대회에서 스몰닌스키 대표는 노동의무제 실시를 위해 도입된 "노동수첩 때문에 〔……〕 소동이 일어났습니다"라고 보고했다.[53] 3월 28일에 열린 제2차 전 러시아 여성부женотдел 대회에서 이네사 아르만드И. Арманд는 "노동의무제 문제를 언급해야 할 때면 숱한 문제가 일어납니다. 이 문제가 대중의 짜증을 유난히 돋우고 있기 때문입니다"라고 밝혔다.[54]

노동력을 동원하는 강제 수단으로서 노동의무제를 이용하려는 볼셰비키 지도부의 방침에 반발하는 사회집단에는 노동 계급도 끼어 있었다. 1920년 5월에 열린 일반노동의무제 총국 페트로그라드 지역위원회 공산당원 조직이 채택한 결의문에 따르면, 일반노동의무제와 노동의 군대화를 도입하려는 노력은 "때로는 몇몇 노동조합 측의 저항에 부딪쳤다."[55] 미국에서 온 아나키스트 에마 골드만E. Goldman은 푸틸로프 공장

---

51) ГАРФ, Ф. 3348, Оп. 1, Д. 695, Л. 19~20; ф. 5469, Оп. 5, Д. 339, Л. 115~16.

52) РГАСПИ, Ф. 17, Оп. 10, Д. 203, Л. 99об.

53) РГАСПИ, Ф. 17, Оп. 10, Д. 203, Л. 36.

54) РГАСПИ, Ф. 17, Оп. 10, Д. 2, Л. 60.

55) ЦГАИПД СПб, Ф. 457, Оп. 1, Д. 36, Л. 17. "몇몇 노동조합"이라는 표현은 당 조직 결의문 특유의 표현 방식과 수사법을 감안해서 '꽤 많은 노동조합'으로 해석해야만 한다. 이 결

에서 한 노동자와 이야기를 나누었는데, 그는 노동의무제에 품은 불만을 쏟아내며 이렇게 평했다.

> 우리를 우리 사람들과 떼어내서 러시아의 다른 쪽 끝으로 보내는 한편, 그곳에 있는 우리 형제를 여기로 질질 끌고 와 땅에서 떼어놓을 새로운 대책이 지금 나옵니다. 이건 정신 나간 조치예요. 효과를 보지 못할 겁니다.[56]

페트로그라드의 오부호프 공장에서 활동한 한 당원은 노동의무제 도입에 따른 1920년의 공장 상황을 다음과 같이 회고했다.

> 공장이 '일하기 싫은 사람은 먹지도 말라'라는 구호와 함께 노동수첩을 도입하자, 다른 모든 곳에서처럼 분규가 일어났다. 5월 27일에 공장에서 '태업이 일어났'고 집회에서 어떤 노동수첩도 인정하고 싶지 않다는 외침이 나왔다.[57]

노동의무제와 노동수첩에 노동자들이 품는 불만은 날이 갈수록 드높아졌다. 1921년 봄에 페트로그라드의 알렉산드로프 공장 노동자들은 노동수첩의 폐지를 요구했다. 심지어 "'일하는 자가 먹는다'는 구호를 없애라!"라고 하는 외침까지 나왔다.[58]

의문은 저항한 노동조합이 실제로는 적지 않았음을 암시한다.

56) E. Goldman, *My Disillusionment in Russia*, London: C. W. Daniel Company, 1925, p. 53.

57) ЦГА СПб., Ф. 9672, Оп. 1, Д. 246, Л. 90.

58) *Красная газета*, 1921. 4. 6, no. 76, c. 2.

이런 반발을 받으면서도 노동 동원이 강행되었지만, 그 목표를 이루지는 못했다. 당 지도자 그리고리 예브도키모프Г. Евдокимов는 1920년 4월 15일에 열린 여성부 페트로그라드 협의회에서 "러시아에 있는 노동 인구는 1억 5천만 명입니다. 이 대중이 노동에 투입된다면 그 결과는 엄청날 것입니다. 하지만 그러려면 우리에게는 조직성이 〔……〕 필요합니다"라고 말했다.[59] 문제는 일반노동의무제를 통해 노동 동원을 수행하는 기구에 '조직성'이 많이 모자르다는 점이었다. 1921년 초에 일반노동의무제 총국은 노동의무제를 관장하는 지역기구가 워낙 취약해서 노동의무제 적용 대상자 가운데 실제로 동원되는 사람은 40~60퍼센트에 지나지 않는다고 밝혔다.[60]

일찍이 1920년 1월 1일에 열린 전 러시아 노동력 산정·배분청 협의회에서 일반노동의무제 문제가 논의되었는데, 식량과 생필품의 공급이 충분하지 않은 상황에서 강제로 농촌에서 노동력을 동원하는 것은 큰 실수라는 견해가 우세했다.[61] 실제로 그 견해가 맞았다. 페트로그라드에서는 "일단의 노동자를 받았는데 이들이 지낼 거처를 마련할 수 없었던 공장들은 그들을 질병이라는 구실로, 혹은 숙소를 찾을 때까지라는 핑계를 대고 풀어주었다. 풀려난 노동자는 도망쳤고, 공장들은 노동자를 새로 신청해야만 했다."[62] 페트로그라드 소비에트 집행위원회의 1920년 10월 5일 회기에서 병기창에 동원된 노동자 75명이 "거의 노숙을 하

59) РГАСПИ, Ф. 17, Оп. 10, Д. 203, Л. 176об.

60) А. Ильюхов, *Политика Советской власти в сфере труда*, с. 115.

61) *Экономическая жизнь*, 1920. 1. 10, no. 5, с. 1. *Экономическая жизнь*, 1920. 1. 21, no. 13, с. 1에도 같은 맥락의 주장이 실려 있다.

62) А. Ильюхов, *Политика Советской власти в сфере труда*, с. 123.

며 지냈다"고 보고되었다.[63] 1921년, 페트로그라드의 로젠크란츠 공장 위원회 의장의 회고에 따르면, 강제 동원되어 공장에 배치된 노무자 대다수는 원래부터 공장에서 일해온 노동자와 거의 섞이지 않았으며, 이들이 바라는 바는 딱 하나, 오로지 고향으로 돌아가는 것이었다.[64] 이런 식으로 강제 동원되어 의식주마저 제대로 지원이 안 되는 상태에서 이루어지는 노동의 생산성은 낮을 수밖에 없었다. 1920년 1월부터 9월까지 강제로 동원되어 페트로그라드에 배치된 남녀가 2만 1,369명이었는데, 페트로그라드 노동과·노조 평의회 산하 통계청의 통계분석가는 이들이 "생산에서 큰 도움이 될 수 없었다"고 평가했다.[65]

저항이 거세지는 가운데 힘겹게 지탱되던 전시공산주의가 마침내 크론시타트의 수병 봉기에 맞부딪치면서 더는 버텨내지 못하고 1921년 3월에 열린 제10차 전 러시아 공산당대회에서 폐지되고 신경제정책이 시작되면서, 강압적 요소가 극대화된 일반노동의무제를 통해 이루어지던 노동 동원도 종언을 맞이했다. 그리하여 1921년 3월 24일에 일반노동의무제 총국이 해체되었다. 5월에 열린 제4차 전 러시아 노동조합 대회에서는 "현재 노동인구 조직화 영역에서 주된 부분은 [……] 노동력의 올바른 배분이지, 노동 동원과 노동의무제의 방법으로 노동에 끌어들

---

63) ЦГА СПб., Ф. 1000, Оп. 4, Д. 33, Л. 62.

64) С. Яров, *Пролетарий как политик: Политическая психология рабочих Петроградская в 1917~1923 гг.*, СПб., 1999, с. 26.

65) 이 가운데 남자는 1만 243명이었다. *Бюллетени отдела статистики труда при петроградском отделе труда и совете профессиональных союзов*, 1921. 8. 1, no. 31, с. 1, 3. 1920~21년에 노동의무제에 따라 지방에서 강제 동원된 노무자가 페트로그라드의 공장에 배치된 일의 세부사항에 관해서는 *Петроградская правда*, 1920. 10. 26, no. 240, с. 2; 1920. 12. 16, no. 283, с. 2; 1921. 2. 20, no. 38, с. 3; *Красная газета*, 1920. 9. 24, no. 213, с. 4; 1920. 10. 24, no. 239, с. 3; 1920. 10. 31, no. 245, с. 3; 1920. 11. 5, no. 249, с. 4; 1920. 11. 7, no. 251, с. 4 참조.

이는 것이 아니다"라고 하는 결의안이 가결되었다.[66] 전 러시아 소비에트 중앙집행위원회는 10월 5일에 열린 4차 회기에서 "노동력을 자발적 의사에 따라 유인하는 방식으로 옮아가는 것이 당면 과제"라는 결론을 내렸다.[67] 이는 강압적 노동 동원을 폐기한다는 뜻이었다. 10월 11일에 열린 페름 도 노동조합 상임위원단 회의에서 페름 도 노동부는 "옛 방식, 즉 노동의무제는 폐기되어야 합니다. 그 방식은 지나치게 비현실적이었습니다"라고 잘라 말했다.[68] 1922년 11월 15일에 발효된 새 노동법에서는 노동의무제가 자연재해로 말미암은 피해를 복구하거나 극히 중요한 국가 과업을 수행하는 등의 예외적 경우에 한해 적용된다고 규정되었다.[69] 1920년 2월 14일에 페트로그라드 당 활동가 회의에서 "노동의무제를 실행함으로써 우리는 공산주의로 달려가고 있습니다"라고 호기롭게 말했던 당 지도자 그리고리 지노비예프의 선언[70]이 무색해지는 순간이었다.

7. 나가며

자본주의 체제에서 인민의 노동을 수탈하는 수단으로 이용되던 노동의무제가 혁명 뒤에는 사회주의 경제의 밑바탕을 마련하는 제도가 될 수 있다고 생각한 볼셰비키는 러시아 혁명 뒤에 사람은 모름지기 누

---

66) Ю. К. Милонов(ред.), *Путеводитель по резолюциям...*, с. 401.

67) А. Ильюхов, *Политика Советской власти в сфере труда*, с. 122.

68) 같은 책, с. 124.

69) 같은 곳.

70) *Петроградская правда*, 1920. 2. 15, no. 35, с. 2.

구나 일을 해야 한다는 사회윤리에 입각해서 노동의무제 도입을 선언했다.

처음에 노동의무제는 인민 전체가 아닌 과거의 특권층에 국한되어 적용되었다. 지난날 특권을 누리던 계급 구성원이 노동의무제의 적용 대상이 되어 대중이 지켜보는 가운데 육체노동을 하는 광경은 사회의 지배 세력이 바뀌었다는 사실을 사회 전체에 과시하는 의례였다. 그러나 시간이 흐르면서 노동의무제는 극심한 노동력 부족 현상을 이겨내려고 노동 계급을 동원하는 방편으로서 이용되는 일이 잦아졌다. 윤리와 선전의 차원에 머무르던 노동의무제는 마침내 1920년에 전면적 노동 동원을 위한 강압책으로 바뀌었다. 레닌과 트로츠키를 비롯한 당 지도자는 이 조처를 사회주의 경제의 요체는 계획이라는 논거를 들어 합리화했다. 노동 계급을 비롯한 다양한 범주의 사회집단은 노동의무제의 원칙에는 공감을 하면서도 강압적인 노동의무제에는 불만을 품고 저항했다.

자본주의 체제의 틀을 바꾸려는 볼셰비키의 사회주의 기획은 평온한 실험실이 아니라 목숨을 건 전쟁이 벌어지고 산업이 마비되는 극심한 어려움을 겪는 사회에서 실행되었다. 이런 상황에서 볼셰비키가 내건 여러 대의는 혹독한 시련을 겪으면서 크건 작건, 또는 깊건 얕건, 변형을 겪지 않을 수 없었다. 이런 점을 가장 잘 보여주는 예가 바로 노동의무제다. 안팎의 반혁명 세력과 싸우는 한편으로 무너진 경제를 되살리려고 애쓰는 과정에서 볼셰비키가 강압에 의존하게 된 것은 피할 수 없는 현상이었을는지 모른다.

그러나 놀라운 점은 인간 해방과 억압 폐지를 외치던 볼셰비키가 지나치게 쉽사리, 그리고 너무나도 선뜻 강제에 의존하는 행태를 보였다는 사실이다. 많은 상하급 당 지도자 사이에서 강제를 이론적 원칙의 차원으로 들어올리는 데 거부감이 심하지 않았다. 즉, 볼셰비키의 노동 담론이 자율과 자유의지에서 규율과 강제로 넘어가는 문턱은 그리 높지 않았던 셈이다. 노동의무제 원칙을 내세워 노동을 강제 동원하는 볼셰비키 전략의 밑바탕에는 당 지도부는 물론 중하층 간부 다수의 특정한 사회주의관이 깔려 있었다. 이들의 관점에 따르면, 사회주의 경제를 효율적으로 조직하는 데 더 중요한 요소는 개개인의 자유의지보다는 중앙기구의 강압적 의지였다. 이런 인식은 사회주의 경제의 본질은 계획이라는 이론으로 뒷받침되었다. 국가기구가 필요한 부문에 노동인구를 강제로 배분할 수 있고 또 그래야만 한다는 인식을 가진 당 활동가의 존재는 1920년은 물론이고 1919년, 심지어는 1918년에도 확인된다는 사실은 1920년에 볼셰비키 당이 취한 강압적 조치가 반드시 경제 붕괴라는 외적 요인 탓만은 아님을 시사한다.

러시아 혁명의 현재적 의의:

잊혀진 혁명의 교훈 복원을 위한 시론

정재원

1. 들어가며

2017년, 올해는 러시아 혁명이 일어난 지 100주년이 되는 해다. 러시아 혁명 100주년을 맞아 전 세계 곳곳에서는 다양한 학술 및 문화행사가 이미 개최되었다. 단순히 혁명 100주년을 기념하는 것이 아니라 지구상에 존재했던 사회주의 국가들이 체제를 스스로 포기하거나 혹은 사실상 사라진 상태인 2017년 현재, 우리가 현실사회주의 체제의 역사를 통해 버려야 할 것은 무엇이고 지켜야 할 것이 무엇인지에 대해서는 많은 고민들이 있다.

그러한 논의의 출발점 중 하나는 그동안 볼셰비키에 의해 독점되어왔던 러시아 혁명에 대한 평가를 철저하게 재검토하고 재해석하는 것이라 판단된다. 특히 레닌 시기의 정책들을 극단적으로 이상화하거나, 원칙에서 후퇴한 일부 정책을 단지 불가피한 조치로 해석하는 식으로, 러시아 혁명이 스탈린 이후의 현실사회주의 체제와 아무런 상관없는 것으로 서술하는 경향이야말로 철저하게 배격해야 할 자세다. 그러한 의미에서 현실사회주의 체제가 붕괴했다 하더라도 레닌 시기 사회주의의 핵심적 원칙들이자 우리가 부단하게 추구해야 할 몇 가지 원칙들이 어떻게 이들 스스로에 의해 폐기되거나 변질되었는지 알아볼 필요가 있다.

신자유주의 세계화로 특징지어지는 21세기 세계 자본주의 체제는 극도로 불안정한 체제임을 드러내면서, 축적의 위기를 극복하기 위해 전 지구적 불평등을 심화시켜왔다. 사회민주주의 세력들은 급격하게 우경화되었고, 이에 반발하는 좌파 정치 세력들이 등장하고는 있지만 현실사회주의에 대한 치열한 반성도 없이 원칙만 되뇌는 좌파들은 노동 대중의 대안이 되지 못하는 상황 속에서 민주주의의 위기가 전면화되고 있다. 특히 최근 전 세계적으로 인종주의를 선동하는 극우민족주의나 근본주의 세력들이 노동 대중의 지지를 얻으며 급격하게 부상하고 있는 현 국면은 매우 우려스러운 상황이라고 할 수 있다.

전 지구적인 불평등이 노동 대중에게 커다란 고통을 안겨주는 가운데 신자유주의와 극우민족주의가 공존하며 민주주의를 위협하고 있고, 자본주의 체제에 대한 전면적 부정과 그에 이은 대안 체제의 모델이 부재한 현재, 러시아 혁명의 현재적 의의는 무엇인지 진지하게 고민해보아야 한다. 국민국가 단위의 정당정치 틀 속에서는 선거 결과에 따라 일시적으로는 좌파 정치 세력이 권력을 획득하기도 하지만, 정당정치 영역을 넘어 궁극적인 체제 대안 세력으로서의 모습은 보여주지 못하고 있는 것이 현실이다. 따라서 자본주의의 위기의 시대 노동 대중의 선택은 일시적인 정당정치 무대에서조차 좌파 정치 세력이 대안으로 여겨지지 못하는 경우가 잦다.

이러한 현실 속에서 러시아 혁명의 현재적 의의는 무엇일까? 단언컨대, 포스트사회주의 시기 이후 현대 좌파 정치의 위기는 러시아 혁명과 현실사회주의 체제에 대한 과학적인 분석과 반성적 성찰 없이 역사적 진실에 대한 접근을 거부하고 정치적 신념에 따라 이를 왜곡, 과장, 은폐해온 데 기인한다. 그중에서도 현실사회주의 체제를 모종의 자본주의로 규정하기 위해 그 변질의 시점을 스탈린 시기부터로 만들고 레닌 시기를 절대화하려는 무리수로 인해, 현실사회주의 체제의 문제에 대한 실질적 접근이 차단되어온 것은 학술적으로는 물론 사회변혁적 관점에서 보아도 심각한 문제라고 하지 않을 수 없다.

일찍이 혁명 직후부터 국가 소멸은 가장 추상적인 목표였음이 밝혀졌지만, 레닌과 볼셰비키들은 사적 소유와 시장을 폐지하는 과정에서 한층 더 강고해진 국가를 마주하게 되면서 사회주의의 원칙들은 폐기되거나 변질되지 않을 수 없었다. 그럼에도 불구하고 이후의 세계 역사에서 소비에트와 같이 거주 공간을 중심으로 하는 직접적이고 참여민주주의적인 자율적 자치 공동체, 공장위원회와 같이 일터를 중심으로 하는 작업장 단위에서의 직접민주주의인 노동자 생산 통제, 그리고 협동조합과 같이 사적 소유와 국가 소유를 넘어 사회적 소유, 나아가 소유의 사회화를 지향하는 대안적 경제 체제 실험은 다양한 이름과 내용으로 시행되어왔다.

이러한 문제의식 하에서 이 글은 그동안 사회주의 체제하에서 크게 변질됨으로써 상대적으로 크게 논의되지 않았거나 의도적으로 무시되어왔던 사회주의 체제의 핵심적 영역으로 소비에트(평의회), 노동자 통제, 그리고 협동조합을 설정하여 이들 조직들의 변질과 쇠락에 대해 살펴보고자 한다. 특히 이러한 핵심적 영역들의 변질과 쇠락이 일찍이 레닌 시기부터 시작되었음을 강조하기 위해 대상 시기를 레닌 시기로 한정하고, 단순한 문헌 비교가 아니라 실제 그와 볼셰비키들이 말하고 행한 것을 중심으로 연구를 진행한다. 아울러 이 글은 러시아 혁명의 구체적 과정들 자체에 대해서는 생략하고 쟁점을 중심으로 서술할 것이다.

2. 레닌 시기 사회주의 원칙들의 변질과 폐기

국가소멸론의 소멸: 변질의 시작

레닌은 초기에 마르크스와 엥겔스처럼 국가는 지배 계급이 계급 간 대립을 유지하고 피통치자들을 착취하기 위해 만들어진 것으로 보았다. 즉 그는 국가란 적대적인 계급관계의 산물이며, 따라서 어느 한 계급이 다른 한 계급을 지배하기 위한 수단으로서 특히 자본주의 사회에서의 국가는 자본가 계급이 노동자 계급을 종속시키면서 자신들의 이익을 추구하기 위한 도구라고 주장했다.[1] 따라서 계급 억압의 타파를 위해서는 국가의 폐절이 필요하며, 이러한 과정은 국가기관의 해체를 통해 실현된다고 보았던 것이다.[2]

레닌에게는 자본주의 국가를 타파하고 프롤레타리아트 권력을 수립하는 것이 사회혁명의 시작이지만, 이는 단지 그 첫 단계일 뿐이다. 따

1) H. W. Babb, *Soviet Legal Philosophy*, Cambridge, MA: Harvard University Press, 1951.
2) V. I. Lenin, *The State and Revolution*, Peking: Foreign Language Press, 1977, p. 9.

라서 프롤레타리아트 국가도 일종의 '국가'이기 때문에 계급적대는 여전히 존재하지 않을 수 없고, 그렇기 때문에 궁극적으로는 계급적대의 해소, 즉 국가 소멸로 나아가야 한다고 주장했다. 프롤레타리아트 독재는 한편으로는 부르주아 국가권력의 대체물로서의 새로운 국가 창출이라는 의미를 가지고 있지만, 다른 한편으로는 스스로 소멸을 준비하는 국가라는 의미를 가지고 있다.[3]

특히 레닌은 소비에트가 프롤레타리아 혁명 과정에서 노동 대중이 낡은 국가기구를 분쇄하고 스스로의 힘으로 건설한 새로운 국가기구라는 점을 강조한다. 이러한 소비에트가 갖는 중요한 의의는 국가의 모든 사업에 대한 전 노동 대중의 직접적 참여다. 따라서 레닌은 소비에트를 통해 모든 노동 대중이 국가 사안에 참여하는 것이야말로 프롤레타리아트 독재가 스스로 소멸을 준비하는 국가의 성격을 갖게 되는 중요한 지점으로 파악했다. 대중적 생산 조직을 기초로 한 정치 조직, 대표에 대한 즉각적인 소환권은 정치권력의 관료화를 극복하고 인민의 직접적 참여와 경제적 이익을 대변하는 직접적이고도 실질적인 민주주의를 실현시킬 수 있다고 생각한 것이다.

그러나 이 모든 것은 단지 이론상의 논의에 불과했다. 고도로 발달된 산업자본주의 국가에서 혁명이 일어날 것이고 그래야 성공할 수 있다는 마르크스-엥겔스의 예측과는 달리, 후진 농업국가인 러시아에서 사회주의 혁명이 일어남으로써 레닌은 마르크스-엥겔스의 국가론을 변용하지 않을 수 없었다. 이에 따라 레닌은 과도기 단계에 수립된 프롤레타리아트 국가는 소멸 이전에 잠정적으로 존속하는 것이 아니라, 장

3) 같은 책, p. 21.

기적으로 존속한다고 주장하기 시작했다. 즉 혁명을 통해 프롤레타리아트가 권력을 장악했다는 것이 곧 부르주아 국가가 철저하게 파괴된다는 것을 의미하지는 않으며, 마르크스가 주장한 프롤레타리아트 독재는 부르주아 국가의 폐지와 공산주의 사회 건설 사이에 장기적으로 존속하는 국가 형태라고 주장했다.[4] 또한 이 기간 동안 프롤레타리아트 국가의 기능은 노동자들로 하여금 소수의 부르주아지 계급을 통제할 수 있도록 엄호하며, 이러한 과정을 통해 프롤레타리아트에 의한 국가권력을 강화하는 것이라고 보았다. 그리고 이러한 문제들을 해결하기 위해서는 견고하게 조직된 혁명정부가 필수적이라고 주장했다.[5]

레닌은 혁명 후 프롤레타리아트 독재를 실현하려면 당이 독점적인 정치적 지도력을 가져야 한다면서 국가에 대한 당의 우위를 강조하기 시작했다.[6] 그러나 이는 사실 사회주의 혁명 이전부터 레닌이 고민했던 '당과 국가가 사회주의 정치와 경제 문제를 어떻게 해결할 것인가'에 대한 매우 현실적인 접근법이기도 했다. 그는 이미 1902년에 혁명은 소수의 직업 혁명가들에 의해 국가적이고 전 사회적인 차원에서 주도되어야 하며, 정치가들도 당의 혁명가들로 대체되어야 한다고 주장한 바 있었다.[7] 또한 당의 조직 원리로서 민주집중제를 주장하면서 민주적으로 토

---

4) J. H. Bochenski & G. Niemeger(eds.), *Handbook on Communism*, New York: Frederick A. Praeger, 1962, pp. 55~58.

5) R. T. De George, *Patterns of Soviet Thought: The Origins and Development of Dialectical and Historical Materialism*, Ann Arbor: The University of Michigan Press, 1966, pp. 144~45.

6) D. McLellan, *Marxism after Marx: Introduction*, New York: Harper Torchbook, 1971, p. 100.

7) R. G. Wessen, *The Soviet Russian State*, New York: Robert E. Krieger Publishing Company, 1979, p. 178.

론한 후 당이 결정한 정책들은 철저하게 지켜져야 하며, 이러한 당 조직 원리를 토대로 형성된 권력은 '프롤레타리아트 국가 체제의 연합 형태'이자, '소비에트 국가가 대내외적으로 갖는 무한한 힘의 원천'이라고 주장하면서 당의 중심성을 강조했다.[8]

이러한 원칙의 후퇴는 필연적인 결과이기도 했다. 백군과의 내전, 제국주의 간섭군의 원조, 생산과 경제의 철저한 붕괴, 그리고 무엇보다도 서유럽에서의 혁명의 좌절 속에서 사적 소유와 시장의 폐지와 그 대안으로서의 사회적 소유는 곧바로 국유화와 동일시되는 상황으로 치달으며 마침내 전 공업의 국유화가 선언되었다. 이어서 경제가 붕괴된 상황 속에서 정치, 경제를 아우르는 노동자들의 직접 참여적 자치권력은 현실에 맞지 않는 소규모 분산 경제, 혹은 무정부주의로 폄하되었으며, 따라서 노동조합, 공장위원회, 소비에트는 놀라울 정도로 급속하게 그 기능을 상실했다. 그 대신 생산에서 테일러주의가 찬양되었으며, 잠시 동안의 끔찍했던 소위 '전시공산주의' 실험 이후 생산력 복구를 위해 시장 기제를 도입하지 않을 수 없게 되면서 구 차르 체제 시기의 관료들, 공장 경영주들이 복귀하기에 이르렀다.

이후 신경제정책NEP이 채택되어 시행되는 과정은 불가피함을 넘어 필연적인 과정이었다. 만약 레닌이 사망하지 않고 권력을 강화했다고 가정한다면, 사회주의는 전혀 다른 얼굴을 하고 있었을 것이라는 추론도 가능하다. 그러나 안타깝게도 사적 소유와 시장적 요소를 완전히 폐기하지 않은 채, 노동 대중의 자발성에 기반을 둔 다양한 코뮌적 실험들, 그러나 국가 소멸이라는 극단적으로 이상적인 관념을 배제한 실험

8) R. Milliband, *Class Power and State Power*, London: Verso, 1983, pp. 158, 162~63.

들은 제대로 시행도 해보지 못했다. 이미 이러한 실험은 레닌 시기부터 좌절되고 말았던 것이다.

민중자치권력(코뮌)의 탄생과 좌절: 소비에트의 변질

혁명 전의 소비에트는 공장위원회, 노동조합 등과 더불어 노동 대중의 의사결정기구이자 노동자 직접민주주의를 실현하는 기구였다. 1905년에 파업운동을 지도했던 것은 노동조합이나 혁명정당이 아닌 바로 여러 공장들에서 자연발생적으로 생겨났던 노동자위원회들이었다. 노동자들은 직접 자신들의 대표자들을 선출했는데, 이러한 위원회들은 노동자위원회 외에도 대표자회의나 공장 대의원평의회, 파업위원회 등 다양한 명칭을 사용했다. 이들 노동자위원회 간 상호연대는 잘 이루어지지 않았지만, 훗날의 공장위원회와 유사한 역할을 수행하던 이러한 위원회들은 동종 산업체를 대표하게 되면서부터 산별 조직인 노동조합화를 위한 노력을 기울였다.[9)]

각 공장에 있었던 노동자위원회와 산업 분야 대표 평의회들은 모스크바 등 대도시에서 조직화되었던 노동조합들의 기반이 되었지만, 공장이나 기업을 넘어 도시 전체를 아우르는 파업위원회를 구성하여 동일한 목표를 가진 상설 대표기구로 발전하는 길을 택한 조직들도 생겨났다. 바로 이러한 기구가 노동자 대표들의 평의회, 즉 소비에트였다.[10)] 그

---

9) E. I. Salaeva & I. P. Leyberov, "Profsoyuzy Peterburga v 1905 Godu," *Voprosy Istorii*, 10, 1956, pp. 180~84.

10) P. M. Smorgun, "Sovety Rabochikh Deputatov na Ukraine v 1905 Godu," *Istoricheskiye zapiskii*, 49, 1954, pp. 21~52.

러나 아직 이 단계에서 소비에트는 각 공장 단위 노동자들의 이익을 대변하는 조직에 머물렀으며 정치적 권력을 장악하려는 단계로까지 발전하지는 못하고 있었다.

최초의 소비에트는 1905년 모스크바 섬유공장들이 모여 있는 지역에서 생겨났다. 하지만 그 규모와 조직 구성 등의 면에서 매우 중요한 위치를 차지한 것은 혁명의 진압과 그에 항의하는 전국적인 파업이 한창이었던 10월에 페테르부르크에서 결성된 '페테르부르크 노동자 대표 소비에트'였다. 이 소비에트는 페테르부르크 내 96개 공장과 5개 노동조합, 그리고 3개 정당에서 파견된 226명의 대표가 모인 것으로, 10월에 의장을 선임하는 등 역사적인 출범을 선언했다.[11]

이로써 페테르부르크 소비에트는 단순히 파업을 조직, 지도하기 위한 조직이 아니라, 모든 노동자들과 도시에서의 혁명운동을 대표하는 노동자 의회로 변신하면서 일종의 정치기구로 전환되었다. 이후 12월까지 단 2개월 만에 페테르부르크가 아닌 다른 도시들에서도 노동자 소비에트가 형성되었다. 이후 모스크바에도 소비에트가 형성되었고, 이들은 12월 봉기에서 주도적 역할을 담당했다.[12]

각 시기 볼셰비키는 당과 관련 없는 노동자들의 자발적 조직들에 대해 불신하는 입장이었는데, 이러한 소비에트에 대해서도 마찬가지였다. 많은 볼셰비키들과 그 추종자들이 소비에트에 참여했지만, 심지어 레닌조차 아직 이러한 조직에 대해 많은 의구심이 있었고, 명확한 입장을

11) P. I. Galkina, "Vseobshaya Stachka Ivanovo-Vozneshenskikh Tekstil'shikov Letom 1905 Goda," *Voprosy Istorii*, 6, 1955, pp. 87~89.

12) 모스크바 소비에트에 관해서는 G. Kostomarov, *Moskovskii Sovet v 1905 Godu*, 2-rava red., M., 1955 참조.

취하지 못했으며, 따라서 많은 경우 시기나 장소에 따라 전혀 다른 태도를 취했다. 심지어 10월 파업이 끝난 뒤 소비에트가 대도시들에서 노동자 계급에 대한 정치적인 지도를 하는 기구로 변화하자, 볼셰비키들은 소비에트에 적대적인 태도를 취하기 시작했다. 일부 볼셰비키들은 소비에트의 존재가 사회주의 운동을 저해한다고 주장하거나 만일 소비에트가 당에 종속되지 않는다면 해체되어야 한다고까지 주장했다.[13)]

레닌은 다른 이들과는 달리, 소비에트에 대해 봉기를 준비하는 기구로 보기는 했지만, 그것을 노동자 계급의 권력기구로 보는 데는 부정적이었다. 심지어 그는 혁명 이후에는 반드시 다른 기구들이 만들어질 것이라고 주장하는 등 소비에트에 대해 이미 부정적인 시각이 있었던 것이다.[14)] 이는 물론 소위 통제되지 않는 '노동자(인민)'의 혁명성이라는 것은 아나코 생디칼리스트적인 경향일 뿐 노동자 민주주의의 형태가 아니라는 그의 주장에서 비롯된 것이기도 하다.

제1차 러시아 혁명 시기 탄압으로 궤멸되었던 소비에트는 1917년 2월에 다시 부활한다.[15)] 재건된 페테르부르크 노동자 대표 소비에트는 1905년과는 달리 파업이 아닌 군사 반란 과정에서 형성되면서 군대 내에서도 그 대표들을 선출하는 조직으로 변화했고, 그에 따라 노동자와 병사들의 연합 평의회의 성격을 갖게 되었으며, 일종의 상설 회의와 유

13) P. Gorin, *Ocherki Po Istorii Sovetov Rabochikh Deputatov v 1905 g.*, M., 1930, pp. 86~106.

14) V. I. Lenin, *Sochineniya*, vol. 12, M.: Izdtelstvo Politicheskoi Literatury, 1968, p. 295.

15) 1917년 2월에 부활한 페트로그라드(옛 페테르부르크) 노동자 대표 소비에트는 일부 군대의 반란으로 무장력을 갖춘 혁명이 고조되었을 때 형성되었으며, 각종 사회주의 정당들을 중심으로 한 지식인들은 노동자들과 병사들에게 커다란 영향을 미쳤다. 1917년 소비에트는 노동자와 병사의 연합 평의회라는 점에서도 1905년 소비에트와 큰 차이를 보였다.

사한 역할을 수행했다. 여기에는 노동자 계급 출신보다 인텔리겐치아 출신의 대표들이 압도적으로 많았다.[16] 이들은 2개월이 지나는 동안 임시혁명기구가 아닌 일종의 행정기관의 역할을 수행하는 기구로 변화했다. 결국 10월 혁명 이후 몇 달도 채 안 되어 소비에트의 원칙은 다른 공공 영역으로 확대되었고, 12월 14일에는 전 러시아 경제를 통제하는 최고 경제 소비에트가 수립되었다.[17]

일찍이 마르크스가 파리 코뮌의 원칙으로 권력의 통합을 이야기한 바 있었는데, 이러한 원칙에 따라 소비에트는 모든 급에서 입법과 행정의 기능을 함께 갖고 있었다. 레닌 역시 바로 이러한 원칙이 코뮌적 원칙과 더불어 소비에트에서 실현될 것이라고 판단했다. 그러나 소비에트들이 볼셰비키의 중앙집권주의 원칙과 대립되는 소규모 코뮌적 조직들로 분산될 조짐을 보이자 레닌은 제국주의 간섭이나 내전, 경제의 붕괴 등을 이유로 그의 근본 견해인 프롤레타리아 중앙집권주의를 고집함으로써 혁명적 자치정부나 광범위한 지방분권주의와 같은 수사적 표현조차 적대적인 것으로 바뀌게 되었다.[18]

이미 트로츠키는 1918년 3월 말에 한 연설에서 소비에트 직접 지배의 종언과 중앙집중적인 볼셰비키 단독 당 독재를 주장한 바 있었는데, 이어 출간된 자신의 책『소비에트 권력의 다음 과제』에서 레닌은 부르주아 전문가 및 기술자, 행정관료 등의 협력이 필요하다고 주장하고, 노

16) F. A. Golder, *Documents of Russian History 1914~1917*, New York: Century Company, 1927, pp. 186~87.

17) E. P. Tret'yakova, "Febral'skiye Sobytiya 1917 g. v Moskve," *Voprosy Istorii, 3*, 1957, pp. 72~84.

18) M. S. Jugov, "Sovety v Pervyi Period Revolyutsii," Pokrovsky(ed.), *Ocherki po Itorii Oktyabr'skoi Revolyutsii*, vol. 2, Moskva i Leningrad, 1927, pp. 116, 119, 156, 214.

동자들의 생산성 향상과 경쟁, 그리고 엄격한 규율을 요구했다.[19] 같은 해 중반 적군 창설시 소비에트의 권리였던 지휘관 선거 제도가 폐지되고, 병사위원회의 권한이 축소되었으며, 과거 차르 치하의 장교들이 복귀하는 등의 반소비에트적 조치들이 취해졌다. 그리고 마침내 1919년에서 1920년에는 트로츠키의 제안에 의해 강제 징병 및 노동력을 군사화하는 조치도 시행되기에 이르렀다.[20]

경제적 위기가 가장 큰 원인이라고 할 수 있지만, 경제적 불만 못지않게 볼셰비키의 반소비에트적 조치들로 인해 많은 노동자들이 반볼셰비키적 행동을 조직화하기 시작했다. 그와 동시에 주요 도시들에서는 소비에트 원칙을 수호하라고 주장하는 멘셰비키 등에 대한 지지가 급격하게 증가했다. 사회혁명당 등 반볼셰비키 정당들의 테러가 시발이 되기는 했지만, 이에 대한 볼셰비키의 타 정당 활동 금지 조치 및 적색 테러의 공식화 등으로 인해 소비에트 민주주의는 질식당하고 있었다.[21]

1905년과 1917년의 러시아 소비에트들은 볼셰비키 당이나 그 이념으로부터 독립적으로 발전했으며, 이들의 원래 목적은 국가권력의 장악이 아니었다.[22] 볼셰비키 역시 중앙집권적이고 행동이 통일된 혁명적 정

---

19) A. G. Shlapnikov, *Semnadtsatyi God*, Moskva i Leningrad: gos. Izdatelstvo, 1923, pp. 92~93.

20) *Khronika Sobytii*, vol. 1, Moskva i Leninrad, 1923, pp. 180~81.

21) M. Gaisinsky, *Bor'ba Bol'shevikov za Krest'yanstvo v 1917 g.*, M., 1933, p. 49; T. A. Remezova, "Sovety Krest'yanskikh Deputatov v 1917 g.," *Istoricheskiye Zapiski*, M., 1950, pp. 15~19.

22) 1905년 제1차 러시아 혁명 중 산업과 공장을 망라한 파업 이후 통일된 지역 지도부의 필요성이 대두되자 공장 대표들은 도시 전체를 아우르는 파업위원회에 참가하게 되었다. 한정된 기간 동안 공동 행동을 취하기 위한 파업위원회가 공통의 목적을 가진 상설 대표기구로 전환한 것이 노동자 대표 소비에트였다. 그러나 이러한 파업위원회, 노동자 대표 소비에트, 노동조합 간의 구별은 명확하지 않았다.

당이나 조직이 아닌 일반 노동자 대중 조직들에 대해서는 비판적이었기 때문에 무정부주의적, 생디칼리스트적이라는 혐의를 씌우며 소비에트를 비판하곤 했다.[23] 1917년에 다시 부활한 소비에트들은 혁명 이후부터는 점차 일상 업무를 담당하는 수백 명 규모의 소비에트와 업무 분담을 세분화하기 위한 소위원회들을 형성하는 등 점차 일종의 행정기구처럼 변하면서 관료조직화했다.

이렇게 소비에트가 거대한 관료조직이 되면서 민중들과의 직접적인 관계는 사라져갔다. 과거에는 매일 소집되다시피 하던 총회는 거의 열리지 않았으며, 대표들의 참석은 매우 드문 일이 되었다.[24] 또한 소비에트 집행위원회는 탄핵권이 있는 대표들에 의해 일정 정도 통제를 받기는 했지만, 아래로부터의 통제는 점차 사라져 통제를 받지 않는 기구로 변해갔고, 이후 볼셰비키 일당 지배하에서 소비에트 체제는 왜곡되기 시작했다.[25]

게다가 각급 소비에트는 모두 입법과 행정 기능을 함께 가지고 있었

23) 소비에트에 대한 개입의 근거로 역사적 자치평의회의 무정부주의적 경향을 지적하곤 하는데, 1905년 혁명 기간 중 페테르부르크 소비에트는 무정부주의자들의 대표를 집행위원회에 참가시키지 않았으며, 무정부주의자들은 지방 소비에트 집행위원회에도 참여하지 못했다는 사실을 강조할 필요가 있다. 특히, 레닌은 "노동자 대표 소비에트는 노동자들의 의회도 프롤레타리아 자치정부의 기구도 아니지만 특정한 목표를 달성하기 위한 투쟁조직"이라고 주장했다. 그는 소비에트에서 발현되고 있는 민중의 혁명성에 대해서 무정부주의적, 생디칼리스트적 경향이라고 판단하여, 소비에트를 당에 종속시키려 했다. 그에게 소비에트는 노동자 직접민주주의가 실현되는 기구라기보다는 이를 통해 하나의 당이 노동 대중을 통제하는 기구였다.

24) F. P. Matveev, *Iz zapisnoi Knizhiki Deputata 176-Rachyotnogo Polka*, M., 1932, p. 7.

25) 볼셰비키는 '러시아 전 지역에서 각급 소비에트는 지역의 권력기구, 행정기구이며 모든 행정, 상업, 금융, 문화 기능들은 소비에트에 복속되어야 하며, 해당 지역 문제에 대해서는 자율적이지만 그 활동은 중앙의 최고 소비에트의 법령이나 규칙과 상충되어서는 안 된다'고 주장했다. *Khronika Sobytii*, vol. 6, pp. 448~50.

는데, 이는 당시로서는 찬양받았던 원리지만 현실에서는 심각한 권력의 비대화와 비민주성을 낳는 근본적 원인이 되었다. 재정 면에서도 소비에트는 중앙 집행위원회나 중앙 인민위원회로부터 나오는 예산에 의존하게 되면서 점차 자율성을 상실해갔다. 또한, 선언과는 달리 소비에트는 노동 대중 다수를 대표하는 조직이 아니라, 실제로는 이미 분화하기 시작한 노동자 계급 중에서도 생산직 노동자, 대공장 노동자 등 일부 집단만을 대표하는 조직이었다.[26)]

1917년 레닌은 '혁명적 자치정부'와 '광범위한 지방분권주의'를 주장했지만, 이는 단지 전술적 차원의 수사였다. 1년도 지나지 않은 1918년 봄에 '프롤레타리아 중앙집권주의'만이 사회주의를 의미한다고 주장한 것이다. 이에 따라 소비에트의 근간을 이루던 공장위원회 주도의 노동자 통제는 폐지되고, 단독 책임경영제가 도입되었으며, 강제 배치로 노동력을 군사화하고자 한 트로츠키의 제안으로 혁명의 원칙은 크게 왜곡되었다.[27)] 이후 공고 없는 선거 등으로 비非볼셰비키 정당들을 배제하거나, 대표자들의 제거와 같은 수단을 통해 소비에트에 대한 공산당의 지배가 확립되었고, 소비에트는 노동조합과 적군에서 대표가 지명되는 방식으로 형식화되었으며, 이후 볼셰비키가 대부분의 소비에트에서 압도적 다수를 차지하게 되었다.

이처럼 볼셰비키에 의한 의도적인 소비에트 기능의 변질 외에도 또 다른 이유로 소비에트는 대중 조직으로서의 성격을 상실했다. 즉 당시 실질적인 정치적 권한은 이미 집행위원회로 넘어가 있어서 소비에트 전

---

26) J. Towster, *Political Power in the USSR, 1917~1947*, New York: Oxford University Press, 1948, p. 206.

27) W. H. Chamberlin, *The Russian Revolution*, New York: Macmillan, 1935, p. 291.

체 회의는 단지 이미 작성된 결의안을 승인하거나 반대하는 기능으로 제한되는데, 이는 볼셰비키의 권력 장악과는 별도로 직접민주주의의 실현이 얼마나 어려운지를 보여주는 것이다. 게다가 권력은 그렇게 중앙집권화된 집행위원회 중에서도 몇몇 사람들만의 상임위원회로 더욱 집중되었고, '일반 노동자들이 요구할 때는 언제나 소환될 수 있는 대표'와 같은 초기 원칙은 다른 의미에서도 매우 비현실적인 것이 되었다.[28)]

1918년 이후 볼셰비키는 소비에트 없이도 국가를 통치할 수 있게 되었다. 볼셰비키는 소비에트 자체를 폐기하지는 않았지만, 그 대신 프롤레타리아트의 자치행정기구이며 직접민주주의 조직이었던 소비에트를 대중들을 지도하기 위해 당의 엘리트가 이용하는 기구로 변질시켰다. '관리 업무가 사회의 공동생활로부터 유리된 유일하고 폐쇄적인 관료집단의 특권이 되는 것을 막음으로써 항상 민중들을 정치, 경제, 문화 등으로 끌어들이려고 노력하는 것이 소비에트 체제'라는 볼셰비키의 주장과는 달리, 소비에트를 통한 노동자 민중 권력이라는 원칙은 볼셰비키 자신에 의해 파괴되었다.

그리고 마침내 1920년에서 1921년에 걸쳐 일어났던 소위 노동조합 논쟁 과정에서 노동자 반대파와 혁명적 노동자들은 노동조합과 공장위원회가 각급 경제 단위에서 경영에 참가하는 자치를 주장했다. 그러나 소비에트 권리 회복을 주장하던 노동자 반대파 등이 반대했지만, 레닌

---

28) 또한 농촌에서는 볼셰비키에 의해 '프롤레타리아 독재기구'로 찬양되었던 '빈농위원회'가 기존 농민 소비에트를 무력화시켰고, 부농과 반볼셰비키적인 분자들을 소비에트에서 몰아내거나, 반볼셰비키적이라고 규정된 소비에트는 아예 해체시켜버렸다. 새로운 소비에트 선거가 치러졌지만 이 선거는 빈농위원회가 지도했고, 볼셰비키를 지지하지 않는 자는 제외시켰다. 이에 러시아 농민 대다수는 이러한 소비에트를 거부하게 되었다. 이에 대해서는 *Sovety v Epokhi Voennogo Kommunizma*, vol. 1, M., p. 82.

은 노동조합의 역할을 사실상 국가기구화해야 한다고 주장하던 트로츠키의 구상에 동의하며 노동조합의 역할을 축소, 변질시켰다.[29] 노동조합 논쟁이 한창이던 이 시기 농민들은 물론 노동자들도 소비에트 민주주의의 복원을 요구하는 반볼셰비키 파업과 시위를 전개했었는데, 바로 이러한 영향하에서 크론시타트에서 대규모 반볼셰비키 반란이 발생했다.[30] 식량 공급 문제나 농촌에서의 볼셰비키 정책에 대한 반감 등이 직접적인 원인이었지만, 그에 못지않게 볼셰비키에 의해 파괴되었던 소비에트 민주주의에 대한 요구, 당과 국가관료의 특권 폐지, 그리고 체카의 인권유린 반대 등의 요구가 전면에 등장했다.[31]

"소비에트 권력은 가장 민주적인 부르주아 공화국보다 수만 배 더 민주적"이라는 레닌의 말과는 달리, 이를 가동시키기 위해서 계급의 적으로 규정되어 추방당했던 차르 시대 관리들이 소비에트의 부서 곳곳에 복귀했고, 수많은 새로운 중앙기관들에서 관료제가 급속하게 성장했다. 다당제의 폐기는 관료제의 통제가 불가능해진 원인 중 하나였으며, 점차 노동자 계급 내에서조차 새로운 '프롤레타리아트 관료'에 대한 불만이 크게 고조되어 반볼셰비키 시위와 파업이 빈발하게 되었다. 이렇게 소련의 초기 역사에서 이미 드러났듯이, 평의회 자체는 국가 관료기구를 대체하는 기구가 될 수 없으며, 일당 국가는 시장 요소를 완벽히 제거한 채 시민사회와 경제 전반을 지배할 수 없음을 알 수 있다.

---

29) L. Schapiro, *The Origin of the Communist Autocracy*, London: G. Bell and Sons, 1955, p. 223.

30) R. V. Daniels, "The Kronstat Revolt of 1921: A Study In the Dynamics of Revolution," *American Slavic and East European Review*, no. 10, 1931, pp. 241~54.

31) 이에 관한 자세한 기록은 *Pravda o Kronstate*, Prague, 1921, pp. 9~10; A. S. Puchov, *Kronstatskii Myatez v 1921 g.*, Leningrad, 1931, p. 59.

노동자 생산 통제 실험의 폐기: 공장위원회에 대한 탄압

유고슬라비아에서의 실험 실패 외에도, 현실사회주의 국가 체제에서 작업장 단위의 직접민주주의, 즉 노동자 생산 통제 실험이 러시아 혁명 직후에 시행되었다는 것은 잘 알려져 있지 않다. 1917년 러시아 혁명기에 나타났던 노동자 자주관리운동인 공장위원회 활동은 생산자들이 생산 과정에 참여하여 자율적인 방식으로 노동 규율을 실현함으로써 노동자 계급의 자치권이 최대한으로 보장되는 민주적이고 평등한 생산과 경영 방식을 의미한다. 생산에 대한 노동자들의 직접적 개입은 1871년 파리 코뮌 이후 세계 최초로 시도된 것이자 제2차 세계대전 이후 유럽의 노사 공동결정 제도의 모태라고도 할 수 있다. 하지만 소위 산업민주주의와는 달리, 사적 소유와 시장의 원리가 부정되는 가운데 자본가 계급 없이 노동자 계급 스스로 경영한다는 점이 질적으로 다른 부분이라고 하겠다.

1917년 2월 혁명 이후 러시아에서는 아직 그 구분이 명확하지는 않았지만, 소비에트, 공장위원회, 노동조합 등이 생겨났다.[32] 그중 1917년 4월 2일에 페트로그라드의 군수산업 노동자들이 주도하여 공장위원회

32) 노동조합은 도시 내에서 산업별로 조직되었고, 1905년 이후 합법화되었으나 1912년 이후 탄압으로 소멸했다가 1917년 2월 혁명 이후 다시 부활하게 되었다. 노동조합은 사회주의 정당들의 도움으로 생명이 유지되었지만, 동시에 정당들의 정치적 운동의 장으로 변질되었다. 노동조합은 처음부터 혁명적 활동가들이 주도했고, 정당들의 주도권 다툼의 장이 되면서 일반 노동자의 관심은 줄어들었다. 사무직 노동자들이나 숙련 노동자들이 중심이 된 노동조합은 온건 사회주의 정당들의 영향을 많이 받았고, 합법적 투쟁이나 단체협약을 선호했으며, 공장 경영권이나 (노동자) 권력에 대한 요구에는 관심이 적었다. I. Deutcher, *Soviet Trade Union: Their Place in Soviet Labor Policy*, London, Oxford University Press, 1950, pp. 24~27; S. A. Smith, *Red Petrograd: Revolution in the Factories, 1917~1918*, Cambridge: Cambridge University Press, 1983.

가 만들어졌는데, 이것이 소위 이후의 노동자 자주관리운동 혹은 노동자 통제의 시초였다고 할 수 있다.[33] 이들의 주장의 핵심은 노동자들이 공장위원회를 통해 모든 생산 과정과 기업 경영을 직접적으로 감시, 감독해야 한다는 것이었다. 공장위원회는 서구 노동조합 운동과는 전혀 다른 급진적인 조직운동이었다.

레닌은 이러한 노동자들의 급진적인 움직임에 부정적이었다. 하지만 점차 혁명의 분위기가 무르익어감에 따라 소비에트는 이미 국가의 형태가 되었기에 이제 모든 권력이 소비에트에게 주어져야 한다는 주장과 함께 사회주의 혁명의 준비 단계에서 노동자들은 산업을 직접 경영하고 관리, 통제할 수 있는 권력을 각급 단위에서 자치기구들을 통해 쟁취하라고 선동했다.[34] 즉 레닌은 아직 국가에 의한 통제에 대해서 매우 비판적이었던 것이다. 특히 그는 훗날의 입장과는 전혀 다르게, 이러한 러시아 노동자들의 노동자 통제는 생디칼리즘과는 상관이 없음을 강조했다. 물론 이러한 그의 주장은 자본주의 체제하에서는 국가의 기능이 매우 단순화되어 기록이나 감독 정도로 축소되었기 때문에 평범한 일반 노동자들도 쉽게 경제를 관리할 수 있다는 매우 이상주의적인 관념에 기반을 둔 것이었다.[35]

일반 노동자들도 산별 노조의 상층부 중심의 경제 투쟁보다 각 공장 단위에서의 권익 확보를 위해서 공장위원회를 훨씬 더 신뢰하게 되어 1917년 8월에 열린 페트로그라드 공장위원회 대표자회의에서 노동조

33) A. M. Pankratova, *Fabzavkomy Rossii i Bor'ba za Sotsialisticheskiye Fabriki*, M., 1923, pp. 12~13.

34) M. Dewar, *Labour Policy in the USSR, 1917~1928*, Cambridge, 1985, p. 7; V. I. Lenin, *Collective Works*, vol. 20, London, 1964, p. 377.

35) V. I. Lenin, *Collective Works*, vol. 21, London, 1964, p. 399.

합과 공장위원회의 기능과 역할, 활동 내용의 완전한 분리가 결의되었다. 이러한 지지를 바탕으로 노동자들은 고용과 해고에 대한 권리까지 요구하기에 이르렀고, 볼셰비키에 의한 하향식 조직화도 거부했다. 이 회의를 시작으로 레닌과 볼셰비키 간의 노동자 통제에 대한 시각 차이가 나타나는데, 레닌은 이러한 노동자들의 움직임에 제동을 걸면서 노동자 통제는 소비에트 권한 아래 둘 것을 강조하기도 했다.[36)]

훗날 소련의 공식 주장과는 달리, 이러한 조직들에 대한 볼셰비키의 영향력은 아직 미약했으며, 따라서 노동자 통제 운동은 이념이나 특정 세력에 의한 계획이 아니라 자연발생적으로 전개되었다. 소련의 어용학자들은 공장위원회의 노동자 통제를 가리켜 중앙집권적 권위를 부정하는 무정부주의적 발상에 기인한 것이라고 주장했지만, 노동자 통제 운동을 주도했던 공장위원회는 멘셰비키나 볼셰비키와 협조하기를 선호했고, 항상 중앙집권적 기구를 만들려 노력했다는 점에서 무정부주의(혹은 생디칼리즘)와는 관련이 없었다.[37)] 10월 혁명 이후 새로운 권력과 노동자 통제 간의 연관 관계에 대해서도 역시 일부 학자들은 무정부주의자들의 전면적인 '노동자 통제'와 '민중 자치 요구'를 언급하면서 그들의 영향력을 주장하지만, 러시아 역사에서 단 한 번도 무정부주의자들이 노동자 통제를 주도한 적은 없었다.[38)]

---

36) F. N. Kaplan, *Bolshevik Ideology and the Ethics of Soviet Labour, 1917~1921: The Formative Years*, New York: Philosophical Library, 1968, p. 88.

37) 가령, 페테르부르크 시 공장위원회는 모든 노동자들이 생산 증대를 위한 조직적 변화에 참가해야 하며, 노동자들은 각각의 공장 이익 추구라는 목표를 넘어 모든 공장을 구역, 도시, 지역별로 조직화하고, 이러한 조직의 전국적인 연결망을 구축하여 공장의 대표들을 중앙에 파견해야 한다고 주장했다. G. L. Shkliarevsky, *Labor in the Russian Revolution: Factory Committees and Trade Unions, 1917~1918*, New York: St. Martin's Press, 1992.

실제로 볼셰비키에게 불편했던 것은 무정부주의가 아니라 당시 공장위원회의 자치 능력과 영향력이었다. 더군다나 공장 일반 노동자들의 임금 결정권, 이윤과 분배 결정권 혹은 경영 개입권 등의 주장은 볼셰비키의 생각과 대립되는 것이었다. 레닌은 자주적으로 행동하는 공장위원회를 경계했고, 이를 위해 소비에트 권력의 우위를 내세우며 공장위원회의 독자적 활동을 통제했다. 그에게 '노동자 통제'는 계급투쟁 수단이지, 노동자 통제 자체는 사회주의를 의미하는 것이 아니었다.[39] 레닌은 매우 빈번하게 분권적인 자치정부 주장에 대해 비판하면서, 노동자 통제는 전국적 기구 하에서만 가능하다고 주장했다. 그는 노동자 통제를 회계나 사유재산 몰수, 자본가의 사보타주 감시 기능이라고 생각했고, 생산에서의 직접 경영이나 노동자 결정권은 노동자 통제로 생각하지 않았던 것이다.[40]

그는 자신의 주요 지지 기반인 공장위원회가 아니라 여전히 소비에트로의 권력을 주장했다. 사회주의란 자치적 소생산자 연합 사상이 아니며, 대량생산과 대규모 중앙집중적 경제구조 수립이 중요하다고 생각했기 때문이다.[41] 그렇지만 노동자들의 지지가 필요했던 그는 공장위원회

---

38) G. P. Maximoff, *Syndicalists in the Russian Revolution*, Syndicalist Worker's Federation, 1978, p. 36; Z. V. Stepanov, *Fabrichno-Zavodskiye Komitety v Podgotovke Voopuzhennykh Sil Petrogradskogo Proletariata Nakanune Vostaniye*, M., 1964, p. 130.

39) 당시 노동조합들조차 노동자 통제에 대해 회의적이었을 뿐 아니라, 후에 공동 경영을 선언을 한 공장위원회도 혁명 초기에는 직접적 경영권 획득보다는 소비에트에 의한 중앙집중적 감독 체제를 인정하는 경향을 보였으며, 사회주의 체제를 지향하기보다는 공장 내 노동자 기본권 확보가 주요 목표였다. D. Mandel, "Russian Intelligentsia And Working Class," *Critique*, no. 14, 1983, p. 97.

40) M. Brinton, *The Bolsheviks and Workers' Control, 1917 to 1921: The State and Counterrevolution*, London: Solidarity, 1970, p. 13.

의 혁명성을 이용하기 위해 생산과 경영에 대한 노동자 통제를 적극적으로 지지했다.[42] 이러한 지지 속에 공장위원회 주도로 노동자 민병대가 조직되었고, 공장위원회는 10월 봉기의 핵심 세력이 되면서 노동자 통제 실현은 10월 혁명의 주요 과제로 대두되었다.[43]

혁명 직후 레닌은 곧바로 노동자 통제에 관한 포고령을 내렸는데, 여기에 노동조합이나 상부 국가기구가 공장위원회의 결정권을 무효화시킬 수 있다는 노동자 통제를 부정할 수 있는 근거 조항을 삽입했다.[44] 그는 또한 중앙집권적 경제기구를 만들어 공장위원회와 노동조합을 통합하며, 경영, 감독, 통제를 구분해서 경영은 중앙경제기구(베센하)에 일임한다는 내용을 공포했다. 이제 볼셰비키와 레닌은 노동자 통제에 대해 경계하기 시작했고, 이후 노동조합과 중앙경제기구를 포섭하여 공장위원회의 독립적 행동을 비판했다. 각 공장위원회들은 이에 맞서 지

41) E. H. Carr, *The Bolshevik Revolution, 1917~23*, New York: W. W. Norton & Company, 1985, pp. 2~80.

42) 이러한 상황 속에서 5월에 접어들자 급격하게 생산성이 하락하게 되었는데, 이에 공장주들은 공장위원회의 비대해진 권한과 8시간 노동제의 도입, 그리고 노동자들의 태만 등이 이러한 위기를 만들었다면서 생산력 증대를 위해서는 단독 경영권을 회복해야 한다고 주장했다. 이에 맞서 레닌은 전술적으로 즉각적 노동자 통제를 선언했고, 그 후 공장위원회가 급진화되면서 직장, 공장 폐쇄가 급증했으나 아직 노동자 직접 경영 요구는 크게 대두하지 않았다. 한편 혁명 직전부터 공장위원회는 노동자 통제라는 직접적 경영 개입권을 요구하기 시작했다. 공장위원회는 볼셰비키에 의한 권력 장악에 반대했지만, 자본가들의 사보타주를 막기 위해서는 권력 획득이 필요하다고 본 것이다. 이에 관해서는 D. Koenker, *Moscow Workers and the 1917 Revolution*, Princeton: Princeton University Press, 1981, p. 119.

43) Z. V. Stepanov, *Fabrichno-Zavodskiye Komitety v Podgotovke Voopuzhennykh Sil Petrogradskogo Proletariata Nakanune Vostaniye*, pp. 46~47.

44) 이에 항의하여 11월 초에는 페테르부르크 시 공장위원회가 볼셰비키와 별도로 독자적으로 공장위원회, 노동조합, 소비에트 사이에서 노동자 통제위원회를 선정, 권한 등을 규정하는 내용이 담긴 결의문을 채택하기도 했다. B. M. Freidlin, *Dekret o Rabochem Kontrole*, Istorik-Marksist, M., 1933, pp. 82~83.

역별, 전국적 단위의 조직들의 연합을 시도했으나 레닌과 볼셰비키의 반대에 부딪혀 이러한 계획은 실현되지 못했다. 이러한 공장위원회의 시도에 대해 볼셰비키들은 프티부르주아적 이기주의라고 비판했다.[45)]

이후 국유화와 노동자 통제에 관한 논쟁이 1918년 전 러시아 노동조합 대회를 계기로 본격화되자, 레닌은 전국적 규모의 종합적 계획과 관리가 부재한 생산 부문에서의 노동자 통제의 비효율성을 비판하면서 볼셰비키가 장악한 소비에트를 이용하여 은행, 대규모 기업들의 국유화에 이어 공장위원회를 노동조합 산하로 조직, 통제했다. 이러한 분위기 속에서 열린 노동조합 대회에서 공장위원회의 위상을 격하한다는 결정이 내려졌고, 국유화와 노동자 통제 사이의 관계에 관한 볼셰비키 간의 토론 끝에 공장위원회는 노동조합의 하위 기구로 재편되는 운명을 맞게 되었다.[46)]

레닌은 모순되게도 노동자 통제의 혁명적 성격을 찬양하면서도 동시에 그것이 관리 조정에는 불충분하다고 비판하곤 했다. 경제위기를 겪으면서 레닌은 점차로 노동자 통제보다 경영자와 전문가에 의해 경쟁과 이윤을 추구하는 자본주의식 경영 방식이 생산성 향상에 더 유용하다고 생각하게 되었는데, 결국 그는 전 공업의 국유화 계획을 늦추고 소유와 경영 분리, 구 부르주아 전문경영인의 단독 책임제를 선포하기에 이르렀다. 그에게 노동자 통제는 '노동자 국가의 관리'였기 때문에 노동자

45) A. M. Pankratova, *Fabzavkomy Rossii i Bor'ba za Sotsialisticheskiye Fabriki*, pp. 236~51.

46) 노동조합의 국가기구화, 공장 경영권 직접 인수에 노조 지도자들이 반대하고 나섰지만, 레닌은 공장위원회 대신 개별 공장 단위의 노동 대중에게 덜 밀착되어 있는 노동조합에게 생산 규율 및 생산 조직 협상 권한을 부여하기로 결정했다. 이에 관해서는 I. Deutcher, *Soviet Trade Union*, p. 5.

통제는 국가로부터 임명된 노동자 대표가 자본가나 경영인에 대해서 감독권을 갖는 것이지 결코 경영에 대한 노동자의 직접적 참여를 의미하는 게 아니었다.[47]

한편, 전국 곳곳에서 노동자들이 공장을 점거한 이후 노동자 통제 하에서 생산성이 급격하게 하락하게 되자, 이제 레닌은 공개적으로 노동자 통제를 반대하기 시작했다. 이제 그는 노동자 통제에 대해 프티부르주아적, 반혁명적, 무정부주의적, 생디칼리즘적 경향의 운동이라며 강력하게 비난했다. 또한 그는 미숙련 비조직 노동력을 부르주아들의 사보타주보다 위험한 것으로 규정했다. 그 후 그는 노동 규율 강화, 미국식 테일러주의 경영 방식 도입을 찬양하기에 이르렀다.[48]

1918년 6월, '전 산업의 국유화령'을 반포한 이후 노동자 통제는 폐지되었다. 노동조합 역시 본래의 기능을 상실하고, 단지 생산력 증대를 위한 노동 동원의 도구와 복지 담당 국가기구로 전락했다. 내전 속에서 더욱 권력이 막대해진 볼셰비키 당은 노동조합과 공장위원회, 그리고 소비에트는 물론, 최고국민경제회의와 같은 관료기구의 독립성을 박탈했고, 당 중앙이 임명한 관료, 전문기술자, 전문경영인 들이 결정권을 독점하기에 이르렀다. 국가의 전 사회경제적 영역들에 대한 간섭으로 소비에트, 공장위원회, 노동조합 등이 볼셰비키의 일방적 통제만을 받게 되면서 각 조직의 내부 민주주의가 사라졌고, 이에 따라 노동자들은 볼셰비키에 저항하기에 이르렀다.

결국 볼셰비키 정권은 노동자 직접 생산 통제를 철폐하고 논란 끝에

47) S. Malle, *The Economic Organization of War Communism, 1918~21*, Cambridge: Cambridge University Press, 1985, pp. 36, 56.

48) 같은 책, pp. 59, 96~97.

전 공업의 국유화는 물론 노동의 군사화, 단독 경영책임제, 그리고 생산에서의 테일러 시스템의 도입을 선언했다. 한편 전시공산주의 시기에 트로츠키에 의해 도입되었던 노동군, 노동 징발, 강제노동 정책은 경제적 성과도 거두지 못했으며, 노동자들의 저항이 거세지자 당내 반대파들이 노동조합의 자율성 회복을 주장하며 당 중앙과 투쟁하기 시작했다.[49] 공장위원회가 노동조합으로 통폐합된 이후 노동조합이 노동자들의 유일한 기구가 된 상황에서 슐라프니코프와 콜론타이 등을 주축으로 하는 노동자 반대파는 노동조합의 자율성을 옹호하며 기업의 경영권은 노동조합이 가져야 한다고 주장했는데 이들은 무정부주의적 생디칼리스트라는 혐의로 공격을 당하게 되었다.[50]

레닌은 트로츠키의 구상에 반대하며 노동조합은 국가기구로 적합하지 않다고 주장하면서도 동시에 근본적으로 노동조합의 자율성을 허용하는 것에도 반대했다. 그는 노동조합은 통치기구가 아니라 프롤레타리아트를 동원하고 조직하여 노동 대중에게 공산주의 원칙을 생산 공간에서 가르치는 일종의 학교 역할을 해야 한다고 주장했다.[51] 그러나 트로츠키에 의해 집단경영제가 붕괴된 이후 결국 노동조합은 관료기구 하에 완전히 종속되었다. 이제 자주적이고 집단적이며 민주적인 노동자 통제는 완전히 사라지게 되었다.

비非시장 체제에서의 테일러 시스템이나 노동의 군사화 정책이란 말이 좋아 정책이지 실제로는 강제노동에 가까운 것이었다. 하지만 문제

49) I. Deutcher, *Soviet Trade Union*, p. 56.

50) A. Kollontai, *The Workers' Opposition in Russia*, Michigan: University of Michigan Library, 1921.

51) F. L. Kaplan, *Bolshevik Ideology and the Ethics of Soviet Labour, 1917~1920*, p. 297.

의 핵심은 노동 규율 문제와 생산의 무정부성이 아니었다. 시장의 완전한 폐기를 대신한 노동자 직접 생산 통제 실험, 사회적 소유의 실험이 실패하자, 사적 소유와 시장을 만악萬惡의 근원으로 보던 당시 볼셰비키에게 대안은 단 한 가지였다. 즉, 사적 소유와 시장을 부활시키는 것은 정치적 자멸 행위였기 때문에, 그들에게 위로부터의 계획 혹은 명령, 즉 전면적 국유화 외에는 다른 대안이 없었다. 따라서 통제 없는 국유화 이후 진정한 사회적 소유와 생산자 직접민주주의 실험의 폐기는 이후 현실사회주의가 붕괴되는 주원인으로 작용하게 되었다.

중앙의 계획과 조절이 없는 공장 단위 노동자 통제로 인한 불가피한 생산성 하락과 생산의 무정부성도 큰 문제였지만, 민주주의라는 이름으로 시장이 담당해야 할 영역까지 국유화나 노동자 통제로 완벽히 대체할 수 있을 거라는 믿음이 문제의 근원이었다. 국가적 사안을 토론으로 해결할 수 있을 것이라는 생각이 공상적이었음은 물론이지만, 그보다 더 중요한 것은 시장 영역에서도 민주주의적 토론이나 국가의 계획으로 생산을 결정할 수 있다고 믿었던 확신이 현실에서 실험된 직후에 곧바로 폐기되었다는 사실이다.

혁명 직후의 소련을 이상화하는 많은 이들은 노동자 직접 생산 통제의 실험이 실패한 이유로서 전쟁, 내전, 제국주의 간섭, 식량 부족, 선진적 노동자 계급의 사망, 생산 통제를 담당한 노동자들의 경험 부족 등을 강조하지만, 실제로는 이러한 요인들과는 별개로 그 자체 메커니즘의 한계가 존재했던 것이다. 사회주의 붕괴의 원인이라고까지 주장되는 현실사회주의 국가체제의 관료제에 대해 다양한 해석들이 있지만, 기본적으로 관료제 자체가 전 공업의 국유화뿐 아니라, 다른 모든 부분에서의 사적 소유와 시장 철폐의 원칙에 의한 국유화에서 비롯된 당연한 논리적 귀결이었다.

사회적 소유 실험의 폐기: 협동조합 경제의 파괴

사회적 경제는 경제 영역에서 사회적인 것의 중요성을 강조하고, 국가와 시장이 아닌 시민사회가 경제에서 주도적인 역할을 하여 시민의 요구를 반영한다는 점에서 매우 커다란 의의를 가지고 있다. 이러한 대안적 개념으로서의 사회적 경제는 사회적 필요에 대응해서 시민사회의 다양한 이해 당사자들의 참여와 협력을 조직하고, 이를 통해서 사회적 배제에 대응하여 시장과 국가에 대한 사회적 자원의 분배적 정의를 실현하도록 하는 역할을 부여받고 있다. 이러한 사회적 경제의 핵심이 바로 협동조합이다.

현재 전 세계적으로 협동조합 모델은 국가 중심적 계획경제와 자본 중심적 시장경제를 넘어서는 사회화된 경제 방식, 사회적 소유에 의한 대안경제, 새로운 경제 모델의 핵심이라고 할 수 있다. 그것은 생산수단의 공동 소유를 통해 착취관계를 해소하고, 대안적 생산관계를 도모하며, 생산물의 평등적 분배를 통해 생산 참여자들의 경제적 이해를 보장한다는 점에서, 또한 사적 부문과 시장의 횡포로 발생하는 실업과 불안정 노동에 시달리는 노동자 등 다양한 시민들을 보호함으로써 공동체적 가치를 함양한다는 점에서 사회적 경제의 가장 핵심적 실험이라고 할 수 있는 것이다.[52] 그러나 국유화가 곧 사회주의였던 현실사회주의에

52) 레보위츠는 생산수단을 국유화하지 않고서도 사회주의적 생산관계를 형성할 수 있다고 주장한다. 즉 국가가 협동조합 등의 사회적 생산을 광범위하게 육성하여 사적 소기업들의 '연합'을 형성하면, 조합원들 사이에, 그리고 협동조합과 공동체 사이에 연대 관계가 형성되면

서는 이러한 협동조합은 철저하게 질식당했던 역사가 있다.

혁명 전까지 생산과 공급, 판매 기능까지 담당할 만큼 활발했던 각종 협동조합들은 혁명 직후 러시아에서도 소비에트 정권에 의해 생산물의 조달과 분배 기구로 이용되었으나, 사적 소유와 시장 원리의 철폐, 국유화로 인해 그 기능이 정지되었다. 이후 시장 원리를 일정 정도 도입한 신경제정책 시기에 협동조합은 레닌의 대대적 칭송을 받으며 생산을 회복시키는 원동력이 되었으며, 소비 영역뿐 아니라 생산협동조합도 증가일로에 있었다. 그러나 이후 스탈린에 의한 집단화 시기에 그 기능은 완전히 붕괴되고 말았고, 소련이 붕괴할 때까지 모든 분야에 걸친 만성적인 결핍과 고갈의 원인이 됐다.

마르크스-엥겔스의 생각과 유사하게도 레닌 역시 협동조합을 지주와 농업 부르주아 계급의 이익을 보장하는 자본주의의 작은 섬으로 간주했다. 생산협동조합, 특히 소농들의 조합은 진보적인 측면도 있지만, 기본적으로 집산주의가 아닌 자본주의로의 이행을 의미한다고 보았다.[53] 또한 레닌에게 농업협동조합은 지주 계급의 조직이고, 소비협동조합은 노동운동의 한 측면에 불과했다. 그러나 그는 협동조합을 계급투쟁의 보조 수단으로 보아 전적으로 부정하지는 않았다. 이처럼 레닌을 포함한 볼셰비키들의 협동조합에 대한 입장은 전시공산주의 시기까지도 큰 변화가 없었다. 1918년 이후 레닌은 돌연 협동조합을 정치적 측면이 아닌 경제적 측면에서 활용할 필요가 있는 중요한 과거의 유산으로

서, 새로운 사회적 관계가 생겨나고 궁극적으로는 생산 부문 전체를 통제해나가면서 사회주의를 건설할 수 있다는 것이다. 마이클 레보위츠, 『21세기 사회주의』, 원영수 옮김, 메이데이, 2008.

53) V. I. Lenin, *Polnoe Sobranie Sochnenii*, 2-izd, vol. 4, p. 112; vol. 7, p. 161; vol. 36, p. 161.

인정하기에 이른다.[54)]

특히 "공급조직에 관하여"라는 법령에서 레닌은 협동조합의 조직망 없이는 사회주의 경제의 조직이 불가능하다고까지 하면서 그동안의 오류를 인정했다. 그는 나아가 협동조합들은 반드시 국유화로부터 해제되어 복구되어야 한다고 강조했다.[55)] 이제 협동조합은 부르주아적인 조직에서 노동 대중의 자주성을 보여주는 사회주의적 조직으로 인정을 받게 된 것이다.[56)] 심지어 그는 협동조합에 대해 '낡은 자본주의 국가의 유산인 관료주의에 반대하는 투쟁에서 가장 중요한 요소'로 칭송하기도 했다.[57)] 그러나 매우 모순적이게도 그는 협동조합의 비프롤레타리아트적 요소에 대항하는 투쟁을 강조하는 등, 정치적으로는 신뢰하지 않지만 경제적으로는 이용 가치가 있는 조직으로 간주하고 있었음이 여실히 드러났다.

그런데 1920년대 초반 신경제정책이 도입되면서 레닌은 또다시 협동조합에 대한 자신의 입장을 바꾸게 된다. 1921년 공산당 대회에서 볼셰비키들은 협동조합을 식량인민위원부에 종속시키고자 했던 기존의 입장을 철회했는데, 이러한 맥락 속에서 협동조합의 독자성을 인정해주고 식량인민위원부 기관들과의 계약 관계로 독립시킨 것이다. 이 시기 레닌은 협동조합은 모든 인민의 완전한 통합과 조직화를 용이하게 하는 조직으로서 향후 국가자본주의로부터 사회주의로의 이행이라는 측면에서 이점이 크다면서, 미래 사회주의 체제하에서 사회는 단일한 국가

54) 같은 책, vol. 37, p. 202.
55) 같은 책, vol. 37, pp. 205~206.
56) 같은 책, vol. 37, p. 230.
57) 같은 책, p. 103.

적 협동조합 체계로 변화될 것이라고, 즉 사회주의 사회란 하나의 거대한 협동조합이라고까지 주장했다.[58]

이후 1923년 초에 레닌은 생산수단의 사회적 소유와 부르주아에 대한 프롤레타리아트의 계급적 승리가 이루어진 곳에서 나타나는 새로운 성격의 협동조합원들의 체제야말로 사회주의 체제라고 자신의 주장을 최종적으로 정리하게 된다.[59] 그에 따르면, 신경제정책은 협동조합을 통해서 실현되어야 할 뿐 아니라, 협동조합 자체가 인민들을 사회적으로 조직하는 보편적인 형태로 발전되어야 했다. 따라서 레닌에게 신경제정책은 소련 인민 모두의 협동조합화로 귀결되는 것이었다.[60] 그는 신경제정책 하에서 모든 인민들을 단일한 협동조합으로 끌어들이는 보편적 협동조합 체계를 지향했다. 따라서 그는 소비에트 정부의 핵심 과제는 인민들의 완전한 협동조합화에 있다고 주장했다. 이제 레닌은 사회주의에 대한 관점의 근본적인 변화를 요구하며 협동조합은 전적으로 사회주의에 상응한다고 주장했다.[61] 레닌은 전 인민을 포함하는 '생산-소비 코뮌들'이라는 용어를 사용하면서 '사회주의 국가'는 바로 이러한 코뮌들의 네트워크를 통해서만 실현될 수 있다고 말했다.[62] 즉 그에 따르면, '모든 공장과 모든 농촌은 재량껏 소비에트 공동의 법령을 적용하고 재량껏 생산을 계획하여 생산물의 분배 문제를 해결할 권리와 의무가 있는 생산-소비 코뮌'이라는 것이다.

1917년 2월 혁명 시기에 협동조합 활동가들은 협동조합을 억압해온

58) 같은 책, vol. 37, p. 206; vol. 36, pp. 161~62.

59) 같은 책, vol. 45, pp. 372~73.

60) *Kooperativno-Kolkhoznoe Stroitel'stvo v CCCP: 1923~1927*, M., 1991, p. 4.

61) V. I. Lenin, *Polnoe Sobranie Sochnenii*, vol. 45, p. 375.

62) 같은 책, vol. 36, p. 185.

속박에서 벗어날 것을 기대하며 차르 체제의 전복을 지지했고 협동조합 운동이 식량 문제에 대한 개입을 통해 혁명 과정에서 중요한 역할을 해야 한다고 주장했다. 그 결과 그들은 '국가 수준'의 다양한 정치사회적 활동에 몰두하여 협동조합들 내에서의 경제활동이 아닌 소비에트나 당, 혹은 식량 문제 관련 기구들에서 활동하게 되었다.[63] 그러나 국가의 지역 단위 집행위원회나 식량위원회는 종종 협동조합을 자신들의 하부 조직으로 강제하면서 충돌이 잦아졌고, 동시에 협동조합은 그러한 조합에 적대적인 사적 부문 상인들의 공격 대상이 되기도 했다.[64] 그럼에도 불구하고, 협동조합 활동가들은 식량 문제에 국가가 개입하고 생산을 조직화해야 한다는 입장을 고수했고, 볼셰비키의 영향력 강화 속에서도 특정 계급과 정당 지지를 거부했다.[65]

대부분의 협동조합 활동가들은 10월 혁명에 대해서 극도로 부정적인 입장을 취했다.[66] 이후 전반적인 국유화의 흐름 속에서 채택된 '은행 국유화령'으로 협동조합에 대한 위협이 본격적으로 시작되었다. 1918년 "소비 코뮌에 대하여"라는 법안에 따라 모든 소비조합들이 국유화되고, 모든 사람들은 의무적으로 협동조합에 참여해야 하며, 분배 및 수매

63) V. Kilchevskii, *Kooperatsiya i Revolyutsiya*, M., 1917, p. 3; V. F. Totomiyants, *Kooperatsiya v Rossii*, Praga, 1922, p. 149.

64) 협동조합이 구체제 전복에 깊숙하게 관여했음에도 불구하고, 많은 사람들은 협동조합을 구체제의 산물로 보기도 했고, 식량 위기의 원인을 협동조합에 돌리는 현상도 나타났다. 이에 대해서는 *Soyuz Potrebitelei*, no. 16, 1917; *Obiedinyenie*, no. 4, 1917.

65) *Obshee Delo*, no. 15, 1917. 그러나 1917년 9월에 이르러서 협동조합은 전 계층을 포괄하자는 파와 노동자 계급을 주축으로 하려는 파로 분열되었다. 이에 대해서는 *Obiedinyenie*, no. 7~8, 1917.

66) 협동조합은 '극소수의 무지한 노동자와 수병'의 '노동자 농민의 정부'에 대해 반대하며 '소비에트'만이 유일한 권력의 원천임을 주장하고, 일개 정당에 의해 권력이 장악되는 것에 반대했다. *Vestnik Kooperatsii*, no. 9~10, 1917.

활동에 대한 감독은 국가 공급위원회가 담당하게 되는 등 자율성이 침해되기 시작했다. 협동조합은 이러한 볼셰비키의 사회주의 실험에 대해 저항하면서도 협동조합의 사회주의적 성격을 더욱 강조함과 동시에 정치적 활동을 줄이고 경제적 사안에서 자신들의 주도성을 강조하는 쪽으로 활동 방향을 전환하며 주민들의 식량 조달을 담당하는 전 국가적인 기구 조직을 제안하기도 했다.[67)]

이후 소비에트 정권은 협동조합에 회비 없이 가입해야 한다는 요구와 지역 주민은 모두 하나의 협동조합에 가입해야 한다는 강제 조항을 철회했고, 최고국민경제회의는 소비에트들에게 협동조합원들을 감시하는 행위를 중단하고 몰수되어 국유화된 협동조합 자산을 원상 복구하라는 명령을 내렸다.[68)] 그 대신 협동조합은 소비에트 정부의 통제와 지휘를 받으며 활동해야 한다는 의무가 부과되었다. 협동조합은 중앙과 지역 단위 소비에트들이 만든 생산품 공급 기준을 준수해야만 했다. 게다가 대부분의 볼셰비키와 소비에트 활동가들은 협동조합에 적대적이었으며, 협동조합 자산의 몰수, 국유화를 주장하는 등 협동조합은 전혀 사회주의 경제 단위로 인식되지 못했다.

1918년부터 전시공산주의 정책이 시작되면서 식량 독재와 이를 위한 식량 징발군이 조직되었는데, 공산당과 소비에트 지도자들은 협동조합을 여기에 이용하기로 결정하고, 갑자기 협동조합에 우호적으로 돌변했다.[69)] 볼셰비키들은 협동조합이 '사회주의 제도를 강화시키는 강력한

---

67) *Soyuz Potrebitelei*, no. 9, 1917.
68) *Kooperativnaya Jhizn*, no. 2, 1918
69) M. Volovich, *Ocherki Potrebitelskoi Koopertsii v Period Voennogo Kommunizma*, Kharkov, M., 1926, p. 22.

자원'이라고 치켜세웠고, 소비에트 분배기구들과 협동조합 조직들을 비교하면서 공공연하게 협동조합을 칭송했다.[70] 그러나 국가의 지역 조직들과 협동조합 사이의 긴장은 고조되었고, 식량 독재를 담당한 다른 기구인 빈농위원회 역시 협동조합에 매우 적대적이어서 빈농위원회 대표들은 아무런 이유도 없이 농민협동조합들을 파괴하는 등 심각한 위협을 가했다. 이렇게 협동조합은 서서히 붕괴되기 시작했다.[71]

협동조합을 소비에트 행정기구로 끌어들여 소비에트 행정 체계의 한계를 극복하는 데 이용하는 과정은 내전으로 인해 더욱 가속화되었다. 1919년 3월의 "소비 코뮌에 관하여"라는 법에 의해 소비조합은 분배조직으로 변화되었다. 이 법에 따라 도시와 농촌의 소비조합들은 해당 지역의 모든 주민들을 소비 코뮌이라는 단일 분배조직으로 통합시키면서 재조직되었고, 이 소비 코뮌에 가입하는 것은 모든 주민의 의무사항이 되었다. 이제 더 이상 협동조합의 원칙과 독자성은 유지할 수 없게 되었다. 협동조합은 분배기관으로 변신했고, 조합원들은 관료화되었으며, 협동조합의 형식적 독자성만이 유지되었다.[72]

전시공산주의 정책이 폐지된 후 시작된 신경제정책 하에서도 모든 종류의 협동조합 연합 조직은 국가기관의 담당 업무를 수행하는 단일한 중앙(소비조합 중앙연맹)의 지휘 아래로 통합되었다. 그러나 전시공산주의 시기와는 달리, 주민들에게 잉여 농산물들의 판로를 독자적으로 결정할 수 있도록 하고, 잉여 농산물과 가내수공업품의 생산과 분배

---

70) N. Orlov, *Prodovolstvennaya Problema Sovetskoi Vlasti*, M., 1918, pp. 52~53.

71) 이렇게 협동조합을 국가기관에 전적으로 종속시키려는 경향이 강화되었음에도 불구하고, 1918~19년 동안 협동조합 운동의 지도자들은 국민경제회의뿐 아니라 전반적인 정부기관의 활동에 협동조합원들이 참여해야 한다고 생각했다.

72) *Dekrety Sovietskoi Vlasti*, vol. 5, P. 11.

에 대해서는 소비조합에 자율성이 부여되었다. 그러나 소비조합에 대한 주민들의 의무가입 조항은 여전히 남아 있었고, 예전과 다름없이 국가 식량기구들의 지시를 받아 임무를 수행해야만 했다.[73] 같은 해 6월 "협동조합에 대한 사전 통제의 폐지에 관하여"라는 법을 통해 관료주의적 국가 통제가 완화되었고, 10월에는 소비조합 재산에 대한 국유화가 폐지되었다.

신경제정책 이후 국가 식량기구에 대한 종속에서 벗어나면서 협동조합은 자율성 회복을 위한 저항을 시작했다. 그리하여 1923년 말에는 협동조합 회원 가입이 의무조항에서 완전히 자발적인 원칙으로 바뀌게 되었다. 볼셰비키 공산당 정부는 협동조합이 식량인민위원회의 분배기관 역할에서 벗어나 시장에 대한 적응력을 지닌 독자적인 국민경제 기관, 상품유통 기관의 역할을 담당할 수 있도록 지원했지만, 동시에 협동조합의 모든 활동을 국가 통제 하에 두고자 했다. 국민경제에서 사적 부문이 증가하는 것에 대한 대책으로 공산당은 협동조합을 보호하는 정책을 채택한 것이다.[74]

그런데 비非국가, 시장 부문이 확대되자 공산당 내에서는 다시 협동조합을 통제해야 한다는 주장이 대두되면서 협동조합의 자율성과 자치권을 제한하는 정부의 통제와 간섭이 증대하기 시작했다. 정부는 협동조합을 통해 소규모로 분산되어 있는 농촌 경제와 사적 시장 부문을 조직적 영향력 아래 두려고 했던 것이다.[75] 특히 협동조합의 경제적 성과

73) *KPSS v Rezolyutsiyakh i Resheniyakh S'iezdov Konferentsii i Plenumov TsK*, vol. 2, M., 1970, p. 469.

74) V. P. Dmitrienko, L. F. Morozov & V. I. Pogudin, *Partiya i koopertiya*, M., 1978, p. 138.

75) 공산당은 협동조합이 '프롤레타리아트 독재'라는 조건 속에서 농촌의 단순 생산자들을 사회주의로 끌어들이는 거대한 연동장치가 될 것'이라고 주장했다. M. V. Gamayunov,

들에도 불구하고, 공산당 정부는 협동조합이 아직 자본주의적 요소가 존재하는 일부 경제 부문에서 자본주의적 착취를 확대할 수도 있는 근거지라고 생각했다.

이에 당 지도부는 다시 협동조합 조직들은 소비에트 지도부가 원하는 곡물조달 체계의 정상적인 기능에 적절하지 않은 것으로 판단하고, 곡물조달 업무에 당이 개입해야 한다고 주장했다. 협동조합과 같은 이른바 '소규모 경제 단위'에 대한 부정적 태도를 기반으로 생산과 유통에서의 대규모 집산경제의 우월성을 믿으며 대규모의 일원적 집산조달 체계를 구축하고자 했고, 각 부문에서 기능과 역할을 국가가 통제하게 되면서 본격적으로 협동조합의 국유화가 시작되었다.[76] 협동조합이 다시 국유화된 이후 국가 권력기구들과 관료조직들은 경제의 모든 부문을 통제하게 되었으며, 스탈린의 권력 장악 이후에는 공업화를 위한 협동조합 자원의 몰수, 전면적 집산화가 선언되면서 협동조합은 완전히 파괴되었다.

소련의 역사에서 알 수 있듯, 협동조합은 사적 부문과의 경쟁에서 위협을 받을 수 있지만, 반대로 사적 거래 활동의 자율성과 시장 체제가 보장되지 않을 경우, 혹은 국유화 경제가 압도적이거나 국가로부터의 과보호 혹은 국가기관화될 경우 곧바로 그 수명을 다한다는 데에 그 딜레마가 있다. 다양한 사회적 소유의 실험이 성공적으로 이루어진 역사가 없는 것과 마찬가지로 공동체적 생산과 분배가 이상적으로 이루어

"Koopertivnoe Soveshaniye TsK Partii(1920~1929)," *Voprosy Istorii KPSS*, no. 4, 1959, p. 154.

76) V. V. Simonov, "General'naya liniya Kooperativnogo Stroitel'stva v 20-e Gody," v *kn. Iz Istorii Ekonomicheskoi Mysli i Narodnogo Khozyaistva Rossii*, M., 1993, p. 177.

진 역사 역시 존재하지 않았다. 아직까지 전 지구상의 그 어떤 국가에서도 사회적 소유나 소유의 사회화는 제대로 이루어진 적이 없었다. 협동조합과 같은 형태의 사회적 경제는 전체 경제의 미미한 부분을 차지할 뿐이지만, 분권화된 사회 속에서는 비교적 성공적인 결과를 낳고 있음에 주목할 필요가 있다.

3. 러시아 혁명과 사회주의 원칙들의 현재적 의의

지금까지 살펴보았듯이, 스탈린이 아니라 이미 레닌 시기에 핵심적인 사회주의 원칙들이 폐기되었다. 중요한 것은 이러한 사실을 인정하는 것이고, 또한 이러한 폐기를 어떻게 설명해야 할지 숙고해보는 것이다. 아래로부터의 민주적인 통제 장치가 없는 강제적 국유화 이후 진정한 사회적 소유와 생산자 직접민주주의 실험의 폐기가 이후 현실사회주의가 붕괴되는 주원인이 되었음은 두말할 나위가 없다. 그러나 이와 동시에 레닌이 주도하던 소련 초기에 이미 일당 국가가 철저히 시장 요소를 제거한 채 시민사회와 경제 전반을 지배하는 체계는 경제적 측면에서도 발전이 지속 가능하지 않으며, 노동자 민주주의 원칙과도 양립할 수 없음을 레닌도 인식하고 있었다는 점을 알아야 한다. 국가적 사안을 언제나 토론으로 해결할 수 있을 것이라는 생각이 공상적이었음은 물론이지만, 시장의 영역에서 민주주의적 토론이나 국가의 계획으로 생산을 결정할 수 있다는 믿음이 혁명 직후 실험 뒤에 곧바로 폐기되었다는 사실은 많은 것을 시사한다.

과거 소련에서 사적 소유와 시장이 철폐된 후 내전과 같은 극도로 혼란스러운 상황과 최초의 사회주의 체제 건설의 시험적 실천 속에서 사적 소유에 대한 대안으로서의 사회적 소유가 구체적으로는 국유화 외에는 많지 않았다는 측면에서, 노동자 국가의 국유화는 어쩌면 당연한 수순이었을지도 모른다. 레닌은 대규모 경제, 집산적 경제, 중앙집중적 경제를 외쳤지만, 실제로는 혁명 직후 곧바로 그것이 심각한 문제를 야기할 것이라는 사실도 명확하게 인식하고 있었다. 전 공업의 국유화 선언 전까지 상당 부분을 지속적으로 국유화에서 제외시키려 했던 것부터 사적 소유와 시장을 놀라울 정도로 허용했던 신경제정책의 채택에 이르기까지 혁명 초기 레닌의 계획 변화의 본질을 벌써 파악했더라면, 이후 오랜 기간 동안 '국유화=사회주의'라는 도식에 집착하지 않을 수 있었고, 이런 도식이 세계 자본주의 체제의 비중심부 국가들에서는 더욱 적용하기 어렵다는 사실을 이미 아주 오래전에 이해할 수 있었을 것이다.

그렇다면 21세기에 살고 있는 우리는 러시아 혁명에서 무엇을 교훈으로 삼아야 할 것인가? 결론부터 말하자면, 직접참여 민주주의는 자본에 대한 종속 관계로부터 노동을 해방시키고 정치적 소외를 극복하며 국가와 노동 대중 간에 새로운 관계를 구축함으로써 정치사회를 시민사회 속으로 재흡수하기 위한 해방 프로젝트의 핵심이 되어야 한다.[77] 또한 생산과 분배의 집단적 구조화로 이어질 수 있도록 평의회를 비롯한 여러 단위나 기관과 같은 조직된 공동체를 중심으로 직접민주주의가 작동되는 구조적 조건을 제공할 수 있는 소유 구조의 변화도 수반되어야 한다. 이는 전면적인 사적 소유의 폐지와 국유화 양자 모두 불가능

---

77) D. Harvey, *Limits to Capital*, London: Verso, 2006, pp. 1~38.

한 현실 속에서 사회적 소유의 다양화를 의미하기도 한다. 따라서 사적 소유, 공적 소유, 집단 소유, 혼합 소유 외에도 양도할 수 없는 사회적 소유와 같이 국가가 공동체들에게 맡기는 공동체적 소유와 같은 다양한 소유 형태를 고민해야 한다.[78]

그러나 시장 체제를 전면적으로 부정할 수 없듯이, 삼권분립과 대의민주주의 등에 기반을 둔 국가권력 구조 또한 전면적으로 부정할 수 없는 상황 속에서 이러한 다양한 노동 대중의 권력은 기존의 국가권력과 공존하지 않을 수 없다는 현실을 직시해야 한다. 따라서 대의민주주의에서의 권력의 위임 개념에서 나오는 선거권력과는 별도로 직접민주주의를 통한 정책 결정, 즉 '조직된 사회'에 의한 직접적인 권력 행사에 의한 통치를 고민해야 한다. 이는 곧 사회적 권력관계의 혁명적인 구현체로서 노동 대중권력의 다양한 층위들의 체계를 의미하는 공동체 국가를 상정한다. 이러한 노동 대중권력의 토대가 되는 다양한 코뮌들은 지역을 중심으로 하는 자치 공동체, 사회적 생산조직들, 그리고 사회운동 등으로 구성되어야 한다. 국가와 시민사회의 관계가 권위주의적인 정치권력 구조에 의해 통제되었던 현실사회주의 혹은 국가사회주의와는 다르게, 이제 다원주의적 대의민주주의에 마르크스주의적 직접민주주의와 참여민주주의를 결합하는 진정한 민주주의를 구축할 필요가 있다.[79]

여기서 핵심은 바로 사회 중심적 대안 체제의 구상이다. 이를 위해 국가와 시민사회 간의 관계에 대한 새로운 해석이 필요하다. 시민사회라

---

78) T. Muhr, *Venesuela and the ALBA: Counter-Hegemony, Geographies of Integration and Development, and Higher Education for All*, Saarbrucken: VDM, 2011, pp. 116~22.

79) S. Gill, *Power and Resistence to the New World Order*, New York: Palgrave Macmillan, 2008, p. 26.

는 개념의 타당성을 부정하거나 정반대로 정통 마르크스주의적 관점에서 국가와 시민사회의 분리 혹은 국가 및 시장으로부터의 분리 자체에 의문을 제기하는 학자들이 존재한다.[80] 즉 국가를 억압기구로 보고 시민사회를 해방자로 보는 자유주의적 이분법에 대해 의문을 제기하는 것이다. 이러한 학자들 중에서 국가와 시민사회를 분리하여 시민사회에 담론 형성과 국가에 대한 감시자 역할을 부여하는 '약한 공공성'이라는 자유주의적 개념에 반해 '강한 공공성' 개념을 주장하는 학자들에게 주목할 필요가 있다.[81] 이들은 시민사회와 국가와의 관계 혹은 민주화와의 관계를 넘어 시민사회가 시장과 맺고 있는 관계에 주목하면서, 강한 공공성을 사회적, 경제적 관계의 대안을 상상하는 해방의 영역이자 이념적 투쟁의 영역으로 설명한다.[82]

사회 세력들은 시민사회를 장악하기 위해 서로 투쟁하는데, 현실적으로 존재하는 '시민사회'는 이러한 상이한 사회적, 정치적, 제도적 힘들 사이의 투쟁을 통해 변증법적으로 형성된다. 특히 국가와 시민사회와의 관계는 서로 상대방을 구성하는 데 기여하는 변증법적 관계라는 것이다. 좌파 정부는 시민사회 투쟁의 결과물이라는 관점에서 볼 때, 좌파 정부가 권력을 획득할 수 있게 된 것은 시민사회와 관계를 맺는 독특한 방식을 발전시켰기 때문이다. 이러한 관점에서 볼 때, 공적 공간과 사적 공간은 서로 분리된 것이 아니라, 상호보완적인 것으로서 자유주

---

80) T. Carothers & W. Barndt, "Civil Society," *Foreign Policy*, vol. 117, 1999, pp. 18~29.

81) N. Fraser, "Rethinking the Public Sphere: A Contribition to the Critique of Actuallly Existing Democracy," C. Calhoun(ed.), *Habermas and Public Sphere*, Massachusetts: The MIT Press, 1993, pp. 109~43.

82) J. Howell & J. Pearce, *Civil Society and Development: A Critical Exploration*, Boulder C.O.: Lynne Rienner, 2001, pp. 7~8.

의 이데올로기와는 배치된다. 이러한 관점은 마르크스가 공과 사의 구분은 공동체적 자치의 형태에서는 극복되어야 한다고 비판한 것에 기초한 것이기도 하다.[83] 마르크스가 보기에 인간 해방을 위해서는 정치권력이 사회적 힘과 분리되어 있다는 개념을 해체할 필요가 있었던 것이다.[84]

혁명을 노동 대중에 기초하고 영구적인 '국가와 사회구조의 근본적 전환'으로 이해하는 소위 '혁명 중인 국가'라는 주장이 있는데, 이는 사회권력 질서의 재편성과도 관련된다. 이러한 관점에서 혁명 중인 국가란 노동 대중의 조직을 촉진하고 국가 안팎에서 좌파 세력에 의해 국가권력을 재편성하는 것을 의미한다.[85] 한편 시민사회에 대한 자유주의적 개념에 반대되는 '조직된 사회'는 노동 대중에 기초한 조직으로서 반자본주의적인 사회관계나 공간을 형성하는 과정에서 나타나는 평의회나 사회운동 등의 집단적 권력 행사를 통해 구성되는 것이다.[86] '조직된 사회'는 정치와 경제의 분리를 가져온 부르주아적 해방과 자유주의적 개인주의가 폐기한 시민사회의 정치적, 집단적 성격을 되살리고자 하는 것이다.[87]

---

83) J. Femia, "Civil Society and Marxist Tradition," S. Kaviraj & S. Khilnani(eds.), *Civil Society: History and Possibilities*, Cambridge: Cambridge University Press, 2001, p. 137.

84) K. Marx, "On the Jewish Question," I. D. Easton & K. H. Guddat(eds.), *Writings of Young Marx on Philosophy and Society*, New York: Anchor, 1967, p. 241.

85) R. Stahler-Sholk, "Revolution," N. J. Smelser & P. B. Baltes(eds.), *International Encyclopedia of the Social and Behavioral Sciences*, vol. 20, New York: Elsevier, 2001.

86) T. Muhr, *Venesuela: Global Counter-Hegemony, Geographies of Intergration and Development and Higher Education For All*, Ph. D. Thesis, University of Bristol, 2008, pp. 29, 100, 111.

특히 현대 세계 체제하에서는 공공 영역(국가)이 초국적 기업 혹은 국제 NGO 등과 같은 강력한 사적 행위자들과 불가분하게 얽혀 있다. 이러한 세계화로 인해 역설적으로 국가와 시민사회의 구분과 국가에 대한 견제와 감시 혹은 독립적이고 자율적인 시민사회라는 개념은 다소 그 의미가 약화되고 있는 것이 사실이다. 따라서 실질적인 가치적 측면에서 보았을 때, 국가-시민사회 복합체에 대해 논하는 것이 더 유용한 측면도 있다는 것이다.[88)]

이러한 모델의 핵심은 '생산자들의 직접적이고 참여에 근거한 민주주의적 결정에 의해 사회화된 경제'라고 할 수 있는데, 이를 통해 노동의 소외와 사회적 불평등, 차별 없는 노동, 그리고 이익의 평등한 분배와 사회정의를 지향하는 것이다. 이는 마르크스가 말한 '노동자 계급의 자기해방,' 즉 아래로부터의 사회주의를 현대에 구현해낼 방법일 수도 있다. 공동 소유한 생산수단으로 노동하는 자유인들의 연합과 의식적, 계획적 통제 하에서 이루어지는 자유롭게 연합한 사람들의 생산을 조절하고 참된 개인적 소유를 실현하는 통일된 협동 생산 체제, 즉 코뮌주의를 현대에 맞게 재구조화할 필요가 있다.[89)]

조직 노동자들뿐 아니라 사회의 다수를 차지하고 있는 '사회적으로 배제된 노동 대중'까지 정치, 경제, 사회문화적 삶의 일상적인 모든 공

87) K. Marx, "On the Jewish Question," p. 247.

88) R. W. Cox, "Social Forces, States and World Orders: Beyond International Theory," Millenium: *Journal of International Studies*, vol. 10, no. 2, 1981, pp. 126~55; A. C. Cutler, "Artifice, Ideology and Paradox: The Public/Private Distinction in International Law," *Review of International Political Economy*, vol. 4, no. 2, 1997, pp. 261~85.

89) 정성진, 『마르크스와 트로츠키』, 한울, 2006.

간에서 주체적으로 참여하게 함으로써, 다수의 노동 대중이 직접민주주의, 참여민주주의의 경험을 일상적으로 사회화하도록 하는 코뮌주의적 특징을 갖고 있다. 또한 그것은 이러한 '사회에 기초한 민주주의 모델'은 거주지와 작업장 양자에서 생산과 예산 문제까지 참여를 통해 해결하는 직접적이고 참여적인 민주주의의 실현이라는 점에서 근대적 대의민주주의의 틀을 넘어서는 실험이다. 뿐만 아니라, 사적 소유와 국가 소유를 배제하지 않으면서도 그 대안으로서 사회적 소유를 실현하고자 하는, 즉 경제 체제에 대한 근본적인 대안까지도 제시하는 실험이다.

코뮌주의에서 소유라는 것은 어떤 것에 대해 처분권을 행사하는 것이 아니라, 그것이 사람이든 사물이든 그것과 공통의 관계를 수립하는 것을 의미한다.[90] 또한 코뮌주의는 노동 대중 내 서로 다른 차이들이 서로 돕는 관계를 구성하는 것을 의미한다. 따라서 노동자 계급의 지배나 국유화가 주요 목표가 아니라, 개개인의 자기발달 실현과 모든 사람들의 행복을 위한 국가와 민간 영역과 사회운동 등의 결합이 목표가 된다. 이는 급진민주주의론과도 일맥상통할 수 있는 개념으로서, 조희연은 급진적 변혁의 주체가 되는 대중에 의한 "대중운동의 현실적 역동성"에 주목해야 한다고 주장한다.[91]

바로 이러한 세 가지 영역에서의 코뮌주의적 실천이 급진민주주의적 실천이라고 할 수 있다. 즉 신자유주의적 자본주의 체제가 다수의 노동 대중, 특히 빈곤 대중들을 배제함으로써 민주주의를 후퇴시키고 있는 상황에서 이제 다수의 대중들이 국가의 강력한 사회공공정책은 물론

90) 이진경·고병권, 『코뮌주의 선언』, 교양인, 2008, p. 14.

91) 조희연, 「급진민주주의론의 정립을 위한 한 탐색」, 『마르크스주의연구』 제7권 제3호, 한울, 2010, p. 232.

평의회, 노동자 통제, 사회적 경제 등을 통해 스스로 주체가 되어 참여 민주주의를 실현함으로써 민주주의를 급진화시킬 수도 있다. 이는 국가의 필연성을 넘는 공동체의 구성으로, 주민이 개인적 주체가 아니라 공동체가 되는 코뮌주의의 원칙이기도 하다. 이는 소련식 사회주의가 아니라 코뮌적인 자기통치적 경험인 것이다.[92]

공공의 정치적 통제를 받지 않는 사기업들이 생존을 포함한 우리의 모든 것을 위협할 수 있는 결정을 내리고 있는 현재의 세계화된 상황 속에서 유일한 대안은 생산 과정의 직접적 사회화에 있다는 주장이 있다.[93] 시장의 독점적 우위나 국가의 우위가 아닌 사회가 우위에 서는 공동체적 조합주의 운동은 코뮌주의의 시작이기도 하다. 그러나 코뮌 혹은 코뮌주의에 대한 기존의 정의와 설명이 존재하는 상황 속에서 불필요한 논쟁을 피하기 위해 이러한 용어 대신 사회 중심적 대안이라는 의미를 강조하는 다양한 실험이라고 정의해도 무방할 것이다. 중요한 지점은 궁극적으로 현재의 자본주의 체제를 극복하려는 운동인지 아닌지에 있겠지만, 현재적 조건하에서 과도한 관념적 상상은 지양할 필요가 있다.

4. 나가며

세계 자본주의 체제 내에서 압도적 다수를 차지하는 비중심부 지역

92) M. Lebowitz, "The Path to Human Development: Capitalism or Socialism?," *Monthly Review*, Special Supplement, 2009, pp. 41~63.

93) S. Žižek, *Repeating Lenin*, Zagreb: Arkzin D.O.O., 2001.

국가들에서는 중심부 국가들의 사회변동 논리가 작동하기 어려울 정도로 독특한 산업 구조와 계급 지형을 갖는 경우가 많다. 즉 비중심부 지역 국가들에서는 생산과 고용 안정성의 측면에서 상대적 특권을 누리고 있는 대자본 고용 노동 혹은 정규직 고용 노동자들과 갈수록 차이가 확대되어가는 비공식 부문, 영세 자영업, 단순 서비스업, 주변화된 비정규, 미조직 노동자들이 광범위하게 파편화되어 존재한다. 바로 서구 중심부 자본주의와는 확연하게 구분되는 이러한 특수성을 명확하게 인식하고 신자유주의, 나아가서는 자본주의를 극복하려는 노력이 요구되는 시대다. 따라서 교조적 사회주의 원론들은 물론 현실사회주의의 현실과 확연히 다른 사회변혁의 전략과 정책을 만들어내는 것이야말로 신자유주의와 극우주의가 공존하는 시대적 상황 속에서 절실하게 요구되는 기본 정신이라고 하지 않을 수 없다.

특히 우리는 현실사회주의의 건설과 붕괴 속에서 노동자 민주주의든 생산자 직접민주주의든 계획이든 그 어떤 이름으로도 인간이 사적 소유와 시장을 완전히 대체할 수 있다는 믿음은 헛된 것이었음을 인정해야 할 것이다. 또한 국유화가 사회주의의 핵심이 아니라 다양한 사회적 소유의 실험을 통해 정치적, 경제적 권력을 노동 대중이 갖는 것, 나아가 노동 대중이 직접 주인이 되어 참여하는 것이야말로 진정한 사회주의적 실험이라는 것을 명확히 인식해야 한다. 과거 사회주의 체제 수립 과정에서의 오류를 되풀이하지 않기 위해 공업과 농업에서의 집산주의적 혹은 무조건적 국유화 실험을 하지 말아야 한다. 또한 산업노동자의 분포와 역할이 미미한 사회에서는 대공장 중심의 조직화된 노동자 중심적 전략을 넘어 사회 내 다양한 노동 대중이 이러한 직접민주주의의 실험에 참여하게 하는 전략을 고민해야 한다.

무엇보다 이러한 실패의 역사가 스탈린에 의해 시작된 것만은 아니라는 점을 우리는 인정해야 한다. 소비에트, 노동자 통제, 그리고 협동조합과 같은 국가와 시장의 실패에 대한 대안으로서 시민사회의 직접적 참여에 기반을 둔 사회적 소유와 사회적 경제 실험의 핵심 영역들은 다시 그 국가와 시장, 그리고 세계 체제와 같은 외적 요인에 의해서 성공과 실패의 양극단의 갈림길에 놓였다. 앞에서 살펴보았듯이, 이미 러시아 혁명 초기에 파괴되었던 사회주의의 핵심적 실험들은 몇 가지 중요한 사회주의 원칙을 폐기했음을 보여주었고 현실에서 그러한 실험들이 실현 불가능하다는 사실을 인정하게 했다.

혁명이 성공한 당시의 상황과 이론 수준에서는 시장경제와 시민사회를 인정하고 다당제로 복귀하는 것은 불가능한 상태에서, 사회주의 체제를 유지할 수 있는 길은 사적 소유와 시장을 폐지한 후 사회적 소유를 국유화로 단순화하고 이에 기반을 둔 강력한 국가가 시민사회와 경제를 억압적으로 통제하는 것, 그리고 석유에 기초하여 유지되는 사회주의 세계가 자본주의 세계 체제의 메커니즘으로부터 자기파괴적으로 고립되는 것 외에 없었다. 따라서 안타깝지만 시장경제 체제를 완전히 전복할 수 없음을 인정하고, 시장의 폭력성을 제어할 수 있는 공동체적 민주주의와 실질적인 사회경제적 민주주의를 실현할 다양한 방안들을 지혜롭게 만들어내야 할 것이다.

현재 우리에게는 사적 소유와 시장을 부정하지 않고, 프롤레타리아 일당 독재를 주장하지도 않으며, 고전적 노동자 혁명을 주장하지 않으면서도 오랫동안 잊혀져 있던 몇 가지 진정한 사회주의적 원칙을 부활시켜 접목하고자 하는 노력이 필요하다. 다당제와 의회제도, 사적 소유와 시장, 그리고 이에 기반을 둔 시민사회의 자율성을 보장하면서도 다양한 사회적 소유와 사회적 경제의 실험, 협소한 계급 개념을 넘어서는 다양한 노동 대중의 다양한 공간에서의 직접참여 민주주의야말로 대안이 될 수 있다.

시민사회와 경제를 통제하는 일당 국가, 사적 소유와 시장이 제거된 국유경제가 아니라, 시민사회와 사회경제가 결합되어 새로운 공동체와 사회적 경제를 형성하여 국가와 시장을 넘어 직접참여 민주주의와 공공경제를 활성화시키는 것은 다른 의미에서 진정한 사회주의적 원칙일 것이다. 이러한 사회적 경제는 공동체의 직접참여 민주주의와 직결되어 있다. 바로 이러한 공동체의 직접참여 민주주의의 경제적 기초가 사회적 경제이다. 사회적 경제는 진정한 민주주의를 체험할 수 있는 공간이다. 주민 스스로 공동체의 발전 계획을 세우고 공동체 내의 자원을 형성하고 관리하는 것이야말로 민주주의의 정수이자 오랫동안 잊고 있던 사회주의 사상의 핵심이라고 할 수 있다.

비록 사회주의적 기원을 갖고 있다는 점을 강조하지도 않으며, 사실상 자본주의 체제 내에서의 국지적 변화만을 목표로 하고 있는 것이 사실이기는 하지만, 사회주의 혁명 초기 이후 오히려 소련 외 지역에서는 매우 다양한 형태의 공동체적, 조합적 운동들이 실험되어왔다. 노사공동결정제, 노동자 소유 기업, 주민자치제, 평의회운동, 직접민주주의, 참여예산제, 협동조합기업, 마을공동체, 사회적 기업 등 전 세계적으로 다양한 이름과 형태가 존재하지만, 이러한 모든 실험들은 사적 소유와 시장을 근본적으로 폐기할 만한 대안적 이념과 체제가 존재하지 않는 상황 속에서 국가와 시장의 실패를 넘어서려는 매우 적극적인 사회 중심적 실험이라고 할 수 있다.

현재 이들 중 그 어떤 정책들도 사적 자본주의, 신자유주의를 전면적으로 넘어서고 시장경제를 전적으로 대체할 수 있는 정책이라고 할 수 없지만, 이러한 실험들은 시장근본주의는 물론 기존의 서구 복지국가의 제도를 넘어서고자 하는 중요한 진보적 실험들임은 틀림없다. 이러한 실험들이 일정 정도 성과를 내기 위해서는 현실사회주의에서의 실패의 경험들로부터 배워야만 한다. 더욱이 다당제 하에서는 일시적인 좌파 정당의 집권만으로는 구조적 변화가 불가능하다. 그러므로 이러한 대안들이 정권 교체와 상관없이 지속 가능한 모델이 될 수 있게 하기 위해서 우리는 과거의 실패를 철저하게 성찰해야 할 것이다.

스탈린-트로츠키 경제 '논쟁' 재고, 1923~27:

레닌주의와 스탈린주의의 연결성 조명

노경덕

1. 들어가며: 스탈린-트로츠키 권력투쟁 문제의 중요성

레닌 사후 스탈린과 트로츠키의 권력투쟁 문제는 소련 역사 연구의 핵심 주제 중 하나였다. 이는 학자들의 순수한 학문적 호기심의 대상을 넘어, 소련 체제의 성격을 밝혀줄 수 있는 정치적 주제로 보였기에 더 뜨거운 관심을 받았다. 냉전 시대 서방의 보수 학계는 스탈린의 등장을 1917년 레닌의 공산주의 '쿠데타'가 필연적으로 맞은 '비극적' 귀결로 규정하면서, 자신들의 반공주의 신념을 확산하려 했다.[1] 한편, 진

1) M. Fainsod, *How Russia Is Ruled*, Cambridge, MA: Harvard University Press, 1953; L. Schapiro, *The Communist Party of the Soviet Union*, New York: Random House, 1960; R. Daniels, *The Conscience of the Revolution: Communist Opposition in Soviet Russia*, Cambridge, MA: Harvard University Press, 1960. 소련 해체 후, 이런 흐름은 좀더 대중적이고 학문적으로는 덜 정교한 수준으로 부활했다. R. Pipes, *Russia Under the Bolshevik Regime*, New York: Vintage Books, 1993; O. Figes, *A People's Tragedy: A History of the*

보 성향의 학자나 지식인들, 특히 20세기 후반 '서구' 마르크스주의자들은 보수 학계와는 반대로 스탈린 대두의 필연성을 소련 초기 정치사의 역정에서 제거하려 노력했다. 그들은 이를 스탈린의 정치적 술수, 우연적 상황, 그리고 당시 러시아의 특수한 사회경제 조건 및 문화 수준 등의 소산으로 바라보며, 레닌의 혁명과 스탈린 독재 체제의 '타락' 사이에 분명한 선을 그었다.[2] 트로츠키의 스탈린주의 해석에 많은 영향을 받았던 이 좌파들에게, 스탈린의 집권은 러시아 혁명에 대한 '배반'의 시작이었다.[3] 이렇게 볼 때, 보수 학계는 레닌주의와 스탈린주의의 연속성을, 진보 진영은 그 단절을 드러내고자 한 것이다.

이렇듯 소련 체제의 성격, 더 구체적으로는 레닌주의와 스탈린주의의 연속성 문제를 조명하게 해주는 스탈린과 트로츠키 사이의 권력투쟁의 추이와 결과를 설명하기 위한 여러 시도들이 있었지만, 그중 가장 두드러졌던 학문적 흐름은 이를 이념과 경제정책 논쟁을 중심으로 바라보는 것이었다. 스탈린과 트로츠키의 갈등은 단순한 정쟁이 아니라 신경제정책을 옹호하는 집단과 비판하는 진영의 이념을 반영하며, 그 권력투쟁은 사실상 사회주의 건설의 노선 투쟁이었다는 것이다. 이런 흐름이 생기게 된 데에는 트로츠키 자신의 영향이 컸다. 그는 소련에서 추방

Russian Revolution, New York: Viking, 1996.

2) M. Lewin, *Lenin's Last Struggle*, New York: Monthly Review Press, 1968; R. G. Suny, *The Soviet Experiment: Russia, USSR and the Successor States*, New York: Oxford University Press, 1998. 상대적으로 덜 정치적이었지만 유사한 의도가 보였던 저작으로 S. F. Cohen, *Bukharin and the Bolshevik Revolution: A Political Biography, 1888~1938*, Oxford: Oxford University Press, 1971.

3) L. Trotsky, *The Revolution Betrayed*, New York: Doubleday, 1937; 마르셀 판 데르 린던, 『서구 마르크스주의, 소련을 탐구하다: 1917년 이후 비판적 이론과 논쟁으로 본 소련』, 황동하 옮김, 서해문집, 2012 참조.

된 후부터 자신이 1920년대에 펼쳤던 사회주의 건설론, 특히 공업화론을 반대 진영, 즉 스탈린과 부하린의 이론 및 정책과 뚜렷이 대조하며, 전자를 일관되게 '혁명적'이자 '레닌주의적'인 것으로, 후자를 '반동적'이자 '스탈린주의적'인 것으로 규정했다.[4] 이후 트로츠키 경외자였던 도이처의 걸출한 전기 두 편은 그의 시각을 지지하며 이후 이 주제 연구에 지속적인 영향력을 끼쳤다.[5]

이런 트로츠키주의적인 입장은 서양, 특히 영미권의 일반 학계에도 일정 정도 수용되었다. 특히, 일련의 경제사가들은 신경제정책의 첫번째 경제위기가 나타났던 1923년경을 스탈린과 트로츠키 권력투쟁의 시작점으로 설정하면서, 그 투쟁의 경제 이념적 차원을 민감하게 추출해 냈다. 그들에게 이는 좌파와 우파의 명백한 이념 대립을 포함하여, 특히 공업화와 관련해 상반되는 정책적 함의를 가진 논쟁이었다.[6] 한편, 부

---

4) L. Trotsky, *The Revolution Betrayed: In Defense of Marxism*, New York: Pathfinder Press, 1973. 트로츠키는 1935년 이후부터 위와 같은 표현들을 본격적으로 사용하기 시작했다. 맥닐은 그 이유가 1935년 이전에는 트로츠키가 여전히 소련 복귀 및 스탈린과의 연합 가능성을 열어놓고 있었기 때문이라고 주장한다. R. McNeal, "Trotskyist Interpretations of Stalinism," R. Tucker(ed.), *Stalinism*, New York: W. W. Norton, 1977, pp. 31~35.

5) I. Deutscher, *Stalin: A Political Biography*, Oxford: Oxford University Press, 1949; *The Prophet Unarmed: Trotsky, 1921~1929*, New York: Vintage Books, 1959[한국어판: 『비무장의 예언자 트로츠키 1921~1929』, 한지영 옮김, 시대의창, 2017].

6) A. Erlich, *The Soviet Industrialization Debate, 1924~1928*, Cambridge, MA: Harvard University Press, 1960; N. Jasny, *Soviet Economists of the Twenties: Names to Be Remembered*, Cambridge: Cambridge University Press, 1972; J. Millar, *The ABCs of Soviet Socialism*, Urbana: University of Illinois Press, 1981; M. Mirski, *The Mixed Economy: NEP and Its Lot*, Copenhagen: Rosenkilde & Bagger, 1984; P. J. Boettke, *The Political Economy of Soviet Socialism: The Formative Years, 1918~1928*, Boston: Kluwer, 1990. 경제사가도, 트로츠키의 사상에 영향받은 것도 아니었지만 대니얼스의 고전도 유사한 이분법(좌파 대 레닌파)을 보여준다. R. Daniels, *The Conscience of the Revolution*.

하린의 이론을 트로츠키와 프레오브라젠스키로 대표되는 좌파 공업화론에 반대하는 온건주의, 즉 우파 사회주의 건설론으로 개념화했던 일부 정치사 연구들 역시 이런 흐름의 형성에 일조했다.[7] 그리고 이 흐름은 페레스트로이카 시대 소련의 부하린 부활 현상과 더불어 소련 및 러시아 학계에서도 반향을 일으켰다.[8] 미국의 정치학자 코언의 다음 서술은 기존 연구들[9]의 전제를 잘 요약해 보여준다.

> 1923년의 경제위기는 당이 다시 경제정책에 관한 근본 문제들에 대해, 그리고 그로 인한 볼셰비키 혁명의 향후 방향에 대해 뚜렷이 분열되어 있었다는 점을 드러냈다. (……) 1924년 가을의 사건들은 온건한 당 중앙위원회 다수파와 좌익반대파 간의 분열을 다시 확인하고 확대했다. 지도자들 사이의 정책적 차이들과, 그 혁명 내부에서 빚어진 서로 대립되는 충동들이 (……) 표면 위로 떠올랐다.[10]

---

7) S. F. Cohen, *Bukharin and the Bolshevik Revolution*; M. Lewin, *Political Undercurrents in Soviet Economic Debates: From Bukharin to the Modern Reformers*, Princeton: Princeton University Press, 1974; N. K. Chandra, "Bukharin's Alternative to Stalin: Industrialisation without Forced Collectivisation," *Journal of Peasant Studies*, vol. 20, no. 1, 1992.

8) 대표적으로 И. Горелов, *Николай Бухарин*, Москва, 1988; В. П. Данилов 외, *Бухарин: Человек, политик, ученый*, Москва, 1990; Г. А. Трукан, *Политическая дискуссия 1928~1929 гг. о путях строительства социализма*, Москва, 1990 참조.

9) 한편, 기존 연구 대부분에서 스탈린은 좌파와 우파 이념 사이를 오가면서 정치적 이득을 누리고 궁극적으로 권력을 획득한 정략적 인물로 묘사된다. 그 과정을 간단히 요약하면, 우파의 이데올로기를 이용해서 좌파를 물리쳤던 스탈린이 다시 좌파의 이데올로기를 가지고 남아 있던 우파를 물리치고 그의 충직한 수하들과 함께 홀로 정권을 차지했다는 것이다. 가장 대표적인 서술로는 R. Medvedev, *Let History Judge: The Origin and Consequences of Stalinism*, New York: Alfred A. Knopf, 1972.

10) S. F. Cohen, *Bukharin and the Bolshevik Revolution*, p. 160.

필자는 스탈린과 트로츠키 권력투쟁의 출발점과 종착점이라 일컬어지는 1923년부터 1927년까지 소련의 고위 정치 문서들을 분석하여, 이 투쟁의 성격을 다시 파악하고 나아가 레닌주의와 스탈린주의의 관계를 재조명해보고자 한다. 이 문서들에는 소련 공산당의 주요 회의였던 당대회 및 당 협의회 기록뿐만 아니라, 앞서 언급한 기존 연구들에서는 접근할 수 없었던 당 중앙위원회 전원회의 문서 및 정치국 회의록 등이 포함되었다. 이들의 분석을 통해, 스탈린과 트로츠키가 권력투쟁 과정에서 각각 내세웠던 이념과 경제정책에는 근본적인 차이가 존재하지 않았음을 우선적으로 밝힐 것이다. 둘 모두 프롤레타리아 독재 확립을 지상 목표로 설정하면서, 이를 이루기 위한 수단으로 공업화를 최우선 과제로 상정했다. 둘 모두 신경제정책 덕에 부활한 소련 경제에서의 자본주의 요소, 즉 부농(쿨라크)과 자영업자의 성장을 경계하려 했다. 그들 논의는 공업화의 재원을 마련하기 위한 수단에 집중되었는데 둘 모두 신경제정책의 대원칙, 즉 농업과 공업의 동맹을 깨뜨리려는 의도, 즉 농촌의 잉여 징발을 통해 공업화를 이루려는 의도는 적어도 1920년대 중반까지는 없었다. 따라서 스탈린과 트로츠키 진영의 차이는 실제로 공업화에 재원을 얼마나 더 부여하느냐의 정도에 불과했다. 양자가 주장한 이 '정도'는 1920년대 중엽의 경제 상황 및 국제 환경의 변동에 따라 얼마든지 달라질 수 있는 신축적인 것이었기에, 특정 맥락에서 그것은 같아지기도, 또는 뒤바뀌기도 했다.

기존의 연구들은 이러한 그들 주장의 유연성을 무시하고, 트로츠키와 스탈린(및 부하린) 이념의 좌우 편향성만을 부각했다. 그리하여 1920년대 소련 중앙 권력투쟁의 본질적 성격에 다가갈 수 없었고 궁극적으로는 향후 스탈린의 집권과 급진 좌파 정책으로의 귀결을 체계적으로 설명할 수 없었다. 필자는 좌우파 간 경제 이념 차이의 미미함을 드러내는 과정에서 그들 투쟁의 핵심은 스탈린의 당 기구 장악과 그에 따른 트로츠키(및 이후 통합 반대파)의 소외 문제, 즉 정치적인 문제였다고 주장할 것이다. 이들 간의 이념 및 경제정책 논쟁은 매우 치열해 보여 많은 학자들의 시선을 빼앗았지만 사실 이 같은 정치 쟁점을 포장하는 수사에 가까웠던 것이다.

2. 1923~24년: 트로츠키와 스탈린 권력투쟁의 시작

내전을 거치면서 트로츠키와 스탈린의 사이가 나빠졌다는 사실은 잘 알려져 있다.[11] 하지만 볼셰비키 지도부 내의 다른 사정도 비슷했다. 다시 말해, 트로츠키와 스탈린의 관계 악화가 특별한 것은 아니었다. 볼셰비키는 지하운동 시절부터 언쟁과 반목에 매우 익숙한 집단이었다.[12] 내전 이후 가장 도드라졌던 갈등이라면 트로츠키와 스탈린의 관계보다는 레닌과 이른바 반대파들의 경우에서 찾을 수 있다. 이러한 갈등의 위험성을 인지한 레닌이 제10차 당대회에서 분파 금지를 선언했던 일은 유명하다. 이후 당내 단결은 레닌의 핵심 구호이자 레닌주의를 구성하는 필수 요소가 된 바 있었다.[13]

---

11) 이에 대한 최근의 묘사로는 О. В. Хлевнюк, *Сталин: Жизнь одного вождя*, Москва, 2015, с. 86~99.

12) S. Fitzpatrick, *The Russian Revolution*, 3rd ed., Oxford: Oxford University Press, 2008, pp. 98~99.

13) E. H. Carr, *The Bolshevik Revolution, 1917~1923*, vol. 1, London: Macmillan, 1950, pp. 198~213.

트로츠키와 스탈린의 관계가 뒤틀리기 시작했던 것은 1922년 제11차 당대회 폐막 직후 레닌이 스탈린을 당 중앙위원회 서기국 내 서기장 직책에 임명하고 난 후였다. 제10차 당대회에서 반대파가 대두된 이후, 레닌은 당 조직을 확고히 장악해야 할 필요성을 절감했고, 이를 위해 당시 그가 가장 믿을 수 있는 인물이던 스탈린을 당원 인사의 주 책임직에 앉혔던 것이다.[14)] 트로츠키는 스탈린의 서기국 장악 이후의 권력 쏠림 현상[15)]에 민감했으며, 이에 대한 불편한 감정을 드러내곤 했다. 하지만 이 역시 트로츠키와 스탈린 간의 대립으로만 바라볼 수 있는 문제는 아니었다. 스탈린과 서기국에 대한 불만은 트로츠키뿐만 아니라, 곧 스탈린의 동지가 될 지노비예프로부터도 제기되었고, 그 강도는 오히려

---

14) R. Service, *Stalin: A Biography*, Cambridge, MA: Belknap Press, 2004, p. 188〔한국어판: 『스탈린』, 윤길순 옮김, 교양인, 2010〕.

15) 트로츠키, 그리고 심지어 스탈린과 한때 동지였던 지노비예프까지 포함한 많은 동시대인들은 스탈린이 서기장이 됨으로써 당원 인사의 주요 권한을 차지했으며 이것이 그가 권력투쟁에서 승리하는 데 결정적이었다는 인식을 공유했다. 그리고 이는 대니얼스 이후 서양 학계의 스탈린 권력 장악 설명에서도 근간을 이루었다. R. Daniels, "The Secretariat and the Local Organizations in the Russian Communist Party, 1921~1923," *American Slavic and East European Review*, vol. 1, 1957; T. H. Rigby, "Early Provincial Cliques and the Rise of Stalin," *Soviet Studies*, vol. 33, 1981. 하지만 1990년대 중반부터 공개된 구소련 문서고 자료들을 이용한 최근 연구들에 의하면, 당시 서기국의 실제 권한, 특히 당원 인사권이 동시대인들의 생각만큼 견고하지 않았다고 한다. 특히, 지방 당 지도부의 경우 인사 문제에 관해서 자율성을 견지할 수 있었기에, 그들은 스탈린을 무조건 지지해야 한다는 외압을 느낄 이유가 없었다. J. Harris, "Stalin as General Secretary," S. Davies & J. Harris(eds.), *Stalin: A New History*, Cambridge: Cambridge University Press, 2005; Ch. Monty, "The Central Committee Secretariat, the Nomenklatura, and the Politics of Personnel Management in the Soviet Order, 1921~1927," *Soviet and Post Soviet Review*, vol. 39, no. 2, 2012; 노경덕, 「서기국과 스탈린의 권력 장악 문제: 비판적 재검토, 1922~1927」, 『사총』 90호, 2017. 스탈린이 서기국을 통해 권력을 확장했다는 동시대인들과 서방학자들의 믿음은 사실 실증적인 근거가 없다. 이는 아래에서 보겠지만, 스탈린 반대파들의 정치적 수사였다.

더 셌다.[16] 따라서 스탈린이 서기장이 된 이후에도, 스탈린과 트로츠키 간의 반목에 특별한 점이 있었다고 보기는 어렵다.

전혀 특별할 게 없었던 스탈린과 트로츠키의 갈등은 더욱이 그들의 이념적 지향 차이에서 기인한 것도 아니었다. 기존의 일부 학자들과 트로츠키주의자들은 당시 트로츠키가 지향했던 이념이 1920년대 초 '후퇴'라 인식되던 신경제정책에 대한 안티테제였다고 주장한다. 그리고 그것은 이 정책의 충실한 지지자인 스탈린의 이념과는 반대였다는 것이다. 그들에 의하면, 트로츠키의 이론은 크게 두 가지 축, 즉 '사회주의 시초 축적'에 의한 공업화론과 국제혁명론으로 구성되어 있었다. 전자는 신경제정책의 점진주의와 농공동맹 원칙과는 달리, 러시아와 같이 후진적 경제 상태에 있는 사회주의 국가의 공업화를 위해서는 농촌과 잔존하는 자본주의 요소들에 대한 수탈을 통한 공업화 재원 확보가 필요하다는 입장이다. 따라서 이 입장은 농촌 경제에 대한 계급 편향적 접근을 용인하며, 그것은 구체적으로 쿨라크에 대한 '공세,' 즉 계급 전쟁으로 표현된다. 후자 역시 신경제정책이 암암리에 전제하고 있는 신중한 대외정책 및 일국사회주의론을 지양하고 외국, 특히 유럽에서의 사회주의 혁명운동을 조장할 필요성을 강조한다. 그것은 소련 내부의 자원, 사회적 구성, 그리고 문화 수준만으로 사회주의 혁명을 완수할 수 없으며, 이를 위해서는 반드시 자본주의화가 더 진척된 나라들에서의 성공한 사회주의 혁명에 도움을 받아야 한다는 논리다. 이는 트로츠키가 과거부터 주장해왔던 영구혁명론의 대전제이기도 했다. 이 두 축

16) S. Kotkin, *Stalin: Paradoxes of Power, 1878~1928*, New York: Penguin, 2014, pp. 506~507.

은 스탈린의 신경제정책 옹호론과는 이념적으로 상반된다는 것이 그들의 주장이다.[17]

하지만 1920년대 초, 즉 신경제정책이 막 시작되었을 당시, 그리고 스탈린의 서기장 취임 후에도, 둘의 관계가 각기 반대의 경제정책 방향을 지지하는 논적이 되었음을 보여주는 증거를 찾기는 어렵다.[18] 오히려 그 반례가 더 주목할 만하다. 1923년 1월, 스탈린은 트로츠키를 레닌에 이은 인민위원평의회 부의장으로 추천했고, 더욱이 이 부의장직에 국가경제최고회의의 특별 책임을 맡길 만큼 중요한 경제적 권위를 부여했다. 여기에 더해 스탈린은 트로츠키의 최측근인 퍄타코프Г. Пятаков를 국가계획위원회 의장으로 승진시킬 것을 건의하기도 했다. 몇몇 학자들이 스탈린의 이런 행동을 당시 레닌과 다시 가까워지고 있던 트로츠키를 달래보기 위한 술책으로 묘사하기도 했지만,[19] 만약 스탈린이 트로츠키와 경제 이념 면에서 근본적인 차이를 느끼고 있었다면, 이런 움직임이 가능할 수 없었으리라는 점은 쉽게 추론 가능하다. 바로 다음 달 열린 당 중앙위원회 전원회의에서도 스탈린을 비롯한 당 지도부는 '국영공업 문제에 관한 트로츠키의 테제'를 다가오는 제12차 당대회의 핵심 논의 대상으로 삼는 데 동의했다.[20] 게다가 스탈린은 레닌이 최초로 참석할 수 없었던 이 당대회의 핵심 보고인 정치보고를 트로츠키에게 맡

17) P. Beliharz, *Trotsky, Trotskyism and the Transition to Socialism*, London: Croom Helm, 1987, pp. 59~68.

18) 1920년 2월, 트로츠키는 신경제정책을 예고했던 강제 징발 폐지와 현물세로의 전환을 볼셰비키 지도부 중 가장 먼저 제안한 바 있다. P. J. Boettke, *The Political Economy of Soviet Socialism*, p. 113.

19) R. Service, *Trotsky: A Biography*, Cambridge, MA: Belknap Press, 2009, pp. 299~300〔한국어판: 『트로츠키』, 양현수 옮김, 교양인, 2014〕.

20) 이완종, 『러시아 10월혁명사』, 선인, 2012, p. 333.

기려는 모습도 보였다.[21)]

많은 학자들이 신경제정책을 둘러싼 좌파와 우파 경제 이념의 분기점으로 해석했던 제12차 당대회는 1923년 4월에 열렸다. 예정대로 공업문제 보고에 나선 트로츠키는 가위 위기ножницы의 존재를 드러내고, 그 원인을 실질적 중앙 계획의 부재에 두었다. 그는 이를 극복하기 위해서는 국영공업 발전을 최우선으로 삼고 공업에 대한 투자를 확대해야 한다는 '공업 우선' 원칙을 내세웠다. 그 재원은 농촌 과세 증대, 곡물 해외 수출, 관료 감축 및 국가기구의 효율화, 그리고 가능하다면 외국 자본의 도입 등으로 충당할 수 있다는 것이다.[22)] 기존의 많은 연구는 이 '가위 위기' 연설을 당대 신경제정책에 반대되는 트로츠키주의 경제 이념의 표현으로 해석하며, 프레오브라젠스키의 소위 좌파 공업화 이론, 즉 '사회주의 시초 축적론'과 연결지었다.[23)]

하지만 이 연설을 좀더 면밀히 검토해보면, 트로츠키의 의도가 신경제정책에 대한 안티테제 제시에 있지 않았음을 곧 알 수 있다.[24)] 우

21) 트로츠키의 고사 덕에 이는 지노비예프가 맡게 되었다.

22) 트로츠키에 의하면, 농산물 가격 상승과 공산품 가격 하락이 맞물려 곡물 공급 부족과 상품 기근이 나타나는 현상인 가위 위기는 1922년 말부터 본격화되었다. *12-й съезд РКП(б): Стенографический отчет*, Москва, 1968, с. 320~43.

23) 기존 연구들의 이런 입장을 간략히 잘 요약한 것으로 J. J. Bean, "Nikolai Bukharin and the New Economic Policy: A Middle Way?," *Independent Review 2*, no. 1, 1997, p. 82 참조. 사실 프레오브라젠스키의 이론은 1924년에야 정교하게 제시된다. 프레오브라젠스키의 이론에 관해서는 E. A. Преображенский, *Новая экономика*, Москва, 1926; A. Erlich, *The Soviet Industrialization Debate, 1924~1928*, pp. 32~59; R. B. Day, "Preobrazhensky and the Theory of the Transition Period," *Soviet Studies*, vol. 27, no. 2, 1975, pp. 196~219; R. C. Allen, *From Farm to Factory: A Reinterpretation of the Soviet Industrial Revolution*, Princeton: Princeton University Press, 2003, pp. 57~58.

24) 기존의 많은 연구, 특히 서방 측의 연구는 이 점을 주목하지 않았다. 그 예외로 이완종, 『러시아 10월혁명사』, p. 338 참조.

선 그는 국제혁명의 가능성을 사실상 배제한 상태에서, 공업화론을 펼쳤다.[25] 그가 재원 확보 수단으로 외국 자본을 언급하고, 자본주의 세계 곡물 시장 이용을 제안했던 것이 근거가 될 것이다. 또한 트로츠키가 '자본주의 요소'에 대한 '공세'라는 표현을 사용한 것은 사실이지만, 그것은 프레오브라젠스키의 공업화론처럼 농촌을 '수탈'하는 방법, 그리고 농민과 노동자 연합 원칙을 깨며 농촌에 계급 전쟁을 일으키는 방식을 염두에 둔 것은 아니었다. 그는 농업을 희생시키는 공업 발전은 프롤레타리아 독재를 위한 견고한 지지대가 될 수 없다며 농공동맹의 원칙을 재천명했다. 물론, 잔존 자본주의 요소에 대한 적절한 통제는 요구된다. 하지만 농촌 경제 및 자영 수공업을 얼어붙게 할 만큼 억압적일 필요는 없다는 것이다. 그 통제 수단으로도, 트로츠키는 협동조합을 통해 농촌의 상품-화폐 유통 관계를 제어하자는 온건한 주장을 펼쳤다.[26] 심지어 그는 농촌 경제에 대한 국가의 직접적 개입에는 신중해야 하고, 시장 기능의 중요성을 인지해야 한다고 강조하기도 했다.

> 우리가 우리 〔국가〕의 간섭을 통해 경제 발전을 억지로 끌어내려 하고, 시장의 조정 기능을 〔……〕 행정적 조처들로 대체할 때, 부분적 또는 전반적 경제위기는 필연적으로 발생할 것이다. 마치 전시공산주의 시기에 우리가 목격했던 종류의 위기들 말이다.[27]

---

25) 트로츠키의 국제혁명론이 스탈린의 일국사회주의론과 큰 차이가 없었다는 맥닐의 주장은 설득력 있다. R. McNeal, "Trotskyist Interpretations of Stalinism," pp. 33~34. 최근 코트킨 역시 유사한 관점을 취했다. S. Kotkin, *Stalin*, p. 555. 사실 트로츠키의 일국사회주의론 비판은 1926년부터 이루어진다.

26) *12-й съезд РКП(б): Стенографический отчет*, с. 400~404.

27) 같은 책, с. 407.

트로츠키가 당대회에서 신경제정책의 한시성을 강조[28]했던 것도 일부 연구들의 주장처럼 그것을 폐기하자는 주장이 아니었다. 그는 앞으로 소련이 나아가야 할 경제정책 방향은 "하나의 공식으로 정의될 수 없고, 경제 현상과 시장 조건에 대해 경제 관련 기관들이 그 기본 과업, 방법, 그리고 관행 면에서 끊임없이 부단하게 적응하는 과정을 전제로 한다"라며 다분히 점진주의적 입장을 취했다.[29] 그리고 그 한시성 언급은 다른 볼셰비키 지도부와 비교해 특별한 것도 아니었다. 일례로, 당시 트로츠키의 정적이자 스탈린파로 분류되던 카메네프는 신경제정책의 한시성에 관해서, 트로츠키보다 더 급진적 시각을 드러내기도 했다.[30] 경제정책에 관한 그의 논리 역시 트로츠키와 유사했다. 그도 가위 위기의 문제점과 농촌에서의 자본주의 관계 심화를 지적했으며, 농공동맹 유지와 국영공업 육성의 필요성을 역설했던 것이다.[31] 당연히, 당대회의 경제정책 관련 결의문에는 트로츠키와 스탈린 진영 간의 이견이 발견될 수 없었다. 신경제정책의 기본 요소인 농공동맹 및 농촌 경제 지향성은 다시 확인되었다. 그리고 트로츠키가 주창한 중앙 계획 강화 역시 받아들여졌다.[32] 제12차 당대회에서 신경제정책의 기본 노선에 대한 첨

28) "우리 신경제정책은 심각하게 수립된 것이며 오래갈 것이다. 하지만 영원하지는 않을 것이다. [……] 다른 말로 하면, 신경제정책 조건에서 우리가 성공한다는 것은 그것의 폐지, 즉 사회주의 정책이 될 더 새로운 경제정책으로의 교체를 앞당기는 것이다"(같은 책, c. 343).

29) 같은 책, c. 407.

30) "신경제정책은 소비에트 권력의 상층 기관의 법령 하나로 끝을 낼 수도 있으며, 이는 어떤 정치적 미동도 일으키지 않을 것이다"(S. Kotkin, *Stalin*, p. 497에서 재인용).

31) *12-й съезд РКП(б): Стенографический отчет*, c. 447~48. 카메네프의 연설에 대한 다른 해석으로는 이완종, 『러시아 10월혁명사』, pp. 339~40 참조.

32) КПСС в резолюциях и решениях съездов, *конференций и пленумов ЦК, 1898~1954*, том 2, Москва, 1970, c. 410.

예한 논쟁은 존재하지 않았던 것이다.

여러 학자들이 좌파와 우파의 경제 이념의 차이를 확대 심화시킨 배경으로 지목했던 1923년 여름 경제위기의 와중에서도 트로츠키와 스탈린 진영 간의 두드러진 의견차는 발견되지 않는다. "신경제정책 시기 최초의 경제 비상사태,"[33] 즉 곡물 공급 부족과 상품 기근 현상이 발생했을 때, 당 지도부는 공산품, 특히 농기구 가격을 낮추는 것으로 대응했다. 일부 기존 연구는 트로츠키가 중앙 계획의 부재를 신랄히 비판했다는 점을 들어, 그가 이 위기에 대해 여타 지도부와 근본적으로 다른 접근을 하고 있었다고 주장했다. 하지만 트로츠키 역시 위기 극복의 실질적 조처로 가격 조정의 필요성을 인정한 바 있었다. 차이라면, 그가 이에 대한 좀더 장기적인 대책 마련에 방점을 찍었다는 점뿐이었다. 트로츠키가 원했던 장기적 대책도 공업에 대한 투자 증대 및 쿨라크와 도시 상인들에 대한 높은 누진세 적용으로 요약될 수 있는 것으로서,[34] 신경제정책에 대한 재고를 요구하는 수준은 아니었다. 이 두 가지 모두는 스탈린 및 다른 지도부 역시 적극적으로 고려하는 바였다.

따라서 1923년 시점의 트로츠키의 주된 불만, 즉 스탈린을 비롯한 정치국 주류와 트로츠키를 갈라놓은 것은 그의 경제 이념의 관철 여부가 아니었다. 그것은 당 중앙위원회, 특히 정치국에서 자신이 배제되었다는 매우 정치적인 이유 때문이었다. 트로츠키는 당시 3인방이라 불리던 스탈린, 지노비예프, 카메네프, 즉 '정치국 주류'가 공식 회의 전 비공식 회동을 통해 아젠다를 미리 정해서 온다고 생각했으며, 그 결과

33) R. Service, *Trotsky*, p. 304.
34) Л. Троцкий, *Новый курс*, Москва, 1924, с. 16.

자신이 무력해졌다고 느꼈다. 또한 그들이 서기국을 거점으로 당내 인사를 좌우하면서 권력이 그들에게 편중되고 있다고 믿었다.[35]

자연히 트로츠키는 당의 회의 틀 밖에서 이런 불만을 표출하기 시작했다. 1923년 10월 트로츠키는 당 중앙위원회에 공개편지[36]를 발송했으며, 일주일 후 이를 지지하는 '46인의 성명'이 뒤따랐다. 당시를 '위기'로 진단한 이 문건은 '정치국 다수파'의 지도력 부재를 주장하며, 두 가지 영역, 즉 경제와 당내 관계의 문제점을 지적했지만, 그 방점은 후자에 있었다.[37] 이 '성명'은 당내 인사의 일방적 결정을 특히 문제 삼으며, 이 사안이 '정치국 다수파' '한정된 소집단' '서기국 조직'에 의해 독점되고 있다고 고발했다. 그 때문에 당내 동지적 토론이 사라졌으며 당은 대중과 유리되고 있다는 것이다. 한편, '성명'의 경제정책 비판은 이념 논쟁의 모습을 띠고 있지 않았다. 비판은 당시 당 다수파 정책의 이념적 토대가 아니라 그 구체적인 결과에만 맞추어졌다. 즉, 그들에 의하면 현재 정치국 주류 하에서 곡물 수출이 어려워지고, 그 가격은 떨어졌으며, 임금이 체불되고, 국가 재정은 혼란해졌다. 이는 공업 분야의 조직적 계획 부재와 잘못된 신용정책 탓이라는 것이다. 다시 말해, 그들의 비판에는 신경제정책의 근간인 농공동맹에 대한 문제 제기는 없었으며, 심지어는 공업 투자 확대라는 슬로건도 포함되지 않았다. 이 트로츠키 지지자들의 논의의 핵심은 신경제정책의 이념이 아니라 당시 당내

35) 3인방에 의한 트로츠키 배제에 대한 생생한 묘사로는 I. Deutscher, *The Prophet Unarmed*, pp. 62~135.

36) http://rabkrin.org/pismo-l-d-trockogo-chlenam-ck-i-ckk-rkpb(검색일: 2016. 7. 16).

37) "경제 영역, 그리고 **특히** 당내 관계 영역에서 당 지도부의 역량 부족"이라고 했다. Ю. Фельштинский(ред.), *Коммунистическая оппозиция в СССР, 1923~1927. Из архива Льва Троцкого*, том 1, Chalidze, 1988, с. 83.

권력 문제였기에, 그들의 결론은 "분파 체제는 〔……〕 동지적으로 단합되고 당내 민주주의 원칙을 지키는 체제로 대체되어야 한다"[38]가 되었다. 이는 제10차 당대회에서 레닌이 제시한 분파 금지의 원칙에 기댄 정치 영역의 주장이었다.

하지만 스탈린을 비롯한 정치국 주류는 트로츠키의 이 같은 공개 논쟁 기도를 역으로 분파적 행동으로 규정했다. 그들 입장에서 현재 형국은 당 중앙위원회를 지키는 '레닌파' 자신들과 그 밖에서 움직이는 '비레닌파'의 대결로 보였다. 1923년 말, 당 중앙위원회와 중앙통제위원회의 연석회의에서 트로츠키는 오히려 레닌의 가르침을 위반한 자로 비판받았다. 트로츠키는 그에 대한 변명으로 "정치국 안에는 또 하나의 정치국이 있고, 중앙위원회 안에는 또 하나의 중앙위원회가 있다. 이로 인해 나는 논의로부터 실질적으로 배제되었다. 그 결과 나는 이 길을 선택할 수밖에 없었다"라고 항변했다. 트로츠키는 배제된 것에 대한 울분을 '관료주의'와 '테르미도르'와 같은 훗날 그의 중심 수사가 될 표현들을 통해 쏟아냈다. 그런데 트로츠키의 이 같은 정치국 주류 비판에 경제 이념 문제가 포함되지 않았다는 점은 흥미롭다. 경제 부문에 대한 그의 비판은 정책의 기본 방향이 아니라 태도를 건드릴 뿐이었다. 그에 의하면, 중앙의 경제계획은 "엉성하고 철저하지" 못했다.[39]

트로츠키의 공격에 대한 스탈린의 방어 역시 경제 이념이 아니라, 트로츠키가 주장한 "당내 민주주의" 문제에 집중되었다. 스탈린은 레닌을 연상시키는 상황 논리로 이에 대응했다. 그에 의하면, 트로츠키의

38) 같은 책, с. 88.

39) В. П. Вилкова(ред.), *РКП(б): внутрипартийная борьба в двадцатые годы*, Москва, 2004, с. 255~65.

주장은 중앙위원회가 적절한 절차를 지키지 않았다는 '과오'에 대해 말하고 있지만 "지금은 당 지도부의 논의를 투명하게 가져갈 상황이 아니다. 노동자와 농민이 우리에 대한 신뢰를 잃을 수도 있으며, 적들은 이를 약점으로 잡을 것이다. 우리는 1921년에 그런 경험을 했다. 그때도 트로츠키가 레닌의 노동조합에 대한 입장을 따를 것을 거부하면서 이를 시작했다. 트로츠키는 이를 또 반복하며, 우리의 분열을 조장하고 있다." 트로츠키의 경제 관련 논의에 대해 스탈린이 "반대파들의 논의들 중에, 본인은 단 하나의 구체적인 〔경제정책〕 제안을 발견할 수가 없다"고 평가한 것은 당연한 반응이었다.[40] 회의는 트로츠키의 행동을 분파적인 것으로 어렵지 않게 결론 내렸다. 스탈린과 트로츠키 간의 공식석상 최초의 충돌이라고 할 수 있었던 이 회의는 서기장의 압승으로 끝이 났으며, 트로츠키는 영원히 이 차이를 극복하지 못할 것이었다.[41]

이후, 트로츠키는 회의 석상에서 자신이 승리할 수 있다는 기대를 버렸다. 그의 시선은 더욱 당 밖을 향했다. 트로츠키는 언론, 특히 당 기관지 『프라우다』에 일련의 글을 기고했고, 이를 묶어 『신노선』이라는 책을 출간하며 공개 논쟁을 이어갔다. 또한 트로츠키를 따르는 이른바 좌익반대파는 모스크바 당을 모체로 전국 당 조직에서 당 중앙위원회 반대운동을 전개하기도 했다.[42] 하지만 이 과정에서도 정치국 주류의 경제정책에 대한 구체적인 비판과 이견 개진은 두드러지지 않았다. 『신노선』에 실린 글들 중 유일하게 경제 문제를 다룬 장 하나는 트로츠키 자

40) 같은 책, c. 255.

41) 볼코고노프에 의하면, 투표 결과는 찬성 114 대 반대 2였다. Д. Волкогонов, *Сталин. Политический портрет. в 2-х книгах*, том 1, Москва, 1998, c. 161.

42) 볼코고노프는 트로츠키가 군대에도 도움을 요청했다고 주장했다. 같은 책, c. 162.

신이 농민을 과소평가하지 않는다는 변론으로만 채워졌다. 그리고 그 결론은 정치국 주류의 당시 정책과 전혀 구분되지 않는 '친농민적' 정책, 즉 농민을 위한 공산품 가격 인하 제안이었다.[43] 나머지 대부분의 지면은 당내 관계, 즉, 정치국 다수파의 권력 독점과 독재에 대한 수사적인 비판에 할애되었다.

트로츠키는 1924년 1월 14~15일에 열린 다음번 중앙위원회 전원회의에 출석하지 않고,[44] 당의 여러 기관들에 서한을 보내는 방식으로 독자 행동을 계속했다. 예상대로, 전원회의는 이런 트로츠키의 움직임을 신랄히 비판했다. 하지만 회의는 그가 그때까지 제안해온 경제정책, 즉 중앙 계획 강화, 공업 투자 확대, 농촌의 자본주의 요소에 대한 경계 배양 등을 문제 삼지는 않았다.[45] 같은 달 열린 제13차 당 협의회에서도 정치국 주류의 트로츠키 공격은 계속되었지만, 이 역시 그의 '분파주의'에 집중되었다. 신경제정책의 경제 이념을 둘러싼 논쟁은 존재하지 않았으며, 트로츠키의 '공업 우선' 원칙에 대한 비판도 없었다. 회의의 결론은 레닌의 유제를 따라 "당의 완전한 단결"이었으며, 바로 이 연유로 '분파주의자' 트로츠키는 패자가 되었다. 스탈린에 의하면, 트로츠키는 "중앙위원회 위, 그 법 위, 그리고 그 결정들 위에 있는 초인"이었다.[46] 당이 이렇게 트로츠키를 규정했다는 사실은 곧 지방 당에도 알려졌다. 이때 이미 트로츠키의 정치적 역할이 끝났다고 믿는 사람도 있었

43) Л. Троцкий, *Новый курс*, 제6장.

44) 트로츠키는 와병으로 회의에 불참하는 경우가 많았다. 서비스는 이것이 트로츠키의 권력투쟁 패배에 역할을 했다고 보았다. R. Service, *Trotsky*, pp. 296~302.

45) В. П. Вилкова(ред.), *РКП(б)*, с. 385~93.

46) И. Сталин, *Сочинения*, том 6, Москва, 1953, с. 14; R. Service, *Trotsky*, p. 217; 이완종, 『러시아 10월혁명사』, p. 350.

다.[47]

이러한 분위기는 1924년 5월에 열린 제13차 당대회로 이어졌다. 레닌 사후 첫 당대회였던 이 회의는 무려 1,164명의 대의원과 투표권을 가진 당원만 해도 748명이나 참석했던 거대 회합이었다. 사실 이 대회의 뜨거운 감자는 레닌의 유언[48]이었지만 이는 싱겁게 끝났다. 트로츠키와 좌익반대파는 지난해의 분파적 행동에 대해 '해당 분자들' '프티부르주아적 편향' 등의 비판을 받으며, 패배를 재확인당했다. 당대회에 참석한 당원들이 일방적으로 정치국 주류의 손을 들어준 것이다. 하지만 더욱 흥미로운 점은 이 당대회가 그간 트로츠키가 주장했던 경제정책의 실시는 추인했다는 사실이다. 그 이유는 아주 간단했다. 그것이 트로츠키만의 주장이 아니었기 때문이다. 즉, 당시 치열해 보였던 권력투쟁 양상에도 불구하고 그들 사이에 경제 이념 측면에서의 두드러진 이견은 없었기 때문이다. 대회가 노동방위위원회 산하 국내통상위원회를 국내통상인민위원회로 격상시킨 것은 제12차 당대회 때 한 트로츠키의 주장처럼 거래 영역에서의 국가계획 강화 의지의 표현이었다. 또한 대회는 협동조합을 통해 (농촌에서) 시장을 통제할 것을 결의했는데, 이 역시 트로츠키가 지난 당대회에서 강조했던 부분이었다.

이런 경제정책의 합일과는 별도로 정치국 주류와 트로츠키 간의 수사 전쟁은 계속되었다. 1924년 초겨울에 등장했던 수많은 트로츠키 비판 문건 중 세 가지가 특히 중요했다. 그 저자는 의미심장하게도 정치국

---

47) S. Kotkin, *Stalin*, p. 533.

48) 레닌의 유언에 관련된 정치사를 가장 잘 드러낸 서술로는 H. Kuromiya, *Stalin: Profiles in Power*, New York: Pearson, 2005, pp. 59~64. 한편 사하로프는 이 유언이 조작되었다는 주장으로 학계에 큰 파문을 일으켰다. В. А. Сахаров, "Политическое завещание," *В. И. Ленина: реальность истории и мифы политики*, Москва, 2003.

3인방인 카메네프, 지노비예프, 그리고 스탈린이었다. 이 문건들은 "멘셰비즘의 변종" "레닌주의의 수정" 등의 수사를 통해 트로츠키주의를 비레닌주의적인 것으로 규정했다. 이에 더해, 그들은 스탈린이 『레닌주의의 기초』에서 시작했던 트로츠키의 영구혁명론 비판 전략, 즉 그것을 종속주의로 몰아가는 전략을 계속 활용했다.[49] 이런 식의 공격은 여러 다른 논자들에 의해서 1924년 겨울 내내 계속되었다.

이런 분위기 속에서 열린 1925년 1월의 당 중앙위원회 전원회의는 트로츠키에 대한 선고 재판이 될 가능성이 높아 보였다. 트로츠키는 미리 국방인민위원회 의장직을 스스로 사임하면서 저들의 심판에 일방적으로 당하는 모양새를 피하고자 했다.[50] 회의 내내 쏟아진 트로츠키 비판 속에서, 지노비예프와 카메네프는 그를 즉각 당에서 제명할 것을 요구했다. 흥미롭게도, 스탈린이 그에 반대함으로써 트로츠키는 정치국에 잔류할 수 있었다.[51] 우리에게 더욱 흥미로운 사실은 1924~25년 겨울 트로츠키 비판의 눈보라 속에서도 경제 이념과 공업화 정책과 관련된 논박은 찾을 수 없었다는 점이다.[52]

---

49) E. H. Carr, *Socialism in One Country*, vol. 2, London: Macmillan, 1959, p. 57.

50) R. Service, *Trotsky*, p. 326.

51) 왜 스탈린이 반대했는지에 대해서는 설득력 있는 설명도, 자료도 존재하지 않는다. 일례로, 코트킨은 스탈린이 자신의 권력을 공고화하기 위해 트로츠키 같은 반대파를 필요로 했다고 주장했지만, 설득력 있는 근거를 제시하지는 못했다. S. Kotkin, *Stalin*, p. 532.

52) 이는 당시 소련의 경제 사상에 좌파적인 시각이 존재하지 않았다는 의미는 아니다. 바로 이 시기, 프레오브라젠스키는 일련의 논문을 통해 '사회주의 시초 축적' 개념을 정립하고 있었다. 그에 관해서는 Е. А. Преображенский, *Новая экономика* 참조. 한편, 그의 동지였던 부하린은 이 이론에 대한 비판을 시작하고 있었다. 다만, 1924년까지는 정치국 주류와 트로츠키 간의 반목에 이러한 경제 사상 대립이 포함되지 않았다는 점을 중시해야 한다. 기존의 많은 연구는 이런 시기 구분 없이 중앙정치의 권력투쟁에 이념적 대립을 투사해서 바라보았기 때문이다.

3. 1925~27년: 부하린의 등장과 '경제 논쟁'

레닌 사후, 스탈린은 기존의 '동지' 지노비예프와 카메네프를 상대적으로 멀리하고 부하린을 파트너로 삼으면서 정치국의 지형도를 바꾸어 놓았다. 부하린은 스탈린의 지원하에 정치국 후보위원에서 정위원이 되었으며, 이는 레닌의 공백을 메운 것이기에 상징성이 컸다. 부하린은 레닌도 그 재주를 인정했던 경제통이었으며, 신경제정책의 상징적 인물이기도 했다. 물론, 스탈린이 부하린을 선택한 데에 그의 경제 사상이 반영된 것 같지는 않다.[53] 하지만 그 덕에 향후 정치국 주류와 반대파 간의 반목은 그 이전보다는 이념과 경제정책적 외양을 갖추게 될 것이었다.

1925년 1월 이후 트로츠키는 이미 사실상의 정치력을 상실한 상태였다. 하지만 지노비예프와 카메네프가 정치국 주류에서 밀려나면서 새롭게 반대파로 대두했다.[54] 이 신반대파의 근본적인 불만도 트로츠키와 마찬가지로 스탈린의 권력 독점과 자신들의 소외였다. 역시 트로츠키

---

53) 부하린이 신경제정책 이론가로 알려지게 된 것은 1924년 말, 그가 프레오브라젠스키의 주장을 처음으로 정면 반박하고 난 후다. S. Cohen, *Bukharin and the Bolshevik Revolution*, p. 168. 그 이전까지 부하린은 여전히 과거 레닌에 대항했던 좌익반대파의 이미지를 가지고 있었다. 스탈린의 부하린 '선택'은 1924년 초에 이루어졌다.

54) 학자들은 그 이유를 여러 가지로 추정한 바 있다. 스탈린의 일국사회주의론과 부하린 우파 정책 지지가 이들의 이념적 지향과 맞지 않았다는 점도 제기된 바 있으나, 그 근거는 미약하다. H. Kuromiya, *Stalin*, pp. 65~66. 구소련 문서고가 개방된 이후, 새로이 나온 자료들은 이들과 스탈린의 반목이 이미 트로츠키와 스탈린의 뒤틀림 이전부터 존재했음을 알려준다. 실제로 동맹 중이었던 1923년 중반에도, 지노비예프는 스탈린 권력을 제한하고자 했다. S. Kotkin, *Stalin*, p. 564. 이들과 스탈린의 연대는 사실 일시적인 것이었다. 공적 트로츠키를 스탈린이 너무 쉽게 무력화하자, 그의 권력에 대한 의구심이 커진 것으로 보인다. R. Service, *Trotsky*, p. 327. 부하린 '중용'은 3인방이 본격적으로 반목하게 된 계기 중 하나일 뿐이었다.

처럼 그들은 이를 당내 민주주의 쇠퇴로 포장했다. 하지만 이전의 트로츠키와 달리 이들의 비판은 이념 및 경제정책 논쟁의 모양새를 강하게 띨 수 있었다. 그것은 그들의 사상적 신념 때문이 아니라, 그들의 공격 대상, 즉 부하린이 직접 제공한 하나의 빌미 덕이었다. 1925년 4월의 한 강연에서 부하린은 농민들에게 그 악명 높은 "부자가 되시오"라는 표현을 사용했다. 그의 상징적 수사는 상품-화폐 유통 관계, 자영업, 민간 신용기관 등이 큰 역할을 하는 오랜 시간의 점진적인 과정 후에야 계획경제가 실현될 것이라는 뜻이었지만, 많은 동시대인들은 이를 트로츠키, 그리고 스탈린까지 포함한 모든 당 지도부가 그간 공히 경계해왔던 쿨라크에 대한 유화책을 지지하는 것으로 받아들였다.[55)]

경제 이념이 중앙 무대의 주 담론이 된 것은 이 부하린 사건 이후부터였다. 신반대파의 정치국 주류 공격은 부하린의 '부자' 언급에 대한 비판에 집중되었고, 자연스럽게 그 발언 직후 열린 1925년 4월 제14차 당 협의회의 가장 뜨거운 의제는 농업 경제정책이 되었다. 기존의 많은 연구는 이 협의회를 스탈린의 지원 아래 부하린류의 우파 경제정책이 트로츠키류의 비판을 잠재우고 득세했던 장으로 묘사했다. 물론, 이 회의에서 우파적으로 들리는 경제정책 논리가 나왔던 것은 부정할 수 없는 사실이었다. 릐코프는 "부유한 농민, 쿨라크와 대치하려는 시도는 내 생각에 전혀 옳지 않은 것 같다. [……] 지금 우리는 행정 조처들을 통해 민간 자본과 투쟁해서는 안 된다. 국가와 민간 자본의 관계는 경제적 경쟁을 기초로 이루어져야 한다"고 강변했다.[56)] 스탈린은 이를 간

---

55) S. F. Cohen, *Bukharin and the Bolshevik Revolution*, pp. 176~77.
56) *14-я конференция РКП(б): Стенографический отчет*, Москва, 1925, с. 84~85.

략히 "현재의 주 과제는 농촌에서 계급투쟁을 촉발하지 않는 것이다"라고 정리했다.[57)]

하지만 당 협의회가 이런 주장들만으로 점철되었던 것은 아니다. 당 협의회 결의문은 농촌에서의 상품-화폐 유통 관계와 '농민 부르주아'의 성장을 경계하며, 협동조합을 통해 '통제 및 규제'할 필요가 있음을 강력히 천명했다.[58)] 더욱이 이 당 협의회 현장에서 부하린 테제 자체는 커다란 비판을 받았다. 이는 농민의 상층부를 옹호하는 엄청난 정치적 과오라는 것이다. 스탈린도 부하린 테제와 거리를 두었다. "부자가 되라는 슬로건은 우리 것이 아니다. 우리의 슬로건은 사회주의적 축적이다."[59)]

한편, 제14차 당 협의회 이후, 카메네프 및 지노비예프와 스탈린의 반목은 더 심화되었다. 1925년 가을, 이들은 스탈린과 새로운 정치국 주류에 대해 더욱 거센 비판을 가했다. 그해 10월, 지노비예프는 『프라우다』에 「시대의 철학」을, 카메네프는 모스크바 당 조직 집회 후 "4인 강령"을 발표하며 포문을 열었다.[60)] 이들은 얼마 전 트로츠키가 그랬듯 서기국의 횡포를 질타하면서 당내 민주주의 쇠퇴를 문제 삼았다. 트로츠키와 다른 점이 있다면, 그것은 부하린 사건의 잔향이 아직 남아 있던 상황 속에서, 그 테제에 대한 논박, 즉 경제 이념 논의를 포함하고 있었다는 점이다.

같은 해 12월에 열린 제14차 당대회는 이런 분위기 속에서 소집되었기에 외관상 당시 좌파와 우파의 경제 이념이 격돌하는 장처럼 보였다.

---

57) И. Сталин, *Сочинения*, том 7, Москва, 1947, с. 111.

58) КПСС в резолюциях и решениях съездов, *конференций и пленумов ЦК, 1898~1954*, том 2, с. 26~27.

59) И. Сталин, *Сочинения*, том 7, с. 153.

60) 이완종, 『러시아 10월혁명사』, p. 387.

대회 현장에서 지노비예프는 쿨라크를 과소평가했다며 부하린을 집중 공격했다. 이에 더해 '자본주의 요소들,' 즉 네프만, 상위 전문가 집단, 부르주아 지식인 등의 위험성을 함께 경고했다.[61] 하지만 쿨라크 및 자본가 부류에 대한 경계 주장은 정치국 주류의 입장 및 실제 정책과 잘 구별되지 않았다. 특히, 쿨라크의 위험성은 이미 정치국 주류 스스로가 여러 차례 언급한 부분이었다. 스탈린은 1925년 초에 있었던 정치국 회의에서 지노비예프처럼 쿨라크의 영향력과 잠재력을 크게 우려하면서, 이에 대한 경계를 '내전'이라는 비유로 표현한 바 있었다.[62] 제14차 당대회의 정치보고에서도 스탈린은 쿨라크의 위험성을 과대평가하는 좌 편향을 비판하는 동시에 이를 과소평가하는 우 편향 역시 비판했다.[63] 그러면서 스탈린은 공업 우선, 농공동맹, 반쿨라크 테제를 잊지 않고 언급하며, 결과적으로 반대파와 트로츠키 경제정책 노선의 색채를 묽게 만들었다. 그는 "대규모 국영공업은 **그 어떠한 대가를 치르더라도** 육성"(강조는 필자)해야 하며, 프롤레타리아의 주도 아래 "빈농 및

---

61) *14-й съезд ВКП(б): Стенографический отчет*, Москва, 1926, с. 97~129.

62) "[농촌에서] 내전이 완전히 끝나려면 아직 멀었다. 그리고 당장에 그리되지도 못할 것이다." А. Ю. Ватлин(ред.), *Стенограммы заседаний Политбюро ЦК РКП(б)-ВКП(б) 1923~1938 гг.*, том 1, 1923~1926 гг., Москва, 2007, с. 305~307, 314~15.

63) И. Сталин, *Сочинения*, том 7, с. 336~38. 사실 기존 연구들의 주장처럼 스탈린이 후자에 비해 전자의 위험성을 더 부각하며, 우 편향, 즉 부하린의 주장을 상대적으로 옹호한 것이라고 볼 여지도 있다. 하지만 기존 연구가 간과했던 것은 그 이유가 스탈린이 우 편향을 이념적으로 지지해서라기보다는 좌 편향으로 당이 쉽게 쏠릴 가능성을 경계하고 있었기 때문이라는 사실이다. "다행히 우리 당에는 이 두 편향을 모두 제거할 수 있는 역량이 있다. [……] 당은 쿨라크를 공격하자라는 구호(즉, 좌 편향 — 옮긴이)에는 바로 반응할 태세다. [반면] 탈쿨라크화 운동에 신중하고 중농과의 동맹을 통해 쿨라크를 고립시키자는 더 복잡한 정책(즉, 우 편향 — 옮긴이)에 당은 쉽게 동화되지 않는다. 따라서 이 두 편향과의 투쟁 중, 당은 결국 좌 편향과의 투쟁에 우선 집중해야 한다고 생각한다." 이에 대한 다른 해석으로는 E. H. Carr, *Socialism in One Country*, vol. 2, pp. 132~33; 이완종, 『러시아 10월 혁명사』, p. 391.

중농과의 연대"를 강화하고, "쿨라크와 도시 자본가들을 정치적으로 고립시키고 경제적으로 밀어내는 방향"으로 나아가야 한다고 주장했던 것이다.[64)]

부하린 역시 당대회 현장에서는 유명한 '거북이걸음' 비유를 통해 신경제정책의 점진주의를 옹호하기는 했지만,[65)] 반대파가 문제 삼았던 쿨라크에 대한 경계를 실제로 늦춘 것은 아니었다. 곧 정치국이 1925~26년의 징세정책을 논의했을 때, 부하린은 농촌의 부유한 부류에 대한 급격한 증세에 반대하지 않았으며, 훗날의 역사가 증명하듯 곡물 강제 징발에는 가장 적극적이었다.[66)] 실제로 부하린의 찬성으로 인해, 1926년 쿨라크에 대한 과세가 대폭 증가한 반면, 빈농은 사실상 세금 부담에서 벗어나게 되었다. 영국 역사가 서비스에 의하면, 이 '부하린-스탈린 세제 개혁'은 트로츠키가 제시한 것 이상으로, 즉 프레오브라젠스키가 제안한 농촌에 대한 수탈 수준으로 정책 방향이 옮겨가고 있었음을 보여주는 것이었다.[67)]

한편, 당대회 현장에서의 치열한 좌우파 수사 전쟁에도 불구하고, 이 대회에 정치국 주류와 반대파가 제시한 공업 부문 투자 계획 액수가 사실상 같았다는 점은 매우 흥미롭다. 정치국 주류는 반대파의 '공업 우선'론에 못지않은 액수를 상정했고, 반대파의 대안은 주류와의 차이

64) И. Сталин, *Сочинения*, том 7, с. 316, 341.

65) *14-й съезд ВКП(б): Стенографический отчет*, с. 135. 이완종, 『러시아 10월혁명사』, pp. 392~93.

66) R. Manning, "The Rise and Fall of the Extraordinary Measures, January-June, 1928: Towards a Reassessment of the Onset of the Stalin Revolution," *Carl Beck Papers in Russian and East European Studies*, no. 1504, 2001, p. 1.

67) R. Service, *Trotsky*, p. 330.

를 벌리지 못했다. 우선 그것은 반대파가 여전히 신경제정책의 농공동맹의 틀 안에서 사고했기 때문이며, 또 다른 이유는 그들이 공업 투자에 대한 구체적 계획을 세울 만한 조직적 기반이 없었기 때문이다. 국가경제최고회의 산하 자본재생산위원회 의장 퍄타코프가 유일한 대안이었지만, 그가 기초한 투자 제안서는 다분히 비현실적인 것으로, 수많은 당원들에게 반대파의 실제 역량에 대한 의구심만 키웠다.[68]

이렇듯 제14차 당대회의 외관과는 달리, 이념과 경제정책은 결코 볼셰비키 지도부의 핵심 쟁점이 아니었다. 쟁점은 스탈린의 서기장 취임 이후 줄곧 제기된 문제, 즉 당내 권력 독점 문제였다. 이는 새로운 반대파의 주역 카메네프의 발언에 요약되었다. 그는 부하린 테제 공격보다는, 솔직히 당내 다수파 독주에 대한 비판에 집중했다. "우리는 서기국이 실제로 정책과 조직을 통합하면서 정치기구 위에 군림하는 데 반대한다. 〔……〕 본인은 스탈린 동무가 볼셰비키 수뇌부의 통합자로서의 역할을 수행할 수 없다는 확신에 도달했다. 〔……〕 우리는 단일 지도자론에 반대한다. 우리는 지도자 옹립에 반대한다."[69]

그 자신이 정치국 주류로서 바로 이전 해까지 트로츠키 추종자들에 의해 유사한 비판을 받았던 카메네프는 이제 트로츠키의 표현인 '테르미도르적 반동 분자들'을 의식적으로 사용하면서, 지노비예프 및 트로

68) J. Harris, *The Great Urals: Regionalism and the Evolution of the Soviet System*, Ithaca: Cornell University Press, 1999, p. 65.

69) *14-й съезд ВКП(б): Стенографический отчет*, c. 275. 이 연설은 서기국을 스탈린 권력의 원천으로 인식했던 많은 서방학자들에게 핵심적 근거로 이용되며 널리 알려졌다. R. Daniels(ed.), *A Documentary History of Communism*, vol. 1, New York: Alfred Knopf, 1960, pp. 277~79. 하지만 그들은 이와 같은 정치적 수사 외에 실증적인 증거들은 제시하지 못했다. 노경덕, 「서기국과 스탈린의 권력 장악 문제」, p. 149.

츠키와 새로운 블록, 즉 통합 반대파를 이뤘다. 하지만 이 급조된 연합은 안 그래도 정치국 주류와 구별되는 경제정책을 제시하지 못하던 이들에게 더욱더 정치적 수사꾼들이라는 이미지만 안겨줄 뿐이었다.[70] 이런 상황에서 스탈린과 부하린이 그들의 입장 변화를 "단지 권력에 대한 탐욕"으로 몰아붙이는 것은 충분히 설득력 있게 느껴졌다.[71]

제14차 당대회의 핵심이 좌파와 우파 간의 경제 이념 논쟁이 아니었다는 점은 당시 재정인민위원회 의장으로 신경제정책을 사실상 이끌었던 소콜니코프Г. Сокольников의 발언과 운명에 압축적으로 드러난다. 경제 이념의 측면에서, 그는 쿨라크에 대한 공격보다는 농업 생산성 제고, 그리고 그 결과 늘어난 잉여물의 수출을 통한 공업화 달성으로 요약될 수 있는 '우파' 온건주의를 지지했다. 하지만 그는 당내 민주주의의 부재와 권력 쏠림 현상에 대한 비판을 서슴지 않으며 통합 반대파와 뜻을 함께했다.[72] 이 발언 탓이었는지, 그는 한 달 후 재정인민위원회 의장직에서 물러나게 되었다. 이는 대립의 선이 좌파와 우파 사이의 경제 이념적 차이가 아니라, 정치국 주류의 권력 독점에 대한 평가에 그어져 있었음을 극명히 보여주는 사례일 것이다.

1926년에 있었던 일련의 회의들에서도 정치국 주류와 통합 반대파의 경제정책관 사이에 근본적 차이를 발견해내기 어렵다. 특히, 2월 정치

---

70) 당시 좌파, 즉 반대파들에 따라다녔던 이미지 중 하나는 실제로 일은 하지 않으면서 말만 앞선다는 것이었다. J. Arch Getty, *Yezhov: The Rise of Stalin's "Iron Fist,"* New Haven: Yale University Press, 2008 참조. 유사한 입장에서 트로츠키의 성격을 분석한 것으로는 R. Service, *Trotsky*, pp. 349~57.

71) R. Service, *Trotsky*, p. 329.

72) 14-й съезд ВКП(б): Стенографический отчет, с. 327~335; S. Kotkin, *Stalin*, pp. 581~82.

국 회의에서 한 트로츠키의 발언은 그가 계속 신경제정책의 테두리 안에서 공업화를 사고했음을, 즉 프레오브라젠스키의 축적론을 염두에 두지 않았음을 명시적으로 보여준다. 그는 여전히 농공동맹을 전제하면서, 결국에는 자신의 주장과 정치국 주류와의 차이를 정도의 문제로 환원시켰다. "우리는 그간 계속해서 농촌 경제와 공업 사이의 연대를 **조절**регулирование하는 문제를 놓고 충돌했다. 물론 신경제정책이라는 근간 안에서 말이다"(강조는 필자). 그의 주장의 핵심은 이랬다. "우리 경제는 〔……〕 농촌 경제와 공업의 연대 및 그 연대의 주도적 역할을 공업이 맡음으로써 발전한다. 다만, 현재 소련은 공업이 농촌의 수요를 감당하지 못하기 때문에 그 연대가 존재하지 않는 것이다." 따라서 "공업에 최대한의 투자"가 요구된다.[73]

그해 4월에 열린 당 중앙위원회 전원회의도 좌파와 우파의 차이보다는 수렴 지점을 더 잘 드러냈다. 트로츠키가 불참한 상태에서 진행된 이 회의 결과에는, 그간 트로츠키가 주장해왔던 내용이 그대로 반영되었다. 첫째, 결의문은 계획 원리의 강화와 규율 체계 확립이라는 전제 아래에서 곡물 수출 증대, 협동조합 조직 강화, 민간 자본 역할 축소 등을 포함했다. 둘째, 회의는 '계급 편향적' 조세정책을 도입하기로 했다.[74] 이로써 쿨라크의 조세 부담은 크게 확대될 것이었다. 이는 기존 연구의 논리대로라면, 반부하린, 친트로츠키 이념의 실현일 것이다. 이렇듯, 전원회의가 내린 결정은 좌파 경제정책에 반대해 우파의 손을 들어준

73) А. Ю. Ватлин(ред.), *Стенограммы заседаний Политбюро ЦК РКП(б)-ВКП(б) 1923~1938 гг.*, том 1, 1923~1926 гг., с. 638~40.

74) КПСС в резолюциях и решениях съездов, *конференций и пленумов ЦК, 1898~1954*, том 2, с. 138~47.

것과는 거리가 멀었다. 마지막으로, 회의에 제안된 정치국 주류의 공업 투자 계획 액수는 반대파가 공업 우선론에 입각해 제시했던 것과 사실상 동일한 수준이었다.[75)]

이 같은 '합일'에도 불구하고 통합 반대파는 당외 투쟁을 계속했다. 이제 그들은 이전 트로츠키식의 문필 활동을 넘어서 지역 집회로도 맞섰다. 반대파 소속 유력 인사들은 지방으로 순회강연을 다녔으며, 그들을 지지하는 집회나 시위가 조직되었다. 이런 상황에서 트로츠키, 지노비예프, 카메네프, 퍄타코프, 크룹스카야 등은 "13인 선언"으로 불리는 성명을 7월 당 중앙위원회 전원회의에서 발표했다. 여기서도 핵심은 당내 민주주의 쇠퇴, 관료주의, 당 기구의 "부르주아 또는 프티부르주아화"와 같은 정치권력 문제였다. 경제정책 관련 주장은 "공업의 뒤처짐" "쿨라크의 성장" "빈농의 종속화"에 집중되었는데, 앞서 살폈듯이 이 세 가지는 스탈린 등 정치국 주류의 주장과 차별점이 없었다.[76)] 이 회의에서 반대파는 '레닌의 유언'을 다시 수면 위로 올리며 반격을 기도했지만, 결과적으로 이는 스탈린보다 트로츠키, 카메네프, 지노비예프에게 더 불리하게 작용했다.[77)] 통합 반대파의 마지막 카드는 일국사회주의론 비판이었는데, 하지만 이 역시 1920년대 중엽 유럽의 상대적 안정화[78)]

---

75) J. Harris, *The Great Urals*, p. 66.

76) L. Trotsky, *The Challenge of the Left Opposition, 1926~27*, New York: Pathfinder Press, 1980, pp. 76~81.

77) 그것은 유언이 스탈린에 대해서는 그저 '성격'을 언급하고 있었지만, 나머지 반대파 지도자들의 경우는 레닌과의 거리를 느낄 수 있는 표현을 사용하고 있었기 때문이다. 기존의 많은 학자들이 이 유언 발표로 스탈린이 수세에 빠졌으나 그가 배치해놓은 당원들의 도움으로 빠져나왔다고 주장했지만, 문서고 개방 이후의 새로운 자료는 정반대를 말해준다. S. Kotkin, *Stalin*, p. 606.

78) 1923년 독일 혁명 조장을 기도했으나 실패한 일도 영향이 있었다. 이를 둘러싼 논의와 정치전략에 대해서는 О. В. Хлевнюк, *Сталин. Жизнь одного вождя*, с. 116~18.

라는 정세 속에 반향을 일으키지 못했다. 중앙위원회는 "13인 선언"을 분파적 문건으로 간주했고, 지노비예프의 정치국 위원 지위를 박탈했다. 하지만 스탈린의 주장으로 트로츠키는 또 한 번 그 지위를 유지할 수 있었다.

통합 반대파의 패배가 확실해졌던 10월, 트로츠키, 지노비예프, 카메네프는 스탈린에게 정전을 제안했다. 스탈린은 그들의 '분파적' 행동이 '당에 끼친 과오와 해악'을 공개적으로 인정할 것을 요구했지만, 한편으로 당 내부에서의 이견 개진은 가능할 것임을 시사했다. 통합 반대파는 이를 받아들이는 성명을 여러 차례 정치국에 제출했고,[79] 최종적으로 3인방을 포함해 총 6명의 반대파 대표의 서명이 담긴 사실상의 "무조건 항복" 성명이 16일에 작성되었다. 그리고 『프라우다』는 이를 바로 공개했다. 하지만 다음 날, 트로츠키주의자 이스트만M. Eastman에 의해 레닌의 유언 전체가 『뉴욕타임스』에 공개되고 마는 사건이 터졌다. 이로써 양자의 정전은 깨졌다. 그달 말 연이어 열렸던 중앙위원회 전원회의와 제15차 당 협의회는 통합 반대파에 대한 공격 재개의 장이 되었다. 분개한 트로츠키가 「공산당 선언」의 표현을 따서 서기장을 "혁명의 무덤을 파는 사람"이라 칭하자, 스탈린의 트로츠키 봐주기는 마침내 끝이 났다. 트로츠키는 정치국에서 퇴출되었으며, 카메네프도 정치국 후보위원 지위를 상실했다.[80] 그리고 지방 당 지도자들도 지역에 잔존해 있던 반대파의 움직임을 진압했다.[81]

79) А. Ю. Ватлин 외(ред.), *Стенограммы заседаний Политбюро ЦК РКП(б)-ВКП(б) 1923~1938 гг.*, том 1, 1923~1926 гг., с. 442~53.

80) E. H. Carr, *Foundations of a Planned Economy*, vol. 2, London: Macmillan, 1971, pp. 14~17; S. Kotkin, *Stalin*, pp. 614~15.

81) J. Harris, *The Great Urals*, p. 67.

의미심장하게도, 통합 반대파가 치명적 패배를 당한 그달 제안된 새 선거법은 더 많은 쿨라크와 도시 상인 들의 선거권 박탈에 관한 내용을 담고 있었다. 이런 분위기를 미리 느끼고 있었는지, 당 협의회에서 일부 연사들은 농촌에서의 계급 전쟁 개시를 암시하기도 했다.[82] 그리고 1927년 2월 열린 당 중앙위원회 전원회의도 연말의 분위기를 이어가며 거래 영역에서 여전히 큰 비중을 차지하고 있는 민간 자본을 강력히 통제할 것을 결의했다.[83] 트로츠키를 비롯한 반대파의 퇴장과는 관계없이, 정치국 주류는 그간 좌파가 목소리 높여 주장했던 쿨라크와 민간 자본에 대한 경계를 강화했던 것이다. 그것은 기존 연구들의 전제와는 달리, 그 주장이 반대파만의 것이 아니었다는 점을 반증한다.

1927년 봄, 국제 정세의 급변과 이른바 '전쟁 공포'의 상황 속에서 정치국 주류는 공업화를 급격히 추진하는 방향으로 나아갔다. 같은 해 6월, 공업화의 가속화와 방위력 증강 호소를 담은 담화가 당 중앙위원회에서 발표되었다.[84] 당의 이러한 경제정책 상의 좌 선회와는 관계없이 반대파들의 비판은 멈추지 않았다. 이에 정치국 주류는 지노비예프와 트로츠키를 그해 여름과 가을 일련의 정치국 회의에 소환하여 질책했다.[85] 그중 9월에 열렸던 정치국과 중앙통제위원회 연석회의의 분위기가 가장 신랄했다. 여기서 부하린을 비롯한 주류는 반대파의 과거 '분파

82) S. Kotkin, *Stalin*, p. 616.

83) 물론 여기에 신경제정책 폐기의 함의까지 담겨 있는 것은 아니었다. 이와 동시에 농공동맹의 전제하에서, 공산품 가격 인하를 통해 상품 기근 현상을 약화시켜보려는 기존의 접근법도 계속 추인되었다. КПСС в резолюциях и решениях съездов, *конференций и пленумов ЦК*, 1898~1954, том 2, c. 234.

84) 이완종, 『러시아 10월혁명사』, p. 420.

85) G. Swain, *Trotsky and the Russian Revolution*, Routledge, 2014, Chapter 6.

적' 행동 전력을 집요하게 드러내며 사실상의 인신공격을 퍼부었다. 스탈린은 "트로츠키 동지는 당의 의사결정을 하는 중앙위원회와, 이 결정들을 갉아먹는 반대파와의 평등을 요구하고 있다"라고 주장하면서, 반대파의 행동을 당에 대한 도전으로 규정했다.[86]

1927년 10월 당 중앙위원회와 중앙통제위원회 연석회의에서 트로츠키는 당에 대한 도전은 자신이 아니라 레닌에 대해 '무례'하고 '불충'했던 스탈린이 "지배 분파"를 만들며 저지르고 있다고 주장했지만, 스탈린은 레닌주의적 '당의 단결론'에 입각해 반대파를 '비볼셰비키' 분파주의자로 몰아붙일 수 있었다.[87] 결국 트로츠키와 지노비예프는 "반혁명" 조장 혐의로 당으로부터의 제명이 결정되었고, 카메네프는 중앙위원회에서 축출되었다.[88] 한편, 이 회의는 농촌 경제에서 국가의 계획성과 사회주의적 요소를 '현저하게 강화할 것'을 결의했다. 그것은 쿨라크와 민간 자본에 대한 '투쟁의 대포'를 여는 것이었다.[89] 반대파는 사라졌지만, 그들이 과거에 주장하던 정책은 더 구체화되고 있었다. 그것은 반대파가 옳았음이 아니라, 그들만이 그런 생각을 가졌던 게 아니었다는 점을 보여준다.

1927년 12월 반대파를 지지하던 당원이 사실상 전면 배제된 채 열린 제15차 당대회 즈음,[90] 통합 반대파 최후의 성명이었던 「볼셰비키-레닌

---

86) А. Ю. Ватлин(ред.), *Стенограммы заседаний Политбюро ЦК РКП(б)-ВКП(б) 1923~1938 гг.*, том 2, 1926~1927 гг., с. 561~602.

87) 양쪽의 언사는 모두 '레닌의 유언' 내용에서 따온 것이었다.

88) Ю. Фельштинский(ред.), *Коммунистическая оппозиция в СССР, 1923~1927. Из архива Льва Троцкого*, том 4, Chalidze 1988, с. 219~31.

89) КПСС в резолюциях и решениях съездов, *конференций и пленумов ЦК*, 1898~1954, том 2, с. 298.

90) 당시 지노비예프와 카메네프는 당의 결정에 복종한다는 청원을 발표했다. *15-й съезд*

파의 테제」가 공개되었다. 이는 그들의 기존 문건에 비해 구체적인 경제 정책 제안을 담고 있었지만, 당시 정치국 주류의 좌 선회 속에서 차별성을 드러낼 수는 없었다. 쿨라크 증세를 통한 곡물 수출 확대, 빈농의 세금 면제, 계급 편향적 협동조합 강화, 공산품의 도소매 가격 인하, 그리고 5개년 계획의 공업 투자액 확대 등은 모두 당시 당 다수파의 움직임 안에 있는 것이었다.[91] 반대파의 비판은 결국 당 다수파가 "쿨라크에 의존"하고 '자본주의 분자들을 과소평가'한다는 반부하린 수사에 집중될 수밖에 없었다. 흥미롭게도, 이 문건의 이념적 토대는 여전히 신경제정책의 대전제, 즉 "도시와 농촌의 동맹" 또는 "공업과 농업의 결합"에 있었다. 그리고 그들의 결론은 그 정책의 점진주의를 그대로 연상시켰다. 그들에 따르면, 공업화 속도 증진은 "가까운 미래에 우리의 한정된 축적 자원을 소모하는 것이 아니라, 점진적으로 그리고 구체적인 계획을 가지고" 이루어져야 한다. 공업화 재원은 과거 프레오브라젠스키의 좌파 논리처럼 농촌 영역의 수탈이 아니라, 국가의 재정, 채권, 가격 정책의 "적절한 사용"과 세계 시장과의 유대 확대로 확보되어야 한다는 것이었다.[92]

반면, 정치국 주류는 '자본주의의 포위' 정세 속에서 기존 좌파의 주장보다도 더 왼쪽으로 나아갔다. 기계 생산과 수입 증강을 통해 공업화를 강력히 추진하고, 그 재원 마련을 위해 농촌의 잉여 징발에 눈을 돌리는 '공세' 정책이 임박한 것 같았다. 이런 급격한 좌 선회에 대한 트로

ВКП(б): Стенографический отчет, Москва, 1928, с. 279~85.

91) 같은 시기 스탈린도 유사한 주장을 펼쳤다. И. Сталин, *Сочинения*, том 9, Москва, 1954, с. 195~96.

92) L. Trotsky, *The Challenge of the Left Opposition, 1926~27*, pp. 322~30.

츠키파 오신스키Н. Осинский의 대응은 지금까지의 정치국 주류와 반대파 논쟁의 핵심이 경제 이념에 있지 않았음을 단적으로 보여주는 사례가 된다. 그는 스탈린과 릐코프에게 보내는 서한에서, 곡물 수매가를 올리고 공산품 가격은 낮추자는 친농민적 정책을 제안하면서, 당시 정치국 주류의 좌 선회 중단과 온건주의로의 회귀를 외쳤던 것이다.[93)]

결국, 좌파 오신스키의 '우파' 주장은 받아들여지지 않았다. 제15차 당대회는 "경제조직의 모든 역량을 동원하여, 그리고 계속해서 빈농과 중농 대중에 의지하여, 쿨라크에 대한 공세를 더욱 강화하며 농촌에서의 자본주의 발전을 제한하고 농촌 경제를 사회주의의 길로 인도하는 일련의 새로운 조치들을 취할 것"을 결의한 것이다.[94)]

4. 나가며: 레닌주의와 스탈린주의의 연속성

기존의 수많은 연구가 이념과 경제정책 대결로 그렸던 스탈린-트로츠키 간의 1920년대 중반 권력투쟁은 실상 전자의 당내 권력 독점을 두

---

93) S. Kotkin, *Stalin*, p. 659. 사실 좌파들의 이런 변신의 예는 더 있다. 특히 주목할 것은 프레오브라젠스키마저 1926년 무렵부터 온건 공업화 정책을 제안했다는 점이다. M. Lewin, *Political Undercurrents in Soviet Economic Debates*, pp. 33~36. 이완종에 의하면, 트로츠키도 1927년에 유사한 '우파'적 주장을 펼쳤다. 이완종, 『러시아 10월혁명사』, pp. 428~29.

94) КПСС в резолюциях и решениях съездов, *конференций и пленумов ЦК*, 1898~1954, том 2, с. 362. 이 새로운 조치들이 일부 학자들의 주장처럼 농업 집단화를 의미하는 것은 아직 아니었다. 당시까지 스탈린의 입장은 행정적 조치를 통해 쿨라크와 대결하는 것은 아니었기 때문이다. 그가 염두에 두었던 것은 경제적 수단에 의한 대쿨라크 공세였다. И. Сталин, *Сочинения*, том 10, Москва, 1928, с, 311, 김남섭, 「농업집단화의 배경」, 『서양사연구』 제12집, 1991 참조.

고 일어난 정치공방이었다. 프롤레타리아 독재 확립이라는 지상 과제 아래, 이들이 각각 내세웠던 사회주의 건설 논리에는 근본적인 차이가 존재하지 않았으며, 모두 신경제정책의 틀, 즉 농공동맹을 통한 공업화라는 범위를 벗어나지 않았다. 특히, 1925년 초까지는 그 범위 내에서의 구체적 정책 논쟁조차 사실상 존재하지 않았다. 그 시기 이미, 볼셰비키 지도부 내의 권력투쟁은 달아오를 만큼 달아올라 있었지만 말이다. 그나마 이념과 경제정책 논쟁이 수면 위로 떠올랐던 것은 1925년 봄, 부하린의 "부자가 되시오" 발언 이후였다. 하지만 이 역시도 신경제정책의 대전제를 넘어 진행된 것이 아니었다. 그리고 1926년부터는 정치국 주류 스스로가 좌파들 주장 못지않게 쿨라크에 대한 경계와 농촌경제에 대한 공세를 강화하면서, 이들 간의 경제 이념과 정책적 차이는 더욱 흐려졌다. 이런 정치국 주류의 좌 선회 속에서, 오히려 기존 좌파들이 우파 정책들을 들고나오며 당 다수파를 비판하는 진풍경이 펼쳐지기도 했다. 요컨대, 좌우파의 경제정책은 이념에 기초한 일관적인 것이 아니었다. 스탈린-트로츠키 간 권력투쟁에서 일관적이었던 것은 당원 인사를 장악했다고 여겨지는[95] 스탈린의 권력 독점을 둘러싼 정치적 갈등이었다. 일견 치열해 보였던 경제 논쟁은 이 핵심 문제에 달려들기 위해 동원된 수사들에 가까웠다.

그렇다면, 이처럼 이념적 차이를 드러내지 않았던 스탈린-트로츠키 권력투쟁의 모습이 레닌주의와 스탈린주의의 연속성 문제에 던져주는

95) 최근 연구들에 의하면, 이는 역사적 사실에 부합하지 않는다. 적어도 1927년까지 스탈린은 서기국 조직을 통해 당원 인사권을 장악하지 못했으며, 그들을 자기 의사에 맞게 조종할 수도 없었기 때문이다. 달리 말해, 동시대 스탈린 반대파들의 수사적 언사들과는 달리 서기장 지위와 스탈린의 집권은 직접적인 관련이 없었다. 주 15 참조.

시사점은 무엇일까? 그것은 우선 수사적 논쟁과 반목으로 분열되었던 레닌 사후의 볼셰비키 지도부가 사실 이념적으로는 단일 집단이었다는 점, 즉 프롤레타리아 독재를 통한 혁명 방위라는 대의에서 하나였다는 점을 일깨워준다. 이 대의는 1917년 10월 멘셰비키와 사회혁명당, 그리고 심지어 일부 볼셰비키의 반대를 무릅쓰고 혁명을 강행했던 레닌이 세워놓은 것, 다시 말해 레닌주의의 핵심이었다. 1920년대 스탈린과 트로츠키 간의 정권 다툼, 스탈린을 중심으로 하는 정치국 다수파의 승리, 그리고 그들 주도의 정책 추진, 이 모두는 실상 레닌주의의 실천이라는 범주 안에서 이루어진 것들이었다. 이런 의미에서, 서론에서 언급했던 보수 진영 학자들의 생각처럼, 레닌주의와 스탈린주의는 연속적이었다.

하지만 보수 진영 학자들의 주장과는 달리, 레닌의 혁명이 스탈린 시대의 '비극적' 양상들로 연결된 것은 역사적 "필연"은 아니었다. 다시 말해, 그 비극은 프롤레타리아 독재를 통한 혁명 방위라는 레닌주의적 대의 자체에 잉태되어 있지는 않았다. 레닌주의적 대의는 그 실현 방법에서 다양한 경제정책의 문들을 열어놓고 있었기 때문이다. 하지만 앞서 보았듯이 스탈린뿐만 아니라 트로츠키를 포함한 1920년대의 볼셰비키 지도부 모두에게 그 문은 실질적으로 하나일 뿐이었다. 사실, 그들에게 여러 개의 문을 두드리고 탐색해볼 여유는 허락되지 않았던 것 같다. 1920년대 중반 이후 '악화'되었던 국제 정세는 그들의 선택 범위와 기간을 극단적으로 좁혀놓았던 것이다. 외세에 의해 혁명이 전복될지 모른다는 위기의식 속에서, 볼셰비키 지도부는 급격한 공업화 추진, 즉 향후 수많은 비극의 씨앗이 될 이 '스탈린 혁명' 외에 다른 방법을 상상하기 어려웠다. 이렇게 볼 때, 레닌주의와 스탈린주의를 연결시킨 가장 강력한 고리는 소련 정권에 적대적인 국제관계 조성이었던 셈이다. 더 구체적으로 말한다면, 독점자본주의와 제국주의 시대에 노동 계급과 식민지인들의 저항이 거세지는 국면 속에서, 유라시아 대륙에 이들을 '대표'하는 거대 국가가 굳건히 자리 잡는 모습을 보고 싶지 않았던 '서방' 열강들과 지배 계급들이 경주한 노력의 결과였다.

무의식과 '새로운 인간'을 둘러싼 투쟁:

트로츠키와 혁명의 문화정치학

최진석

1. 일상생활의 문제, 또는 트로츠키의 이상한 나날들

1922년 5월 25일, 한 달 전 목 주위에 수술을 받았던 레닌은 심각한 발작을 일으켰고, 그것은 당장 은밀하게 잠복해 있던 당권투쟁을 격발시켰다. 실제로 당의 지도권을 두고 벌어진 투쟁은 혁명을 전후하여 끊임없이 계속된 현상이었고, 첫 발작 이후 1924년 1월 21일 레닌이 사망할 때까지 한순간도 멈추지 않았다. 그 와중에 '레닌 이후'를 둘러싸고 설왕설래가 오가던 후보자는 트로츠키와 스탈린이었으며, 이들이 당내 역학관계를 둘러싸고 치열한 갈등과 경쟁을 벌였음은 주지의 사실이다.

하지만 실제 사정은 좀더 복잡했던 듯싶다. 트로츠키는 내전을 승리로 이끈 개선영웅이었던 데 반해 스탈린은 큰 두각을 나타내지 못했을 뿐만 아니라 여러모로 평범해 보이기까지 하던 인물이었다.[1] 그는 레닌에 맞서는 '결정적 오류'를 범하지는 않았으나, 곧장 최고권자로 지명될 정도로 특별한 수훈을 세우지도 못했다.[2] 그러나 당내에서 먼저 성공을 거둔 이는 스탈린이었다. 자신의 직속 계보를 조직하고 차례로 승급시키며 세력을 확장하던 그는 레닌의 추천에 의해 1922년 5월 제11차 당대회에서 총서기직에 오르게 된다. 그로부터 2년이 지나 레닌이 사망할 즈음에는 당 고위간부의 70퍼센트가 신참으로 채워졌고, 그 대부분이 스탈린의 계보에 속해 있었다.[3] 당은 급속히 '스탈린화'되고 있었다.

당내 권력투쟁이라는 격렬한 소용돌이 속에서 트로츠키는 무엇을 하고 있었을까? 레닌의 빈자리를 차지하기 위한 '파렴치한 음모'에 끼려 하지 않았다는 후일담을 믿든 말든,[4] 그가 스탈린의 기민하고도 적극적인 권력욕에 맞서 다소간 수동적인 대응으로 일관했다는 주장은 어느 정도 설득력을 갖는다.[5] 레닌의 장례식에 때맞춰 오지 못한 이유는 불

1) 최근의 한 연구는 이러한 통상의 평가가 전적으로 스탈린의 정적들에 의해 만들어진 것이라고 주장한다. 오히려 스탈린 경력상의 '모호함'이나 '평범함'은 혁명운동에서 그가 맡았던 불가피한 역할, 즉 '더러운 업무'에서 기인한 표면적 현상이라는 것이다. 사이먼 시백 몬티피오리, 『젊은 스탈린』, 김병화 옮김, 시공사, 2015, pp. 15~17.

2) 혁명 이후에도 레닌은 당내 사안을 다루는 문제에서 그때그때마다 트로츠키와 스탈린을 저울질하며 자신의 의지를 관철시키는 데 이용했다. 레닌은 사망할 때까지 둘 사이에서 미묘한 정치적 줄다리기를 벌였던 것이다. 로버트 서비스, 『스탈린: 공포의 정치학, 권력의 심리학』, 윤길순 옮김, 교양인, 2010, 제2부 참조.

3) 존 M. 톰슨, 『20세기 러시아 현대사』, 김남섭 옮김, 사회평론, 2004, pp. 317~20, 331.

4) 로이 메드베데프, 『역사가 판단하게 하라 1』, 황성준 옮김, 새물결, 1991, p. 35.

5) 트로츠키가 레닌 사망을 전후한 시기에 신병을 앓고 있었고, 심리적으로도 '혁명의 후퇴'에 대한 불안감에 시달렸다는 사실은 그의 정치적 패배에 대한 외적 요인들로 지적되어왔다. 아이작 도이처, 『비무장의 예언자 트로츠키 1921~1929』, 한지영 옮김, 필맥, 2007. 이 시기 권력투쟁의 핵심은 '누가 레닌의 승계자인가?'라는 정통성의 문제가 아니었다. 레닌의 공백을 누가 신속하게 메꾸는가, 당에 자신의 세력을 포진시킬 수 있는가라는 전략적 차원이 중요했다. 그 승자는 스탈린이었다. E. Mandel, *Trotsky as Alternative*, New York: Verso, 1995, p. 36.

명확하게 남아 있고, 스탈린을 탄핵해야 한다는 레닌의 유언장을 공개하는 일에도 적극 나서지 않았던 것이다. 혁명을 주동하고 적군을 창설했으며, 내전에서 구체제의 잔당을 일소해버린 영웅치고는 권력투쟁에서 너무 '싱겁게' 밀려났다는 사실은, 그래서 더욱 의문스럽게 보인다.

정말 트로츠키는 정적의 부상과 공세에 무력하게 물러선 것일까? 이 시기 트로츠키의 활동에 대한 흥미로운 묘사 한 대목을 읽어보자.

> 1923년 늦여름, 그의 정치적인 운명, 그리고 궁극적으로는 그의 목숨 자체가 의심할 여지 없이 경각에 걸려 있던 바로 그 시기에 그는 평범한 사람들의 일상적인 행동에 대한 에세이를 쓰는 일에 몰두해 있었다. 가족의 삶과 같은 주제에 덧붙여 그는 「정중함과 예의바름」 「보드카, 교회, 그리고 영화」 「러시아인들이 잘하는 욕」 등과 같은 논문들을 쓰고 있었다. 그는 교육계의 인사들과 도서관 사서들, 언론인 등에게 언론의 끔찍한 수준, 홍수처럼 밀려들고 있는 당의 데데한 헛소리에 의해 그 아름다움이 오염되고 있는 러시아어를 긴급히 다듬어야 할 필요성들에 대해 쉬지도 않고 무수히 많은 연설을 해대고 있었다.[6]

혁명과 전쟁의 급박한 상황에서도 민첩한 결단과 행동으로 늘 주도권을 쥐었던 트로츠키치곤 '이상한 나날들'을 보내고 있던 게 틀림없다. 가령, 1922년 레닌 이후의 승계가 확실해 보이던 소브나르콤(인민위원회) 부의장직도 마다하고 휴가를 떠난 그는 통상의 기준으로 볼 때 '비정치적'이라 부를 수밖에 없는 분야에 몰두해 있었다. 다음해에 그가 휴가

6) 로이 메드베데프, 『역사가 판단하게 하라 1』, p. 172에서 재인용.

를 마치고 돌아와 펴낸 책은 『문학과 혁명』이라는 평론집이었던 것이다. 문학과 예술, 교육 등 온갖 세상일에 대한 트로츠키의 관심사가 모두 '정치적'이었다고 하지만,[7] 그해 여름에 그가 『프라우다』에 기고했던 글은 "정치만으로는 살 수 없다"라는 진정 역설적인 제목을 달고 있었다. 이런 식으로 '평범한 사람들의 일상적 행동'을 다루었던 글들은 『일상생활의 문제들』(1923)이라는 책으로 출간되었고, 1927년에는 『문화의 문제들: 이행기의 문화』라는 제목으로 증보판까지 내게 된다(『저작집』 제21권으로 출판되었다). 하지만 바로 같은 해에 트로츠키는 당에서 쫓겨났고 2년 후에는 소비에트연방으로부터도 추방당할 운명이었다.

1920년대 트로츠키의 관심사 중 '문화의 문제'로 통칭되는 영역은 스탈린과의 투쟁에서 패배했다는 이유만으로도 별 주목을 받지 못했거나 정치적 재능의 낭비로까지 간주되어왔다.[8] 트로츠키를 추종하던 서구 연구자와 활동가 들조차 그의 정치경제학 이론이나 당정, 군사 활동 등에 관심을 기울였을 뿐, 문화라는 논점은 피상적으로만 다루었다.[9] 이런 경향은 문화에 대한 트로츠키의 열정을 거의 '오판'에 가까운 수준으로 격하시키는 요인이었다. 하지만 이는 트로츠키와 그를 둘러싼 1920년대의 정세에 대한 오해나 두려움에서 연유한다는 게 우리의 질문이다. 즉 문화라는 논제는 이미 레닌이 강조하던 영역이었으며 또한 스탈린이 추진했던 소비에트 이데올로기의 중요한 일부분이었기에 트로츠키를 이 과정에 포함시킬 때 생겨날 부담이 두려웠던 게 아닐까?

7) R. Service, *Trotsky. A Biography*, Cambridge: The Belknap Press, 2009, pp. 312~13; 아이작 도이처, 『비무장의 예언자 트로츠키 1921~1929』, p. 231.

8) R. Service, *Trotsky*, p. 318.

9) 하영준, 「레온 트로츠키와 러시아 일상생활의 변혁」, 한양대학교 석사학위논문, 2002, pp. 1~3.

다시 말해, 레닌과 스탈린 사이에서 트로츠키의 문화론은 자칫 레닌의 연장에 불과하거나 스탈린주의로 귀결될 소지가 있기에 기피되어야만 하지 않았을까?

이 질문은 러시아 혁명사에서 트로츠키를 레닌과 스탈린 사이의 어디에 정위해야 할지 묻는다는 점에서 트로츠키 연구의 한 증상을 시사한다.[10] 만약 트로츠키의 문화정치학을 (실패한) 정치적 전략의 일환으로 간주한다면, 우리는 그의 위치를 레닌과 스탈린의 연속선에서 손쉽게 찾아낼 수 있을 것이다. 이 경우 트로츠키의 문화정치학은 결국 레닌에서 출발해 스탈린으로 귀결되고 만다. 만일 그렇지 않다면, 우리는 트로츠키의 구상이 무엇을 함축하고 있었는지, 레닌과 스탈린과는 어떤 차이를 노정하고 있었는지 곰곰이 짚어보지 않을 수 없다. 이러한 의문의 시발점은 예의 그의 '이상한 나날들'에서 비롯된다. 노련한 혁명가이자 정치가에게 허락될 수 없는 '일탈'의 의미, 즉 그것이 어떤 혁명적 사유의 흐름을 노정하고 있었는가에 관해 타진하는 것이 이 글의 목표다. 결론을 앞서 말한다면, 대중의 무의식의 중요성을 밝혀내고 그것을 통해 일상을 구축함으로써 '새로운 인간'을 창출하는 것이야말로 트로츠키 문화정치학의 핵심이었다고 할 수 있다. 일단 여기서부터 출발해 보자.

---

10) 특히 문제가 되는 것은 "스탈린은 트로츠키 테제의 반복에 불과하다"라거나, 나아가 "트로츠키는 결국 서기장이 되지 못한 스탈린이다"라는 식의 허무주의적인 결론이다. 그 어느 쪽도 역사에는 가정이 없다는 통념을 극단화해 결과적으로 러시아 혁명 전체를 '내재된 타락과 부패'라는 식으로 폄하하려는 시도로 귀결되고 말 뿐이다. 이런 관점에 대한 다양한 비판들을 숙고할 필요가 있다. 슬라보예 지젝, 「서문」, 레온 트로츠키, 『트로츠키: 테러리즘과 공산주의』, 노승영 옮김, 프레시안북, 2009, p. 36; 정성진, 「트로츠키의 정치경제학 체계」, 『마르크스와 트로츠키』, 한울아카데미, 2006, p. 399.

2. 문화혁명: 문화의 본원적 축적과 '새로운 인간'의 형성

도이처에 따르면 문화에 관한 트로츠키의 관심은 러시아의 경제적 후진성만큼이나 긴박했던 정신적 후진성에 대한 대처에서 나왔다. 즉 일상과 그것의 직조는 '문화의 본원적 축적'을 추구하는 과정이었다는 것이다.[11] 하지만 후속되는 도이처의 진술은 대부분 트로츠키가 프롤레트쿨트와 벌인 논전 및 예술론의 이해에 바쳐져 있으며, 문화의 본원적 축적이 구체적으로 무엇을 뜻하는지, 어떻게 성립하는 것인지에 대해서는 별다른 설명이 제공되지 않는다. 트로츠키가 벌인 정치적 논쟁을 서술하고 방어하기 위한 서술임을 십분 감안해도, 이 부분에 대한 추가적인 논의는 불가결하다. 문화의 본원적 축적이란 도대체 무엇일까?

마르크스가 자본의 '본원적 축적'에 대해 말했을 때, 그것은 무엇보다도 생산수단과 생산자를 분리시킴으로써 프롤레타리아가 창출되는 역사적 과정을 가리키는 것이었다.[12] 그렇다면 문화의 본원적 축적에서는 무엇이 창출될까? 사실 마르크스는 청년 시절의 한 수고에서 이에 대해 벌써 답해놓은 바 있다. 그것은 '자연의 재형성'과 더불어 이어지는 '인간의 재형성'이다.[13] 정치혁명과 사회혁명이 낡은 세계를 파괴하고 사회적 관계를 새롭게 구성하는 활동이라면, 문화혁명은 그 사회에서 살아가며 생산하는 구성원을 창출하기 위한 활동을 가리킨다. 소비에트 정권 초기부터 볼셰비키 지도자들이 '새로운 인간형'을 창안하기 위

11) 아이작 도이처, 『비무장의 예언자 트로츠키 1921~1929』, p. 233.

12) 카를 마르크스, 『자본론 I (하)』, 김수행 옮김, 비봉, 1989, p. 899.

13) K. Marx & F. Engels, *The German Ideology*, Moscow: Progress Publishers, 1976, p. 58.

해 부심했던 까닭이 여기에 있다. 우리는 대체로 두 차례의 문화혁명을 역사적 사실로서 관찰할 수 있는데, 그 첫번째 주역은 레닌이고 두번째는 스탈린이었다. 그 내용을 잠시 일별해보자.

레닌: 배우고 또 배우라, 자기규율적 주체가 되어라!

1917년의 혁명을 통해 볼셰비키가 권력을 장악했을 때, 그들이 손에 쥔 나라는 비단 후진적 농업국가에 그치지 않았다. 전 국민의 85퍼센트였던 농민의 대부분이 문맹이었고,[14] 혁명이 성공한 후에도 이러한 사정은 별반 나아지지 않았다.[15] 또한 구 사회 세력으로 분류되던 인텔리겐치아는 미덥잖은 동반자로 여겨져 의혹과 경계를 풀 수 없었다.[16] 까막눈인 국민을 교육하는 데는 오랜 시간이 걸렸고, 불명료한 정치 성향을 지닌 인텔리겐치아는 잠적하거나 국외로 빠져나갔기에 당장 가용할 수 있는 지적 자원의 빈궁은 사회 건설의 중대한 문제로 부각되었다. 이는 공공재로서 지식의 결핍이었고, 그것 없이 선진 산업사회로의 비약은 요원한 노릇이었기에 레닌은 혁명이 성공하자마자 '문화'의 필요를 역설할 수밖에 없었다. '문화혁명'이라는 용어 자체는 1923년 「협동조합

14) 니콜라스 랴자놉스키 · 마크 스타인버그, 『러시아의 역사 (하)』, 조호연 옮김, 까치, 2011, p. 636.

15) P. Kenez, *The Birth of the Propaganda State: Soviet Methods of Mass Mobilization, 1917~1929*, New York: Cambridge University Press, 1985, p. 73.

16) 레닌은 인텔리겐치아가 혁명의 전위로서 필수적인 역할을 수행했다고 강조하는 한편으로 (V. R. Lejkina-Sivirskaja, *Intelligentsija v Rossii vo vtoroj polovine XIX veka*, Mysl', 1971, pp. 48~49), 볼셰비키와 반목하는 일부에 대해서는 가차 없이 응징해야 한다고 주장했다(L. Chamberlain, *Lenin's Private War: The Voyage of the Philosophy Steamer and the Exile of the Intelligentsia*, London: Picador, 2008, pp. 24~25).

에 관하여」라는 글에서 처음 등장하지만, 개념적으로는 소비에트 정권이 성립하자마자 이미 광범위하게 운용되어왔다.

레닌은 문화를 문명과 이데올로기, 지식의 세 차원에서 사용했는데, 그가 가장 중시했던 부문은 문명과 지식으로서의 문화였다.[17] 즉 기술과 지식이 관건이었다. 볼셰비키가 권력을 장악한 이상 이데올로기는 어떻게든 유지할 수 있는 의식의 영역이었지만, 아무리 의식성을 강조해도 삶의 하부구조를 이루는 물질적 영역은 축적된 지식과 기술력 없이는 단시일에 성과를 거둘 수 없기 때문이다. 그런 의미에서 문화, 즉 지식과 기술의 결여는 신생 사회주의 국가를 떠받치는 가장 중요한 지반이 허약하다는 증거였고, 프롤레타리아 문화가 독자적으로 존립하지 않는 상황에서 그것을 신속하고 효과적으로 건설하는 길은 기성의 부르주아 문화를 배우는 방식밖에 없었다. 부르주아 전문경영진의 도입은 생산성 향상의 명분으로 이루어진 중대한 단안이었다.

> 지식과 기술, 경험의 다양한 영역에서의 전문가적 지도 없이 사회주의로의 이행은 불가능하다. 왜냐면 사회주의는 자본주의가 도달한 토대 위에서, 자본주의를 상회하는 노동 생산성을 향해 전진하는 의식적이고 대중적인 운동을 요구하기 때문이다. 사회주의는 자신의 방식에 따라, 자신의 방법으로써, 더 구체적으로 말해 소비에트적 방법에 의해 이러한 전진적 운동을 실현시켜야 한다. 그런데 전문가들은 그들을 전문가로 만들어낸 사회생활의 환경적 힘에 따라 불가피하게도 대부분 부르주

---

17) C. Claudin-Urondo, *Lenin and the Cultural Revolution*, Cambridge, MA: Harvard University Press, 1977, p. 13.

아지인 것이다. [……] 우리는 아직 부르주아 전문가들을 우리 마음대로 배치할 수 있는 환경을 조성하지 못했기에 [……] 낡고 부르주아적인 수단에 의존할 수밖에 없는 상황이다.[18)]

소비에트가 받아들여야 할 '불가피한' 선진 산업국의 지식과 기술에는 테일러주의도 예외가 아니었다. 레닌은 테일러주의가 인간을 노예화하는 부정성을 갖는다는 점을 지적하는 한편으로,[19)] 소비에트 권력의 필수불가결한 전제로서 생산성 향상과 관리 능력의 증진을 위해서는 그것이 적극 도입되어야 할 부문이라는 점을 강조했다. "우리는 테일러 시스템이 생산 과정에 대한 체계적인 분석 및 인간 노동 생산성의 막대한 향상을 가능하게 한 과학의 거대한 진보를 나타낸다는 사실을 한순간도 망각해서는 안 된다."[20)]

저 유명한 "공산주의는 소비에트 권력에 전국의 전력화를 더한 것이다"라는 레닌의 언명도 이런 관점에서 파악될 수 있다.[21)] 저발전 사회를

---

18) V. Lenin, "Ocherednye zadachi sovetskoj vlasti"(1918), *Sochinenija*, tom 27. Polizidat, 1950, p. 171.

19) V. Lenin, "Pervonachal'nye variant stat'i 'Ocherednye zadachi sovetskoj vlasti'"(1918), *Polnoe sobranie sochinenija*, tom 36. Izdatel'stvo politicheskoi literatury, 1974, p. 141; V. Lenin, "Sistema Tejlora: Poraboshchenie cheloveka mashinoj"(1914), *Sochinenija*, tom 20. Gosudarstvennoe izdatel'stvo politicheskoi literatury, 1948, pp. 134~36.

20) 이 문장은 레닌의 「소비에트 권력의 당면 과제」 초고본에 수록되어 있다. V. Lenin, "Pervonachal'nye variant ctat'i 'Ocherednye zadachi sovetskoj vlasti'," p. 140. 이후 수정된 진술은 다음과 같다. "우리는 테일러 시스템이 지닌 많은 과학적이고 진보적인 것들을 적용해야 하며 [……] 러시아에서 테일러 시스템의 연구와 교육을 조직하고, 그것의 체계적 훈련과 전유를 창안해야 한다"(V. Lenin, "Ocherednye zadachi sovetskoj vlasti," p. 230).

21) 니콜라스 랴자놉스키·마크 스타인버그, 『러시아의 역사 (하)』, p. 754.

마르크스주의의 교의에 맞춰 선진 산업사회로 변화시키지 않는 한, 혁명은 언제라도 위협받을 수 있기에 자본주의의 발달된 지식과 기술을 도입하는 것은 필수적이었다. 하지만 그것은 어디까지나 이데올로기 외부의 형식적 차원에 국한된 것으로, 자본주의 국가가 보유한 정치 제도나 사회 체계는 근본적으로 제외 가능한 것으로 간주되었다. 소비에트 사회가 자본주의 문화의 지식과 기술을 성장의 방편으로서 '채택'하고 '적용'하기만 하는 한, 부패와 왜곡의 위험은 얼마든지 막을 수 있다는 논리였다.

하지만 그로부터 문화의 다른 차원, 곧 '새로운 인간의 창조'가 즉각 제기된다. 서구의 우수한 지식과 기술을 수용해 사회발전의 원동력으로 삼을 때, 그것이 자본주의에서 일으킨 병폐를 막으려면 그것을 사용하는 사람이 사회주의 이데올로기로 잘 무장되어 있어야 한다는 게 레닌의 확신이었다. 그런데 전체 인구의 대다수가 여전히 문맹 상태이자 구시대의 관습에 젖어 있다면 어떻게 자본주의적 지식과 기술이 함께 안고 들어올 해악을 의식적으로 거부할 것인가?

레닌은 그 해답을 노동자들의 규율을 확립하는 데서 찾았다. 노동에 대한 올바른 욕망이 그 노동의 성격을 좌우하고, 테일러 시스템과 같은 자본주의의 이기를 사회주의에 적합하게 바꾸어놓을 것이다. 실제로 혁명정부가 수립되고 나서 레닌이 직면한 가장 큰 골칫거리의 하나는 생산성 저하였고, 그 해법은 강력한 노동 규율을 확립하여 노동자들을 정확히 통제하는 데 있었다. 그가 볼 때 러시아인은 선진국가에 비해 "미숙한 노동자"이며, 이 결함은 오직 교육과 문화의 함양, 그리고 강고한 노동 규율을 조직함으로써 극복할 수 있었다.[22] 그리고 그 최종적인 결과는 노동자가 스스로를 통제할 수 있는 자기조직적 주체로서 거듭날 때 드러날 것이다.[23] 이는 규율의 학습이라는 의식적 과정에 의해서만 달성될 목표인데, 문제는 러시아 민중이 전제주의의 오랜 세월 동안 '착취'에 대한 '소극적 저항'의 방법으로서 태만을 몸에 익혀왔다는 점이었다. 태만은 이미 무의식적으로 신체에 각인된 러시아 민중의 일상적 태도가 되어버렸고, 소비에트 권력이 퇴치해야 할 가장 큰 적수로 부각되기에 이른다. 그것을 극복할 유일한 무기는 바로 당이 제시하는 규율을 배우고 익히는 데 있었다.

> 당파성과 당 규율의 거부, 반대파가 얻어낸 결과는 이것이다. [……] 프롤레타리아 독재는 낡은 사회의 힘과 전통에 대항하는 집요한 투쟁으로서 유혈투쟁과 무혈투쟁, 폭력투쟁과 평화투쟁, 군사투쟁과 경제투쟁, 교육투쟁과 행정투쟁이다. 수백만, 수천만 명이 갖고 있는 습관의 힘은 가장 무서운 힘이다. 투쟁을 통해 단련된 강철의 당 없이, 특정 계급의 정직한 신뢰를 얻은 당 없이, 대중의 추이를 지켜보고 대중에 영향을 끼칠 수 있는 당 없이 그러한 투쟁을 성공적으로 이겨내기란 불가능한 일이다.[24]

습관의 부정성을 가장 잘 보여주는 세력은 농민들이었다. 오랜 세월 동안 완고히 뿌리내린 농민들 개인의 습관과 집단의 관습은 여전히 봉건적인 구체제의 관념에 매여 있었는데, 그들은 소비에트 국가가 어떻

22) V. Lenin, "Ocherednye zadachi sovetskoj vlasti," pp. 228~29.

23) 같은 책, p. 233.

24) V. Lenin, "Detskaja bolezn' 'Levizny' v kommunizme"(1920), *Sochinenija*, tom 31, Polizidat, 1950, pp. 26~27.

게든 끌어안아야 할 시민인 동시에 반드시 계도해야 할 대상이었다. 이러한 농민을 포함하여, 새로운 인간을 창출해야 할 문화혁명의 과제는 인구를 협동조합의 형태로 재조직하는 데 두어졌다.[25] 협동조합은 소비에트 국가의 구성원들에게 이데올로기와 지식, 기술을 전파하는 매개가 되고, 이를 통해 다시 소비에트는 문화(지식, 기술, 문명)로 나아갈 것이었다.

> 완전한 협동조합을 만드는 조건에는 농민들(계몽된 대중으로서의 농민들)의 문화화가 포함된다. 완전한 협동조합이란 전적인 문화혁명이 없이는 불가능할 것이다. [……] 우리에게 정치적·사회적 변혁이 문화적 변혁에 선행했기에, 이제 우리는 바로 문화의 혁명에 직면해 있다.[26]

새로운 사회의 새로운 인간, 곧 사회주의적 인간은 계몽된 인간이자 공산주의 이데올로기를 내면으로 흡수한 건실한 인간이며, 새로운 사회 건설에 자신을 바칠 수 있는 인간이다.[27] 레닌이 협동조합을 강조한 이유도, 거기에 가입한 소비에트 구성원이 교육의 기회를 누리고 새로운 인간으로 재형성되리라 예상했던 까닭이다. 이 점에서 문화혁명의

---

25) 「협동조합에 관하여」는 주로 농민 문제에 관여한 논문이지만, 레닌은 협동조합의 목적이 신경제정책과 연관된 하나의 '사회 체계'의 구성이라는 점을 강조하며, 인민 대중의 폭넓은 참여를 이끌어냄으로써 서구적 수준의 '문명'을 달성하는 데 있다고 천명한다. V. Lenin, "O kooperatsii"(1923), *Sochinenija*, tom 33. Gosudarstvennoe izdatel'stvo politicheskoi literatury, 1951, pp. 429~31. 한 가지 더 지적한다면, 이즈음부터 레닌은 '프롤레타리아'라는 범주 대신 '인구(주민)'라는 용어를 사용하기 시작했다. 혁명의 정치를 통치의 문제로 전환해 사유하기 시작한 징표로 보아도 좋을 것이다. 보리스 카갈리츠키, 「레닌과 러시아 자본주의의 문제」, 박노자 외, 『레닌과 미래의 혁명』, 그린비, 2008, p. 264.

26) V. Lenin, "O kooperatsii," p. 435.

27) E. G. Plimak, *Lenin's Political Testament,* Moscow: Progress Publisher, 1988, p. 59.

목표는 교육혁명과 크게 다르지 않다. 크룹스카야가 레닌의 문화혁명을 교육혁명의 차원에서 이어가고자 했던 이유가 그것이다. 새로운 인간, 사회주의적 인간을 형성할 수 있는지의 여부야말로 사회주의 혁명이 완결되었는지 답할 수 있는 궁극적인 척도였다.

> 갓 태어난 사회주의 제도의 요구는 이 제도를 건설하는 데 큰 도움이 되는 인간을 교육하는 데 있다. [……] 사회주의 사회의 현저한 특징은 모든 사람들 사이의 이성적이며 계획성이 있고 가장 합리적인 노동의 분업에 있어야 하고, 또한 강요된 노동을 자발적인 노동으로 바꾸는 데 있어야만 한다.[28]

따라서 레닌의 주문은 하나도 둘도 셋도 배우고, 배우고, 또 배우라는 것이었다.[29] 문제는 교육을 통한 인민의 개조가 단지 의식성의 차원에 고착되어 있다는 점이었다. 문화혁명의 대전제는 무자각적으로 구습에 젖어 있는 민중이 새로운 지식의 습득과 사회주의적 이데올로기의 각성을 통해 '새로운 인간'으로 거듭날 수 있다는 데 있다.[30] 그러나 레닌 자신이 절감했다시피 러시아인들은 수백 수천 년을 한결같이 낡은

---

28) 나데즈다 크룹스카야, 『크루프스카야의 국민교육론』, 한신대제3세계문화연구소 옮김, 돌베개, 1988, p. 156.

29) V. Lenin, "O 'levom' rebjachestve i o melkoburzhuaznosti"(1918), *Sochinenija*, tom 27. Gosudarstvennoe izdatel'stvo politicheskoi literatury, 1950, pp. 316~17.

30) 레닌의 의식중심주의는 전위적 혁명당을 전제한다. 더 일찍 각성한 혁명가들이 미각성 상태에 머물러 있는 노동자들을 일깨워 혁명 전선으로 공급해야 한다는 것이다. 1905년 혁명에 대해 로자 룩셈부르크와 레닌은 각각 대중의 자연발생적 자발성과 전위의 선도성을 옹호하며 논전을 벌였다. 이진경, 『맑스주의와 근대성』, 그린비, 2014, pp. 280~317. 레닌이 논적을 누름으로써 혁명의 이론에서 무의식적 발생의 관점이 멀리 역사 바깥으로 튕겨져 나갔음은 주지의 사실이다.

습속과 관례를 지키며 살아왔던 무자각적 주체들이었으며, 계몽을 위한 러시아 인텔리겐치아들의 희생과 헌신에도 거의 아무런 영향을 받지 않았던 존재들이었다. 크룹스카야가 학교교육의 자율성과 자발성을 강조하면서도, '계획적으로 만들어진 조직성'과 '의식적 규율'에 교육의 역점을 찍을 수밖에 없던 사정도 여기에 있다.[31] 의식의 재구조화를 통해 새로운 인간을 형성할 수 있다는 이상은 명확한 한계를 드러내고 있었다.

스탈린: 믿고 복종하라, 소비에트 국가와 자신을 동일시하라!

실질적 필요에 의해서건 논리적 요구에 의해서건, 레닌은 구시대의 유산이자 자본주의의 잔재인 지식과 기술의 습득에 열렬한 관심을 표명했다. 이 점은 트로츠키도 마찬가지였다. 혁명 초기 문화예술단체인 프롤레트쿨트가 과거 부르주아 문화를 청산하고 완전한 영도에서 프롤레타리아 문화를 창안하자고 역설했을 때, 누구보다도 먼저 그러한 시도를 저지하고 기성 문화를 흡수하도록 설득했던 정치가는 트로츠키였다.[32] 앞서 보았듯, 이런 입장은 혁명 초기의 소비에트 사회가 심각한 경제적 위기에 처해 있었음을 반영한다.

1921~28년간의 신경제정책NEP이 소기의 성과를 보이면서 나타난 현상은 소비에트 사회가 어느 정도 경제적 활력을 회복한 것과 더불어 구시대의 유습으로 돌아가고 있다는 점이었다. 물질적 잉여의 생산

31) 나데즈다 크룹스카야, 『크루프스카야의 국민교육론』, pp. 163, 195.
32) 이한화 엮고옮김, 『러시아 프로문학운동론 1』, 화다, 1988, p. 156.

은 사교역과 암시장을 유도했고, 구 부르주아 전문가들이 복귀하여 경제시장과 국가기구들의 운영에 참여하면서 중앙정부의 일관된 통제도(레닌의 확언과 달리) 느슨해져갔다. 혁명 초에 정력적으로 경주되었던 무상의료와 무상교육 등도 후퇴하는 상황이었다. 거리에는 다시 도둑과 거지, 매춘부 들이 들끓기 시작했으며, '돈쓸 줄 아는' 부자들(네프만)과 그들에게 시종하는 무리들이 등장해 계급적 차이가 다시 벌어지게 되었다. 사회주의 가치가 퇴색하는 풍경이 연출되었고, 신경제정책에 만족하는 사람들이 불어난 만큼 불만을 표시하는 사람들도 증가해갔다.[33)]

1927~28년경 스탈린은 권력을 완전히 장악했다. 당권을 두고 협력하거나 경쟁하던 지노비예프와 카메네프는 당에서 축출당한 뒤 완전히 항복했고, 숙적 트로츠키는 카자흐스탄으로 유형을 보내버린 참이었다. 그리고 '새로운 10월 혁명,' 곧 '대전환의 해'에 발동이 걸렸다. 1928년 제1차 5개년 계획이 출범한 것이다. 표면적으로 제1차 5개년 계획은 지지부진한 저개발국가를 선진 공업국가로 도약시키려는 거대한 산업적 기획이었다. 실제로 계획이 종료되었을 때 소비에트연방의 총생산은 미국 다음으로 세계 2위를 차지할 정도로 급성장을 보였다.[34)] 그렇다면 이 계획의 이면에서 전개된 스탈린의 문화혁명은 어떻게 진행되었고 어떤 결과를 낳았는가?

대중교육에 방점을 찍은 레닌의 문화혁명은 그의 사후에도 계속적인 정책 목표로서 유지되었으나, 제1차 5개년 계획이 시작된 1928년부

33) 쉴라 피츠패트릭, 『러시아혁명(1917~1932)』, 김부기 옮김, 대왕사, 1990, pp. 131~32.
34) 니콜라스 랴자놉스키·마크 스타인버그, 『러시아의 역사 (하)』, p. 753.

터 상당한 변형을 겪게 된다. 단기적으로는 1931년까지 유지된 스탈린의 문화혁명은 '성상 파괴주의적' 과격성을 띠었으며, 국가시책에 연관된 만큼 '위로부터의 혁명'인 동시에 청년 프롤레타리아들의 열성과 자발성을 추동하는 '아래로부터의 혁명'을 표방하고 있었다.[35] 특히 레닌 시대에 도입되고 허용된 구 부르주아 문화유산 및 인텔리겐치아들에 대한 적대가 이 시기에 급격히 증가했다. 다시 말해, 프롤레타리아 계급을 중심으로 다른 계급을 공격하고 절멸시키려는 계급전쟁이 스탈린 문화혁명의 중심에 놓여 있었다.[36]

신경제정책의 부분적 성공이 초래한 구체제로의 회귀 분위기를 1920년대 후반의 청년 공산주의자들이 반길 수 없던 것은 당연했다. 프롤레타리아 계급에서 자라고 성장해 볼셰비키 국가의 중간 간부로 진출했던 그들은 작업장과 대학, 군대 및 여러 사회조직체 등에서 다시 상급자의 지위로 복귀한 부르주아 전문가들, 인텔리겐치아를 잠정적인 계급적 적대자로 간주했고, 특히 농촌에서는 강고하게 잔존하는 부농(쿨락)들을 사유재산 제도의 잔재라고 여겼다. 더구나 자유롭게 '방임된 듯' 보였던 문학예술계의 풍조나 사상적 경향 등은 사회의 이데올로기적 단일성을 크게 저해하는 것으로 언급되며 좌익 급진파의 우려와 분노를 자아냈다. 어떻게든 상황의 반전이 필요하다는 게 이들 청년 공산주의자들의 입장이었다.

35) 1928년 제8차 공산청년동맹에서 스탈린은 혁명 1세대가 조직한 정부기구들을 '관료주의'라 부르고, '아래로부터' 타파해야 한다고 요구했다. 이는 관료제에 대한 비판을 표명하지만 실제로는 스탈린식 정치혁명의 '선주문'으로도 볼 수 있다. J. Stalin, "Organizujte massovuju kritiku snizu"(1928), *Sochinenija*, tom. 11, OGIZ, 1949, pp. 69~73.

36) S. Fitzpatrick, "Cultural Revolution as Class War," *Cultural Revolution in Russia, 1928~1931*, Bloomington: Indiana University Press, 1984, pp. 8~41.

이러한 사회적 정황과 당내에 잔존하는 반대파를 제거하려는 스탈린의 전략이 맞물려 문화혁명이 점화되었다는 추정은 충분히 개연적이다. 그 시발점은 1928년 3월 돈바스의 샤흐티 지구에서 열린 재판이었는데, 탄광 기술자들의 사보타주와 반혁명적 음모가 기소의 이유였다. 모스크바로 이관되어 진행된 이 재판은 언론의 집중적인 조명을 받았고, 토론과 성토의 대상으로 부각되었으며, 소비에트 전역에서 유사한 범죄 행위를 적발하라는 캠페인으로 확산되기에 이른다. 부르주아 출신의 전문가들이 직접 연관된 사건이 아닐지라도 결과적으로는 그들이 음모 세력의 주동자로 밝혀졌으며, 작업장과 사회, 당으로부터 축출되어 유배나 처형의 수순을 밟게 되었다. 이 과정은 광범위하고도 촘촘하게 진행되어 부하린이나 릐코프, 루나차르스키 같은 고위급 당원들까지도 연루되었고, 학계와 종교계, 문화예술계 전반을 가리지 않고 급속히 확산되었다. 명목은 과거의 문화적 가치들을 고수하며 엘리트주의에 젖어 사회를 분열시킨다는 것, 그리하여 특권의식와 관료주의에 함몰된 채 소비에트 권력을 침식시킨다는 것이었지만, 실제 목적은 공산주의적이고 프롤레타리아적인 헤게모니를 확립하는 데 있었다.[37] 당의 통제권을 확고히 다지는 동시에, 청년 공산주의자들과 노동자들의 신분상승을 이루는 것이 문화혁명의 내밀한 목표였던 셈이다.

과거의 인텔리겐치아를 대체하는 프롤레타리아 인텔리겐치아의 양성은 스탈린 문화혁명의 중요 과제였다. 흥미로운 것은 이러한 대체의 양상이 '새로운 인간'의 모델화와 깊은 연관을 맺고 있다는 점이다. 우선 그것은 스타하노프 같은 노동영웅의 배출로써 표면화된다. 정해진

37) 쉴라 피츠패트릭, 『러시아혁명(1917~1932)』, pp. 197~98.

작업량을 초과 달성한 노동자는 과거에는 정신적·지적 작업의 종사자들이 받던 문화영웅의 칭호를 수여받았고, 공산주의 사회의 새로운 인간형으로 추앙받게 되었다.[38] 1930년대 중반 이후로는 기술과 지성의 차원에서도 문화영웅들(비행조종사, 과학자, 탐험가, 스포츠맨 등)이 등장하는데, 그들의 역할은 국가적 사업에 일체화된 활동을 통해 프롤레타리아적 인텔리겐치아가 소비에트 사회의 이상적 시민상임을 전시하는 것이었다.[39] 이렇게 노동 생산과 국위선양에서 '영웅'이 된다는 것은 '문화적 인간'이 된다는 뜻이었고, 이는 내적 인격의 발현이기보다 사회적 행위의 수행을 통해 획득되는 정체성에 가까웠다. 이런 방식으로 소비에트의 민중은 온전히 체제 내적 인간으로 변형되어야만 했던 것이다.[40]

이러한 인간형의 구체적인 표상으로는 1934년에 공표된 사회주의 리얼리즘의 인간형, 즉 문학 창작에 나타난 '긍정적 주인공'을 예시할 수 있다. 후일 안드레이 시냐프스키가 진술한 바에 따르면, 긍정적 주인공은 "무엇이 좋고 무엇이 나쁘다는 것을 정확히 알고 있고, '그렇다'와 '아니다'만을 이야기하며 흑과 백을 혼동하지 않"는 인간, 그래서 "내적인 의혹이나 동요, 해결 불능의 문제나 해결될 수 없는 수수께끼 같은 것은 존재하지 않"는 인간을 가리킨다.[41] 그것이 새로운 인간이자, 공산

---

38) L. Siegelbaum, *Stakhanovism and the Politics of Productivity in the USSR, 1935~1941*, Cambridge: Cambridge University Press, 1988, pp. 213~14.

39) 카테리나 클라크, 「스탈린이즘 문학의 핵심으로서의 이상향적 인류학」, 로버트 터커 엮음, 『스탈린이즘』, 김광삼 옮김, 문학예술사, 1982, p. 169; 이종훈, 「모로조프, 스타하노프, 슈미트: 스탈린 시대의 영웅들」, 권형진 외 엮음, 『대중독재의 영웅 만들기』, 휴머니스트, 2005, p. 229.

40) S. Fitzpatrick, *Tear Off the Masks! Identity and Imposture in Twentieth-Century Russia*, Princeton: Princeton University Press, 2005, p. 13.

주의적 인간형으로서 (1) 이상사회의 건설에 대한 무한한 헌신, 신념으로 무장해 있고, (2) 말을 행동으로 단호히 옮기는 능력을 갖고 있으며, (3) 홀로 있더라도 항상 집단(계급)의 대표자를 자임하여 공동의 목적에 복무하는 자를 뜻한다.[42] 그는 고독하게 사고하며 말과 행동 사이에서 망설이는 부정적 인간이 아니라, 공동체의 미래를 위해 온전히 투신하기로 결의한 긍정의 화신이다. 1924년 1월 21일, 레닌이 사망했을 때 스탈린은 그를 기리는 추모연설에서 "우리 공산주의자들은 특수한 주형鑄型에서 태어난 자들이다. 우리는 특수한 재료들로 만들어졌다"라고 주장했던 바,[43] 공산주의의 '새로운 인간'은 과거와는 전적으로 다른 사고방식과 행동양식으로 재형성된 인간이라 할 수 있다.[44] '알고 있는 주체'로서 당을 믿고, 그 명령에 복종하는 '주체적' 인간으로서 호모 소비에티쿠스Homo sovieticus는 규정된다.

그러나 '위대한' 이념에 의해 한껏 고양된 스탈린 시대 문화혁명의 주인공들은 실제 삶에서 정반대의 모습으로 전환되고 있었다. 철저한 공

---

41) 안드레이 시냐프스키, 「사회주의 리얼리즘이란 무엇인가」, 김학수 엮고옮김, 『러시아문학과 저항정신』, 을유문화사, 1986, p. 197.

42) A. Synyavsky, *Soviet Civilization. A Cultural History*, New York: Arcade Publishing, 1990, p. 116.

43) J. Stalin, "Po povodu smerti Lenina"(1924), *Sochinenija*, tom. 6. OGIZ, 1947, p. 46.

44) 지젝에 따르면 스탈린이 내세운 공산주의적 인간을 형성하는 '특수한 재료'란 대상 a로서 '숭고한 대상' '신체 속의 사물'을 가리킨다. 그것은 표상될 수 없는 실재로서, 실상 지도자의 외설적인 명명에 의해서만 표지될 수 있다. 슬라보예 지젝, 『그들은 자기가 하는 일을 알지 못하나이다』, 박정수 옮김, 인간사랑, 2004, p. 493. 실제로 추모연설 이틀 후의 다른 연설에서 그는 레닌의 인격을 '공손함' '논리력' '불평하지 않음' '겸손함' '원칙주의' '대중에 대한 신념' 등으로 호명함으로써 주관화시키고 개별화시키고 있다. J. Stalin, "O Lenine"(1924), *Sochinenija*, tom. 6. OGIZ, 1947, pp. 52~64. 즉 객관화되지 않으며, 오직 스탈린 자신에 의해서만 인정받을 수 있는 자질들을 '공산주의자 레닌'의 인격으로 제시함으로써, 역으로 청중들, 곧 소비에트 민중들이 스탈린에게 어떤 자질을 보여주어야 하는지 교시한 것이다.

산주의화를 통해 새로운 인간이 되고자 했던 그들은 스탈린 체제가 교조화되고 권위주의적으로 변형됨에 따라, 그리고 무엇보다도 지위 향상에 대한 자신들의 열망이 복합 작용함에 따라, 구체제의 부르주아적 가치들을 무의식적으로 내면화하기 시작한 것이다.[45] 요컨대 스탈린에 의해 확립된 '새로운 인간'은 권력에 순종하는 '예스맨'을 뜻하며, 문화혁명은 그런 인간형을 자신의 정체성으로 받아들이도록 전체 인민을 개조하는 사업에 가까웠다.[46] 이렇게 만들어진 인간은 사실 레닌이 이상화했던 능동적이고 자발적인 인간 유형이라기보다는 복종과 충성으로 자신을 규정짓는 예속적 유형이 아닐 수 없다.[47] 도대체 왜 이런 일이 벌어졌는가?

전술했듯이 스탈린이라는 절대권력자의 집권 의도와 관료화된 당내 정치, 신분 상승에 대한 대중적 경향 등이 스탈린 시대의 문화혁명에서 극적으로 결합되었고, 위협적인 선동과 조직화를 통해 진행되면서 '새로운 인간'의 비극이 발생했다는 추론에는 이론의 여지가 없다. 그러나 단지 그뿐만은 아니다. 왜냐면 이런 추론은 그 객관적 설득력에도 불구하고 여전히 중요한 점을 놓치고 있는 탓이다. 그것은 바로 심리로서의 무의식이다.

---

45) J. F. Hough, "The Cultural Revolution and Western Understanding of the Soviet System," S. Fitzpatrick(ed.), *Cultural Revolution in Russia, 1928~1931*, p. 242.

46) L. Attwood & C. Kelly, "Programmes for Identity: The 'New man' and the 'New Woman'," C. Kelly & D. Shepherd(eds.), *Constructing Russian Culture in the Age of Revolution: 1881~1940*, Oxford: Oxford University Press, 1998, pp. 257~90.

47) 면밀하게 따져본다면, 레닌이 자기조직적인 주체화를 요구했을 때 그는 이미 스탈린적 예속의 주체를 노정했다고도 볼 수 있다. 노동자의 문화화는 곧 규율과 소비에트 지도자에 대한 '무조건적 복종'을 뜻했기 때문이다. V. Lenin, "Ocherednye zadachi sovetskoj vlasti," p. 241.

익히 알려진 소비에트 사회의 '무갈등 이론'은 문학예술론에서 잘 표현되어 있다.[48] 모순과 질곡에 쌓인 부르주아 사회가 폐절되고 성립한 공산주의 사회에서는 이전 사회에서의 문제가 발생할 수 없으니 '사회주의 리얼리즘'에 입각한 작품에서는 당연히 갈등이 묘사될 수 없다는 주장이다. 갈등이 없다는 것은 무엇을 말하는가? 억압이 없다는 것이다. 프로이트적 의미에서 억압이 없다는 것은 내적 욕망이나 충동과 충돌하는 외적 상황과 조건이 부재한다는 뜻이다. 억압의 부재는 무의식의 부재를 가리키는데, 이런 관점에서라면 유토피아는 무의식이 없는 사회에 다름 아니다(같은 논리로 유토피아의 적은 다름 아닌 정신분석가다. 그는 억압된 것을 찾고 무의식의 표현을 읽는 자이기 때문이다). 과연 소비에트 사회는 억압이 없는, 그와 같은 유토피아에 도달했던 것인가?

사회에는 무의식이 없을 수 없다는 주장만으로는 충분치 않다. 요점은 그것이 어디에 잔존하여 스스로를 주장하는가에 있다. 우리는 이를 레닌이 새로운 사회와 인간을 형성하는 데 가장 방해되는 요소로 꼽았던 '습관의 힘'에서 확인할 수 있지 않을까? 습관, 관습이란 무엇인가? 그것은 신체와 습성에 뿌리박힌 관성으로서, 충분히 의식되지 않지만 개인과 집단을 특정한 사고 및 행동으로 추동하는 가장 강력한 무의식적 힘이다. 바로 그렇기 때문에 레닌이 습관과의 투쟁을 선포하고, 공산주의 사회의 성취와 새로운 인간의 형성에서 그것을 투쟁의 대상으로 설정한 것은 옳았다. 관건은 낡은 습관과 단절하고 새로운 습관을 심는 일이 의식 계몽의 차원에서 성취되는 것만은 아니라는 데 있다. 무의식

48) K. Simonov, "Zadachi sovetskoj dramaturgii i teatral'naja kritika," *Novyj mir*, no. 3, 1949, p. 201.

과 관련된 투쟁을 배제한 채 새로운 사회 건설은 불가능하다. 하지만 스탈린주의는 낡은 습관과 관습의 폐절 대신 인간의 절멸을 선택했고, 그렇게 만들어진 '새로운 인간'이 자기조직적인 주체가 아니라 당의 지도에 예속된 주체가 될 수밖에 없었음은 자명한 노릇이다.

3. 트로츠키: 일상생활의 무의식마저 정치화하라!

문화, 사소한 것들의 영역

트로츠키는 레닌과 스탈린처럼 문화혁명을 표면적인 목표로 설정한 적은 없다. 그러나 레닌과 스탈린이 문화의 문제를 당면한 사회현실의 중요한 과제로 설정했으되 경직된 방법에 기울어졌다면, 트로츠키는 적어도 문제설정과 방법론에서는 제대로 침로를 잡았던 것으로 보인다. 1920년대의 '이상한 나날들'에 썼던 '지적 유희나 도락'에 가깝게 보이던 각종 기고문들은 온전히 문화 영역에서의 계급투쟁에 해당되는 내용들이었기 때문이다.

「작은 것에 유의하라!」(1921년 10월 1일), 「붉은군대에서의 '너'와 '당신'」(1922년 7월 18일), 「문화적인 말씨를 위한 투쟁」(1923년 5월 15일), 「정치만으로는 살 수 없다」(7월 10일), 「습관과 관습」(7월 11일), 「보드카, 교회, 영화」(7월 12일), 「낡은 가족과 새로운 가족」(7월 13일), 「가족과 의례」(7월 14일), 「진보적이고 반동적인 관료주의에 반대하여」(8월 6일), 「어떻게 시작할 것인가」(8월 8일), 「작은 것과 큰 것」(10월 16일) 등을 대표적으로 꼽을 수 있는 『일상생활의 문제들』은 트로츠키의 추종자들이나 반대자들 모두를 충분히 의아하게 만들었을 정도로 '사소한' 문제들을 다루고 있다. 이 시기의 글들을 범박하게 '문화'라는 용어로 통칭하는 사정도 그래서일 것이다. 일상의 자질구레한 요소들에 관심을 집중하고 거기에 시간과 정력을 할애하는 것은 아무래도 '비정치적'으로 여겨질 수밖에 없다. 아니, 적어도 급박한 정치현실에서 혁명과 정치의 전면에 서 있던 사람이 진력할 만한 영역은 아니라고 치부되었다. 하지만 트로츠키가 몰두했던 문화의 문제들, 일상생활에 대한 논제들은 정말 정치와 무관하거나 사소하기만 한 것들일까? 오히려 우리는 그것들을 이해할 만한 고리를 찾지 못한 게 아닐까?

『일상생활의 문제들』에 실린 글들이 어떤 내용인가는 중요하지 않다. 내용에 대해서라면 그저 제목을 한번 일별해 보아도 충분히 알 수 있고, 겉보기에 그것들은 일상에 대한 교화적 관점에서나 읽힐 만한 매우 따분한 방안들로 채워져 있다. 그러므로 우리는 이 글들이 실제로 무엇을 작동시키고자 했는가에 대해 주목해야 한다. 트로츠키가 대결하려 했던 것은 일상을 변화에 저항하도록 단단히 정박시키는 습관과 관습이었다. 습속의 타파는 레닌이 지적했던 삶의 구태에만 국한되지 않는다. 가시적으로 드러나는 관례들뿐만 아니라 그것들을 지탱시키는 힘, 보이지 않고 언표되지 않는 가운데 고집스레 잔존하는 힘을 찾아내 분석하고 해소하는 것이 진정한 문제였다. 다시 말해, 오래된 관습과 의례, 습관과 태도를 사람들이 고수하도록 만드는 충동과 욕망, 무의식이야말로 트로츠키가 싸워야 했던 대상이다. 비록 그의 언어는 명백히 '이성적 판단'과 '의식의 각성'을 운위하고 있으나, 그가 곳곳에서 '무의식적으로' 노출시키는 쟁점은 이성과 의식이 승리하기 위해서는 우선적으로 삶에 고착된 개인과 집단의 심리, 인간 의식의 이면에 대한 검토와 그 변화가 선행되어야 한다는 점이다.

> 둔감한 동물성과 지고한 혁명적 이상이 사회적으로 대립되는 데 덧붙여, 우리는 한 사람의 정신에서도 그와 유사한 심리학적 대립을 목격한다. 가령 대의에 복무하는 건전한 공산주의자라 할지라도 여성은 그에게 단지 '암컷'일 뿐이며 여하한의 경우에도 진지한 취급을 받지 못하곤 한다. 혹은, 믿음직스런 공산주의자일지라도 민족 문제에 관해 논쟁이 벌어질라치면 그는 절망적인 반동가로 밝혀지는 일이 종종 생겨나는 것이다. 인간 의식의 상이한 부분들이 동시적이고 평행적으로 변화하고 발전하는 것이 아님을 우리는 기억하고 이해해야 한다. 그 과정에는 어떤 경제학이 작동한다. 인간의 심리는 본성적으로 매우 보수적이며, 필요와 삶의 압박에 따른 변화는 무엇보다도 먼저 개개의 사안마다 직접 연관된 그 부분들에 영향을 미친다. [……] 학교교육과 독서만으로는 해소되지 않는 대단히 복합적인 문제가 있다. 모순과 심리적 비일관성의 뿌리는 사람들이 살아가는 조건들과 혼란에 있다. 결국 심리는 삶에 의해 결정된다. 하지만 그러한 의존은 순전히 기계론적이거나 자동적이지 않다. 그것은 능동적이며 상호적이다. 따라서 문제는 매우 다양한 방식으로 접근되어야 한다.[49]

삶의 비일관성과 비합리주의의 강고한 토대로서의 심리는 다름 아닌 무의식이다. 일상생활이 물리적 강제와 폭력에 의해서도 쉽게 변하지 않는 까닭은 그 밑바닥에 무의식이라는 깊은 심연이 있기 때문이다. 과

---

49) L. Trotsky, *Problems of Everyday Life*, New York: Pathfinder Press, 1973, pp. 54~55.

연 트로츠키는 어떤 입장을 갖고 있었을까?

정신분석, 환상인가 과학인가

레닌이 정신분석에 대해 불편한 입장을 취했다는 이야기는 잘 알려져 있다.[50] 반면 트로츠키는 정신분석에 여러모로 호의적이었으며, 소비에트 러시아에서 정신분석의 흥망성쇠는 트로츠키 개인의 부침과 깊이 관련되어 있다.

1920년대 러시아에서 정신분석 운동은 활기를 띠며 무수한 이론적, 실천적 생산물들을 만들고 있었으나,[51] 다른 한편으로 부르주아 관념론이라는 혐의로부터도 자유롭지 않았고, 공적인 문제에서 적극적인 지지 표명을 하기는 더더욱 쉽지 않았다. 그런 점에서 확실히 트로츠키는 예외적이었다. 예컨대 『일상생활의 문제들』을 집필했을 당시 그가 몰두하던 작업목록에는 파블로프학파와 프로이트주의 사이의 논쟁에 대한 개입이 포함되어 있었다.[52] 파블로프의 조건반사 이론은 당시 학계와 정권을 통해 마르크스주의적 유물론의 일환으로 인정된 '공식 과학'의 지위에 올라 있었다. 이런 상황에서 정신분석을 조건반사 이론과 연관짓는 일은 대단한 주의를 요구하는 모험이 아닐 수 없었다. 더구나 파블로프는 정신분석을 탐탁지 않게 여기던 참이었다. 하지만 트로츠키는 파블로프에게 보낸 1923년 9월 27일자 공개서한에서 양자 간의 유

50) M. Miller, *Freud and the Bolsheviks*, New Haven: Yale University Press, 1998, pp. 84~87.

51) 최진석, 「혁명기 러시아의 정신분석 운동」, 『외국학연구』 24권, 2013, pp. 594~97.

52) 아이작 도이처, 『비무장의 예언자 트로츠키 1921~1929』, p. 250.

사점에 대한 자신의 관점을 강력히 피력했다.

> 프로이트의 정신분석 이론과 조건반사 이론 사이에는 상호관계가 있다고 봅니다. 제가 빈에 체류할 때 프로이트주의자들과 다분히 가까운 관계를 가지면서 그들의 논문을 읽기도 하고 심지어 회합에도 참여한 적이 있었죠. 심리학 문제에 대한 그들의 접근방식을 볼 때마다 제게 항상 드는 생각은 정신현상에 대한 소소한 분석이 생리학적 실재론과 결합될 수 있다는 점이었습니다. 본질적으로 정신분석 학설은 심리적 과정이 생리학적 과정에 복잡하게 기반을 두고 있으며, 생리학에 대해 정신분석이 기여할 수 있다는 사실에 근거합니다. [……] 조건반사에 대한 당신의 학설은 프로이트의 이론을 부분적으로 포함한다고 생각합니다. 프로이트학파가 애호하는 영역인 성적 에너지의 승화란 조건반사의 성적 토대 위에 하나나 둘을 덧붙여 구축된 것이지요.[53]

트로츠키가 정신분석에 전적인 찬동과 지지만을 보냈다고 보기는 어렵다. 오히려 그의 입장은 다분히 유보적인 데가 있으며, 부르주아 대중 사이에서 유행하는 '사이비 프로이트주의'에의 탐닉으로부터 필요한 부분을 지켜내자는 방어적 면모가 두드러진다.[54] 그러나 마르크스주의와 정신분석 사이에 교섭 불가능한 단절을 만들어 배제하는 태도야말로 비과학적인 우愚에 해당된다는 게 그의 확고한 입장이었다.

---

53) L. Trotsky, *Problemy kul'tury. Kul'tura perekhodnogo perioda*(1927), Kniga po Trebovaniyu, 2012, p. 176.

54) 아이작 도이처, 『비무장의 예언자 트로츠키 1921~1929』, p. 251.

정신분석과 마르크스주의가 '양립 불가능하다'고 등돌려버리는 태도는 너무 단순하거나, 차라리 우둔하다. 그러나 여하한의 경우에도 우리가 프로이트주의를 양자로 삼아야 할 의무도 없다. 다만 프로이트주의는 효과적으로 작동하는 가설로서, 의심할 여지 없이 유물론적 심리학과 동렬의 결론과 추론을 만들어낼 수 있고, 실제로 만들어낸다. 언젠가 실험적인 방법을 통해 검증할 시간이 올 것이다. 하지만 예상할 만한 결론이 나올 법하지 않다고 해도, 우리는 그것을 금지할 만한 근거나 권리를 갖고 있지 않다. 비록 그 실험이 매우 느린 속도로 진행되더라도 말이다.[55)]

그렇다면 트로츠키에게 정신분석은 단지 이행기의 과학이었을까? 그럴 수도 있고 아닐 수도 있다. 먼저 그럴 수 있다고 말하는 이유는, '과학'의 지위를 누리던 파블로프의 조건반사 이론과 정신분석이 상이한 방법론을 취하기 때문이다. 즉, 전자가 낮은 단계에서 높은 단계로 실증적 매개를 통한 점진적인 진전을 하는 반면, 후자는 도약을 통해 질적으로 상이한 단계로 나아감으로써 인간사회의 설명 불가능한 영역들을 드러내고자 한다.

다른 방식으로 빈에 위치한 프로이트의 정신분석학파에 접근해보자. 이 학파는 복잡하고 정교한 심리적 과정의 운동력은 다름 아닌 생리적 요구에 따른 것이라는 데서 출발했다. 이러한 일반적 의미에서 정신분석학파는 유물론적이다. [……] 그러나 정신분석가는 의식의 문제에 대해

55) L. Trotsky, *Problemy kul'tury. Kul'tura perekhodnogo perioda,* p. 289.

낮은 차원의 현상에서 높은 차원으로, 혹은 단순한 반사에서 복잡한 반사로 향하듯 실험적으로 접근하지 않는다. 대신 그는 이 모든 매개적 단계를 단 한 번의 도약으로 성취하고자 한다. 위에서 아래로, 종교적 신화와 서정시 또는 꿈의 해석으로부터 곧장 심리의 생리적 기저로 건너뛰는 것이다.

관념론자들은 심리가 자립적이며, '정신'은 바닥없는 우물이라고 가르친다. 파블로프와 프로이트는 '정신'의 바닥은 생리학이라 간주하고 있다. 하지만 파블로프는 마치 잠수부처럼 바닥으로 내려가 아래서부터 위로 꼼꼼하게 우물을 탐구한다. 반면 프로이트는 우물가에 서서 어지럽게 변화하는 우물물을 통찰력 있는 시선으로 바라보면서 바닥의 특징을 추측하고자 하는 것이다. 파블로프의 방법은 실험적이고, 프로이트의 방법은 추론적이며 이따금 환상적이다.[56)]

정신분석의 '도약'은 '환상적'으로 보이지만 실증적 실험과학이 제공하지 못하는 설명력과 이론적 가설을 제시한다. 트로츠키가 이를 해명하기 위해 신화나 시, 꿈을 예거한 것은 표 나게 특징적이다. 이 영역들이야말로 생산력과 생산관계의 '과학적' 진화를 벗어나는 공식적 이데올로기의 '외부'가 아닌가?[57)] 어쩌면 트로츠키가 과학의 조건으로 제시했던 '이행'이란 바로 이런 '도약'을 포함하는 변증법적 전화, 역설의 논리가 아니었을까? 그렇다면 이런 도약의 근거로서, 정신분석가가 통찰력을 발휘하며 바라보고자 했던 것, '우물의 바닥'은 무엇일까? 두말할

56) 같은 책, pp. 288~89.
57) 카를 마르크스, 『정치경제학 비판을 위하여』, 김호균 옮김, 중원문화, 1988, pp. 234~35.

나위 없이 무의식이다. 정신분석에 대한 트로츠키의 옹호는 그것이 과학적이어서가 아니라, 바로 소비에트의 공식적 과학이 보지 못하고 공식적 이데올로기가 부정하고자 했던 무의식을 문제화했기 때문이다.[58]

무의식, 혁명과 정치의 동력학

스탈린에 의해 추방당한 후 세계 곳곳을 유랑해야 했던 트로츠키는 역설적으로 연구와 독서, 저술을 위한 더 많은 시간을 확보할 수 있었다. 특히 당내 권력투쟁에서 '해방된' 그는 왕성한 집필 활동을 통해 현장 정치의 결여를 보충했는데, 소련 바깥에서 그의 사상의 폭과 깊이가 더욱 심화되었다고 보아도 틀리지 않을 듯하다. 정신분석과 무의식에 대한 그의 입장도 이때 더욱 급진적으로 표명된다. 1933~35년 사이에 작성된 그의 노트에는 다음과 같은 진술이 나온다.

> 정신의학(즉 프로이트의 '정신분석')이라는 하나의 온전한 학파가 있으며, 이 학파가 심리 현상 자체의 내적 결정주의에 입각하여 실제로 생리학을 완전히 추방했다는 사실은 잘 알려져 있다. 그래서 몇몇의 비판자들은 프로이트학파를 관념론이라 규탄한다. 정신분석가들이 종종 이원론과 관념론, 신비화에 경도되는 것도 사실이다. [……] 내가 알기로 이것은 사실이다. 그러나 정신분석의 방법 자체만을 따져본다면, 심리 현

58) 제도화된 정신분석으로부터 무의식을 '구출'해내고 사회적 동력학의 기초로 사유했던 또 다른 동시대인은 미하일 바흐친이었다. 그는 무의식을 이데올로기와 동일한 역학 속에서 고찰하는바, '삶의 이데올로기' 또는 '비공식적 의식'은 혁명적 변형의 진정한 동력인 무의식을 가리킨다. 최진석, 「바흐친과 무의식, 또는 사회적인 것에 관하여」, 『러시아어문학연구논집』 32집, 2009, pp. 275~78.

상의 '자율성'을 그 출발점으로 삼기에 유물론과 전혀 모순적이지 않다. 그와 정반대로, 심리가 자율적으로 운동하지 않는 한, 즉 어떤 한계를 가지면서 개체적이고 종적인 삶에서 독립적 역할을 맡지 않고는 형성될 수조차 없다는 생각을 하게 하는 한, 정신분석은 정확히 변증법적 유물론이라 할 만하다.

아무튼 우리는 여기서 어떤 결절점에 도달하는데, 그것은 양에서 질로의 전화, 점진적 과정에서의 단절이라 부를 만한 것이다. 물질로부터 생겨난 심리는 물질의 결정론으로부터 '자유로우며' 그래서 그 자체의 법칙을 갖고서 물질에 독립적인 영향을 끼치게 된다.

원인과 결과의 변증법, 토대와 상부구조의 변증법이 우리에게 더 이상 새롭지 않음은 사실이다. 경제에서 자라난 정치는 상부구조의 전환에 의해 역으로 토대에 영향을 끼치게 된다. 그러나 여기서 실재적인 것은 바로 상호관계이다. 왜냐면 두 심급 모두에 살아 있는 대중들의 행위가 포함되기 때문이다. 하나의 심급에서 대중은 생산을 위해 집단을 이루지만, 다른 심급에서는 동일한 생산의 요구가 내는 억압으로 인해 정치적으로 집단을 이루고 정치의 전환을 위해 자신들의 생산집단화에 따라 행동한다.

우리가 두뇌에 대한 해부학과 생리학으로부터 지적 행위로 이행할 때, '토대'와 '상부구조'의 상호관계는 비교할 수 없이 복잡해진다.

이원론자들은 세계를 물질과 의식이라는 독립적인 실체들로 구별한다. 그렇다면 무의식을 갖고 우리는 무엇을 할 것인가?[59]

59) L. Trotsky, *Trotsky's Notebooks, 1933~1935*, P. Pomper(ed. & trans.), New York: Columbia University Press, 1998, pp. 106~107.

이 노트는 정신분석이라는 한 분과 영역에 대한 단상이 아니다. 여기에는 변증법과 유물론에 대한 마르크스주의자의 심오한 통찰이 반영되어 있으며, 이 테두리 안에서 트로츠키는 정신분석을 변증법적 유물론, 즉 '과학'으로서 정확히 자리매김하고 있다.

우선 그는 심리의 자율성을 인정한다. 이때 심리란 토대에서 자라났으되 토대에 기계적으로 종속되지 않는 영역, 상부구조의 독자적 근거를 가리킨다. 알다시피 상부구조는 사회의 정치적·법적·종교적·예술적·철학적 견해들과 그에 상응하는 정치적이고 법적이며 기타 다양한 제도들을 지칭한다. 라캉의 표현을 빌린다면 상부구조의 다양한 요소들은 상징계에 속한다. 그러나 이렇게 상부구조를 정의한다면, 그것은 토대로부터의 자율적 요소가 극소화되며 토대로부터 일방적인 영향관계에 놓일 수밖에 없게 된다. 심리에 대해 말하자면, 그것은 사회의 경제적 토대에 의해 강제적이고 일의적으로 형성 가능한 대상으로 남게 된다. 스탈린의 문화혁명에서 새로운 인간은 바로 이 원리로부터 형성되었던 것이다. 일종의 사회공학적 관점에서 토대-상부구조의 관계를 엄격히 적용한다면, 스탈린주의는 '합리화'되지 않을 이유가 없다.

물론 그것은 정치적 함정이다. 비록 굴절의 방식으로라도 토대를 속속들이 반영하는 상부구조는 투명하고 기계적인 정합성에 의해 표상된다. 스탈린은 1950년 언어학자들의 논쟁 과정에 개입하면서 이 논리를 교묘히 적용해 자신의 이론을 설파했는데, 그에 따르면 양질전화와 같은 폭발적 전화의 과정은 서로 다른 계급적 토대에 기반을 둔 분열된 사회에서는 일어날 수 있어도, 하나의 단일한 계급으로 통일된 사회에서는 발생하지 않는다는 것이다. 후자의 경우, 급격한 폭발과 단절, 곧 혁명은 사실상 불가능하다. 현실적인 것은 새로운 질을 점진적으로 축적하여 낡은 질의 요소를 제거하고 새로운 질로 대체하는 것뿐이다.[60] 토대는 상부구조를 단단히 결박하고 있으므로 쉽게 변이가 일어날 수 없고, 상부구조는 빈틈없이 토대를 반영하므로 예외가 생겨나지 않는다. 클리나멘, 곧 이탈의 선이 없기에 어떠한 갈등도 생기지 않는다(무오류 이론). 그 결과, 대단히 정적이고 불변하는 사회가 도래한다. 여기에서는 사회혁명과 정치혁명, 민중혁명의 그 어떤 잠재성도 찾아볼 수 없다.

정신분석은 너무나도 투명해서 낱낱의 모세혈관까지도 셀 수 있는 심리를 가정하지 않는다. 무의식이란 불투명하기에 그 안에 무엇이 있는지 모르고, 어떻게 작동할지 예측할 수 없는 의식의 타자, 그 외부다. 비록 프로이트가 관념론과 신비주의라는 부르주아적 영향관계에 놓여 있기는 했으나, 트로츠키는 실재하는 힘으로서 무의식을 발견했던 정신분석의 공로를 인정한다. 오직 무의식이 있다고 가정할 때만 사회의 격동과 변혁, 혁명도 전망할 수 있기 때문이다. 같은 의미에서 양질전화라는 마르크스주의 변증법의 근본 원리도 무의식의 이러한 변형적 힘(능력)을 전제해야 실현되는 현상이다. 따라서 현존하는 질서를 전복시키고 '새로운' 세계와 '새로운' 인간의 형성을 바라보기 위해서는 무의식이라는 불투명하며 불가능한 심리의 토대, 그 기저를 염두에 두지 않을 수 없다.[61]

60) J. Stalin, "Marksizm i voprosy jazykoznanija"(1950), *Sochinenija*, tom. 16. Pisatel, 1997, pp. 119~20.

61) 새로운 사회의 구성과 인간의 변형은 리비도의 에로스적 투여 없이는 불가능하다. 인간과 사회의 재변형이 근대적 인과율에 의해서는 본질적으로 불가능한 이유가 여기에 있다. 트로츠키는 에로스와 혁명의 관계에 대해 어느 정도 직감하고 있었다는 점에서 다른 볼셰비키들과는 차별적인 '특이한' 인물이었다. A. Etkind, *Eros of the Impossible*, Noah & Maria

무의식의, 〔비규정적인, 자연생장적인: 인용자〕 힘의, 대지의 하부에 있는 가장 깊고 어두운 구석에 인간의 본성이 숨어 있다. 탐구하는 사유와 창조적 주도권의 막대한 열성이 이로부터 나오게 될 것이라는 점은 자명하지 않은가? 인간이 신과 차르와 자본 앞에 네 발로 기는 것을 멈춘 것은 단지 유전과 성적 도태의 맹목적 법칙 앞에 겸손히 복종하기 위해서는 아니었을 터이다.[62)]

트로츠키가 무의식의 실재성을 역설하고 글을 쓴 것은 단지 인간 본성에 대한 사변적 이론을 늘어놓기 위한 게 아니었다. 무의식은 정치적 용법 속에서 그것의 현실적 동력학을 구축한다. 혁명이라는 사건은 무의식이 현실과 만나서 폭발하고 토대와 상부구조의 (그 자체로 상징적 질서인) 이론을 찢어놓고 재구성하는 사건에 다름 아니다.

마르크스주의는 스스로를 무의식적인 역사 과정의 의식적 표현으로 간주하고 있다. 그러나 심리학적인 의미에서가 아니라 역사철학적인 의미에서의 '무의식적' 과정이 그 의식적 표현과 일치하는 것은, 그것이 절정에 이르렀을 때, 즉 대중이 순전히 자연발생적인 압력에 의해 사회적 인습의 문을 때려 부수고 역사 발전의 가장 깊은 요구에 승리의 표현을 부여할 때뿐이다. 이런 순간에는 시대의 최고의 이론적 의식이 이론과 가장 거리가 먼 최저변의 피억압 대중의 직접적인 행동과 융합한다. 의식

Rubins(trans.), Boulder, Colo.: Westview Press, 1997, pp. 235~38.

62) L. Trotsky, *Literatura i revoljutsija, Izdatel'stvo politicheskoj literatury*(1923), 1991, p. 196.

과 무의식적인 것의 이런 창조적인 결합이 바로 보통 영감이라 불리는 것이다. 혁명은 영감을 받은 역사의 광기이다.

진짜 저술가라면 누구나 자신보다 강한 다른 누군가가 자신의 손을 인도하는 듯한 창조의 순간을 알고 있다. 또한 진짜 웅변가라면 누구나 평소의 자기 자신보다 강한 뭔가가 자신의 입을 이용해 말하는 순간을 경험한다. 이것이 '영감'이다. 그것은 온 힘이 다 기울여진 최고의 창조적인 노력에서 태어난다. 무의식적인 것이 깊은 우물 속에서 솟아올라 의식적인 정신을 자신의 의지에 종속시키고, 그것을 어떤 보다 큰 종합 속에서 자신과 융합시킨다.[63]

4. 문화정치학의 기획: 어떻게 새로운 인간을 만들 것인가

트로츠키의 개인적 이력에서 알 수 있듯, 그는 실제로 정책적 과제로서 문화혁명을 주장한 적도 없고 추진할 수도 없었다. 하지만 스탈린과의 권력투쟁이 심화되던 1920년대에 그가 몰두했던 문제는 일상생활을 어떻게 새로이 조형할 것인가에 모아져 있었다. 이는 문화와 일상이 포괄하는 개인과 집단의 습관과 습성, 관습 및 의례에 대한 것이었고, 개별 신체의 조형과 함께 더욱 넓은 범위에서 사회적 삶의 형식을 새롭게 창안하는 방식이었다. 이는 무엇보다도 먼저 전제주의 시대 이래로 암묵적이고 견고하게 지속되었던 민중의 일상을 관찰하고, 그것이 엄존하는 현실을 인정하는 데서 출발해야 한다. 혁명은 국가를 전복함으로써

63) L. 트로츠키, 『나의 생애 (상)』, 박광순 옮김, 범우사, 2001, pp. 75~76.

낡은 사회를 새롭게 변형시키고자 했으나, 그 구성원들을 바꾸기에는 아직 역부족이라는 사실을 먼저 절감할 필요가 있다.

일상에 대한 연구가 특별히 표명해주는 사실은, 개인은 어느 정도까지는 그 자신의 창조자가 아니라 환경의 산물이라는 점이다. 일상생활, 즉 삶의 조건과 관습은 경제학보다 더 강력하게 "인간의 등 뒤에서 진화한다." 마르크스의 말이다. 습관과 관습의 영역에서 이루어진 의식적인 창안이란 인간 역사에서 아주 미소한 부분만을 차지했을 따름이다. 관습은 인간의 기초적 경험들이 축적된 결과이며, 기술적 진보의 압력이나 혁명적 투쟁에서 나타난 우연한 자극을 받을 때만 아주 초보적인 방식으로 변형되곤 했다.[64] 대체로 그것은 현재의 인간사회보다 과거의 인간사회에 대해 더 많은 것을 알려준다.

우리 프롤레타리아트는 젊으며 조상 따위는 갖고 있지 않다. 그것은 최근 10년 사이에 등장했고, 대부분 도시민과 주로 농민층으로부터 배태된 계급이다. 그래서 우리 프롤레타리아트의 삶은 그 사회적 기원을 선명히 보여준다. 글렙 우스펜스키의 소설 『라스테랴예프 거리의 풍속(도덕)』(1866)을 환기시키는 것으로도 충분하다. 지난 사반세기 동안 툴라의 노동자로 살아온 라스테랴예프 가문의 특징은 무엇인가? 그들은 모두 도시민이거나 농민으로서 독립에 대한 희망을 상실한 자들이

64) 시간의 지체라는 주제는 나중에 트로츠키가 『러시아 혁명사』(1930)를 집필하면서 전제했던 역사의 특수한 법칙이다. L. Trotsky, *The Russian Revolution*, New York: Doubleday Anchor Books, 1959, pp. 3~4. 이른바 '불균등 결합발전론'으로 알려진 이 현상은 선진국과 후진국 사이의 경제적 발전과 사회적 발전의 차이를 설명하는 데 동원되지만, 한 국가 내에서 벌어진 물질적 발전과 정신적(심리적) 발전 사이의 거리를 논의하는 데도 적절할 듯하다.

며 무지몽매한 소부르주아와 극빈층이 뒤섞여 형성된 자들이다. 〔……〕 그들의 가정생활에서 남편과 아내, 부모와 자식의 관계는 전체 세계와 완전히 단절되어 있다. 라스테랴예프식 풍조가 단단히 뿌리내린 것이다. 〔……〕 일반 노동자들 및 공산주의자들의 생활, 그리고 그들 사이에 그어진 평행선은 엄청난 관찰과 연구, 실천적 적용의 장을 던져주고 있다![65]

강고한 일상의 타성은 과거를 유지시키는 힘일 뿐만 아니라, 새로운 변형을 저지하는 가장 강력한 뿌리다. 새로운 사회의 건설은 새로운 인간 유형을 자동적으로 산출할 것이라는 순진한 믿음은 시간의 지체라는 무시무시한 법칙을 간과한 오류일 뿐이다. 노동자와 농민, 공산주의자 들은 그들의 전통적 습속을 잘 벗어나지 못하며, 이는 일상을 구성하는 최소 단위인 가족관계에서 여실히 입증된다. 노동자들이 보드카에 중독되어 살고, 갖가지 유흥과 폭력, 무질서에 젖어 있는 것은 공산주의의 논리가 부족해서가 아니라 일상생활의 습속(도덕)이 너무나도 강하기 때문이다. 민중은 오랜 세월 동안 신체와 무의식에 각인된 타성과 의례를 내버릴 마음이 추호도 없다.

관습은 의례를 버리느니 차라리 국가를 버릴 것이다. 노동 계급의 가족적 삶은 너무나 단조롭고, 그 단조로움은 신경 체계를 닳아 없애버릴 것이다. 세계 전체를 비추는 작은 플라스크병인 알코올에 대한 욕망이 생겨나는 것은 이 때문이다. 교회와 그 의례에 대한 욕망이 생기는 것도

65) L. Trotsky, *Problems of Everyday Life*, pp. 25~26.

그래서이다. 결혼을 어떻게 축하해줄 것이며, 가족에서 아이의 출생은 또 어떻게 축하해줄 것인가? 사랑하는 이의 죽음에 대해 어떻게 애도할 것인가? 교회의 의례는 생의 주기를 따라 삶의 주요한 이정표들을 표시하고 장식하려는 필요에서 생겨났다.[66)]

문화, 또는 습속으로서의 일상을 이끄는 힘은 무의식적 추동이자 가시화되지 않는 코나투스다. 두 차례의 문화혁명이 보여주는 것처럼 그것은 인위적으로 조형되지 않는 영역들이지만, 또한 동시에 정치적으로 표지되고 분석되며, 종합해야 할 무의식의 영토다. 만약, 새로운 사회의 기반 위에서 진정 새로운 인간을 형성하고자 한다면, 문화와 일상, 습관의 영역, 즉 무의식에 대한 개입은 필수불가결하다.[67)] 이를 제대로 직시하지 못하는 문화정치학의 기획은 공상에 불과하다. 완전히는 아니지만, 트로츠키는 이 점을 직감하고 있었고, 글쓰기를 통해 뚜렷이 제시하고자 했다. 이것이 그의 '이상한 나날들'을 생겨나게 한 배경이다. 그렇다면 새로운 문화혁명을 노정하는 문화정치학의 구체적인 방법은 무엇인가?

트로츠키는 토대의 전복이 곧장 상부구조의 변형을 수반하지 않음을 잘 알고 있었다. 사실 이런 주장은 당시로서는 마르크스주의의 일반적 교의와는 다소 거리가 있는 주장이었다. 후일 스탈린에 의해 좀더 명확하게 정식화되지만, 토대와 상부구조 사이의 기계론적 관계는 마르

66) 같은 책, p. 44.

67) "보편성에 맞서는 우리의 '생활세계,' 즉 구체적인 민족적 실체는 습관으로 이루어져 있다. 그런데 습관이란 무엇인가? [……] 어떤 사회의 습관에 대해 안다는 것은 그 사회가 가진 규칙에 대한 규칙을 아는 것과 같다"(슬라보예 지젝, 『폭력이란 무엇인가』, 이현우 외 옮김, 난장이, 2011, p. 221).

크스주의 사회학의 상식으로서 무리 없이 받아들여졌기 때문이다. 그러나 트로츠키는 민중의 일상에 자리 잡은 습속의 완고한 저항을 알고 있었기에 이렇게 단언한다.

결국 일상생활의 습관과 관습 들은 상부구조이고, 토대는 경제적 생산을 구성한다고 할 수 있다. 경제가 변화를 겪는다면, 여타의 다른 모든 것들은 자동적으로 변화할 것이다…… 이건 아주 끔찍스런 마르크스주의자나 할 소리다. 실상 그것은 현실에 대한 전적인 무지의 소산일 뿐인 것이다(웃음).

모든 상부구조가 경제적 기초 위에 세워지는 것이고, 누구든 이렇게 생각해야 한다면, 정치에 대해 연구해야 할 아무런 이유가 없을 것이다. 왜냐면 정치 역시 생산의 기초 위에 세워지는 것이기 때문이다. 하지만 요점은 정치에 대한 연구 없이 토대는 변형되지 않는다는 사실이다. 경제적 토대를 변형시키는 수단이 바로 정치인 까닭이다. 일상생활에 대해서도 마찬가지로 말할 수 있으리라. 습관과 관습은 모종의 생산 형태의 기초 위에서 조형되지만, 그것들은 경제적 변화보다 지체되는 특징을 갖는다. 우리는 그것들을 혁명의 회초리 없이도 추동하여 이끌어내야만 한다.[68]

전기적 보고에 따르면 트로츠키는 대의를 위해서라면 현실에 대한 폭력적 개입을 마다하지 않았던 인물이다.[69] '혁명적 테러'는 그가 혁명

68) L. Trotsky, *Problems of Everyday Life*, p. 305.
69) R. Service, *Trotsky. A Biography*, p. 313.

의 곤경을 돌파하기 위해서라면 얼마든지 구사할 수 있는 전략이었다.[70] 하지만 문화정치학에 있어서는 다른 전략을 취해야 했다. 그 자신이 역설했듯, 문화의 변혁은 '장기적' 과정으로서[71] 절단적인 폭력으로는 달성할 수 없는 심리적 진행을 포함하는 탓이다. 하나의 사례이자 대표적인 문제설정으로서 가족 문제는 이렇게 트로츠키의 가장 중요한 작업 대상이 된다. 의식적이고 사회적인 활동 이면에 있는 무의식적이고 사적인 활동 무대로서 가족은 단단한 보수적 일상의 중핵이었다. 구시대의 대표적인 잔재로서[72] 가족의 내부에는 남성과 여성, 어른과 아이, 자질구레한 구태들이 처리 불가능할 정도로 얽혀 있으며, 정녕 이 문제를 풀지 못하고는 혁명의 성패란 말할 수조차 없는 것이었다.[73] 그러나 이조차도 단번에 해결하려고 섣불리 덤벼서는 안 되고, 시간을 두며 천천히 접근해야 한다.

> 가족관계 및 개인의 삶 일반에 관해 말하자면, 과거로부터 뿌리박힌, 사유의 통제를 통과하지 못한 전통 따위의 낡은 것들이 분해되는 시간은 불가피하다. 가족생활의 영역에서 이러한 비판과 해체의 시간은 나중에야 시작될 것이며, 대단히 오래 지속될 것이다. 병적이고 고통스런 복합적인 형태가 노정될 테지만, 언제나 눈에 띌 정도로 가시적이지는 않

70) 레온 트로츠키, 『테러리즘과 공산주의』, pp. 119~20.

71) L. Trotsky, *Problems of Everyday Life*, p. 29.

72) L. Trotsky, *Women and the Family*, New York: Pathfinder Press, 1986, p. 43.

73) 소련에서 축출된 후 집필한 『배반당한 혁명』(1936)에서 트로츠키는 가족 문제를 내버려 둔 것이 소련이 퇴행할 수밖에 없었던 가장 큰 원인 중 하나라고 지적한다. "문제 중의 문제"로서 가족은 "소련 사회의 실제 현실과 지배층의 진화 과정을 가장 특징적으로 나타내"는 것이었다(레온 트로츠키, 『배반당한 혁명』, 김성훈 옮김, 갈무리, 1995, pp. 164~65).

을 것이다. 삶 일반과 경제 및 국가 상태에서 일어나는 비판적 변화의 진보적 표지를 우리는 잘 관찰할 수 없다는 사실을 명확히 알아야 한다.[74]

미시적 차원에서 문화정치학의 가장 긴요한 역할은 일상의 의례를 발명하는 데 있다. 전제주의 시대에 강요되었던 군주에 대한 감사인사와 신에 대한 기도, 지배층에 대한 복종의 태도와 온갖 미신적 구습들은 '혁명적 폭력'으로 일소되었으나, 민중들은 여전히 무언가에 대해 고마워하고 싶고, 간구하고자 하며, 주어진 시간을 어떻게든 채우며 살아가길 원한다. 그들은 이웃의 결혼을 축하하고, 갓 태어난 아이를 축복하며, 기념할 만한 소재를 갖고 싶어 한다. 요컨대 일상의 의례ritual를 욕망하는 것이다. 혁명이 제공해야 하는 것은 바로 이러한 민중적 욕망을 구현해줄 형식이다. 비판하고 내버리는 것으로는 충분치 않을뿐더러, 역효과를 낳게 마련이다. 폐기한 그것을 대체할 무엇인가를 잠정적으로나마 제시하는 것, 공산주의적 사회에 좀더 적합하고 공산주의적 인간에 부합하는 사고와 행동의 틀을 조직하는 것이야말로 문화정치학의 임무라고 할 수 있다.

우리는 심리적 조건과 물리적 조건을, 개별적 조건과 일반적인 조건을 분리해야 한다. 심리학적[정신분석적: 인용자]으로 말해서 새로운 가족, 새로운 인간관계 일반의 진화는 우리에게 노동 계급 문화의 전진과 개인의 발전을 뜻한다. 개인의 외적 필요와 내적 훈련의 표준은 상향될 것이다. 이런 점에서 혁명 그 자체는 거대한 일보전진을 시사하며, 가족 해체

74) L. Trotsky, *Problems of Everyday Life*, pp. 38~39.

의 가장 나쁜 현상조차 다만 계급적 각성과 계급 내 개인의 각성을 다소 고통스런 형태로나마 표현하고 있다.[75]

문화혁명은 피상적인 이상적 방안이나 소규모 연구자 집단에서 벌이는 행사 정도로 이해되어서는 안 된다. 그것은 삶의 조건과 노동의 방법, 거대한 국가의 일상생활적 관습 및 국민의 가족생활 전반을 변형시키는 문제다.[76]

『일상생활의 문제들』과 『문화의 문제들. 이행기의 문화』에서 술을 끊으라든지, 신발 끈을 잘 매고 다니라든지, 욕하지 말라든지, 서로 존칭을 쓰라든지 등등 '시시콜콜'하게 늘어놓은 간섭조의 발언들은, '원로' 혁명가 트로츠키의 오만이 아니다. 그는 그 정도로 '순박한' 인물이 아니었다. 일견 정치적 패퇴로 보일 수 있는 그토록 '이상한 나날들'에 그는 오히려 혁명을 어떻게 완수할 수 있는지에 대해 집요하게 묻고 답하려 했다. 1917년의 혁명으로 인해 새로운 사회가 출범하자마자 "혁명을 어떻게 완성할 것인가?"라는 질문을 "그 중심을 어떻게 장악할 것인가?"와 재빨리 동치시켰던 경쟁자들에 비하면 다소 '어이없어 보이는' 행보지만, 트로츠키는 자신의 신념과 열정을 추구하는 데 맹목적이기를 마다하지 않았다. 어쩌면 그것은 급변하는 정국을 짚어내지 못한 '실수'나 '어리석음'처럼 보일 수도 있지만, 그 당시의 정세를 면밀히 고찰해 본다면 오히려 심오한 통찰이자 지혜였을지 모른다. 역사는 이성적이기

75) 같은 책, p. 41.
76) 같은 책, p. 246.

보다는 자주 비합리적인 지체 속에서 느릿한 속도로 흐르게 마련이며, 각각의 정세마다 그에 적합한 처방이 따로 있는 까닭이다.

5. 나가며: 전인全人과 초인, 또는 욕망하는 인간의 정치학

우리는 지금까지 러시아 혁명 이후에 전개된 문화론의 세 가지 양상을 검토해보았다. 그 과정에서 우리는 당내 권력투쟁이 한창이던 1920년대 초에 트로츠키가 정치적 투쟁의 현장에서 이탈했던 것은 레닌과 스탈린과는 구별되는 문화정치학적 구상 때문이었음을 확인하게 되었다. 이로써 소비에트 러시아의 역사에는 두 차례의 문화혁명과 한 번의 은폐된 문화정치학이 잠복해 있다고 할 만하다.

레닌과 스탈린이 주도했던 문화혁명은 새로운 사회에 걸맞은 새로운 인간의 형성을 목표로 한 정치적 운동이었다. 레닌의 경우, 축적된 과거의 유산으로서 부르주아 문화(지식과 기술)를 습득하는 게 주요한 과제였고, 이러한 교육적 목표와 방법에 따를 때 새로운 인간의 형성은 자연스레 이루어지리라 전망되었다. 그러나 레닌은 자신의 적수('습속')가 무엇인지 정확히 알았으되, 결국 그 대결에서 패배했다고 말할 수 있다. 스탈린의 경우, 제1차 5개년 계획과 문화혁명은 고도로 상호 규정된 평행적 관계를 맺고 있었고, 어느 정도 '공산주의적 인간'을 대량으로 양산하는 데 성공했다고 볼 수 있을지도 모른다('노멘클라투라'). 하지만 그가 기대했던 새로운 인간은 실상 공산주의의 이상적 기획과는 아주 먼 유형의, 예속적 인간에 지나지 않았다. 현실 속에 힘껏 경주되었던 두 번의 문화혁명은 모두 좌절하고 만 셈이다.

어쩌면 이러한 결과는 예상할 만했다. 소비에트 체제는 근본적으로 '근대의 기획'의 한 측면으로서 서방 자유민주주의와 구조상 큰 차이를 빚지 않기 때문이다. 소비에트 체제, 특히 새로운 인간에 대한 기획은 근대 서구사회의 전형적인 인간 형성 기획과 상당 부분 일치하는 것이었다.[77] 요컨대 소비에트 체제 역시 근대성의 궤도 위에서 구축된 국민국가적 산물이라면 문화혁명과 그 본원적 축적의 산물인 새로운 인간도 근대인의 전형에서 크게 벗어나기 어렵다.[78] 근대의 기획 하에서 새로운 인간의 창출이란, 들뢰즈와 가타리의 주장대로 욕망할 수 없는 인간, 또는 편집증적으로 단 하나의 욕망만을 추구하고 달려가는 인간이기 때문이다.[79] 그렇다면 무의식에 열렬한 환영을 표시하고 문화와 일상의 변전을 인류사의 근본적인 혁명적 계기로 바라보았던 트로츠키의 입장도 별 수 없이 근대성에 포획되어버리고 말 것인가?

이즈음에서 트로츠키가 예견했던 새로운 인간상이 어떤 것이었는지 살펴보자. 『문학과 혁명』 제1부의 말미에서 그는 이렇게 주장하고 있다.

인간은 비교할 수 없이 더 강해지고, 더욱 현명하며, 더욱더 섬세하게

---

77) 미셸 푸코, 『감시와 처벌』, 오생근 옮김, 나남출판, 2000, pp. 234~35.

78) 수잔 벅-모스, 『꿈의 세계와 파국: 대중 유토피아의 소멸』, 윤일성 외 옮김, 경성대학교출판부, 2008, p. 14.

79) 이 점에서 우리는 무의식과 문화정치학에 대한 정신분석적 문제 틀에 대해 심각한 의심을 감행할 수 있다. 프로이트적 무의식의 논리는 궁극적으로 이드에 대한 자아의 승리를 노정하고, 그로써 거세된 욕망의 인간을 주조하는 것이기 때문이다. G. Deleuze & F. Guattari, *L'Anti-Oedipe*, Paris: Les Édition de Minuit, 1972, pp. 35~37. 트로츠키가 정신분석을 일정 부분 승인했던 것과 맹종하지는 않았던 것, 그리고 동시대의 바흐친 등이 프로이트와는 거리를 두며 독창적으로 무의식을 개념화했던 점을 미루어 볼 때 이러한 의심이 기우일 가능성을 열어두도록 하자.

될 것이다. 인간의 신체는 더 조화로워지며, 움직임은 더욱더 리듬감 있고, 목소리는 더더욱 음악적이 될 것이다. 또한 일상생활의 형식은 역동적인 연극성을 갖게 될 것이다. 그리하여 평균적 인간의 유형은 아리스토텔레스, 괴테, 마르크스의 수준으로 올라서게 되리라. 그 산마루 너머로 다시 새로운 고원들이 솟아오르게 되리라.[80)]

미래의 인간, 혹은 새로운 인간에 대한 이와 같은 이상적인 찬사는 단지 문학적 수사가 아니다. 이 인간 유형은 르네상스 시대의 전인全人이나 니체의 잠언에 나타나는 초인Übermensch과 같으면서도 다르다. 어떤 의미에서는 마르크스와 엥겔스가 말했던 미래의 공산주의 사회의 인간,[81)] 즉 사냥이든 낚시든 비평이든 언제든지 자기가 원하는 대로 다양한 영역의 활동에 종사할 수 있는 인간과 겹쳐지거나, 심지어 그것마저 뛰어넘는 구상을 여기서 발견할 수 있다. 그것은 근대의 평균적 인간상을 넘어서 만인이 각자의 고원을 형성함으로써 자기 자신이 되는 존재에 대한 비전을 보여주기 때문이다. 이러한 인간의 가장 심오한 자질은 다름 아닌 욕망하는 능력일 것이다. 욕망하는 인간은 기술의 진화와 더불어 변화된 삶의 조건에 맞춰 자신의 욕망을 새롭게 갱신할뿐더러 새로운 욕망마저 창출하는 새로운 존재가 아닐 수 없다. 실상 트로츠키는 이러한 인간형의 탄생을 자기 시대에 이미 목격했는데, 영화라는 낯선 매체가 사람들에게서 일으킨 새로운 욕망의 모습이 그것이다.

---

80) L. Trotsky, *Literatura i revoljutsija*, p. 197.
81) K. Marx & F. Engels, *The German Ideology*, p. 53.

> 가장 중요한, 다른 무엇보다도 탁월한 무기는 현대의 영화다. [……] 영화에 대한 열정은 오락에 대한 열정에 뿌리내리고 있고, 무언가 그럴 듯한 새로운 것을 보고자 하는 욕망에 근거하며 타인의 불운에 대해 웃고 울려는 욕망에도 기대어 있다. 영화는 관객들에게 아무것도 요구하지 않으면서도 가장 직접적이고 시각적이며 회화적인, 생생한 방식으로 그러한 요구들을 만족시킨다. 심지어 영화는 글을 몰라도 전혀 상관없다. 바로 이것이 관객들이 영화를 그렇게나 기꺼워하는 까닭이며, 인상과 감정의 중단 없는 원천으로 여기는 이유다. 이는 사회주의의 교육적 에너지를 적용하는 데 있어 거대한 광장을 제공해준다.[82)]

타인의 불운이나 문맹에 대한 인습적 조건은 잠시 접어두자. 더 중요한 것은 새로운 매체와 접속함으로써 사람들이 갖게 된 이질적인 욕망의 창출이다.[83)] 계급사회의 오랜 질곡 속에 민중은 무조건적 도피를 감행하거나 소극적 저항의 일환으로서 아무것도 하지 않는 '태만'에 장기간 노출되어 있었다. 레닌은 그것을 타파하기 위해 강철 같은 노동의 규율을 요구했고, 스탈린은 당의 강령에 대한 맹종을 명령했다. 어느 쪽이든 민중 자신으로부터 발원한 욕망의 흐름은 아닐 것이다. 이에 대해 트로츠키는 자기가 접속하는 대상과 감각을 통해 직접 소통하며, 그럼으로써 자기에게도 낯선 욕망이 '자연발생적'으로 생성하는 인간을 제시한다. 그것은 문자의 교시를 넘어서고 규범의 강제로부터도 비껴나 있는 인간 유형이다. 무의식을 경유해 창출되는 이러한 인간에 관한 몽

82) L. Trotsky, *Problems of Everyday Life*, pp. 32~33.

83) 마르크스와 엥겔스에 따르면 새로운 욕망의 창출이야말로 최초의 역사적 행위이며, 본래적 역사에 도달하는 길이다. K. Marx & F. Engels, *The German Ideology*, p. 48.

상이야말로 바로 '이상한 나날들'의 정체가 아니었을까?[84] 그러한 꿈이야말로 어쩌면 진정한 정치의 시간에 값하는 게 아닐까? '일탈'이 아닌 '잠행'의 전략으로서, 그래서 연속혁명을 완수하기 위한 불가결한 지대로서 그 시간들은 요구되었던 것일지도 모른다. 그러나 1927년 소비에트연방에서 축출된 이후, 애석하게도 트로츠키는 자신의 문화정치학적 기획을 더 이상 실험해볼 수 없었다. 이제 그 바통은 온전히 우리에게 주어져 있다.

84) 지젝은 러시아 혁명사에서 트로츠키의 배제는 일종의 원초적 억압에 해당된다고 주장하는데(슬라보예 지젝, 「서문」, 레온 트로츠키, 『테러리즘과 공산주의』, pp. 28~29), 나는 그것을 이러한 욕망하는 인간에 대한 억압으로 읽어내고 싶다. 그 결과, 호모 소비에티쿠스는 욕망할 줄 모르는 인간, 법(규율)에 포획된 존재가 되고 말았다.

혁명 전후 러시아 성매매 정책의 변화:

질병 담론에서 노동 담론으로

장한닢

1. 들어가며: 혁명기 러시아의 '성매매 문제'

성매매[1]에 대한 입장과 대응 방법은 시대와 사회, 집단에 따라 다양하다. 더 나아가 현존하는 성매매를 누가 어떻게 다루어야 하는가, 특히 국가가 성매매 문제에 개입할 수 있는가의 여부는 쉽게 판단하기 어려운 일이다.[2] 역사적으로 다양한 입장이 각축을 벌여온 이 영역에서

1) 각종 성행위를 사고파는 현상을 가치중립적으로 표현하는 단어가 무엇인지는 여전히 논쟁적이다. 이 논문에서는 성매매를 prostitution에 대응하는 말로 사용할 것이다. 매음, 매춘, 윤락 등의 용어는 도덕적 가치판단이 개입되어 있을 뿐만 아니라 판매 행위에만 초점을 맞추고 있으므로 활용에 한계가 있다. 이 논문에서 성을 판매하는 여성은 성판매자, 성판매 여성으로, 성을 구매하는 남성은 성구매자, 성구매 남성으로 표기할 것이다.

2) 성매매에 대한 법적 대응 방법은 크게 세 가지로 구분된다. 금지주의prohibitionism는 성매매와 관련된 모든 행위를 처벌하는 방법이다. 이는 일반적으로 성매매가 도덕적으로 올바르지 않다는 전통적 성관념에 근거하고 있다. 규제주의regulamentarism는 성매매를 합법으로 인정하고, 세금을 징수하며 등록증과 의료 감시 체계를 의무화하거나 성매매가 가능한 특정 지역을 지정하는 등의 수단을 통해 성매매를 규제하는 방법이다. 19세기 말 유럽에서는 규제

1917년 혁명을 전후한 시기 러시아의 제도 및 담론 변화는 눈여겨볼 만하다. 이 시기 러시아에서는 제1차 세계대전과 혁명, 내전을 겪으면서 사회 전반의 급격한 와해와 재건이 이루어졌던 데다, 무엇보다도 계급과 성의 평등을 주장했던 볼셰비키가 새로운 국가 수립을 주도했기 때문이다.

1917년 전까지 성매매 문제는 사회주의자들에게 긴급한 현안이라기보다는 차르 체제와 자본주의를 폐지해야 하는 여러 명분들 가운데 하나일 뿐이었다. 그러나 10월 혁명으로 볼셰비키가 새로운 국가 건설을 시작하게 되면서 상황은 바뀌었다. 그들의 앞에는 차르 정부의 규제주의 정책에 의해 별도의 신분집단을 형성한 전업 성판매자와 부족한 임금을 메우기 위해 성판매를 부업으로 선택하곤 했던 도시 하층 계급 여성들이 기다리고 있었다. 혁명 이전에는 누구도 던지지 않았던 질문에 볼셰비키는 답해야 했다. 사회주의 국가에서 성매매는 어떻게 다루어져야 하는가? 완전고용과 성평등이 달성된다면 성매매는 사멸할 것인가? 그렇다면 완전고용과 성평등이 달성될 때까지, 즉 자본주의에서 사회주의 사회로의 이행기와 성별 간 차별이 해소되어가는 과정 중에 성을 판매하는 여성을 어떻게 간주해야 하는가? 성판매 여성은 여성 실업과 성차별의 피해자인가, 아니면 새로운 사회주의 국가의 건설을 방해하는 범죄자인가?

주의 정책에 대해 비판하는 흐름이 등장했는데, 이를 폐지주의abolitionism라고 한다. 한국에서는 금지주의와의 혼동을 피하기 위해 규제 폐지주의나 비범죄화de-criminalization로 용어를 대체하여 사용한다. 규제 폐지주의 혹은 비범죄화 정책은 성매매 쌍방을 처벌하지도 않고 합법화하여 관리·통제하지도 않으며, 그 대신 성매매를 조장하거나 관계자를 착취하는 행위만을 금지하는 것을 의미한다. 조국, 「성매매에 대한 시각과 법적 대책」, 조국 엮음, 『성매매: 새로운 법적 대책의 모색』, 사람생각, 2004, pp. 14~24.

볼셰비키는 성매매를 여성 노동자에게 특히 가혹한 자본주의 체제와 남성의 방탕한 생활을 용인하는 부르주아 가족 제도가 중첩된 결과로 보았다. 따라서 성매매는 원칙적으로 사회주의 국가에서 용인될 수 없었다. 그러나 전쟁으로 가족 제도가 불안정해지고 도시의 식량난이 심화되었으며 누구도 미래를 확신할 수 없는 러시아에서 성매매는 다양한 형태로 일어나고 있었다.[3] 자본주의에서 사회주의로의 이행기에도 성을 판매하는 여성과 성을 구매하는 남성은 지속적으로 존재했던 것이다. 이들은 국가에 의해 계몽되거나, 처벌되거나, 배제되었다. 볼셰비키는 법률상으로는 규제 폐지주의 정책을 취했으나 시기와 담당 기관에 따라서는 금지주의적 입장을 취하기도 했던 것이다.

일관성을 결여한 것처럼 보이는 러시아 혁명 이후의 성매매 정책을 좀더 분명히 이해하기 위해서는 차르 정부 말기로 거슬러 올라가야 한다. 차르 정부 말기에 여성운동가들에 의해 규제 폐지주의 운동이 활발히 일어나고 있었기 때문이다. 이미 스타이티스가 여성인권운동의 전개 과정을 서술하면서 여성운동이 시작된 제정 말부터 공산당 여성국이 폐지된 스탈린 시기까지를 하나의 단계로 다룬 바 있다.[4] 그러나 이후 여성사 연구는 일반적으로 제정과 소비에트의 구분을 따르고 있다. 이런 구분은 성매매 정책 연구에서도 마찬가지다.[5] 문제는 이런 구분이

3) 한정숙, 「소비에트 정권 초기의 가족, 출산 정책: 현실과 논의들」, 『서양사연구』 제23집, 2010, pp. 44~45.

4) R. Stites, *The Women's Liberation Movement in Russia: Feminism, Nihilism, and Bolshevism 1860~1930*, Princeton: Princeton University Press, 1978, pp. xviii~xix.

5) 제정기의 성매매를 다룬 연구로는 R. Stites, "Prostitution and Society in Pre-revolutionary Russia," *Geschichte Osteuropas* 31, no. 3, 1983, pp. 348~64; B. A. Engel, "St. Petersburg prostitutes in the Late Nineteenth Century: A Personal and Social Profile," *The Russian Review*, vol. 48, no. 1, 1989, pp. 21~44; L. Engelstein, *The Keys to*

볼셰비키가 정책 기조로 삼았던 규제 폐지주의가 애초에 여성운동가들 사이에서 대두했고, 규제 폐지주의의 지지자들 사이에서도 견해차가 있었다는 점을 쉽게 간과한다는 것이다.

제정 시기에 대한 연구는 규제주의 정책의 도입 과정과 함께 당대 성판매자의 사회적 지위가 어떻게 변화했는지에 초점을 맞추고 있다.[6] 이 시기를 종합적으로 서술한 번스틴은 규제정책을 개혁하려 했던 의사들과 규제 자체의 폐지를 주장했던 여성주의자들의 시도까지 다룬다.[7] 제정 시대 연구자들은 이 시기의 규제주의 정책이 차르 정부의 비타협성 때문에 수많은 문제가 있었음에도 유지되었다고 설명한다. 따라서 제정의 규제주의 정책은 혁명에 의해서만 소멸될 수 있었다. 제정 러시아의 붕괴와 뒤이은 임시정부의 수립으로 규제 폐지주의는 가까스로 승리를 거둔 것처럼 보인다. 그러나 의사들과는 달리 규제 폐지주의를 주장한 여성주의자들은 대부분 소비에트 러시아의 형성기에 적극적인 역할을 수행하지 못했다. 규제 폐지주의의 기조를 이어간 것은 볼셰비키였고, 볼셰비키와 여성운동가들 사이에는 성매매 해결책이나 여성 해방

Happiness: Sex and the Search for Modernity in Fin-de-Siècle Russia, New York: Cornell University Press, 1992; L. Bernstein, *Sonia's Daughters: Prostitutes and Their Regulation in Imperial Russia*, Berkeley/Los Angeles, CA, 1995 참조. 국내 연구로는 기계형, 「제정러시아 말기 상트페테르부르크의 빈민층 여성과 성매매」, 『여성과 역사』 제20집, 2014, pp. 63~96 참조.

6) 산업화와 도시화가 본격적으로 진전되는 와중에 러시아 제국의 수도인 페테르부르크로 여성 노동력이 다수 유입되었다. 규제정책에 의해 등록된 성판매 여성의 기록을 살펴보면, 도시로 유입된 농민 출신 도시 하층 계급 여성들이 낮은 임금을 보충하기 위해 일시적인 부업으로 성매매에 의존하곤 했다는 것을 알 수 있다. 도시 하층 계급 여성의 입장에서 규제정책은 일시적 부업이었던 성판매가 빠져나갈 수 없는 전일제 직업이자 사회적 신분이 되어가는 과정이었다. B. A. Engel, "St. Petersburg prostitutes in the Late Nineteenth Century," pp. 21~23.

7) L. Bernstein, *Sonia's Daughters* 참조.

뿐만 아니라 사회혁명 전반에 대한 견해 차이가 존재했다. 그렇다면 볼셰비키는 규제 폐지주의를 어떤 형태로 완성했는가? 차르 정부 말의 여성주의자와 볼셰비키의 정책 사이에 어떤 연속성과 변별점을 찾아낼 수 있을까?

이 글에서는 제정 말 규제 폐지주의자들과 의사들이 제시한 성매매 대응책을 살펴보고, 혁명 이후 볼셰비키가 이 방안들을 고유의 여성 해방론에 따라 변용한 과정을 살펴볼 것이다. 이를 위해 19세기 제정 러시아의 성병 방지정책, 곧 성판매 여성 규제정책과 혁명 이후 규제 폐지 및 성판매자에 대한 새로운 정책 수립 과정을 연속적인 현상으로 다룬다. 우선 제정기에 도입된 규제주의 정책과 그 문제점을 확인한 뒤 의사와 규제 폐지주의자 각각의 개혁안을 들여다본다. 이어서 볼셰비키 정권 수립 이후 제정 말기의 개혁안이 어떻게 변용되었는지 살펴볼 것이다. 1917년 두 차례의 혁명을 통해 수립된 사회주의 정권은 성판매 여성의 등록, 규제 제도를 폐지했다. 그리고 여성주의자들이 주장했던 '사회적 해결책'을 성매매의 해결책으로 내놓는 한편, 의사들이 요구해왔던 인구 전반에 대한 보건교육과 광범위한 의료 서비스 제공을 성병의 해결책으로 제시했다. 이 과정에서 볼셰비키는 성판매 여성에게 억압과 온정 사이를 오가는 분열적인 태도를 취했다. 무엇보다 이 글에서는 볼셰비키가 줄곧 성매매와 대립되는 개념으로 이해한 '생산적 노동'이 그들의 성매매 정책의 기저에 있었다는 점을 규명하고자 한다.

2. 러시아 제국 시기 정부와 시민사회의 성매매에 대한 태도

규제정책의 도입과 문제점

1843년 10월, 차르 니콜라이 1세의 내무상 레프 페롭스키Л. Перовский가 성매매 규제정책을 러시아 제국에 도입했다. 1718년 표트르 대제가 군부대 근처의 성판매자를 단속하기 시작한 이후 원칙적인 금지주의를 견지하던 정부의 방침이 크게 선회한 것이다.[8] 새로운 제도는 보건정책이라는 측면에서 성매매에 접근한 프랑스의 풍속경찰 제도police des moeurs나 영국의 전염병 방지법Contagious Disease Act과 궤를 같이하는 규제주의 정책이었다.[9] 내무성 의학부의 주도 아래, 성판매자의

---

8) 1716년 표트르 대제는 "부대에 창녀의 출입을 금지한다"라고 명령했다. 1718년에는 페테르부르크의 "선술집, 도박장 및 기타 외설적인 장소"가 단속 대상이 된다. 이때의 금지주의적 조치는 미풍양속과 도덕에 어긋나는 성매매를 단속하는 것을 목표로 했다. 예카테리나 여제 시대에는 성매매 문제에 대한 조치에 성병에 대한 우려가 포함되어 있었다. 예카테리나는 "인류의 파괴를 촉진시키는" 질병을 막기 위해 "외설적인 행위를 위해 낮 혹은 밤에 자신의 집을 개방하거나 건물을 대여하는 행위, 외설적인 행위를 하기 위해 낮 혹은 밤에 집에 들어가는 행위, 외설적인 행위를 하는 데 자기 자신이나 타인을 돕는 행위"를 불법으로 규정했다. 파벨 1세는 1800년 "음주, 외설, 방탕에 빠진" 여성을 시베리아 유형에 처하라고 명령했다. 이 시기에 성판매 여성이 노란 옷을 입도록 하는 규정이 도입되었다고도 알려진다. L. Bernstein, *Sonia's Daughters*, pp. 13~15.

9) 영국의 규제주의 정책에 대해서는 J. Walkowitz, *Prostitution and Victorian Society: Women, Class and the State*, New York: Cambridge University Press, 1980; P. Levina, *Prostitution, Race, and Politics: Policing veneral disease in the British Empire*, New York: Routledge, 2003; 이성숙, 「'움직이는 페미니스트 군단': 영국 성병방지법 폐지운동가 페미니스트들의 네트워크, 1869~1886」, 『영국연구』 제4호, 2000, pp. 55~82; 이성숙, 「영국 빅토리아시대 성병방지법과 매춘여성」, 『서양사론』 제69호, 2001, pp. 67~97 참조. 프랑스의 규제주의 정책에 대해서는 J. Harsin, *Policing Prostitution in Nineteenth-Century Paris*, Princeton: Princeton University Press, 1985; 변기찬, 「19세기 프랑스 매춘 규제 운동의 모순과 그 한계」, 『外大論叢』 제28호, 2004, pp. 643~60; 은은기, 「프랑스 매춘부 규제정책과 리용 매춘부들의 저항운동」, 『대구사학』 제95호, 2009, pp. 263~83 참조.

등록 및 이들에 대한 주기적인 성병 검진을 골자로 하는 제도가 자리 잡기 시작했다.

1843년 내무성 의학부 휘하에 의사-경찰위원회가 수립되었다. 이 위원회는 1844년 페테르부르크에서 규제를 실행했고, 1851년에 이르러서는 전국 각 지역에 영향을 미쳤으며, 이후 제정이 폐지될 때까지 러시아 제국의 성판매자를 통제했다.[10] 이 기구는 성판매자를 색출해 등록하고, 정기적인 검진을 통해 이들의 성병 감염 여부를 판단한 뒤 격리 수용하고자 했다. 1~2주마다 한 번씩 이루어지는 검진 결과는 성판매자로 등록된 여성들이 의무적으로 지참해야 하는 '노란 딱지'에 기록되었다. 여기에는 등록자의 이름, 나이, 주소와 검진을 받은 도시도 기록되어 있었다. 질병의 매개자를 관리하기 위해 도입된 규제 체제가 성판매 여성을 새로운 법적 지위를 갖는 집단으로 만든 것이다.[11]

따라서 규제주의 정책은 1861년 농노해방령 이후의 신분제 변화에 영향을 받았다. 무엇보다 '노란 딱지'의 기능이 바뀌었다. 성판매자로 등록된 여성은 신분증명서를 더 이상 소지할 수 없었으며, 대신 '노란 딱지'로 신분증명을 해야 했다. 성병검진증명서가 신분증명서로 탈바꿈한 것이다. 등록자는 이동, 주거가 제한될 뿐만 아니라, 모든 곳에서 직업을 노출하지 않을 수 없었다. 더불어 페테르부르크에서는 부랑자와 도시에 새롭게 유입되는 여성들에 대해 성매매 여부를 감시하도록 하는 조항이 신설되었다. 이 조항이 적용되는 대상은 가정교사부터 하녀, 계절노동자를 아우르는 도시 하층 계급 여성 전체였다. 전업 성판매자를

10) L. Bernstein, *Sonia's Daughters*, p. 20.

11) 같은 책, pp. 20~24.

통제하면서 도시 하층 계급 여성 모두를 잠재적인 성판매자로 간주하는 감시 체제가 완성된 것이다.[12)]

그러나 질병, 특히 매독의 확산은 멈추지 않았다. 당시 의사들은 매독을 하나의 질병으로 파악하여 원인과 감염 경로를 확정할 능력을 갖추지 못했기 때문에 매독은 질병 이상의 공포였다.[13)] 미생물학의 발전으로 1905년 매독균이 발견되고 1906년 혈액검사로 매독을 진단하는 바세르만 진단법이 발명된 이후에도, 현장에서 매독의 진단은 여전히 초보적인 수준에 머물렀다. 의학이 매독을 완전히 정복하기 위해서는 아직 좀더 시간이 필요했다.[14)] 19세기에 규제주의 기조가 유럽 전반에 걸쳐 도입된 것은 이 때문이었다. 정책 결정자들은 군대를 유지하고 더 나아가 도시 위생과 공공보건 문제를 해결하기 위해 매독의 전염을 통제해야만 했다.[15)] 그러나 매독이 성적인 타락을 의미하는 한 매독 환자는 스스로 의사를 찾아오지 않았다.

도시 하층 계급이 질병에 감염되어 있다는 레토릭은 국가와 의사의 감시에서 질병을 감출 수 없는 집단이 도시 하층 계급이었다는 의미로 읽을 수 있다. 그리고 이들 중 규제정책의 강제적 감시와 격리에 노출된 집단이 바로 성판매자였다. 보건 당국과 의사들은 성판매 여성을 매독

---

12) 같은 책, pp. 28~29.

13) L. Engelstein, *The Keys to Happiness*, pp. 170~74; L. Engelstein, "Syphilis, Historical and Actual: Cutural Geography of a Disease," *Reviews of Infection Diseases 8*, no. 6, 1986, pp. 1036~38; 헨리 지거리스트, 『문명과 질병』, 황상익 옮김, 한길사, 2008, pp. 146~52.

14) 매독은 제2차 세계대전 중 개발된 페니실린이 보급되면서 완전히 정복되었다. 1910년 개발된 매독치료제 살바르산606 역시 매독 정복에 기여했다. 헨리 지거리스트, 『문명과 질병』, pp. 151~52.

15) R. Stites, "Prostitution and Society in Pre-revolutionary Russia," p. 349.

감염의 핵심 고리로 파악하고 이들의 병을 치료하고자 했다. 그리고 이는 대중적으로 보급된 치료법도 없는 데다 감염 자체가 추문인 질병에 대적할, 단 하나뿐인 실행 가능한 대책이었다.

그러나 치료법을 확보하지 못한 데다 환자 중 일부만을 대상으로 하는 감시 체계는 질병의 확산을 막을 수 없었다. 성병에 감염된 여성 중 전업 성판매자 일부만이 규제 체제의 지속적인 감시 아래서 진단을 통해 병원에 격리되었고, 그중에서도 일부만이 치료되어 성매매 업소로 돌아갔으며, 이들 중 거의 대다수가 아무런 제약을 받지 않는 감염된 남성 고객에게서 재감염되었다. 일부 지역에서는 공장 노동자를 상대로 남성의 규제를 시도했지만, 일시적인 조치에 불과했다.[16] 이런 제도 아래서 질병은 통제될 수 없었다. 사실상 규제 체제는 실패했다. 하층 계급에 대한 공포와 성판매 여성에게만 질병의 원인을 돌리는 관점을 버리지 않고서 그 목표를 달성할 수는 없었다.

질병 통제에 실패한 규제 체제는 제정 그 자체의 문제로 보였다. 자유주의자들은 성판매자의 인권 침해를 문제 삼았고, 여성주의자들은 여성만을 표적으로 삼는 제도에서 이중규범을 읽어냈다.[17] 게다가 규제는 성매매를 고착시키고 있었다. 성판매자는 국가가 인정하는 직업이었고, 미등록 성판매자는 등록되어야 했다. 경찰의 부패와 실수에 휘말려 잘못 등록된 '선량한 여성들'의 이야기가 꾸준히 언론에 실렸다. 1892년 당사자 의사에 반하는 등록이 불법으로 규정되었지만 실효는 없었다.[18] 심지어 성판매자는 법적 지위였고 등록된 이후의 탈성매매는 거의 불

16) L. Bernstein, *Sonia's Daughters*, pp. 23~24.

17) R. Stites "Prostitution and Society in Pre-revolutionary Russia," p. 357.

18) L. Bernstein, *Sonia's Daughters*, pp. 33~35.

가능했다. 규제 체제는 성매매를 근절하려는 의도를 내포하지 않기는 했지만, 성병과 성매매가 동일시되는 와중에 성매매를 줄일 수 없다는 것은 제도가 실패했다는 것을 의미했다.

제대로 작동하지 않는 규제 체제는 바뀌어야 했다. 먼저 베니아민 미하일로비치 타르놉스키В. М. Тарновский를 위시한 의사들이 규제 개혁을 시도했다. 이들은 특히 1897년 매독 해결책 학술대회에서 규제 체제가 질병 확산을 막는 유일한 수단이라는 데 동의하고, 이 체제의 문제점을 규제의 강화나 완화로 해결하고자 했다. 여성주의자들은 규제의 폐지를 원했다. 여성 의사이자 자유주의적 여성주의자였던 마리야 이바노브나 포크롭스카야М. И. Покровская는 규제가 질병 확산을 막지 못하고 오히려 성매매를 확산시킨다고 주장했다. 1910년 여성 거래에 대항하는 전러시아 대회에서 의결된 규제 폐지주의 결의안은 이런 흐름의 분수령이었다. 자유주의적 정치개혁이 양측에 박차를 가했다.

1897년 매독 해결책 학술대회

1897년 매독 해결책 학술대회는 내무성의 지원 아래 개혁적인 관료들과 국가에 고용된 의사들을 주축으로 젬스트보(지방자치기관), 군대, 공장 등 규제 체제와 관계를 맺고 있는 각종 전문가들이 매독을 해결할 수단을 논의하는 자리였다. 그 수단은 곧 성매매 규제정책이었다. 대회 참가자의 주를 이루었던 의사들은 규제의 문제점을 크게 두 가지로 짚었다. 첫째는 질병 통제의 효율이 낮다는 점이었고, 둘째는 규제가 제한할 수 있는 인권의 범위가 지나치게 넓다는 점이었다. 의학 발달과 의료 체계의 열악한 수준은 이 둘 모두를 해결할 수는 없다는 비관적인 전망을 공고화했다. 규제는 점점 더 성판매자들에게 가혹해졌고, 차르 정부는 정당성에 타격을 입고 있었다. 보수적인 의사들은 규제의 비효율성을 개선하고, 차르 정부가 성매매를 공인하고 있다는 비판을 방어하고자 했다. 자유주의적인 젬스트보 소속 의사들은 규제 체제의 기본권 침해를 비판했지만, 역설적으로 이들이 누리는 국가 전문가로서의 지위는 규제 체제가 보장해주고 있었다.[19]

어쨌든 젬스트보 의사들은 누구보다도 규제 개혁에 적극적이었다. 이들은 젬스트보에 고용되어 러시아 농촌의 촌락에서 일하던 의사들로 상대적으로 중앙의 통제로부터 자유로웠다. 대회 참가자 중 젬스트보 소속 의사는 42명이었는데, 대체로 이들은 알렉산드르 2세 치하의 상대적으로 자유로운 분위기에서 성장했으며 차르 암살 이후의 반동을 경험한 세대였다. 유럽 의학을 공부한 전문가 집단이지만 국가권력의 비호 아래 있었고, 농민들과 자주 접촉했던 이들은 양가적인 태도를 취했다. 자유주의자로서는 러시아의 후진성을 극복해야 한다고 여겼지만, 동시에 인민주의의 영향을 받은 세대로서 농촌의 전통적 가치나 도덕을 옹호했던 것이다. 결국 매독의 원인은 전통적 규범 탓이라기보다 사회와 제도의 문제여야 했다. 따라서 매독은 러시아 농촌의 보건의식 결여와 차르 정부의 낙후된 의료 체계가 결합된 사회 문제로 인식되었다.[20]

의사들은 분명한 대책 없이 규제를 폐지하면 질병을 통제할 수 없게 되어 더욱 큰 문제를 일으킬 것이라는 공포를 공유하고 있었다. 이 부

19) 같은 책, p. 246.

20) L. Engelstein, *The Keys to Happiness*, pp. 174~77.

분에서는 규제의 필요성을 강조하는 보수적인 의사들이 좀더 분명하게 목소리를 냈다. 성의학의 권위자들, 도시의 병원이나 대학에서 경력을 쌓은 의사들이 여기에 속했다. 이들에 따르면, 어떤 여성이 성판매자가 되는 이유는 근본적으로는 그녀가 타고난 성향이 병적이기 때문이었다. 따라서 이들은 희생자가 아니며, 오히려 성을 구매하는 남성이 성판매자에게 질병을 감염당하는 희생양이라는 것이다. 결국 애초에 생물학적으로 결함이 있는 집단, 즉 이상성애자인 성판매자는 국가와 전문가의 규제와 통제 아래 있어야 했다.[21] 대회에서 타르놉스키가 했던 기조연설은 의사들의 두려움을 정확히 보여준다. 그는 성병은 언제나 도시 성판매자의 뒤를 따라오며, 성병 감염의 근원을 거슬러 올라가면 성판매자가 나온다고 주장했다. 따라서 성판매자를 강력하게 규제해야만 했다. 이들을 방치하면 러시아인은 시베리아나 아메리카 원주민처럼 절멸될 것이었다.[22]

의사들은 성판매자만을 통제해서는 질병이 통제되지 않는다는 인식도 공유하고 있었다. 성판매자뿐만 아니라 성구매자도 질병의 전염에서 자유로울 수 없었다. 따라서 전체 국가 차원에서도 예방적 조치를 취해야만 했다. 러시아의 '후진성'을 극복하지 않는다면 성병을 포함한 전염병을 극복할 수 없을 것이므로 교육 수준을 끌어올리고 공공보건 제도와 병원 및 의료 설비를 확충해야 했다. 그러나 이는 제정하에서는 언제 가능할지 알 수 없는 일이었다.[23]

양측의 입장은 지방정부로 규제 권한을 이전할 필요가 있다는 데서

21) 같은 책, pp. 134~37.

22) L. Bernstein, *Sonia's Daughters*, pp. 234~35.

23) 같은 책, pp. 166~70, 239.

타협점을 찾았다. 의사와 병원은 수도에서도 심각하게 부족했다. 열악한 상황에서 검진은 정해진 횟수도 채우지 못한 채 비인간적인 방식으로 이루어졌다. 수도에서도 열악한 상황이었던 만큼 지역에서는 가히 절망적인 수준이었다. 예산과 인력 확충이 시급했고, 그것을 위해 지방정부의 지원은 현실적인 방안으로 보였다. 이는 자유주의자들에게도 매력적인 제안이었다. 젬스트보 의사들은 스스로가 좀더 인간적인 규제를 주도할 수 있으리라 믿었다. 선출된 두마(하원)와 젬스트보에 규제 통제권이 넘어가고 나면 의사들은 이 두 기관에서 정치적 영향력과 함께 전문가로서의 지위를 확보하게 될 것이었다.[24]

내무성은 매독 해결책 학술대회의 결의안을 각 지역정부에 배포하고, 이 내용을 기초로 규제 개혁을 수행할 위원회를 수립했다. 위원회는 포주와 성판매자 사이의 강제적 부채와 성판매자에게서 제3자가 이윤을 얻는 행위를 금지하는 항목을 신설했다. 또한 미성년, 임산부 성판매자 보호소와 탈성매매 재활원을 수립하도록 정해 여성 보호를 강화하고자 했다. 지방정부로의 규제 권한 이전은 대회의 권고에 비해 약화되었는데, 내무성의 권한을 우선하되 지역정부와 협의기구를 두어 경찰 활동을 감독하도록 했다. 그 대신 지역정부는 규제 예산 부족분을 지역 예산에서 충당해야 했다.[25]

위원회의 결론에 대한 내무성의 반응은 1903년 내무성 의료부의 문건 「회람 1611」이었다. 이는 대회의 개혁안과는 사뭇 거리가 멀었다. 내무성은 규제가 성과를 내지 못하고 있다는 점은 인정했지만 성병을 '일

24) 같은 책, pp. 242~46.
25) 같은 책, pp. 250~51.

으키는' 성판매자를 의사-경찰 위원회가 통제해야 한다는 입장을 견지했다. 규제 개혁안은 일부 받아들여져 가혹행위를 규제하고 최소한의 탈성매매 지원 의무를 의사-경찰위원회에 부과하는 조항이 신설되었다. 또한 성매매 업소와 관계없이 독립적으로 영업하는 성판매자는 신분증명서를 소지할 수 있게 되었다. 그러나 지방정부, 두마, 젬스트보로의 권한 이전은 사실상 전혀 받아들여지지 않았다. 중앙정부의 영향력은 제국 전체에 균등하게 미치지 않았고 많은 지역에서 규제는 해당 지역의 경찰들이 '자율적으로' 집행하는 제도였다. 그러나 내무성은 젬스트보의 의사들이 규제의 내용을 변경하는 것을 허용하지 않았다. 러일전쟁으로 성병 통제 압박이 강화된 시기에도 내무성은 개혁을 시도하지 않았다.[26)]

1910년 여성 거래에 대항하는 전 러시아 대회

러시아에서 규제 폐지주의의 대두는 규제 체제와 마찬가지로 유럽의 영향을 받았다. 영국의 전염병법 폐지운동의 성공과 뒤이은 국제적 규제 폐지주의 운동의 전개는 러시아의 규제 폐지주의 운동에 동기와 이론적 배경을 제공했다. 1905년 혁명 이후 확장된 공적 영역은 개혁 성향 의사들과 여성운동가들에게 규제를 폐지할 수 있다는 희망을 갖게 했다. 여성단체들은 1910년 여성 거래에 대항하는 전 러시아 대회를 개최해 규제를 폐지하는 결의안을 내놓았다. 그러나 러시아의 규제 폐지주의 운동은 제정의 벽을 넘지 못했고, 제1차 세계대전과 혁명을 기다

26) 같은 책, p. 260.

려야 했다.

러시아어로 '규제 폐지отмена'는 농노 해방과 같은 단어를 사용한다. 국제적 규제 폐지주의 운동이 미국의 노예제 폐지운동에서 개념과 용어를 차용해온 것과 동일한 맥락인 셈이다.[27] 규제 체제하에서 성판매 여성의 처지가 농노와 다를 것이 없으며, 농노제가 폐지되었듯 농노제의 잔여물인 규제 역시 폐지되어야 한다는 것이다. 이는 "성판매자 규제는 곧 여성에 대한 이중규범이며, 여성의 노예화이므로 폐지해야 한다"[28]라는 1905년의 제1차 전 러시아 여성 평등권 대회의 결의안에서도 명확히 드러난다.

5년 뒤인 1910년, 러시아 여성보호협회의 주도하에 여성 거래에 대항하는 전 러시아 대회가 열렸다. 러시아 여성보호협회는 1899년 런던 백인 노예제 철폐 대회 러시아 참가단의 제안으로 수립된 단체였다. 이 단체는 성매매 문제를 다루는 러시아의 각종 여성단체와 자선단체 중 가장 규모가 컸다. 도덕주의적 관점에 기초하여 성매매 문제에 접근했던 기존의 자선단체와는 달리, 이 협회는 도시 하층 계급 여성의 사회적 조건과 성매매 유입 간에 인과관계가 있다는 점에 초점을 맞추었다. 이러한 관점의 변화는 국제적 규제 폐지운동의 발전과 더불어 러시아 내에서도 성매매 문제에 대한 진지한 접근이 본격적으로 이루어지고 있다는 반증이기도 했다. 협회는 도시 하층 계급 여성의 처지와 성매매 유입 간의 관계를 조사하여 이를 예방하는 방법을 찾기 위해 전담 부서

27) 이성숙, 「움직이는 페미니스트 군단」, pp. 55~82.

28) Н. Мирович, *Из истории женского движения в Россий*, 1908, с. 8(L. Bernstein, *Sonia's Daughters*, p. 273에서 재인용).

를 설립하는 등 노력을 기울였다.[29]

그러나 이들은 도시 하층 계급 여성이 성매매로 유입되는 가장 큰 원인인 빈곤 문제를 개선할 수 없었다. 페테르부르크에서 하층 계급 여성의 평균 임금은 생활비에 못 미치는 수준이었고, 이는 여성 노동자가 낮은 임금을 주는 비숙련 직종에 집중된 탓이 컸다. 이 문제를 해결하려면 임금 상승과 함께 여성 교육의 확대와 성별 분업 구조의 개선 등 광범위한 사회개혁이 필요했다. 정치적인 부담 탓에 협회는 이에 대해 본격적으로 문제 제기할 수 없었다. 심지어 협회는 조직 내에 반反규제 정서가 팽배했음에도 규제 폐지주의를 내세우지 못했다. 규제정책은 어쨌든 차르 정부의 방침이었기 때문이다. 협회가 시도할 수 있었던 것은 성매매 유입을 예방하고 탈성매매를 지원하는 것이었다. 구조적 해결이 불가능한 상황에서 이런 노력은 결국 성판매자 개인의 도덕성 향상에 초점을 맞추게 되었고, 성과는 미미했다.[30]

이런 상황에서 1910년에 열린 여성 거래에 대항하는 전 러시아 대회에서 규제 폐지주의를 선언한 것은 여성주의자들의 강경한 규제 폐지주의 기조를 빼고는 설명할 수 없다. 그러나 여성주의자들은 293명의 대회 참가자 중 58명으로 다수도 아니었고, 심지어 일관된 강령 아래 조직된 집단조차 아니었다.[31] 규제가 질병 통제에 필요하다는 인식은 규제가 노예제와 다름없으며 성매매를 확산시킨다는 주장만큼 팽배했다. 따라서 규제의 폐지가 어느 정도로 이루어져야 하는지, 폐지 이후에는 어떤 정책이 질병 통제와 성매매 확산 저지를 위해 도입되어야 하는지

29) L. Bernstein, *Sonia's Daughters*, pp. 202~206.

30) 같은 책, pp. 211~12.

31) 같은 책, pp. 278~79.

에 대해서도 논의가 필요했다. 성매매 업소 등록 폐지가 모두의 동의를 얻을 수 있는 유일한 항목이었다. 협회의 주요 인물이자 정부 관료였던 보로비티노프는 대회의 결의안을 여기서 멈추고, 구체적인 내용을 다룰 위원회를 구성하자고 제안했다.[32] 그러나 포크롭스카야를 필두로 하는 대회 참가자들에게 가장 강력한 정서는 무엇보다도 내무성, 더 나아가 차르 정부에 대한 뿌리 깊은 불신이었다. 대회 마지막 날 열린 본회의에서 의결된 결의안은 규제의 즉각적 폐지였다.[33]

규제 폐지주의는 성매매 확산을 막는 동시에 성판매자의 비참한 처지를 개선하려는 흐름이었다. 따라서 규제의 폐지는 새로운 질병 통제 방법과 치료 및 탈성매매 기구를 동반해야 했다. "규제 폐지 이후 이 병적인 현상의 관리와 치료가 상당량 사회의 손에 넘겨진"다고 말한 안나 밀류코바는 바로 이 점을 지적하고 있었다.[34] 먼저 제국 전체에 걸친 의료개혁이 이루어져, 전염병을 다룰 수 있는 병원이 제국 전체에 갖추어져야 했고, 보건교육도 근대적인 수준으로 보급되어야 했다. 도시 하층계급 여성의 생활조건 역시 전반적으로 개선되어야 했다. 그러나 이는 당장 이루어질 수 있는 일이 아니었다. 대신 여성 감독관이 성구매자를 고발하게 하자는 전형적이고 손쉬운 조치가 제안되었다.[35] 여전히 성판매자의 통제는 국가와 법의 몫이었고, 강제적 조치와 결별하는 데 완전히 동의한 사람은 그렇게 많지 않았던 것이다.

---

32) *Труды первого всероссийского съезда по борьбе сь торгом женщинами и его причнами просиходившего въ*, С. Петербурге, 1911, том 2. С. Петербургъ: Типо-Литорграфия С. Петербургской Тюрьмы, с. 528~32.

33) 같은 책, с. 602.

34) 같은 책, с. 540.

35) 같은 책, с. 556~57.

차르 정부는 대회의 결의안에 무관심했다. 1913년 두마에 규제 폐지 법안이 올라왔고, 44명의 서명을 받아 내무성에 전달되었으나, 1903년 「회람 1611」 이후 새로운 정책은 없었다. 오히려 규제 폐지주의 개혁안에 대한 비판이 공공연히 제기되었다. 남성 전문가들은 대회의 결의안이 비현실적이라고 했고, 볼셰비키는 여성 농민과 노동자의 사회적 환경이 바뀌지 않은 상태에서 규제만을 폐지하는 것은 개혁이 아니라고 논평했다. 1913년 이후 규제 폐지주의는 공공 영역에서 더 등장하지 못했다. 1914년 러시아 여성보호협회는 1916년에 두번째 대회를 조직하고자 했으나 전쟁으로 대회는 열리지 못했고, 1917년 혁명이 일어났다.[36)]

3. 소비에트 러시아의 성매매 정책

혁명 이전 사회민주주의자들의 성매매 해결책

유럽의 사회주의자들은 도시 하층 계급, 특히 여성 노동자를 중심으로 여성 문제와 성매매 문제를 사고했다. 사회주의자들은 성매매를 근절해야 하는 비정상적 상태로 여겼지만, 여성이 성을 판매하는 이유를 여성 개인의 타락이나 질병이 아니라 환경에서 찾았다. 대부분의 사회주의자들에게 이 문제는 부르주아 남성이 프롤레타리아 여성을 착취하기 때문에 생기는 계급 문제였다. 러시아 사회주의자들에게도 '여성 문제'가 러시아 사회의 정치적, 사회적 문제점들이 중첩되어 나타났다는

36) L. Bernstein, *Sonia's Daughters*, pp. 288~90.

인식이 존재했다. 이들에게 성매매의 원인은 여성 노동자의 빈곤이었다. 레닌이 성매매를 '부르주아적 위선'이라고 보았던 것은 정확히 이 맥락에서 나온 평가다. 여타의 사회주의자들과 마찬가지로 레닌도 규제 체제란 지배 계층이 성판매자를 통제하는 동시에 후견하는 제도라고 여겼다.[37)]

일부 혁명가들은 여성 문제를 독립적으로 다루어야 한다고 주장했다. 공산당 중앙위원회 여성국 국장으로 혁명 이후 여성정책에 지도적인 역할을 했던 알렉산드라 콜론타이가 대표적인 인물이다.[38)] 그녀는 성매매를 정치적, 사회적, 도덕적으로 복잡하게 얽힌 문제로 보았고, 성별 간의 관계를 위계 서열화하므로 사라져야 하는 현상으로 보았다.[39)] 그러나 러시아의 다른 여성 혁명가들과 마찬가지로, 혁명 이전에는 그녀 역시 성매매를 옹호하는 제정과 자본주의 체제를 비판하는 데 머무를 뿐 구체적인 대안을 제시하지 않았다.

사회주의자들은 제정하에서 여성주의 운동을 벌이는 일은 노동 계급 운동을 분열시키는 것이라고 대립각을 세웠다. 1910년 여성 거래에 대항하는 전 러시아 대회에 참가한 노동자 대표단의 태도는 이를 분명하게 보여준다. 다섯 명의 대표자는 성매매가 자본주의의 일부이므로 자

---

37) R. Stites, "Prostitution and Society in Pre-revolutionary Russia," p. 359.

38) 알렉산드라 콜론타이에 대해서는 다음을 참고하라. 한정숙, 「알렉산드라 콜론타이와 여성주의: "부르주아" 여성주의 비판에서 사회주의적-급진적 여성해방론으로」, 『러시아연구』 제18권, 2호, 2008, pp. 287~345; 이정희, 「알렉산드라 콜론타이(1872~1952)의 사회주의 여성해방 사상: 공산주의적 성적 도덕과 섹슈얼리티를 중심으로」, 『서양사론』 99호, 2008; B. 판스워드, 『알렉산드라 콜론타이: 볼셰비키혁명과 여성해방』, 신민우 옮김, 풀빛, 1987.

39) E. Woods, *Baba and Comrade*, Bloomington: Indiana University Press, 1997, pp. 111~12.

본주의 체제 안에서는 해결될 수 없다고 주장했다. 대표단은 아동 노동 제한, 여성과 아동 노동을 감시할 감독관 제도와 8시간 노동제를 성매매의 해결책으로 내놓았다.[40] 성매매의 원인은 여성 노동자의 경제적 곤궁이므로, 이를 해결하지 않고서는 성매매에 대한 대책을 논의하는 것이 무의미하다는 것이다.[41] 노동자 대표단은 대회의 주도자였던 러시아 여성보호협회가 자선단체에 불과하며 근본적인 문제를 해결할 의지가 없다고 비판했고, 대회에 참가한 '숙녀들'이 문제가 일어나는 원인은 방치한 채 결과를 수습하는 데만 급급하다고 일침을 놓았다. 결국 노동자 대표단은 대회를 주최한 여성단체와의 갈등 끝에 퇴장하고 만다.[42]

그러나 노동자 대표단의 태도 역시 성판매자의 처우 개선에는 아무런 도움이 되지 않았다. 심지어 이들은 규제 체제가 노동자들의 삶에 미치는 억압적 측면을 억제하는 데에도 관심이 없었다. 성매매 규제정책은 결국 국가가 여성 노동자에게 개입하는 발판이었고, 여성 노동자를 잠재적인 성판매자로 간주하여 감시하는 체제였다. 노동자 대표단은 규제를 즉각적으로 폐지해야 한다는 급진적인 여성주의자들의 의견에도 별다른 지지를 보내지 않았다. 러시아 여성보호협회가 성판매 여성에게 제공했던 지원도 당시 여성 노동자의 경제적 상황에서는 실질적인 도움이 될 수 있었다. 그러나 이에 대해 노동자 대표단은 위선적인 행위라고 거부한 것이다.[43] 여성 문제를 독립적으로 다루는 것은 곧 계급을 분열시키는 일이라는 인식이 성매매 해결책을 구체적으로 다루지 못하

---

40) *Труды первого всероссийского съезда*, т. 1, с. 118~20.
41) 같은 책, с. 219~20.
42) *Труды перваго всероссийского съезда*, т. 2, с. 590~91.
43) 같은 책, с. 576.

게 했던 것이다. 이들에게 노동 계급 남성의 성구매는 논의의 가치조차 없는 일이었다. 그러나 현실적으로 성구매자의 상당수가 노동 계급 남성이었다.[44]

제정 시기에 성매매 문제는 포괄적인 사회 문제 중 하나로서, 구체적인 대응책이 준비되지 않았는데, 소비에트 러시아의 수립 이후 갑작스럽게 현실적인 대책을 필요로 하기 시작했다. 임시정부가 규제 체제를 폐지하고, 그 뒤를 이어 집권한 볼셰비키 역시 규제 폐지 기조를 이어갔다. 그러나 성판매자와 사람들 사이에 돌고 있는 성병은 1897년 매독 해결책 학술대회나 1910년 여성 거래에 반대하는 전 러시아 대회에서 수차례 지적되었듯 규제 폐지만으로 해결될 문제가 아니었다. 규제 폐지주의 원칙 아래에는 커다란 공백이 있었다. 이 빈 공간을 채울 정책은 이전에 사회주의자들이 대립각을 세웠던 여성주의자와 의사 들에게서 나왔다.

새로운 성매매 정책의 수립

최초의 대응은 1918년 11월 제1차 전국여성노동자농민대회의 결의안에서 발견할 수 있다. "자유로운 노동자 공화국의 여성 시민은 판매나 구매의 대상이 될 수도 없고, 되어서도 안 된다."[45] 이 선언은 보편적인 정서의 재확인에 가깝다. 대회에서 제시한 성매매 해결책은 '동지적' 관계의 형성이었다. 그러나 이후 이를 뒷받침할 구체적인 정책이 나오지

44) L. Bernstein, *Sonia's Daughters*, pp. 227~29.

45) А. Коллонтай, "Трудовая республика и проституция," *Коммунистка*, no. 6, 1920, с. 15~17.

않았고 성매매 업소나 개별적 성매매는 묵인되고 있었다. 혼란은 1920년까지 지속된다. 1920년 콜론타이가 여성국 기관지인 『여성 공산주의자』에 기고한 글에서도 이러한 혼란이 감지된다.

> 지금까지 소비에트 공화국에서 성매매와의 투쟁은 통합된 지도 원칙에 따르는 일관된 계획의 결여로 특징지어진다. [……] 한 지역에서는 성매매와의 투쟁에 관한 어떤 사업도 진행되지 않는데, 다른 지역에서는 '구습에 따라' 성판매자를 단속하여 그들을 수용소에 가두는 일이 이루어지고, 세번째로, 자선의 집이나 보호소가 유지되고 있다.[46]

성판매자에 대한 국가의 개입은 전국여성노동자농민대회의 원칙적인 선언과 전혀 다른 곳에서 다시 출현한다. 1919년 4월 페트로그라드 소비에트는 반혁명분자를 대상으로 하는 노동수용소를 설립했다. 수용소의 수감 대상에는 성판매자들이 포함되었다. 페트로그라드 제1노동수용소에 첫해 수감된 인원은 1만 2천 명으로 추산되는데, 그중 6,577명이 여성이었다. 이 중 전업 성판매자는 338명이었으며, 그 외에도 성을 팔아 부수적인 수입을 얻고 있었던 여성은 전체의 약 60퍼센트로 추정되었다.[47]

공산당 중앙위원회 여성국은 성매매 문제를 다룰 때 크게 두 가지를 고려해야 했다. 첫번째로 성매매 문제는 국가가 사적 영역에 개입할 수 있는 범위를 결정하는 과정의 일부였다. 첫째, 개인 간의 관계나 일탈적

46) 같은 곳.

47) С. И. Равич, "Борьба с проституцией в Петрограде," *Коммунистка*, no. 1~2, 1920, c. 21.

인 성행위를 국가나 법이 허가하거나 금지해야 하는가? 여성국은 이 관계 자체는 국가권력의 영역이 아니라고 판단했다. 도덕은 선전선동의 영역이었다. 둘째, 성매매는 직업으로 인정될 수 있는가? 여성국은 성을 판매하는 일은 생산적 노동이 아니라고 보았다. 남편이나 아버지에게 의존해 생활하는 부르주아 가족 제도 내의 여성이 노동자가 아니듯, 성 판매자도 직업을 가지고 노동하는 사람이 아니었다. 그렇다면 이들은 노동자 공화국의 시민으로 다시 태어나기 위해 어떤 식으로든 계도되어야 했다.[48] 이런 관점은 공산당 당원이자 좌익반대파였으며 지노비예프의 첫번째 아내였던 사라 나우모브나 라비치가 『여성 공산주의자』에 기고한 성매매 관련 기사에서도 드러난다.

> 계급에 따라 사회가 구분되는 부르주아적이고 올바르지 않은 삶의 조건, 무자비한 착취, 경쟁, 주기적인 공황, 수십만 명의 사람이 거리로 내몰리는 일, 끔찍하게 무의미한 신사 신분의 삶이 필연적으로 여성을 상품으로 만든다.
>
> 성매매는 한편으로는 가장 높은 미덕인 결혼의 베일 아래에 있고, 다른 한편으로는 전혀 보호받지 못한 채 모두에게 노출되어 있는데, 바로 이것이 부르주아적 관계의 필연적인 동반자다. 이런 가혹한 유산은 쉽게 사라지지 않는다. 서둘러 올바른 투쟁을 시작해야만 한다.[49]

여기서 성매매의 첫번째 원인은 경제적 조건이다. 공황과 착취에 대

---

48) E. Woods, *Baba and Comrade*, p. 116.

49) С. И. Равич, "Борьба с проституцией в Петрограде," с. 21~23.

한 언급은 여성뿐만 아니라 노동자 계급 전체, 더 나아가 자본주의 사회 자체에서 성매매의 원인을 찾고 있다는 사실을 드러낸다. 두번째 원인은 기존의 결혼 제도다. 여기서 결혼과 성매매는 사실상 같은 것으로 간주되고 있다. 콜론타이는 이를 좀더 명확하게 설명한다.

> 잊지 말아야 할 것은, 국민경제에서 여성의 힘을 올바르고 적절하게 활용하는 일이 가장 근본적으로 성매매의 뿌리를 교란시킨다는 점이다. 우리가 남편 혹은 아버지에게 의존한 채 일하지 않는 여성 인구를 가지고 있는 한, 여성의 애무를 사거나 파는 일은 계속될 것이다.[50)]

콜론타이는 전업주부와 전업 성판매자를 노동하지 않는 인구라는 점에서 동일하게 다루고 있다. 그녀에게 이 두 집단의 여성은 직업을 갖지 않은 인구였고, 뒤집어서 말하자면 주부와 성매매는 '직업이 아니'었던 것이다. 이 여성들은 남편이나 성구매자의 피부양자로 간주되었고, 따라서 모든 인구가 생산적 노동에 종사해야 하는 노동자 공화국에서 용납할 수 없는 집단이었다. 성판매자는 대부분 기존의 특권 계급 여성이었던 '남편과 아버지에게 의존하는 여성'과 함께 노동 기피자라는 죄목으로 노동수용소로 끌려 들어갔다. 여성국을 비롯한 볼셰비키 정권에게는 노동수용소와 노동 징발이야말로 성판매자를 신분이나 결혼 여부와 무관하게 동등하게 대하는 방법이었다. 성판매자만을 위한 대응책은 필요하지 않았고, 수립될 필요도 없었다.

---

50) А. Коллонтай, "Трудовая республика и проституция," c. 15~17.

성매매에 대해 가장 진실되고 강력한 공격은 보편적인 의무노동이다. 무엇보다 중요한 것은 강제된 성매매, 즉 생계를 위한 성매매를 파괴하는 것이다. 이런 관점에서 우리는 페테르부르크와 일상의 문제에 접근하기 때문에 우리의 사업을 성매매에 대한 투쟁이 아니라 노동하지 않는 자의 노동으로의 적응이라고 부른다.[51]

노동자 공화국은 성매매에 대한 공화국의 태도를 결정하는 확고한 계급적 노선에 섰다. 성매매와의 특별한 투쟁 방법은 없다. 성매매가 부업일 뿐인 노동자 여성은 여성국이 부르주아 이데올로기와의 투쟁과 노동자 계급 남성들 사이의 투쟁을 지도하는 한에서는 오직 선전선동의 영향을 받을 뿐이다.

노동 기피자인 전업 성판매자에게는 다른 기피자들과 마찬가지로 공통된 책임을 묻게 된다. 만약 이런 여성이 사회적으로 필요한 노동을 회피한 다른 사람들과 함께 역할을 나눠 받게 된다면, 그녀는 똑같이 대우받는다. 즉, 환자들은 클리닉에 가고, 건강한 사람들, 일할 수 있는 사람들은 일반적인 노동 정착지로 가며, 숙련공은 강좌, 전문적 기술 훈련 학교 또는 노동력 등록과 배분 지국으로 간다.

성판매자를 위한 특별한 보호소나 정착지는 없다.[52]

여성국이 표명한 태도는 명백히 규제 폐지주의였다. 성매매는 범죄가 아니지만, 성매매를 가능하게 하는 조건과 성매매의 결과로 발생하는

51) С. И. Равич, "Борьба с проституцией в Петрограде," с. 21~23.
52) А. Коллонтай, "Трудовая республика и проституция," с. 15~17.

일은 범죄로 간주되었다. 그러나 여성국이 내세운 규제 폐지주의의 근거는 도덕주의적 관점이나 여성주의적 관점으로 분류하기 어렵다. 콜론타이가 새롭게 제시한 기준은 노동이었다. 성판매 여성은 성매매를 통해서 수입을 얻고 생활을 영위하고 있었으며, 성매매는 일종의 직업으로 받아들여지고 있었다. 그러나 여성국의 규제 폐지주의는 성매매를 비범죄화하는 동시에 직업으로 인정하지 않았다. 성매매는 노동일 수 없었고, 그 이유는 그것이 노동 계급의 새로운 도덕에 어울리지 않는 부도덕한 일이고 여성에 대한 착취이기 때문이다. 도덕주의적 관점과 여성주의적 관점이 생산적 노동이라는 기준 뒤에 혼재되어 있었던 것이다.

1920년 전 러시아 여성국 회의에서 콜론타이는 성판매자 자체에 국가가 개입해야 한다고 생각하지는 않으나, 노동 기피자를 고발하는 일에는 문제가 없다는 입장을 분명히 했다.[53] 사회주의자들이 차르 정부의 규제주의 정책을 비판할 때, 그들은 성매매가 부르주아 남성이 프롤레타리아 여성을 착취하는 현상이라고 판단했다. 이제 러시아는 자본주의 국가가 아니라 사회주의 국가였고, 부르주아 남성 구매자는 사라졌다. 여성 노동력이 필요한 전시공산주의 시기에 노동자들 사이에 질병과 도덕적 혼란을 퍼뜨리고 '계급 연대'를 훼손하는 성판매자는 결코 희생자가 아니었다. 이들은 강제적인 조치를 통해서라도 '생산적 노동'에 종사해야만 했다.

1920년 여름, 사회복지인민위원회가 성매매 문제를 해결하기 위한 부서간 위원회를 열었다.[54] 1921년, 위원회는 논의 끝에 개인 간의 성적인

53) E. Woods, *Baba and Comrade*, p. 112.

54) 1926년 성매매 대응이 보건인민위원회 업무로 명시되었다.

관계에 국가가 개입하는 것은 타당하지 않다는 결론을 내렸다.[55] 금지주의는 완전히 무력해진 것처럼 보였다. 성매매는 그 자체로서는 불법적인 행위가 아니게 되었다. 경제적 원인 때문에 일시적으로 혹은 부업으로 성을 판매하는 여성들이야말로 볼셰비키가 떠올리고 있던 성판매자였다. 이들은 생산적 노동에 종사하고 있으며, 모성보호와 각종 사회적 보장을 누리게 된다면 성판매를 그만두게 될 것이었다. 그러나 한편에서는 전업 성판매자들이 노동 기피자의 죄목을 달고 노동수용소를 거쳐 노동 정착지로 가고 있었다. 이들은 노동 정착지의 생활을 마친 후에도 꾸준히 감시 대상이었고, 그들 주변에서 또 다른 성판매자가 노동수용소로 끌려 왔다.[56]

여성국뿐만 아니라 소비에트의 법률가들도 이 문제를 국가와 개인 간의 관계, 국가가 사적 영역에 개입하는 범위를 정하는 일로 간주했다. 1920년대 소비에트 형법이 성매매를 다루는 기준은 엄격한 성매매 비범죄화 원칙이었다. 1922년 형법은 성매매에서 제3자가 이득을 얻는 경우만을 처벌하고 있다. 이는 1910년 여성 거래에 대항하는 전 러시아 대회에서 합의된 성매매 업소 폐지와 거의 같은 내용이었으나, 볼셰비키의 형법은 한 걸음 더 나아가, 성구매자도 비범죄화했다. 구매자가 처벌

55) E. Woods, *Baba and Comrade*, p. 114.

56) 라비치는 1920년에 이렇게 썼다. “여성 노동 정착지가 조직되었다. [……] 지금 그곳에는 이미 200명 이상이 있다. 기술이 확충된다. 문화-교육 사업이 진행되고 있다. 여기로부터 사람들은 노동하는 삶으로 향하는 강한 의지와 견고한 경험을 가지고 나온다. 우리의 사업은 아직 끝나지 않았다. 노동 정착지 거주 기간을 마친 후에, 퇴소자 개개인은 반드시 적절한 직업을 얻어야 한다. 집행국(강제노동부 산하)과의 관계는 모든 퇴소자에게 거주지 이후에도 지속된다. 이런 식으로, 우리 여학생들의 삶을 좀더 오래 추적하면서 그들의 주변 환경으로부터 끌어낸 사람들을 노동하는 삶에 적응시키는 사업은 성공적으로 이루어지고 있다”(С. И. Равич, “Борьба с проституцией в Петрограде,” с. 21~23).

받는 경우는 성매매를 강제했을 때뿐이었다. 적어도 법률상으로는 강제적이지 않은 성매매는 국가가 개입할 여지가 없는 개인 간의 사적인 관계로 간주되었던 것이다.[57)]

그러나 이렇듯 구매자 처벌조차 금지하는 확고한 비범죄화 기조는 당국의 정책 전반에 걸쳐 일관되게 관철되지는 못했다. 1922년 형법이 제정되는 곁에서 내무인민위원회는 남성 구매자를 처벌하고 있었다. 1922년 중반 조직된 '도덕 의용군'은 내무인민위원회 산하 조직으로 포주와 구매자를 체포하고 그들의 이름을 공개했다.[58)] 이런 움직임은 1920년대 말에도 발견된다. 1928년 『여성 노동자-여성 농민*Работница-Крестьянка*』에는 볼로다르스키 라이온의 성매매와의 투쟁을 위해 소비에트가 남성 구매자들을 검거하고 이들에게 벌금을 매기는 활동을 벌이고 있으며, 벌금 금액을 올리고 가족과 공장에 성구매 사실을 알려야 한다는 기사가 실렸다.[59)] 남성 구매자의 부도덕한 행위를 비난하는 경향에서 찾을 수 있는 것은 성매매의 구조적 원인에 대한 고민보다는 오히려 도덕주의적 관점에 근거를 둔 금지주의였다.

---

57) 볼셰비키 형법은 다음과 같이 규정했다. "170조: 누군가에게 이기적인 또는 개인적인 동기로 인해 물리적 또는 심리적 영향을 미쳐 성매매를 강제하는 일은 최소 3년 이상의 엄격한 고립 상태에서 자유를 박탈하는 것으로 처벌된다.
171조: 성매매 알선, 부덕한 소굴의 유지와 성매매에 여성을 모집하는 행위는 최소 3년 이상의 자유 박탈과 사유재산의 전부 혹은 일부의 몰수로 처벌된다"(*Собрание узаконений и распоряжений правительства за 1922 год*, Москва: Управление делами совнаркома СССР, 1950, с. 153).

58) E. Waters, "Victim or Villain: Prostitution in Post-revolutionary Russia," L. H. Edmonson(ed.), *Women and Society in Russia and the Soviet Union*, Cambridge: Cambridge University Press, 1992, p. 167.

59) Федотова, "Что нужно внести в работу советов по борьбе с проституцией," *Работница-Крестьянка*, 권호불명, 1928, с. 17.

이러한 조치를 통해 성매매가 증가했는지 감소했는지는 연구자들 사이에서도 의견이 갈린다. 성매매는 신뢰할 만한 통계수치를 얻기 어려운 영역이며, 소비에트 러시아가 내전 중이었던 시기에 대해서는 더욱 결론을 내기 어렵다. 일반적으로 성매매 증가에 영향을 미치는 요인이 이 시기에 중첩되었다는 것보다 더 진전된 이야기는 할 수 없을 것이다. 이런 불명료성은 당국으로서도 마찬가지였다. 성매매 정책은 혼란이 가장 크게 일어나되 성과가 낮고 비가시적인 영역이었다.[60] 여성국의 관심은 1923년 이후 성매매에서 멀어진 것으로 보인다. 『여성 공산주의자』에서 성매매를 다루는 기사는 1923년 5월 이후 다시 등장하지 않았다. 여성국의 우선적인 관심사는 여성 농민 조직과 여성 노동자들을 상대로 한 선전선동이었다. 1926년 결혼법 논쟁 이후에는 여성국 기관지에서 여성 문제에 대한 논의조차 발견하기 쉽지 않다. 1923년 이후 신경제정책의 본격적인 시행과 여성 실업의 증가는 성매매에 대한 논의 지형을 바꾸어놓았다. 바통을 넘겨받은 것은 의사들이었다.

노동교화소

이미 1918년부터 보건인민위원회와 긴밀하게 협력하고 있었던 성의학자들은 보건교육의 테두리 안에서 건강한 성생활에 대한 캠페인을 전개하고 있었다. 이들은 2월 혁명으로 제정 시대의 통제에서 벗어난 뒤 피고로프 협회 산하에서 성병에 대항하는 전 러시아 회의를 통해 대중강연과 전시회를 개최하기 시작했다. 1897년 매독 해결책 학술대회에

60) E. Woods, *Baba and Comrade*, p. 115.

서 제시된 성병 해결책 중 일부는 이미 실현되기 시작했던 것이다. 1918년 4월 29일 성병에 대항해 싸우는 전 러시아 위원회가 조직되고, 같은 해 10월 이 위원회는 보건인민위원회의 산하 기구로 편입되었다. 더 나아가, 의사들은 보편적인 보건교육과 의료 체계의 확충뿐만 아니라 병원에서의 성병 치료에서도 적극적인 역할을 수행하고자 했다.[61)]

1919년의 노동수용소 안에서도 이미 성병 문제는 제기되고 있었다. 각 수용소에서 병동이 운영되었고, 수용소 밖에도 병원이 개설되었다. 성병 환자들은 병동 안에서 중증과 경증 집단으로 나뉘어 관리되었다. 경증 집단은 치료를 받으면서 문맹 퇴치 교육이나 기술교육을 받았다.[62)] 내무인민위원회나 보건인민위원회만이 아니라 여성국 역시 초기부터 병원과 병동 설치, 공공보건 확충에 동의하고 있었다.[63)] 그러나 성병 전문 병원은 여성국이 부정했던 성매매만을 위한 특수한 해결책으로 발전해 나갔다. 이미 1897년 학술대회에서 질병 통제 체제의 청사진을 그렸던 의사들이 이런 변화를 추동했다.

노동 기피자 일반에 대한 해결책이 아니라 성판매자만을 위한 특수한 해결책이 받아들여진 배경에는 사회경제적 변화가 있었다. 신경제정책이 도입되고 실업률이 상승하면서 노동 기피가 더 이상 죄목이 될 수 없었던 것이다. 성판매자들이 끌려갔던 수용소도 대부분 문을 닫았다. 직장을 잃은 여성들은 성매매에 뛰어들었다. 부르주아 남성이 프롤레타리아 여성을 착취한다는 설명은 이제 유효할 수 없었고 볼셰비키는 이런 현상을 설명하는 데 애를 먹었다. 콜론타이는 소설 「자매」에서 네

61) F. Bernstein, *Dictatorship of Sex*, Dekalb: Northen Illinois Press, 2007, pp. 17~19.
62) С. И. Равич, "Борьба с проституцией в Петрограде," с. 22.
63) 같은 책, с. 23.

프만의 등장을 통해 성매매의 증가를 설명하려 했던 것으로 보인다. 이 소설에 등장하는 아내와 성판매자는 실업 때문에 남성에게 경제적으로 의존하게 되면서 똑같이 불행한 처지에 놓인다. 아내는 네프만이 되어 변해버린 남편의 성구매를 막을 수 없고, 성판매 여성은 생계를 유지하기 위해 아내가 있는 남자의 집에 온다. 소설의 마지막에 두 여성은 상대방의 처지를 이해하고 서로를 자매처럼 느끼게 된다.[64]

그러나 현실에서는 성을 파는 이도, 사는 이도 '프롤레타리아'였다. 차르 정부 시대부터 사회주의자들이 고려하지 않았던 하층 계급 남성의 성구매 문제가 다시 돌아온 것이다.[65] 그러나 신경제정책의 '부르주아적 요소'를 비판했던 이들은 성구매 남성이 부르주아적 네프만이거나 그 영향을 받았다고 생각했고, 성판매 여성의 실업은 완전고용을 포기한 경제정책의 자본주의적 성격 탓이라고 여겼다.[66] 성매매는 중앙정치의 담론 안에서 이행기의 국가정책이 적절한지 판별해내는 지표처럼 활용되었다.[67]

그렇다면 성판매자는 잘못된 국가정책의 피해자라고 할 수 있었다.

---

64) 알렉산드라 콜론타이, 「자매」, 『위대한 사랑』, 이현애·정호역 옮김, 노사과연, 2013, pp. 143~61.

65) L. Bernstein, *Sonia's Daughters*, pp. 90~93.

66) 콜론타이는 여성국 국장이자 공산당의 좌익인 노동자 반대파의 지도자였다. 1921년 제10차 당대회에서 신경제정책이 통과되었으나, 노동자 반대파와 콜론타이는 이에 대한 비판을 멈추지 않았다. 콜론타이는 당의 경고를 받았고 결국 여성국 국장직에서 물러나야 했다. 신경제정책에 대한 콜론타이의 비판은 여성 해방론자로서의 의견이기도 했다. 그녀에게 신경제정책은 대규모의 여성 실업과 사회정책 예산의 삭감을 의미했으며, 곧 사회주의적 여성 해방론의 근간을 허무는 일이었다.

67) E. Woods, "Prostitution Unbounded: Representations of Sexual and Political Anxieties in Postrevolutionary Russia," J. T. Costlow, S. Sandler & J. Vowles(eds.), *Sexuality and the Body in Russian Culture*, Stanford: Stanford University Press, 1993, pp. 129~31.

그들은 완전고용이 목표인 국가에서 불운하게 실업 상태에 내몰려 몸을 팔아 먹고살게 된 불쌍한 여성들이었다. 여성 실업을 당장 개선할 수 없다면, 이들을 위한 특별한 정책이 마련되어야 했다. 성매매 문제를 다루는 주요 기관인 보건인민위원회와 사회복지인민위원회는 신경제정책 시기에 성매매 문제를 담당하는 별도의 기관을 상시 운영했다. 1926년 사회복지인민위원회 규정 개정안에는 부랑자와 걸인 문제와 함께 성매매가 사회복지인민위원회의 관할 업무로 지정되었다.[68] 1927년 보건인민위원회 규정[69] 역시 보건인민위원회 산하에 성매매와의 투쟁에 관한 중앙 소비에트를 둘 것을 명시했다. 성매매와의 특별한 투쟁 방법은 없다고 강조했던 콜론타이의 주장은 더 이상 당연한 원칙이 아니었다. 성판매자들은 노동 기피자의 죄목 대신, 다시 희생자의 지위를 얻었다.

노동수용소에서 발전해나간 성병치료소로 여성 환자가 점점 더 많이 유입되었다. 의사들은 최소한 전염 단계가 지나갈 때까지라도 환자에게 재정적 지원이 필요하다고 판단했다. 게다가 치료된 환자들이 고용되지 못하고 새로운 수입원을 얻지 못한다면 치료도 보건교육도 수포로 돌아갈 수밖에 없었다.[70] 그러나 신경제정책 시기의 여성 실업률은 높았고 미숙련 노동자의 취업은 더욱 어려웠다.[71] 치료소는 의학적 치료와 치료

68) 1926년 사회복지인민위원회 규정 제4장 12조 з항. Декрет ВЦИК, СНК РСФСР от 1926. 3. 15(ред. от 1927. 8. 1), "Об утверждении Положения о Народном Комиссариате Социального Обеспечения."

69) 1927년 보건인민위원회 규정 제3장 중 11조 в항이 성매매와 투쟁하는 중앙 소비에트에 대한 규정이다. Постановление ВЦИК, СНК РСФСР от 1927. 3. 28, "Об утверждении Положения о Народном Комиссариате Здравоохранения Р.С.Ф.С.Р."

70) F. Bernstein, "Prostitutes and Proletarians: The Soviet Labor Clinic as Revolutionary Laboratory," W. B. Husband(ed.), *The Human Tradition in Modern Russia*, Willington: Scholary Resources Inc., 2000, p. 116.

71) W. Goldman, *Women, The State and Revolution: Soviet Family Policy and Social*

과정 동안의 의식주를 제공하는 데서 더 나아가 그들이 이러한 생활비를 스스로 벌 수 있도록 완치 이후 생산적인 노동을 시작하기 위해 훈련받는 곳이어야 했다. 1897년 학술대회의 질병 치료 방법에 1910년 대회의 사회적 해결책이 흡수된 것이다.

1924년 6월 모스크바 제2성병치료소에 노동교화소가 도입되었다. 이 제도는 질병의 치료와 격리, 재활과 '정상적인 삶'으로의 복귀가 분리된 과정이 아니라는 인식에서 출발했다.[72] 의사들은 기존에 행해지던 강제적 조치를 비판하고, 유화적인 캠페인을 벌였다. 피해자이므로 처벌하지 않을 테니, 원한다면 '직업병'을 고치러 오라는 식이었다. 의사들은 이런 방식이 성병 통제를 좀더 효율적으로 만든다고 믿었다.[73] 감염된 성판매자들은 성병을 치료하는 동시에 노동 훈련을 비롯한 교육을 받았으며, 과정을 이수한 뒤에는 일자리를 얻을 수 있었다. 신경제정책 시기의 높은 여성 실업률을 고려하면 고용 보장은 매력적인 보상이었을 것이다. 교화소는 전국에서 최대 44개까지 증가했고, 수용인원은 최대 1천 명에 달했다.[74]

교화소는 병원과 공장, 학교가 결합된 형태였다.[75] 재정은 자족적으

Life, 1917~1936, Cambridge/New York: Cambridge University Press, 1993, p. 195.

72) F. Bernstein, "Prostitutes and Proletarians," p. 116.

73) E. Waters, "Victim or Villain," p. 167.

74) F. Bernstein, "Prostitutes and Proletarians," p. 115.

75) 『여성 노동자-여성 농민』에 실린 노동교화소의 운영 실태는 다음과 같다. "교화소의 과제는 치료 지원 제공뿐만 아니라 사회적, 산업적 교육을 제공하는 것으로 구성된다. 이 목표를 위해 교화소 안에, 여성들이 재능을 가지고 있는 생산 작업장(재봉과 직조)을 마련하는 것 이외에도, 교화소 생활 중에 여성 노동자들이 적극적인 역할을 할 수 있는 문화-교육적 사업 역시 실행되고 있다. 교화소의 프로그램은 공장 부속 공업학교fzu와 그 목표를 모범 삼아 수립되었는데, 정해진 기간이 끝난 뒤 준비가 잘 됐든 덜 됐든, 여성 노동자들은 산업 혹은 사회사업, 국영 공장으로 보낼 수 있다. 현재 작업장 관리하에는 33개의 재봉틀과 20개

로 수급했고, 수용된 성판매자에게는 월급을 지불했다.[76] 법적 근거가 없었던 교화소는 전시공산주의 시기의 부서간 위원회처럼 여러 부처의 개입 아래 운영되었다. 입소를 위해서는 노동교화소 선발위원회의 심사를 거쳐야 했다. 위원회는 여성국과 콤소몰 등의 당 기관 대표자와 다양한 보건, 자원봉사 협회의 대표자들로 구성되어 있었다.[77] 월급과 일자리를 목표로 극빈층 여성들이 입소를 원하기도 했으나, 주로 병원과 수용소의 성병 환자들이 선발되었다. 1928년 레닌그라드에 설립된 교화소는 100명까지 수용할 수 있는 규모였는데 지원자가 700명 이상 몰려들었다.[78]

이 시기의 의사들은 1897년 학술대회의 젬스트보 의사들처럼 유전적 요인, 행동장애 등의 개인적 원인 대신 사회경제적 원인, 즉 굶주림과 빈곤이 성매매의 주요 동인이라는 데 동의했다. 그러나 성매매와의 단절을 위해서 성판매자 개인에게 교육이 필요하다는 점은 주지의 사실이었다. 노동교육 다음으로 강조된 문화와 교육 사업이 바로 이런 역할을 하고 있었다. 교화소의 치료는 몸의 질병뿐만 아니라 마음의 병을 고치는 과정이었고, 이 과정은 사회주의를 건설하는 노동자 가족 일원

의 양말 기계가 있다. 기계의 수는 85개까지 늘릴 예정인데, 기술교육이 늦어지지 않게 하기 위해서이고, 따라서 교육 계획은 1년간 최소 200명의 교육받은 숙련 여성 노동자가 배출될 가능성을 예상하고 있다"(Гордон, "На борьбу с проституцией: Первый женский трудовой профилакторий," *Работница-Крестьянка*, 권호불명, 1928, с. 13~14).

76) 같은 책, с. 13~14.

77) 성매매대항평의회, 노동과 일상생활을 건강하게 만드는 위원회를 말한다. 이 두 조직은 여성의 변화를 위한 투쟁을 전국적으로 참여 가능한 활동으로 만들었다. 예컨대 성병치료소와 연계해 대중적인 교육 활동을 하는 것은 물론, 기차역, 숙박업소, 식당, 카페 및 길거리를 다니며 성판매 여성에게 탈성매매와 교화소 입소를 제안하는 활동을 벌였다. F. Bernstein, "Prostitutes and Proletarians," p. 118.

78) Гордон, "На борьбу с проституцией," с. 13~14.

으로서 갱생한 프롤레타리아를 만들어낼 수 있다고 간주되었다. 정신병 대신 구습, 부르주아적 유산 등의 단어가 쓰였고 치료 대신 교육이 자리 잡았다. 의사나 감독관은 성병을 치료할 뿐만 아니라 입소한 환자들의 생활과 행동 전반을 감독했다. 치료와 노동뿐만 아니라 정치교육과 문화 활동 프로그램이 준비되었다.[79]

종교교육이 사회주의 정치교육으로 바뀐 것을 제외하면, 일상생활 전반에 걸친 규칙과 상호감시는 제정 시대의 재활원과 별반 다르지 않았다. 교화소도 재활원과 마찬가지로 성판매자들의 저항에 부딪혔다. 연간 50퍼센트가량이 자의로, 혹은 규율 위반으로 퇴소했고, 성공적으로 교화소 과정을 마친 이들 중에 공장 일에 적응하지 못한 여성들도 있었다. 이들은 다시 성매매를 시작하거나, 교화소로 가거나 사라졌고, 공장에서 일하면서 성매매를 병행하기도 했다. 성공적으로 갱생한 여성들의 성공담이 언론에 보도되는 와중에 왜 일부 여성들은 사회적 조건이 바뀌었는데도 성매매에서 빠져나오지 못하는지 설명하는 것은 쉽지 않은 일이었다.[80]

노동교화소 선발위원회를 비롯하여, 성매매 문제를 직간접적으로 담당했던 당국의 활동가들은 치료에 대한 두 가지 상반된 결과를 구분했다. 첫번째 집단은 교정을 받아들여 성공하는 여성들이었다. 이들은 "경험이 없기 때문에 길거리로"[81] 나간 이들이며, "버려진 아내"[82]였다. 이들은 적극적으로 성판매를 그만두고자 했으며, 성공적으로 교육 과

---

79) F. Bernstein, "Prostitutes and Proletarians," pp. 122~23.

80) 같은 책, pp. 124~25.

81) Власова, "На борьбу с проституцией: Кто попадает в ночлежку," *Работница-Крестьянка*, 권호불명, 1928, c. 16.

82) 같은 곳.

정을 이수했다. 두번째 집단은 교정을 거부하는 여성들이었다. 성매매와의 투쟁을 위한 위원회에서 일하며 성판매 여성들과 직접 접촉했던 블라소바는 그들이 성판매를 하는 이유가 사치라고도 생각했고, 알코올 중독 탓이라고도 했으며, 가정환경 탓이라고도 했다.[83] 그녀는 첫번째 집단을 '여성,' 두번째 집단을 '창녀'로 구분했다. '창녀'는 이제 '여성'과 미성년자를 성매매로 끌어들이는 원천으로도 간주되고 있었다. 블라소바는 자신이 만난 성판매 여성에 대해 보고하면서, 두 부류의 여성들을 어떻게 대해야 하는지 기술했다.

> 정직하게 노동하는 길로 돌아오고자 하는 사람들을 위한 나의 결론 하나는, 노동자 소비에트의 원조, 지원, 우리 위원회에서의 적극적인 사업이 필요할 뿐만 아니라, 물질적인 도움이 필요하다는 것이다.
>
> 물론, 아무도 올바른 길로 돌아오고자 하지 않는 저 성판매자들과는 가혹한 투쟁을 벌여야 한다. 한 해나 두 해를 나림과 솔로브카에서 보내는 것이 아니라, 일생을 가장 가혹한 노동 체제에서 보내야 한다. 왜냐하면, 1년 후 돌아와 버린 그들은 다시 한 번, 질병을 퍼뜨리면서, 종종 방치되는 미성년자를 이 길로 끌어들이기 때문이다.[84]

블라소바에게 두번째 집단은 교정을 거부하고 질병을 퍼뜨리며 순진한 피해자를 만들어내는 여성, 처벌받고 사회로부터 격리되어야 하는 집단이다. 사회적 조건에서 성매매의 원인을 찾는 대신 개인의 이

83) 같은 곳.
84) 같은 곳.

상심리에서 원인을 찾는 타르놉스키의 주장이 다시 되돌아온 듯 보인다. 「자매」에서 콜론타이가 등장시킨 성판매자는 한 명이 더 있다. 주인공 여성과 공감대를 형성하고 '자매'가 되는 여성 이전에 그녀의 남편은 "진한 립스틱에 술에 취한, 뻔한 부류"[85]의 여자를 데리고 온다. 주인공 여성은 이 사건을 두고 "매춘부와의 일은 그렇게 크게 신경 쓰지 않았다"[86]라고 이야기한다. 그 이유가 무엇이든 교정되지 않는 성판매자는 계속해서 일정 정도 존재해왔을 것이다. 주목할 점은 이런 여성들을 더 이상 설명하지도 해결하지도 않으려는 태도다. '사치하기 위해 성을 판매하는 창녀'라는 구분은 차르 시대의 도덕주의적 접근법과 타르놉스키의 이상성애자로서의 성판매자 범주와 궤를 같이하며, 동시에 전업 성판매자들이 공산주의 시대에 얻었던 죄목인 노동 기피자 범주와 일맥상통하고 있다.

이런 변화의 원인은 하나로 단정하기 어렵다. 그러나 분명 경제정책의 변화와 여성 고용의 증가가 강력한 영향을 미쳤을 것이다. 1920년대 후반, 보건인민위원회 산하 기관인 성매매와의 투쟁에 관한 중앙 소비에트에서 고스플란의 모틸료프는 성판매자가 사회 위험분자이므로 처벌의 대상이라고 연설했다. 부랑자나 걸인뿐만 아니라 사보타주, 우익, 일탈자에 대한 적대와 성판매자에 대한 강경한 태도가 하나로 묶이게 된 것이다.[87] 1920년대 말에는 다수의 의사들이 더 급진적인 수단을 요구하기 시작했다. "사회적으로 위험한 요소"이자 "사회적 이상 현상"인 성판매자들이 5개년 계획을 달성하려는 국가에 해를 입히지 않도록, 강

85) 알렉산드라 콜론타이, 「자매」, p. 151.
86) 같은 책, p. 153.
87) E. Waters, "Victim or Villain," pp. 160~61.

력한 수단을 동원해야 한다는 것이다. 교화소는 문을 닫기 시작했다.[88] 스탈린의 권력 장악이 확실해지고 1929년에 드디어 5개년 계획이 도입되면서, 성판매자는 사회 위험분자로 분류되어 처벌 대상으로 간주되기 시작했다. 노동교화소 대신 10개의 노동수용소가 성판매자를 위해 마련되었다. "여성을 생산적 노동으로"라는 구호는 이번에도 억압적 조치를 정당화하는 데 사용되었다.[89] 그러나 신경제정책 시대와 5개년 계획의 시대 사이에 산업화로 실업 문제를 해결하고, 노동 훈련을 통해 성매매를 해결한다는 논조는 바뀐 적이 없었다. 바뀐 것은 여성 노동자의 노동 시장에서의 비중이었다.

4. 나가며: 보편적 보건정책과 '생산적 노동'

19세기에 성행한 성병은 근대국가에서 국민의 건강, 더 나아가 '인류의 존속'을 위협하는 심각한 위기로 받아들여졌다. 보건정책의 일환으로서 성병 억제정책은 성별과 계급에 따른 편향이 강하게 드러나는 동시에 국가정책이 이 편향에 의해 결정적으로 실패하는 무대다. 19세기의 유럽 국가들은 성병의 확산을 국민 전체의 보건 향상이 아니라 가족 바깥에서 성을 판매하는 여성들을 통제함으로써 막고자 했다. 구체적 양상은 각 국가별로 일정한 편차를 보이지만, '타락한' 여성이 인구 전체의 건강을 해친다는 인식과 이들 보균자를 검진, 격리, 치료하여

88) F. Bernstein, "Prostitutes and Proletarians," pp. 126~27.
89) E. Waters, "Victim or Villain," pp. 160~61.

사회를 안전하게 지켜야 한다는 결론은 동일하다. 즉, 성병 통제가 성매매 통제와 같은 것으로 간주되면서 성판매 여성들이 국가정책의 대상이 된 것이다.

제정 러시아 역시 1848년 내무성 주도하에 성판매자를 본격적으로 규제하기 시작했다. 성을 판매하는 여성들은 경찰에 등록되고 국가에 고용된 의사에게 주기적인 검진을 받았다. 국가권력은 종종 도시 하층 계급 여성 전체를 잠재적 성판매자로 바라보기도 했으며, 성풍속의 변화는 '정숙한' 여성을 구분하기 어렵게 만들었다. 의사들은 질병을 효과적으로 통제하지 못하는 규제를 개혁하고자 했지만 내무성은 개혁안을 수용하지 않았다. 결국 성병의 규제에서도 실패하고 성매매를 방조하는 셈이 된 규제 제도는 제정의 비판자들에게 좋은 먹잇감이었다.

제정 체제의 비판자들 중 이 문제에 대해 목소리를 높였던 세력은 여성주의자와 사회민주주의 세력이었다. 보균자로 의심받는 대상이었던 하층 계급, 그중에서도 규제 대상이었던 여성의 처지에 대해 이들은 달리 인식하고 있었던 것이다. 여성주의자들은 보편적 인권 담론 하에서 하층 계급 여성의 어려운 처지를 구제하고자 했다. 사회민주주의 세력은 하층 계급 여성이 성을 판매하게 되는 원인이 여성의 빈곤에 있다고 지적하고, 이 문제를 해결하기 위해서는 여성들이 남성 노동자들과 동등한 대우를 받는 노동자여야 한다고 주장했다.

1914년 발발한 제1차 세계대전과 전쟁 중에 일어난 1917년 러시아 혁명은 구체제를 무너뜨리고 재편했다. 볼셰비키 정권은 성매매 규제 제도를 즉각 폐지했고, 러시아의 여성 시민은 거래와 판매의 대상이 될 수 없다고 선언했다. 여성 문제에 관심을 갖고 있는 일부 볼셰비키는 한편으로 여성 노동자의 처우 개선을 시도하고, 다른 한편으로 등록된 여성들에게 치료와 재활의 기회를 제공하는 사회적 해결책에 착수했다. 그 결과 전국적으로 44개에 달하는 노동교화소가 설립되었다. 당과 노동조합, 의사들로 구성된 위원회가 관리하는 교화소는 병원이자 공장이며 또한 학교였다. 한편으로 성판매 여성의 감염을 통제하는 것만으로는 해결될 수 없었던 성병 문제가 국민 전체를 대상으로 하는 보편적 계몽정책 및 보건정책에 의해 완만하게 정복되었다. 이 과정에서 의사들은 이미 19세기부터 그려온 질병 통제 체제를 완성하고 그 안에서 전문가 집단으로서의 지위를 확보할 수 있었다.

소비에트 러시아의 성매매 정책은 제정 시대의 질병 관리 모델과 차이를 드러낸다. 물론 성병 관리가 전반적인 보건정책의 일환으로 포괄되며, 이를 관리하는 국가기구가 존재한다는 점은 동일하다. 그러나 그것은 도시 하층 계급 여성에 대한 통제가 아니라 전체 인구에 대한 성계몽의 양상을 띠었다. 여성 노동자는 정치적 권리와 함께 공장과 가정에서 사회의 보조를 받을 권리를 갖게 되었다. 이런 변화에 결정적인 역할을 한 것은 의학의 발달과 도시 하층민에 대한 태도 변화였다. 매독은 점차 정복되고 있었고 이전 시대만큼의 공포를 불러일으키지 못했다. 또한 볼셰비키 정권은 도시 하층민의 지지를 체제 기반으로 삼고 있었으며 이들을 대상으로 보편적인 교육과 공공보건의 증진을 추구하는 데 자원의 부족 외에는 거리낌이 없었다. 성매매가 곧 질병이라는 공식은 힘을 잃었고, 여성과 사회가 맺는 관계에 방점이 찍혔다.

그러나 성판매자가 무조건적으로 새로운 국가에 받아들여진 것은 아니었다. 그들이 소비에트 여성 시민이 되기 위해서는 '생산적 노동'에 종사한다는 증명이 필요했다. 성매매는 직업이 될 수 없었고, 생산적 노동으로의 문은 성판매자의 방향으로 열린 문이 아니었다. 사회는 여성 노동력이 얼마나 필요한지에 따라서, 즉 여성 실업률의 부침에 따라서 문을 열거나 닫았다. 여성 노동력이 필요했던 시기인 전시공산주의 시대에 성판매자는 노동 기피자로 간주되어 강제노동의 대상이 되었고, 여성 실업이 사회 문제로 대두되는 신경제정책 시기에는 '부르주아적' 정책의 피해자로 간주되었다. 탈성매매 지원기구인 노동교화소가 전국적인 제도로 발전한 것은 바로 이 시기였다.

러시아 구축주의와 감각의 혁명:

혁명은 어떻게 감각의 벽 앞에서 되돌아가는가?

이진경

1. 사회혁명과 감각의 혁명

아직도 '리얼리즘' 예술을 하려는 사람이 있을까? 사회주의 사회의 역사적 붕괴가 예술에 기여한 것이 있다면, '리얼리즘'의 강박, 혹은 '리얼리즘'이라는 척도로부터 예술가들을 자유롭게 해준 것이었다고 해야 할 것이다. 물론 오랫동안 해오던 것이, 하나의 사건으로 쉽게 바뀌기는 어렵다. 더구나 할 줄 아는 게 그것뿐이라면 다른 수도 없지 않은가? 그래서 어떤 것도 생각처럼 쉽게 사라지지 않는다.

사회주의 리얼리즘, 혹은 넓은 의미에서의 '리얼리즘'은 20세기 예술에서의 아방가르드에 대한 완고한 거부를 필수적인 구성 요소로 갖고 있다. 그것은 간단히 말해 발자크와 괴테 등 19세기 서양 소설을 모델로 하여 형성된 하나의 미학적 취향에 거대한 '보편성'을 부여함으로써 탄생한 것이다. 반면 20세기의 아방가르드는 그런 '리얼리티'가 기대고 있는 현실을 깨거나 전복하려는 것을 그 본질로 한다. 심지어 새로이 현실에 추가된 과거의 아방가르드와도 다시 한 번 대결하려 한다. 따라서 리얼리즘과 아방가르드는 일종의 '형용모순contradictio in adjecto'이라고 하는 게 적절할 듯하다.

이는 사회주의와 아방가르드의 관계에서 근본적 난점을 야기하는 일종의 '근본모순'이었던 것 같다. 알다시피 20세기 예술사는 '아방가르드의 역사'였다. 포비즘과 큐비즘으로 시작하여 다다이즘과 초현실주의, 그리고 그 이후의 역사 모두가, 아방가르드를 자처하든 말든 이전의 지배적인 사조나 양식화된 스타일, 예술의 관념이나 감각, 감수성을 깨고 넘어서는 것을 통해 자신의 거점을 만들었다. 주어진 현실을 항상 넘으며 시작해야 한다는 이 숙명이 아방가르드를 많은 경우 정치적 '좌익'이 되게 만들었다. 그러나 좌익을 자처하며 호감으로 다가오는 이들을 공산당이나 사회당, 혹은 사회주의자들은 일관되게 거절해왔다. 사회주의자들은 공산당원이기도 했던 20세기 초의 피카소조차 예술적으로 수용하지 못했다. 덕분에 20세기 예술이 이룬 거대한 성과 모두에 눈감는 한에서만 사회주의와 리얼리즘은 존속할 수 있었다. 카프카를 둘러싼 논쟁[1]은 그 수용의 폭이 얼마나 협소했는가를 잘 보여준다.

이는 예술에서의 정치에 대한 아주 편협한 이해를 그 짝으로 한다. 사회주의나 리얼리즘에서 생각하는 예술의 정치성이란 이른바 '정치적 예술,' 즉 누구나 리얼하게 알아볼 수 있는 정치적인 내용이나 '역사적 필연성'을 빌려 간접적으로 표명되는 정치적 내용을 담은 예술에서 벗어

---

1) 임철규 엮고옮김, 『카프카와 마르크스주의자들』, 까치, 1986; 게오르크 루카치, 『우리시대의 리얼리즘』, 문학예술연구회 옮김, 인간사, 1988.

나지 못했다. 스스로를 좌익이라고 믿고, 스스로 혁명을 위해 활동한다고 믿었던 수많은 아방가르드 예술가들의 작품이 좌익적인 의미에서의 정치와는 무관한 것으로 간주되었다. 그래서 정치와 예술 사이에는 일종의 섬뜩한 선택지만이 있었던 것 같다. 정치냐, 예술이냐?[2] 정치를 선택한 이들은 대개 선전이나 선동의 과업 아래 자신의 예술을 '복무'케 했다면, 그런 단조로운 정치에서 예술의 가능성을 발견할 수 없었던 이들은 예술작품을 통해 정치적이기를 포기해야 했다. 대중이 이해할 수 있는 예술의 특권화가 보여주듯이, 사회주의는 예술의 역사에서 '전위'가 아니라 '대중'에 속해 있었다. 자신이 이해할 수 없는 것은 '퇴폐적'이고 '형식주의적'이라고 비난하는 거만한 3류 대중, 이것이야말로 레닌 말대로 '대중추수주의'라고 불러 마땅하지 않을까?

따라서 사회주의 미학이나 예술 이론은 어떤 영역에서든 20세기 예술사에 대해 할 수 있는 말이 별로 없다. 아니, 그런 관점에서 볼 때 올곧은 정치적 예술가 일부를 제외한다면, 20세기 예술사는 부르주아 데카당스의 역사에 지나지 않는다. 따라서 아이러니하게도 대부분 '좌익'

---

2) 1930년대 박영희와 김기진의 이른바 '붉은 지붕' 논쟁은 이를 소박한 만큼 명료하게 보여준다. 이 논쟁은 '내용형식 논쟁'이라고도 불리는데, 1927년 1월 김기진은 『조선지광』에 발표한 「문예월평」에서 박영희의 소설 「철야」와 「지옥순례」를 언급하면서 "소설이란 한 개의 건축이다. 기둥도 없이, 서까래도 없이, 붉은 지붕만 입히어 놓은 건축이 있는가?"라며 비판한다. 김기진은 백조파의 낭만주의를 비판하며 프로문학을 한국에 도입한 사람이지만, 계급적인 선전문학조차도 단지 선전하려는 내용만으로는 불충분하며 문학으로서의 형식을 갖추어야 함을 주장한 것이다. 반면 박영희는 현 단계는 '투쟁기'이고, '투쟁기'에 완전한 프로문학이란 시기상조의 공론空論이라면서, 현 단계에서는 투쟁을 위한 문학을 제작해야 하며, 그를 위해서는 프롤레타리아 전 문화, 나아가 프롤레타리아 혁명운동의 한 부분이 되어야 함을 주장한다. 그러면서 그는 김기진의 '소설건축론'에 맞서, 문학은 완전한 건물이 아니라 건축의 한 부분, 즉 '서까래'나 '기둥'이나 '기왓장'도 될 수 있다고 반박한다. 김기진이 물러서면서 박영희의 주장이 득세하게 되었고, 이는 이후 카프문학의 정치화를 방향짓게 된다. 김윤식 『한국근대문예비평사 연구』, 일지사, 1999 참조.

을 자처하던 20세기의 전위적 예술가들과 그들의 실험을 '정치적 좌익'에서 쫓아내 비정치적인 실험주의나 부르주아적 데카당스의 편으로 몰 수 있을 뿐이다. 그러한 전위적 시도를 통해 새로운 정치적 감각을 촉발하거나 정치적 운동 속에서 그들과 함께하는 것은 생각하기 어려웠다. 그 결과 사회주의에서 예술은 지겨운 정치적 예술의 뻔한 잡목들만 가득한 불모지대가 되어버렸고, 전위적 예술가들의 활동과 작품은 정치와 무관한 '반동적' 세계에 버려져 매장되고 말았다.

하지만 애초부터 그랬다거나, 예술과 정치란 원래 그런 것이라고 말해선 안 된다. 오히려 정치적 전위와 예술적 아방가르드의 강력한 친화성은 러시아 혁명 이전부터 매우 강한 양상으로 존재하고 있었다. 건축에서의 구축주의constructivism는 이런 친화성 내지 평행성을 명시적으로 보여주는 사례다. 마야콥스키V. Mayakovsky 같은 러시아의 '미래주의자'[3] 나 말레비치K. Malevich 같은 '절대주의자suprematist' 또한 그러한 사례에 더해야 한다. 예컨대 구축주의의 선봉에 있었던 타틀린V. Tatlin이 보기에 "사회 분야에서 일어난 1917년의 사건들은 1914년 '재료, 크기, 구성' 등이 그 '기본'적인 것으로 여겨졌던 그때에 이미 예술에서 발생했던 것들"이었다면, 절대주의자 말레비치에게 "입체파와 미래파는 이미 1917년의 정치경제적인 삶의 혁명을 예고하는, 예술의 혁명적인 형태였

3) 원래 '미래주의'라는 말을 처음 사용한 것은 마리네티였고, 통상 '미래주의'라는 말은 그의 선언문의 영향 아래 형성된 이탈리아 미래주의자들을 지칭한다. 이들은 낡은 유물과 전통의 파괴자로서 전쟁을 찬양하면서 파시스트를 지지했기에 20세기 전위적 예술에서 드물게 우익적인 위치를 차지한다. 그러나 러시아에서 미래주의는 언어 해체적인 실험을 극한으로 밀고 갔던 마야콥스키, 흘레브니코프 등의 시인들, 입체주의와 미래주의의 영향 아래서 작업했던 라리오노프나 곤차로바, 1914년 이전의 말레비치 등을 포괄해서 지칭하는데, 이들은 모두 정치적으로 좌익이었다.

다."[4] 이들에게는 사회혁명과 예술혁명이 근본적으로 동형적이거나 짝을 이루는 것이었기에, 예술을 하는 것과 혁명운동에 참여하는 것이 다르지 않았던 것이다.

2. 유토피아의 전체주의?

"사회와 소통에서의 혁명, 사회와 소통의 관계에서의 혁명에 몰두한 의식적 운동"[5]을 아방가르드라고 이해한 이탈리아 자율주의자 프랑코 베라르디(비포)는 "기술과 속도, 에너지의 유토피아를 노래했"던 이탈리아와 러시아의 미래주의로의 귀결이 "이탈리아에서의 파시즘, 러시아에서의 전체주의적 공산주의였다"고 말한다.[6] 그러나 이는 최소한 러시아의 미래주의자나 구축주의자에 관한 한 잘못된 평가라고 해야 한다. 왜냐하면 러시아에서 전체주의적 공산주의가 확립된 시기, 즉 스탈린 체제가 '사회주의의 승리'를 선언한 것은 미래주의나 구축주의를 비롯한 모든 예술적 아방가르드를 숙청하고 사회주의 리얼리즘에게 유일한 지도 이념의 권리를 넘겨준 시기였기 때문이다.[7] 다시 말하면, 러시

4) 캐밀러 그레이, 『위대한 실험, 러시아 미술 1863~1922』, 전혜숙 옮김, 시공사, 2001, p. 219에서 재인용.

5) 프랑코 베라르디 비포, 『미래 이후』, 강서진 옮김, 난장, 2013, p. 33.

6) 같은 책, p. 45.

7) 사회주의 리얼리즘의 승리는 정치적 좌익을 명확히 선택하여 프랑스 공산당에 입당했던 초현실주의자들에게 극히 곤혹스런 상황을 초래했다. 1930년 아라공은 소련 하리코프에서 있었던 국제혁명작가회의에 참석하여 초현실주의 이론의 핵심을 이루는 정신분석학 등을 비난하며 리얼리즘을 천명하는 성명서에 서명하게 된다. 이로 인해 그는 나중에 초현실주의 그룹에서 축출되며, 반대로 브르통 등은 1935년 리얼리즘을 받아들이지 않는다는 이유로 당에서 축출되었다. 매슈 게일, 『다다와 초현실주의』, 오진경 옮김, 한길사, 2001, pp. 298~306. 이

아에서 전체주의적 공산주의의 승리는 예술적 아방가르드의 종말과 함께 왔다.[8] 즉 전체주의적 체제는 아방가르드 이념의 실현이 아니라 그것의 종식을 통해 나타났으며, 아방가르드적 실험의 축출과 짝을 이룬다는 것이다.

수잔 벅-모스는 러시아의 정치적 전위와 예술적 아방가르드 간의 이러한 간극과 갈등에 대해서 잘 알고 있다. "문화 아방가르드의 '시간'은 전위정당의 시간과 같지 않다. 예술가들의 행위는 인지의 연속성을 방해했고, 친숙한 것을 낯설게 만들었으며, 판타지의 힘을 통해 역사적 전통을 절단해버렸다. [……] [반면] 전체 역사의 진행 과정을 알고 있다는 볼셰비키의 주장은 혁명의 정치를 이끄는 미래 '과학'이 예술을 주도한다는 단정으로까지 이어졌다. [……] 역사적 목표에 속박당하게 되자 혁명문화는 역동성을 잃어버렸다."[9] 이제 예술가들은 당의 역사적 시간 개념을 받아들여야 했고, 그 결과 "문화적 의미에서 혁명을 고수하는 것은 당의 승리를 찬양하고 당의 실패를 감추는 것을 의미하게"[10] 되었으며, 결국 "아방가르드는 정치적 전위정당의 하수인이 되었다"[11]는 것이다. 여기에 더해 그녀는 "아방가르드 작품들과 5개년 계획 모두 유토피아적 재현이다. 그것의 강제적 실현은 디스토피아적 결과를 가져

는 공산당과 예술적 아방가르드, 정치적 전위와 예술적 전위 간의 관계를 단적으로 보여주는 사례일 것이다.

8) 이탈리아나 독일 파시즘의 신고전주의적 양식과 사회주의 리얼리즘 간의 유사성은 명확하다. 프랑스의 '질서로의 복귀,' 독일의 신즉물주의도 이와 유사하게 '반모더니즘'을 공유하고 있었다는 것 또한 자주 지적된다. 할 포스터 외, 『1900년 이후의 미술사』, 배수희·신정훈 외 옮김, 세미콜론, 2007, p. 260.

9) 수잔 벅-모스, 『꿈의 세계와 파국』, 윤일성·김주영 옮김, 경성대학교출판부, 2008, pp. 71~72.

10) 같은 책, p. 87.

11) 같은 책, p. 84.

올 수 있었다"[12]라고까지 하며 양자를 다시 하나로 묶는다.

그러나 러시아 아방가르드의 정치적 실천은 당과의 거리가 확인된 이후가 아니라 오히려 그 이전부터 있었던 것이고, 역으로 당의 역사적 시간 개념과 리얼리즘의 승리 이후 자살이나 숙청 등에 의해 좌절되었음을 고려한다면, 결코 이렇게 말할 수 없을 것이다. 더구나 아방가르드는 언제나 꿈이나 유토피아를 표명하고 그것을 향해 나아가지만, 거기서 중요한 것은 그런 유토피아를 강제로 실현하는 게 아니라(이런 일이 예술가들에게 어떻게 일어날 것인가!), 그 불가능한 꿈을 향해 가면서 창조하는 새로운 감각과 감수성임을 안다면, 유토피아라는 말 하나로 상충되는 감각과 운동, 실천을 하나로 엮는 것이 얼마나 부당한지도 이해할 수 있을 것이다.

생산양식이나 사회관계, 혹은 '상부구조'를 근본에서 뒤집는 것, 나아가 삶의 양식이나 사고방식을 근본적으로 변혁하는 것으로서 혁명을 이해한다면, 그것은 감각이나 감수성에서의 혁명을 당연히 포함해야 한다. 그래서 한때 마르크스는 공산주의란 근본적인 '인간혁명'을 필요로 한다고까지 말했던 것일 테다. 앞서 말레비치나 타틀린이 대칭적인 방식으로 말했던 것이 정확히 그것이다. 아방가르드가 추구하는 예술에서의 혁명이나 혁신이 감각이나 감수성의 근본적 변혁임을 안다면, 모든 혁명은 감각에서의 혁명, 예술에서의 혁명을 포함하며, 역으로 말해 모든 예술적 혁명은 사회적 혁명으로까지 나아가야 한다고 해야 한다. 정치적 뱅가드vanguard와 예술적 아방가르드는 나란히 가는 평행선을 갖는다. 평행선은 만나지 않는다가 아니라 반대로 '평행선은 헤

12) 같은 책, p. 89.

어지지 않는다'는 의미에서 말이다. 좀더 엄밀하게 말하면 양자는 나란히 갈 뿐 아니라 만나고 교차한다. 이런 점에서 러시아의 구축주의자나 미래주의자, 절대주의자는 예술과 혁명의 관계를 정확히 포착하고 있었다고 나는 믿는다.

따라서 타틀린 말대로 1917년 러시아 혁명이 그 이전에 일어난 아방가르드 예술혁명과 짝을 이루는 사건이었다면, 반대로 1930년대 초 아방가르드의 숙청과 19세기적 리얼리즘 감각으로의 회귀야말로 러시아 혁명이 혁명이 아니라 역사적 '반동'으로 전환되고 있음을 징후적으로 드러내주는 사건이었다고 할 것이다. 이는 생산관계, 혹은 그것의 법적 형태를 바꾸는 것으로 혁명이 충분하다고 하는 믿음이 지극히 안이한 것임을 뜻한다. 그것은 예술에서 혁명적 과정이 정지된다면, 같은 말이겠지만 감각의 혁명의 반복이 정지된다면 사회혁명은 계속될 수 있을까 하는 물음을 우리에게 던진다. 감각 내지 감수성의 혁명이라는 관점에서 러시아 구축주의가 시도했던 것을 이해하고, 또한 그것이 좌절되는 지점이 특히 중요한 의미를 갖는 것은 이런 이유에서다.

3. 혁명 이전의 혁명

구축주의는 야수주의와 입체주의의 '혁명'이 열어젖힌 대지 위에서 탄생했다. 마티스는 색채, 피카소는 형태를 통해 미술을 대상의 재현으로부터 해방시켰다고 칸딘스키가 지적한 바 있는데, 타틀린이나 그 이후의 구축주의자들, 그리고 그와 나란히 러시아 아방가르드를 주도했던 말레비치는 재현의 강박이 사라진 이후 예술적 감각의 새로운 가능성을 탐색했다. 여기서 타틀린이 선택한 길과 말레비치가 선택한 길은 어찌 보면 상반되는 방향을 향하고 있었던 것 같다. 간단히 말하면, 타틀린은 질료, 더 정확히는 재료의 물성을 통해 오랜 미술의 전통을 전복하며 새로운 미적 감각을 창출하고자 했다면, 말레비치는 대상적 형태에서 벗어나 형상적 본질 그 자체를 극한으로까지 밀고 감으로써 새로운 미술의 문을 열었다.[13)]

이들 모두의 공통된 출발점은 그동안 예술가들이 재현하고자 했던 대상의 소멸, 아니 대상의 숨은 실체성의 소멸이라는 사건이었다. 알다시피 모네 이후 인상주의자들은 '인상'이라고 불리는 감각적 현상을 그리려고 했고, 이를 통해 감각적 인상 뒤에 있는 어떤 실체가 화면에서 사라지게 된다. 표면의 '현상'만이 남고 그것의 근거가 되는 실체적 본질은 사라진다. 그리고 눈에 보이는 어떤 것에 대한 충실성마저 사라지기 시작할 때, 그리하여 원본인 대상과 닮으려는 시도 자체를 포기하고 반대로 그것을 변형시키는 자유로움을 선택하게 될 때, 미술은 플라톤 말대로 '시뮬라크르'의 세계로 들어가게 된다. 원본에 없는 색채적 구성물로 대상을 대신하려 했던 야수주의나, 원본을 겹치거나 비틀어 변형시킴으로써 볼 수 없는 대상을 창조하려 했던 입체주의자들이 행했던 것이 바로 그것이었다.

이러한 혁명적 시도를 통해 세계를 보고 감지하는 감수성에 근본적인 변화가 발생한다. 미적 감수성의 변환, 그것은 미학과 감성을 동시에 의미하는 '아에스테시스Aesthesis'의 전혀 새로운 체제가 출현하게 되었

13) 그러나 나중에 타틀린의 제자를 자처했던 구축주의자 로드첸코를 보면, 비록 그는 선명한 구분선을 긋고자 했지만 사실은 양자가 상응하거나 수렴되는 것으로 보인다.

음을 뜻한다[14]는 점에서 감각의 '혁명'이라고 하기에 충분하다. 타틀린은 이러한 혁명을 서구의 미학이 견지하고 있던 오랜 전통을 전복하려는 방향으로 밀고 간다. 그는 유리나 강철, 나무나 진흙 등의 물성을 갖는 재료 자체를 한데 모으고 배열함으로써, 그 재료가 갖는 물성 자체가 '말하도록' 구축하는 방법을 창안한다. 예술이란 형상의 영원성이나 안정성이 아니라 질료가 갖는 힘을 그 자체로 가시화하는 것이 된다. 이로써 그는 재료의 물성 그 자체를 작품의 전면에 불러냄으로써, 질료에 대한 형상의 우위라는 아리스토텔레스 이래 서구의 철학과 미학 전체를 지배해온 관념을 전복하고자 한다. 형상에 대한 질료의 봉기라고 해도 좋을 것이다.

여기에 영감을 주었던 것은 무엇보다 소위 '종합적 입체주의'의 콜라주였던 것 같다. 그는 피카소와 브라크의 '종합적 입체주의'에서 새로운 '조각'의 가능성을 발견하지만, 그것의 형태적 구성보다는 뜯어 붙인 재료들의 물성에 주목하면서 입체주의와 다르게 재료의 물성이 말하게 하는 방법을 발견한다(일련의 회화적 부조들). 나아가 공간마저도 작품의 일부로 끌어들이며 공간과 작품의 구별을 깨는 곳으로까지 나아간다('카운터 릴리프').

그가 이런 자신의 시도를 '유물론적'이라고 말했던 것을 보면, 그것이 뜻하는 바를 어느 정도 명확히 자각하고 있었던 것 같다. 하지만 여기서 '유물론'이라는 말을 관념에 대한 물질의 일차성을 주장하는 통상적인 방식으로 해석한다면 이는 '인상'이나 '지각' 이전의 사물로, 물질의 실체론으로 되돌아가는 것으로 보일 수도 있다. 즉 어떤 혁명적 사건

14) J. Rancière, *Le Partage du sensible*, Paris: La Fabrique Edition, 2000.

블라디미르 타틀린, '카운터 릴리프'(1914)

을 더 멀리 밀고 나가는 혁명이라기보다는 그 이전으로 회귀하려는 '반동'이 된다. 사실 그의 '릴리프'나 '카운터 릴리프'에서 중요한 것은 부정할 수 없는 물질의 존재를 보여주고 확인해주는 게 아니라, 유리, 금속, 나무 등이 갖는 색과 질감을 표현적 재료로 사용하는 것이고, 그런 상이한 재료들이 모여서 그 대상성을 초과하는 어떤 이미지를 만드는 것이다. 그의 유물론은 그 이미지의 형성에서 형상 아닌 재료의 물질성이 결정적인 역할을 함을 보여주려는 것이었다. 이런 점에서 그에게도 역시 재료의 실체적 물질성이 아니라 재료들의 표면이 야기하는 시각적 효과가 중요했다고 하겠다. 즉 그가 '재료'들의 물질성을 통해 가시적인 재료들 뒤에 숨은 '물질성'이라고 부를 어떤 실체적 본질을 향해 간다고 하기보다는 물질의 표면 사이에서 새로운 '표면 효과'를 만들어내고 있다고 해야 한다. 구축주의가 형상의 오랜 독재에 반하는 질료의 봉기라고 한다면, 그것은 재료의 힘이 갖는 잠재성을 통해 새로운 감각적 세계의 가능성을 창조하려는 것이었다는 의미에서다.

로드첸코는 이런 문제의식을 더욱 천착한다. 그는 1920년경부터 원, 타원, 사각형 등의 공중조각, 간격의 구성 등 구축적 작품을 발표한다. 이는 재료 그 자체의 움직임과 변형만으로 '구성'을 대체하는 조각이라는 점에서 확실히 타틀린의 시도를 계승하고 있고, 그런 의미에서 '유물론적'이다. 그는 '재료의 문화'(이는 그가 자기 공방에 붙인 이름이었다) 속에서 재료의 힘을 가시화하는 봉기를 지속하고 있었던 것이라 하겠다.

'지고함'이라는 뜻에서 '절대적인 것'을 추구했던 말레비치는 타틀린과 달리 대상의 실체가 와해된 세계에서 형태나 형상을 그 본질적인 극한으로 밀고 간다. 이는 입체주의자들이 했던 것과 비슷해 보이지만, 사실은 반대되는 측면을 갖는다. 즉 입체파에게는 기하학적 환원보다 그런 형태들을 상이한 복수의 관점을 이용해 섞거나 변형하는 것이 더 중요했다면, 말레비치에게는 본질적 형상 그 자체를 찾는 것이 더 중요했다. 결국 화면에는 십자가, 삼각형, 원, 사각형 등의 기하학적 형상만이 남는다. 그는 이를 지고한 것supremus, 절대적인 것이라고 이해한다. 미적 대상에게서 느끼는 주관적 효과는 이런 형상들에 대한 감정이입적 해석에 다름 아니다.[15]

말레비치가 탁월했던 것은 형상적 추상의 길을 선택했지만, 이런저런 기하학적 형상에 멈추지 않고 그런 형상 자체가 소멸하는 지점까지 나아갔다는 점에 있는 것 같다. 1918년 그는 「하양 위의 하양」에서 동일한

15) 그의 검은 사각형에서 정말 그런 지고함의 감정을 느낄 수 있었을지는 알 수 없는 일이다. 이러한 '감정이입'이 가능함은 나중에 바넷 뉴먼이나 마크 로스코의 유사해 보이는 색면들을 통해서 증명되지만, 그것이 형상의 지고함 때문인지 아니면 그 화면의 크기 때문인지는 또 다른 논란을 남겨 두었다. 크기를 통해 숭고를 정의했던 칸트라면 그 감정은 기하학적 형상보다는 크기 때문이라고 했을 것 같다.

카지미르 말레비치, 「하양 위의 하양」(1918),
알렉산드르 로드첸코, 「검정 위의 검정」(1918)

흰색 배경 위에서 흰색 사각형의 형상이 소멸하는 것을 보여준다. 모든 대상은 물론 모든 형상이 소멸하는 이 지점, 나아가 배경과 형상의 구별마저 소멸하는 이 지점을 그는 '제로 포인트'라고 명명한다.[16] 모든 것이, 모든 구별이 제로, 즉 무로 환원되는 지점, 기하학의 본질적 형상, 실체적 형상마저 소멸하는 지점, 바로 이것이 형상을 통해 질서와 안정성을 찾는 통상적인 플라톤주의적 기하학주의자들과 근본적으로 갈라지는 지점이다. 형상적 지고함마저 사라진 지점. '절대주의'라는 게 있을 수 있다면, 지고한 것과 그렇지 않은 것의 구별마저 사라진 이 지점일 것이다.[17]

16) 바디우는 흰 사각형과 배경 간의 이 간극을 '최소 차이' '사라지는 차이'라고 하면서 라캉적인 의미의 '실재'라고 간주한다. 이런 간극을 만들고 지탱하려는 노력을 그는 '실재에 대한 열정'이라고 말하는데, 이 그림에서 이 간극은 사라짐으로써만 유의미해진다는 점에서(그래야 배경과 형상의 구별마저 사라진다), 그것이 정말 지탱되어야 할 간극인지는 의문이다.

17) 타틀린이 그랬듯이 로드첸코 또한 말레비치와 대결의식을 갖고 있었다. 로드첸코는 말레비치의 「하양 위의 하양」에 대해 응수하면서 그린 「검정 위의 검정」을 1919년 전시회에 출품하는데, 상반되지만 또한 비슷해 보이는 두 그림은 반대 방향으로 간 자들이 한 골목에서 만나

구축주의와 절대주의, 양자는 대상적 실체성이 사라진 세계에서 감각이나 감수성을 인도하는 길을 열었다. 회화와 조각에서 출현했던 이 사건은 이후 건축적인 새로운 감수성과 표현 형식을 창조한다. 하나는 재료의 힘을 새로이 감지하고 포착하면서, 다른 하나는 형상의 영역에서 새로운 감각을 촉발하면서 상반되는 방향으로 나아갔지만, 이는 형상 없는 질료나 질료 없는 형상이 있을 수 없는 현실 세계의 새로운 구축에서는 상보적이고 상관적인 두 측면을 제공하게 된다.

4. 구축주의 건축의 간략한 연대기

① 1920년 10월, 브후테마스(고등예술기술학교) 창설

라돕스키 같은 건축가와, 금속공방을 지도하며 재료의 물성을 연구하던 로드첸코, 그리고 제대로 된 건축은 오직 르네상스를 모델로 한 것뿐이라고 믿었던 '고전주의자' 졸톱스키, 실험적 건축에 관심을 가졌으나 다시 전통 건축으로 돌아선 슈츠세프 등 아주 상이한 입장의 예술가와 건축가 들이 한데 모여 예술과 기술을 가르쳤던 학교가 브후테마스Vkhutemas다. 이는 이후 구축주의 건축가들의 모태가 된다.

는 모습을 보여주는 듯하다. 그러나 엄밀하게 말하면, 말레비치의 그림이 하얀 배경 속으로 사라져 들어가는 하얀 사각형을 그린 것이라면(간신히 남은 사각형의 윤곽은 소멸 직전의 경계선이다), 로드첸코는 검정 배경 속에 존재하는 검정 도형들을 가시화하려는 것으로 보인다(그래서 그의 그림에서는 윤곽선이 아슬아슬하지 않고 태연하다). 오히려 로드첸코가 제로 포인트에 도달한 것은 빨강, 파랑, 노랑의 삼원색 모노크롬 회화를 제시하며 회화의 종말을 선언했던 1921년이라고 해야 할 것 같다. 경로나 시기, 순서는 약간 다르지만, 서로 다투던 구축주의와 절대주의가 하나의 지점으로 수렴하는 것은 어쩌면 기하학적 추상이라는 공통의 지반 위에 있기 때문이 아니었을까?

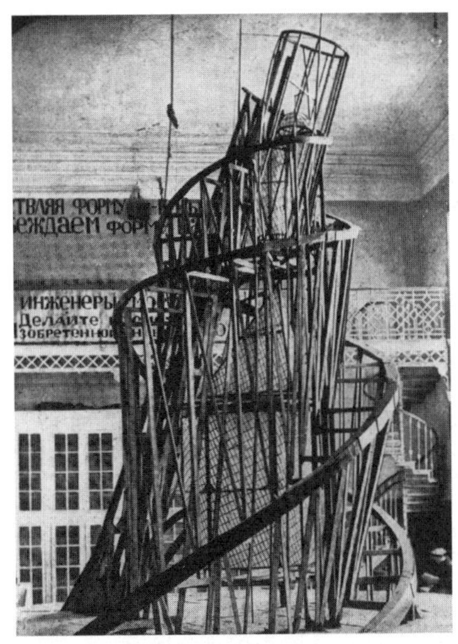

블라디미르 타틀린, 「제3인터내셔널 기념탑」(1920)

② 1920년 12월 제8차 소비에트 대회에서 타틀린의 제3인터내셔널 기념탑 전시

이는 잘 알려져 있듯이 러시아만이 아니라 유럽에까지도 큰 영향을 미쳤던, 구축주의 건축의 '선언'으로 간주되는 상징적 작품이다. 1919년 인민위원회 산하 순수미술 분과IZO가 의뢰해 만들어진 이 작품은 철골과 유리, 허공을 재료로 하여, 그 재료들이 갖는 물성을 통해 혁명과 역사, 인터내셔널 등의 개념을 복합적으로 가시화했다는 점에서 '구축주의적'이었다. 나선형의 철골 내부는 세 층으로 나뉘어져 있었고, 각 층에는 기하학적 입방체 형태의 방들이 있었다. 이런 점에서 이는 기하학주의적 요소를 이미 포함하고 있는 것이기도 했다. 하지만 이는 혁명적 건축 못지않게 '근대 건축적' 성격을 갖고 있었는데, 가령 에펠탑으로

인해 잘 알려진 철골 건축의 기념비적 형태를 이 기념탑에서 발견하는 것은 쉬운 일이다. 한편, 기디온S. Giedion은 나선형으로 상승하는 이 기념탑의 형태를 보로미니가 건축한 사피엔자의 산티보 성당에 연결시킴으로써, 근대 이전의 요소 또한 포함하고 있음을 보여주려 했다.[18] 사회주의와 자본주의가 공유하고 있는 근대성의 지반 같은 것일까?

③ 1920년 모스크바에 인후크(예술문화원) 창설

인후크Inkhuk는 브후테마스의 '좌파'들이 연합해 결성된 것으로, 초기에는 칸딘스키가 주도했다. 칸딘스키가 제시한 강령은 예술에서 '정신적인 것'을 강조한 자신의 입장과 말레비치의 절대주의, 타틀린의 '재료들의 문화'까지 포괄한 것이었는데, 미술 매체에 대한 심리주의적 분석을 바탕으로 한 이론과 기념비적 미술의 창조에 초점을 맞추고 있었다. 하지만 이 강령 전체가 토대로 하고 있는 정신주의와 직관주의에 대한 '합리주의자'들의 반발, 그리고 이후 '구축주의자'들의 강력한 반대에 부딪쳐 거부된다.

④ 인후크 안에서의 논쟁과 분열

그리하여 칸딘스키는 인후크를 떠나 과학아카데미 순수미술 분과로 갔고, '순수회화'를 폐기한 인후크 안에서는 다시 논쟁이 벌어진다. 구성kompositsiia과 구축konstruktsiia이라는 개념으로 요약되는 논쟁인데, 라돕스키가 전자의 입장을 대변한다면 후자는 로드첸코가 대변한다.

'구성'을 지지하는 이에게는 형태를 생산하는 의식적이고 체계적인

---

18) 지그프리트 기디온, 『공간·시간·건축』, 김경준 옮김, 시공문화사, 2013.

방법이 주 관심사였다. 즉 구축을 한다면 그 구축은 어떤 논리를 가져야 하는데, 그런 구축의 논리적, 합리적 성격을 어떤 형식으로 포착할 것인가가 그들에게는 중요한 문제였다. 가령 라돕스키는 형태와 심리의 연관에 강한 관심을 갖고 있었다. 반면 '구축'을 강조하는 이들은 구성적인 예술이 여전히 유지하고 있는 미학적 구성의 방법을 비판하면서 기술과 공학에 기초해 재료를 기능적으로 조직하고 구축하는 것이 중요하다고 보았다.[19] 라돕스키, 두크체프, 크린스키가 전자에 속한다면, 강한 의미의 구축주의(협의의 구축주의)를 주장하는 후자에는 로드첸코와 그의 아내 바르바라 스테파노바, 『구축주의』(1922)의 저자인 알렉세이 간, 블라디미르 스텐베르크 등이 속했다. 이들은 "구축주의는 우리의 모든 삶을 위한 높은 수준의 공학기술이어야 한다"라는 입장에서 자신들을 '생산주의 예술가'로 자처했고,[20] 그래서 '생산미술파'라는 이름으로 불리기도 한다. 이와 대비해 전자는 '실험미술파'라고 불린다.[21]

실험미술파에는 말레비치, 칸딘스키, 페브스네르 형제[22] 등이 속해 있는데, 미술이란 본질적으로 정신적인 것이라고 보는 입장이었고(플라톤주의, 혹은 신지주의), 미술이나 예술은 유용성이나 기능으로 환원되지 않는다고 보았다. 타틀린과 로드첸코로 대표되는 '생산미술파'는 노

19) 봉일범, 『구축실험실』, 시공문화사, 2001, pp. 29~31.
20) 아나톨 콥, 『소비에트 건축』, 건축운동연구회 번역분과 옮김, 발언, 1993, pp. 14~15.
21) 캐밀러 그레이, 『위대한 실험, 러시아 미술 1863~1922』, pp. 234 이하.
22) 페브스네르A. Pevsner와 가보N. Gabo는 구축주의를 소개했다는 이유로 서구에서는 대표적인 구축주의자로 알려져 있지만, 그들이 구축주의자가 된 것은 서구로 망명한 이후다. 러시아에 있을 때는 구축주의에 반대하여 순수미술을 옹호했고, 이를 위해 「현실주의 선언」을 쓰기도 했다.

동의 미술화, 미술의 노동화를 통해 "미술을 삶 속으로" 끌고 들어가고자 했다. 즉 예술이나 산업이나 작업 과정은 똑같이 경제적, 기술적인 법칙에 따르며, 둘 다 하나의 '사물'로 귀착된다고 보았다.

⑤ 1923년 신건축가동맹 결성

신건축가동맹ASNOVA은 인후크에 속한 건축가들 가운데 라돕스키 등 새로운 기하학적 표현 형식과 그것의 심리적 효과에 관심을 갖고 있던 이들이 주도한 조직이다. 타틀린의 기념탑이 사실 건축물이라기보다는 조형물에 가까웠고(그는 원래 조각가였다), 구축주의를 강력하게 밀고 나갔던 로드첸코 또한 회화나 조각, 공예가 주된 영역이었다는 점에서 건축가라고 하긴 어려웠음을 생각하면, 신건축가동맹을 통해 구축주의는 비로소 미술에서 독립하여 건축이라는 독자적인 영역을 갖게 되었다고 하겠다.

⑥ 1923년 모스크바 중앙노동궁 설계 경기에 베스닌 형제의 노동궁 설계안 제출

이는 건축에서 최초의 구축주의적 작품이다. 그러나 그들의 작품은 3등에 머물렀고, 1등상을 받은 것은 팔라디오와 르두에게 영향을 받은 신고전주의 작품을 제출했던 노이 트로츠키였다. 베스닌 형제의 작품은 시공할 수 없을 만큼 혁신적인 것은 아니었으나 외부장식을 제거한 기하학적 순수성과 직선으로 귀착되는 경제성의 원칙을 확고하게 선언했고, 서구 모더니즘 건축처럼 교량이나 비행기, 크레인 같은 기계의 영향을 강하게 받았다는 점에서 이전의 건축과는 분명 단절된 것이었다. 그러나 고전주의자 졸톱스키, 슈츠체프 등 전통적 성향의 건축가가 심

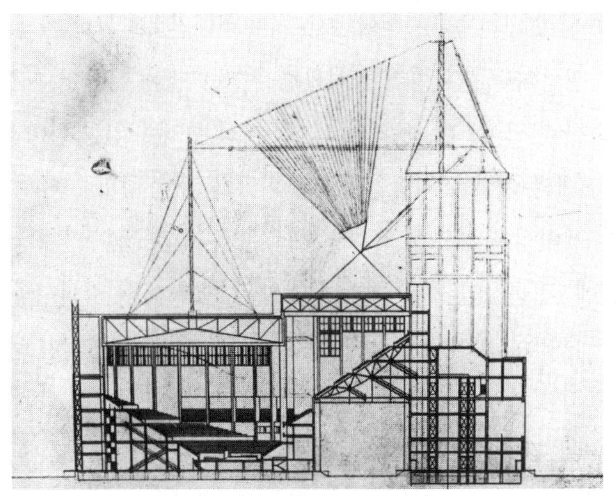

베스닌 형제, 「노동궁 계획안」(1923)

사위원단에 포함되어 있었고, 무엇보다도 정부나 당 관료의 취향에 베스닌 형제의 작품은 맞지 않았기에 1등은 신고전주의 작품에 돌아갔던 것이다. 이는 한편으로 새로운 아이디어와 작품을 낡은 감각의 전통주의자가 심사하게 되는 시대적 한계를, 다른 한편으로는 신고전주의가 승리하면서 매장되고 마는 구축주의의 미래에 대한 불길한 전조를 보여준다.

⑦ 1925년 12월 현대건축가동맹 결성

알렉산드르 베스닌이 의장, 긴즈부르크가 부의장으로 선출된다. 구축주의자들이 이전에 인후크 안에 공존하며 논쟁하던 신건축가동맹과 별개의 조직으로 분리된 것이다.

⑧ 1927년 현대건축가동맹의 모스크바 현대건축전시회 개최

이는 사회주의적 생활방식에 적합한 주거 모델을 만들어보려는 목적으로 개최한 전시회인데, 여기에 사회주의적 주거를 위한 현대건축가동맹OSA의 8개의 아파트 계획안이 제출되었다. 구축주의자들의 가장 핵심적인 문제의식은 새로운 사회는 새로운 주거 공간을 가져야 한다는 것이었기에, 전통적인 가족 형태가 와해된 혁명 이후 사회주의 사회가 어떤 주거 공간을 가져야 하는가 하는 문제는 매우 핵심적인 문제였다. 이를 위해 개별적인 주방을 없애고 모든 이가 함께 식사를 준비하고 식사하는 공동 주방과 식당을 만들고자 했고, 또한 공동으로 휴식과 여가를 즐길 공간을 제공해야 한다고 생각했다. 즉 개인 단위 생활과 집단생활이 긴밀하게 연결된 새로운 주거 유형을 만들고자 했던 것이다. 이전에 노동궁이나 프라우다 신문사 계획안이 구축주의자들의 공간적, 구조적 관심에 기본 개념을 제공했다면, 이는 건축 공간과 생활방식이라는 '내용적' 측면의 개념을 명확하게 드러내는 계기가 되었다. 이후 이 주거 공간의 문제는 구축주의자들에게 가장 중심적인 관심사가 된다. 나중에 소련 건설위원회 산하 주택연구기관인 주거 유형 연구분과 위원장이 된 긴즈부르크는 1인당 9제곱미터라는 최소 주거 공간 이론에 기초해 동선 연구를 통해 'F형 단위주거'라는 새로운 유형의 주거 형태를 제안한다. 아나톨 콥은 이에 대해 최소한의 공간에 필요한 기능적 공간을 적절하게 배치하는 과학적 설계였고, 1920년대 시작되어 1960년대까지 지속된 심각한 주택 문제를 해소할 제안이었다고 평가한다.[23] 그러나 실제 소련의 주택정책은 예전과 같이 서너 개의 방, 주방, 욕실이

23) 아나톨 콥, 『소비에트 건축』, pp. 102~103.

모이세이 긴즈부르크, 「F형 주택」(1929)

있는 집을 계속 만들었다. 이는 이 주택들을 실제로 소유한 관료들이나 특권층의 감각이나 이해관계에 따른 것이었다.

⑨ 1928년 총회를 끝으로 현대건축가동맹 해산

이로써 구축주의의 조직적 활동은 끝난다.

⑩ 1931년 소비에트 궁전 현상설계 결과 발표

여기서 선정된 소비에트 궁전은 현대건축가동맹이나 신건축가동맹 등에서 연구해온 새로운 감각의 건축과는 완전히 반대로 신고전주의적인 과거 전통 건축과 거대 기념비주의의 승리를 뜻한다(구축주의자인 긴즈부르크도, 서양 모더니즘 최고 건축가였던 르코르뷔지에도 응모하는데, 긴즈부르크의 기획안을 최종 선택된 두 기획안과 비교해 보는 것도 흥미로운 일이다). 이후 1932년 4월 소비에트 당 중앙위원회는 모든 건축 관련 단체들을 소비에트건축가협회라는 단일한 공식 조직으로 통합한다. 그리고 1937년 다음과 같은 성명을 채택한다. "사회주의 리얼리즘은 소비에트 건축의 기본 방침이다. 건축에서 사회주의 리얼리즘은 예술적 표현의 진실함과 이데올로기적 표현의 긴밀한 통합을 의미하며, 그와 더불어 모든 건물에 기술적, 문화적, 공리적인 절박성을 적용하려는 노력은 사회주의 리얼리즘에 특별히 요구되는 것이다."[24] (최종 선택된 궁전 기획안은 보리스 이오판과 라디미르 슈코의 소비에트 궁전이었는데, 이는 지붕까지 높이가 415미터, 탑의 정상까지는 495미터에 달하는 100층 건물이었다. 에펠탑보다 높게 지어야 한다는 스탈린의 요구에 따라 이렇게 거대한 궁전 기획안이 최종 선택된 것이다. 그러나 건축 도중인 제2차 세계대전 중에 이는 파괴되었고, 다시 지어지지 않았다. 다행일까 불행일까?)

5. 구축주의의 표현 형식

구축주의의 세 가지 요소

구축주의 건축이 갖는 새로운 면모는 생산과 기술을 강조했던 현대건축가동맹 건축가들의 주장처럼 혁명과 건축이라는 '기능적' 내지 '기계적' 측면만으로 한정되지 않는다. 그들이 생각했던 것 이상으로 구축주의 건축은 처음부터 새로운 종류의 표현 형식의 창조와 더불어 시작했다. 이는 건축 이전의 구축주의, 가령 재료와 물성을 연구하던 로드

24) 같은 책, p. 231에서 재인용.

첸코가 결국은 말레비치처럼 기하학적 추상화를 거쳐 모노크롬에 도달했다는 사실이 잘 보여준다. 구축주의 건축가가 수많은 계획안이나 실제 만들어진 건축물에서 신고전주의풍의 건축 형태와 다른 표현 형식을 창조했다는 것은 잘 알려진 사실이다. 따라서 표현 형식과 기능적 측면(내용의 형식) 모두에서 구축주의를 특징짓는 요소가 무엇인지 명확히 할 필요가 있다.

잘 알려진 구축주의의 핵심 요소를 개념적으로 명확하게 제시한 것은 로드첸코와 스테파노바가 쓴 「구축주의 제1작업 그룹의 강령」에서였다. 그들은 구축주의의 핵심 요소를 팍투라, 텍토닉, 콘스트룩치야라는 세 가지로 요약한다.

A. 텍토닉 혹은 텍토닉 스타일은 한편으로는 공산주의의 속성에서, 다른 한편으로는 산업 재료의 편의적 사용에서 영감을 받아 형성된다.

B. 팍투라는 가공된 재료의 유기적 상태 또는 가공의 결과로서 얻어진 조직의 새로운 상태다. 따라서 우리 그룹은 팍투라가 의식적으로 가공되고 편의적으로 사용되는 물질이라고 간주한다. 이때 텍토닉이 방해받거나 구축이 제약받지 않아야 한다.

C. 콘스트룩치야는 구축주의의 조직적 기능으로 이해되어야 한다.[25)]

---

25) A. Rodchenko & V. Stepanova, "Programs of the First Working Group of Constructivists"(1922), Ch. Harrison & P. Wood(eds.), *Art in the Theory 1900~2000: An Anthology of Changing Ideas*, Malden, MA: Blackwell, 2003, p. 342. 알렉세이 간의 구축주의에서도 이런 정의는 동일하게 채택되어 사용된다. A. Gann, "Constructivism"(1922), Ch. Harrison & P. Wood(eds.), *Art in the Theory 1900~2000*, pp. 343~44.

부연하면, 팍투라는 건축물의 목적이나 기능에 부합하는 적절한 재료의 선택과 가공을 뜻하고, 텍토닉은 사회적 기능과 기계적 기능에 따른 적절한 기술의 사용을 뜻한다. 가령 타틀린의 제3인터내셔널 기념탑은 근대공업의 힘을 드러내기 위해 강철 골조를 선택했다(팍투라). 그리고 혁명과 인터내셔널의 상승하는 힘과 역동성을 가시화하기 위해 나선형의 형태와 사선의 강한 기둥을 세웠고, 나선을 따라 사선을 반복하여 사용했다(텍토닉).[26]

여기서 '콘스트룩치야,' 즉 '구축'이라는 세번째 원리에서 '조직적 기능'은 그 단어만으로는 의미가 모호하다. 구축주의의 세 요소란 구축 개념의 세 요소이기도 한데, 구축 개념의 요소를 이루는 것으로 '구축'이라는 말을 사용하는 것은, 그 개념적 위상부터 모호하다고 하겠다. 추측하건대, 이는 구축된 요소들을 통합하여 하나의 유기적 전체성을 부여하는 것을 뜻하는 것 같다. 이를 위해서는 재료나 기술은 물론 형태까지 포괄하여 하나의 전체성을 부여해야 한다. 그런데 가령 철골을 재료로 쓰고 나선형의 상승감과 역동성을 부여한다고 해도, 그 안에 들어가는 다양한 건축적 요소들을 통합해내려면 형태들의 구성이라는 문제를 피할 수 없다. 이는, 아마도 구축주의자들이 싫어했을 표현이 틀림없지만, 구축과 다른 차원에서 요구되는 '형식'의 문제, 전체적인 어떤 표현적 형식으로 요소들을 '구성'하는 문제를 피해갈 수 없음을 함

26) 제3인터내셔널 기념탑은 기계적 기능을 위한 재료와 기술을 선택했고, 그런 점에서 기계적 형식, 즉 내용의 형식에 속한다. 물론 이런 재료와 기술을 직조하는 직선과 나선형의 기하학적 형태는 표현의 형식에 속한다. 덧붙이면 타틀린은 층간의 수직적 이동을 위해 엘리베이터를 '만들었고,' 세 층의 건물에서 각 층을 회의 주기에 따라 다른 속도로 회전하게 했는데, 이 역시 기계적 기능이 아닌 상징적 기능이고 표현의 형식에 속한다. 나중에 트로츠키가 왜 그렇게 회전해야 하냐고 물었을 때, 타틀린이 제대로 대답하지 못했던 것은 이 때문이다.

축한다고 할 것이다.

'구축'과 '구성' 개념을 둘러싼 논쟁에서 구축주의자들의 명시적 비판에도 불구하고, 이전의 고전적인 것과 다른 어떤 표현적 형상을 부여해야 했다는 점에서, 구성이라는 측면은 구축주의의 표현 형식에서 그들의 생각 이상으로 또 하나의 핵심적인 요소였던 것이다.

구축주의의 표현 형식

앞서 강령에서 제시된 '구축'이라는 요소가 보여주는 것은 구축주의자들이 배제하고자 했던 표현적 형태의 '구성'이라는 문제가 구축주의에서 결코 배제될 수 없는 문제였다는 사실이다. 구축주의자들이 형태 구성의 합리적인 논리를 찾으려는 시도들을 '형식주의'라고 비판했지만, 자신들 역시 기하학적 형식을 사용했음을 기억할 필요가 있다. 또한 그 이전에 이미 타틀린이 말레비치의 주장을 강하게 비판했음에도 불구하고 자신의 '릴리프'나 '카운터 릴리프'에서 기하학적 형태들의 '구성'을 피할 수 없었다는 점 또한 주목할 필요가 있다. 나아가 현대건축가동맹의 멤버였던 '구축주의자' 레오니도프의 경우처럼, 그러한 기하학적 구성에 심취하여 고전주의자들로부터 구축주의 전체가 '레오니도프주의'라는 비난을 받게 되기도 했음을 지적해두어야 한다.

팍투라와 텍토닉이 기계적인 요소들의 배치와 구축에 관한 것이고 건축물의 내용의 형식을 형성하는 요소들이라면, 콘스트룩치야는 그것들에 표현 형식을 부여하는 것, 결국은 어떤 감각적 통일성과 미적 형식을 부여하는 것이라고 할 수 있다. 가령 아나톨 콥은 노동궁이나 신문사 건물의 설계 공모전과 새로운 주거 형태 공모전이 구축주의자들의 건축적 사고에서 '두 번의 전환'을 가져왔다고 지적한다.

> 노동궁과 레닌그라드스카야 프라우다 신문 본사 계획안은 구축주의 건축가들의 **공간적, 구조적 관심**에 기본적인 개념을 제공하였지만, **사회적 차원**은 제외되어 있었다. 그러나 현대건축가동맹OSA이 개최한 설계경기에 제출된 주거계획안에서는 사회적인 원리들이 가장 중요하게 생각되었다.[27]

여기서 사회적 차원, 그것은 앞서 내가 말한 바로는 '사회적 기능'에 해당된다. 공간적, 구조적 관심은 종종 "기계적 기능에 반하는 방식으로"까지 추구될 수 있는 형태적 구성에 대한 관심이다. 즉 표현 형식에 관한 것이다. 이는 현대건축가동맹을 주도했던 베스닌 형제의 경우조차, 노동궁이나 신문사 건축을 설계할 때에는 사회적 차원보다는 표현 형식적 차원, 즉 '구성적 차원'의 관심이 중요했음을 시사한다. 구축주의자들의 작업에서도 사실은 표현 형식에 대한 관심이 사회적 기능이나 기계적 기능에 대한 관심보다 선행했던 것이다.

신건축가동맹과 현대건축가동맹을 대비하고, 구성주의와 구축주의를 대립시키는 것은 실제 존재했던 대립에 연원하기에 역사적 사실에 속한다고 하겠지만, 그럼에도 불구하고 구축주의 자체에 이런 표현적 요소가 필수적이었으며, 여기서는 절대주의자나 '구성주의자'들과 형태적으로 다르지 않은 기하학적 형식을 사용했음을 새삼 강조해둘 필요가 있다.

---

27) 아나톨 콥, 『소비에트 건축』, p. 94.

구축주의는 고유한 표현 형식을 갖는다. 나는 그 표현 형식을 세 가지 특징적인 양상으로 요약하고자 한다. 기하학주의, 사선의 역동주의, 그리고 탈대지적인 형식이 그것이다.

① 기하학주의

신건축가동맹의 건축가들은 건축이 기하학적 표현 형식을 갖게 되는 것을 심리적인 방식으로 설명하고자 했다. 가령 두크체프는 이렇게 설명한다.

> 시각에서 일어나는 축소 효과 때문에 표면의 높이, 너비, 폭 간의 관계와 각도는 예를 들어 이등변삼각형이 특정한 각도에서는 어색한 형태로 지각되는 것과 같은 방식으로 변형된다. 이러한 현상이 일어나지 않게 하기 위해서 건축 형태를 구성하는 거대한 표면은 직사각형, 정방형, 원 등과 같은 쉽게 정의할 수 있는 단면이나 요소로 분리되어야 하며, 관찰자에게 모든 건축 형태의 특성과 기하학적 특성은 규칙적인 표면이라는 인상을 주게 되는 반복적인 형식으로 나타나야 한다.[28)]

스스로의 작품을 모두 '프로운'(PROUN: PROjekt Utverzhdenia Novogo, 새로운 예술 옹호자들을 위한 프로젝트)이라는 개념으로 명명하면서 구축주의와 자신을 구별하고자 했던, 그러나 역시 구축주의 안에 속한다고 해야 할 엘 리시츠키가 '정신물리학적 방법'이라고 명명한

---

28) 니콜라이 두크체프 「건축의 기본 과정에 관한 문제」(아나톨 콥 『소비에트 건축』 p. 180에서 재인용).

것 또한 이런 맥락에서 이해할 수 있을 것이다.[29] 그는 이것이 건축만이 아니라 예술 일반의 방법론이라고 본다. "예술 고유의 특성은 감정적 에너지의 충전에 의해 의식을 바로잡고 조직하고 활성화시킴으로써 자신을 표현하는 것"이기 때문이다.[30] 라돕스키가 심리적 형태 실험에 몰두했던 것은 이런 이유에서였다.

이런 심리주의적 태도나 형태 구성에 일차성을 부여하는 것에 대해서는 반대했지만, 현대건축가동맹의 건축가들 역시 기하학적 형태 감각을 전적으로 공유하고 있었다. 서구의 모더니스트들처럼 그들 또한 그리스나 로마의 건축 양식적 요소를 사용하지 않으며, 그런 식의 장식에 대해 강한 반감을 갖고 있었다. 이는 서구의 모더니스트와 유사하게 '장식 자체에 대한 비판'의 형식을 취한다. "건축가는 더 이상 자신의 삶을 장식하는 사람이 아니라 삶을 조직하는 사람이 되어야 한다."[31]

1922년 알렉산드르 베스닌의 예술문화원 강연은 건축물의 형태를 기하학적 기본 형태로 환원하고, 그런 형태들에서 직선과 곡선에 원리적 지위를 부여하려는 태도를 취했다.

> 현대적인 것은 빠르고 역동적이다. 리듬은 명쾌하고 정확하며 직선적이고 수학적이다. 재료와 기능의 적합성은 현대건축가에 의해 창조된 작품의 구조를 결정한다. [……] 현대건축가가 만드는 모든 작품은 반드시 생동하는 힘으로 삶에 스며들어 가야 [……] 한다. 분명히 현대건축가들의 작품은 외부장식이 없어야 하며 순수한 원칙에 따라 건설되어야 하

29) 엘 리시츠키, 『세계 혁명을 위한 건축』, 김원갑 옮김, 세진사, 1994, p. 58.
30) 같은 책, p. 71.
31) 모이세이 긴즈부르크, 「양식과 시대」(아나톨 콥, 『소비에트 건축』, p. 36에서 재인용).

고 직선과 기하학적 곡선의 원리에 따라야 하며, 경제성의 원리에 따라 건설되어야 한다.[32)]

장식 없는 순수성, 직선과 기하학적 곡선, 그리고 그러한 형태의 바탕을 요구하는 경제성의 원리, 이는 그 자체만으로는 모더니즘의 기하학주의와 매우 유사한 측면이다. 리시츠키는 이런 기하학주의에 대해 이렇게 말한다. "우리들의 시대는 기본적 형태들(기하학)에 기초를 둔 디자인을 요구한다. 무질서의 미학에 대한 투쟁이 자신의 진로를 취한다. 의식적인 질서가 요구되는 것이다."[33)]

이는 기하학적 요소에서 질서라고 명명되는 어떤 본질적 실체를 찾고자 했던 미스 반 데어 로에L. Mies Van Der Rohe나 르코르뷔지에 같은 모더니스트의 태도와 매우 비슷한 생각처럼 보인다. 이는 한때 자신의 스승이었던 말레비치의 영향일까? 아니면 나중에 만나고 교류하며 함께 작업하기도 했던 미스 반 데어 로에나 테오 판 두스부르흐T. van Doesburg 등의 영향일까?[34)] 알 수 없는 일이지만, 자신의 시대를 무질서가 지배하는 시대로 파악하면서 그것이 '질서'를, 질서의 (새로운) 형식으로서 기하학을 요구한다고 보았다는 점에서 공통적이었음은 분명하다.

리시츠키가 기하학을 질서에 연결하고 있음은 분명하지만, 두스부르

32) 아나톨 콥, 『소비에트 건축』, pp. 70~71에서 재인용.

33) 엘 리시츠키, 『세계 혁명을 위한 건축』, p. 71.

34) 미스 반 데어 로에와 두스부르흐, 리시츠키는 1923~26년간 6회에 걸쳐 발간된 잡지 『G』의 공동 편집인이었다. 이들 이외에 이 잡지에 기고한 이들로는 말레비치나 가보 같은 구축주의자, 몬드리안 등의 데슈테일 그룹, 존 하트필드나 트리스탄 차라, 만 레이 등의 다다이스트 등이 있었다. 두스부르흐는 자신이 발간한 월간지 『데슈테일』에 『G』를 유럽 구축주의자들의 기관지라고 소개한 바 있다. 프리츠 노이마이어, 『꾸밈없는 언어: 미스 반 데어 로에의 건축』, 김영철·김무열 옮김, 동녘, 2009, pp. 54~55.

흐나 그의 동료였던 몬드리안처럼 기하학적 형태를 절대화하고 거기에 형태의 본질이 있다고 믿었는지는 알 수 없다. 그러나 이런 식의 절대적이고 실체주의적인 기하학주의를 구축주의 전체에 귀속시키는 것은 불가능해 보인다. 또 구축주의자들이 말레비치에 대해 비판했던 것은 기하학을 통해 그가 추구했던 '절대주의'였지 기하학주의 자체는 아니었음을 고려한다면, 구축주의가 채택한 기하학주의를 기하학에 대한 본질주의적 관념이나 플라톤주의적인 태도와 동일시할 이유는 없다고 하겠다.

② 사선의 역동주의

고전적 장식의 거부와 일종의 '기능주의'를 공유하고 있었고 기하학주의적으로 단순화된 표현 형식을 일관되게 추구했지만, 서구의 모더니즘 건축이 직선과 직각, 육면체를 축으로 형태를 만들고자 했다면, 구축주의는 그와 다르게 사선을 즐겨 사용한다. 미스 반 데어 로에의 경우처럼 건축에서 구조적 성분을 강조할 때, 수평의 보와 그것을 받치는 기둥이 축을 이루기 때문에 수평선과 수직선을 상징하는 직각적인 만남과 사각형, 육면체가 주를 이루게 된다. 몬드리안처럼 수평선으로 대지를 읽고, 수직선에서 대지 위에 선 것들을 찾는 경우에도 수평선과 수직선은 특권적인 지위를 갖는다. 리시츠키를 통해 구축주의의 영향을 받았던 두스부르흐가 몬드리안의 반대를 무릅쓰고 사선을 도입했을 때도 직각적 교차를 벗어나지 못했다.

이와 달리 구축주의는 균형을 파괴하는 사선을 고의적으로 광범위하게 사용한다. 사선들이 만나는 각도인 직각은 오히려 예외에 속한다. 강한 예각성을 표현하는 사선, 수직적 안정성을 일부러 깨는, 받침 없이

비스듬히 기울어진 사선, 혹은 역삼각형을 만들며 하늘로 펼쳐져 올라가는 사선 등등. 가령 타틀린의 기념탑은 건물 전체의 주축을 사선으로 기울여놓았고, 나선형으로 상승하는 선을 삼각형 모양의 반복적인 사선들로 받쳐놓았다. 베스닌 형제의 노동궁은 역삼각형 형태로 모이는 사선들로 거대한 방송탑을 세웠고, 프라우다 사옥에도 사선을 사용했다. 리시츠키가 고안한 레닌 연설대도 사선으로 기울어져 있었다. 멜리니코프의 국제박람회 소비에트관은 대각선을 평면 전체의 축으로 삼았고, 그 대각선의 축에 기인하는 사선에 따라 계단을 배치했으며, 계단실의 천장에는 사선의 패널들을 교차해서 세워두었다. 또 창문에는 그리드를 넣었지만 상부는 일부러 사선으로 절단했다.

이러한 사선의 일반적 사용은 수평과 수직의 안정성을 깨면서 불안정한 형태를 만들어내는 듯하다. 그러면서도 전체적으로는 단일한 수렴의 지점까지는 아니어도 국지적인 통합의 지점, 매듭과 같은 것들이 있어서, 사선이 그저 모든 방향으로 발산된다는 느낌이나 산만한 느낌을 주지는 않는다. 의도적이었는지는 알 수 없지만, 사선은 많은 경우 역동성을 표현하는 방식으로 사용되었다. 이러한 역동적 사선과 혁명적 역동성이 어느 정도 대응된다고 말하는 것은 크게 틀린 얘기는 아닐 것이다. 그리고 이런 점에서 구축주의 건축의 역동적 사선은 해체주의 건축의 히스테리컬한 사선과 다른 성격을 갖는다고 해야 한다.

③ 탈대지적, 탈영토적 형식

또 하나 특이한 것은 사선만이 아니라 역삼각형이나 아래보다 위가 더 큰 가분수 형태의 배치를 자주 사용하여 안정성과는 거리가 먼 형태들을 만들어낸다는 점이다. 베스닌 형제의 노동궁이나 프라우다 사옥

이반 레오니도프, 「레닌 도서관」(1927)
엘 리시츠키, 「스카이훅」(1924)

도 그렇고, 멜리니코프의 루사코프 노동자클럽도 그렇다. 리얼리즘 측으로부터 '형식주의'와 '비현실주의'라고 가장 격렬하게 비난받았던[35] 레오니도프의 환상적인 레닌 도서관은 거꾸로 세운 원뿔 위에 거대한 구를 올려놓고는 여러 개의 현수선으로 팽팽하게 버티어 세워놓았다. 리시츠키의 사무실 복합건물인 스카이훅은 세 개의 승강기 타워 위에 거대한 수평적 건물을 얹어놓았다.

불안정해 보이는 이런 형식에 대해 리시츠키는 "하부구조와 지면에 얽매인 구조의 한계를 극복하기 위한 욕망"으로 설명한다.[36] 그런 식으로 "떠 있는 구조물, 물리적·역동적 건축물"을 만들고자 했던 것을 리

35) 구축주의의 반대자였던 프롤레타리아건축가동맹의 아르카디 모르드비노프는 레닌 도서관 기획을 비롯한 레오니도프의 계획안을 들어 구축주의 전체의 강령이 정치사회적 현실 문제에 무관심한 채 형식주의적 실험에 몰두하고 있다고 비난한다. 그는 구축주의를 아예 '레오니도프주의'라는 말로 비판한다.

36) 엘 리시츠키, 『세계 혁명을 위한 건축』, p. 65.

시츠키는 "중력의 정복"에 대한 욕망으로 이해한다.[37] 대지로부터 탈영토화된 건축, 중력과 다른 힘의 가시화를 위한 건축, 그것은 구조미학의 원리에 반하는 것이다. 불안정성이나 역동성을 야기하지는 않지만, 건물들을 한 층 들어 올려놓은 트라빈A. Travin의 회의장 건물이나 질첸코A. Zilchenko의 중앙 공업사무소의 건물도 이런 맥락에서 이해할 수 있을 것이다.

이런 방식으로 추구되는 것이 '질서'라면, 그것은 안정적인 질서와 다른 방식의 질서를 위해 기하학을 사용하는 것이라고 해도 좋을 것이다.

6. 삶의 방식과 기능주의 건축

'기능적 건축'

구축주의자들은 건축을 혁명과의 관계 속에서, 그리고 혁명을 통해 근본적으로 변혁되어야 할 삶의 방식과의 관계 속에서 적극적으로 '기능'하는 일종의 '기계'로 다루고자 한다. 즉 건축을 건축 자체의 논리가 아니라 삶 내지 혁명이라고 하는 건축의 외부를 통해서 다루고자 한다. 이러한 문제의식의 강렬함이 자신들이 피할 수 없었던 '구성'의 문제조차 비판하게 만들었다는 점에서, 이는 구축주의 건축 이론의 명시적 중심이라고 해도 좋을 것이다.

현대건축가동맹의 지도자였던 긴즈부르크는 이를 아주 명확하게 표

37) 같은 책, p. 67.

명하고 있었다. 그는 구축주의라는 이름의 새로운 건축적 사고방식을 한마디로 기능적 설계(기능적 창조성)라고 명시하며, 이런 의미에서 그것을 '기능적 건축 사유'라고 명명한다. 한마디로 말해 구축주의는 기능적인 역할에 따라 건축물을 구성하는 것이다.

하지만 여기서 말하는 기능은 가령 모더니스트 미스 반 데어 로에가 건축의 요체로 생각하는 '구조적 기능'[38]이 아니라 건축물의 실질적 사용과 결부된 것으로, 건축물의 '기계적 기능'을 뜻한다. 건축물의 용도와 그에 따른 동선의 분배, 이를 효과적으로 처리하기 위한 개별적인 공간적 파라미터들의 설정, 동선에 의한 공간들의 효율적인 관계와 연결, 이를 위한 적절한 재료나 구조적 기술의 선택, 이러한 관계들을 구성하는 볼륨 간의 상호관계, 그리고 그에 부합하는 표면 처리 등의 문제가 이러한 관점에서 처리되어야 한다.[39] 긴즈부르크가 건축설계를 위해 그 이용자들의 동선을 표시하는 다이어그램을 사용했던 것은 이런 문제의식을 집약적으로 잘 보여준다.

혁명 이후의 건축은 아직 유례가 없는 새로운 삶의 방식과 관련된 것이기 때문에, 이를 다루고자 할 때는 여러 종류의 엔지니어 활동이 결합되어야 했다. 즉 새로운 타입의 주거를 창안하는 데 종사하는 사람들, 새로운 유형의 공동체 설비를 디자인하는 사람들, 새로운 종류의 공장이나 작업장을 설계하는 사람들이 결합하여 새로운 양상의 건축을 만들어내야 했다.[40] 건축가가 엔지니어에게서 배워야 한다는 르코르

---

38) 프리츠 노이마이어, 『꾸밈없는 언어』, pp. 178~80.

39) M. Ginsburg, "New Method of architectural Thought"(1926), A. Benjamin(ed.), *Philosophy and Architecture*, New York: St. Martin's, 1990, pp. 46~47.

40) 같은 책, p. 46.

뷔지에의 말을 그는 이런 식으로 이해했고, 이런 점에서 건축이 제대로 기능하게 하는 문제가 건축의 가장 중심적인 문제라고 보았던 것이다.

그런데 긴즈부르크가 보기에 이 문제와 관련해서 르코르뷔지에는 매우 치명적인 혼동을 하고 있다. 즉 그는 "건축가가 엔지니어에게서 배워야 한다"고 하면서도 사실상 "건축가가 기계로부터 배워야 한다"는 것으로 혼동하고 있다는 것이다.[41] 긴즈부르크가 보기에 건축가가 배워야 할 것은 엔지니어들이 작업하는 방식이고, 그것은 바로 기계가 제대로 기능하고 작동하게 하기 위해 그들이 취하는 태도나 활동방식을 배워야 한다는 것이었다. 그러나 알다시피 『건축을 향하여』에서 르코르뷔지에가 엔지니어로부터 배운 것은 그들이 만들어낸 배나 비행기, 자동차에서 발견되는 '엔지니어의 미학'이 아니라 기계미학이었다.[42] 이는 사실 모더니즘 건축에 대한 매우 중요하고 적절한 지적이다.[43] 하지만 긴즈부르크가 보기에 "건축이 현대적 기술이 제공하는 형태들을 모방하는 것은 매우 나이브한 짓"[44]이다. '기능주의'가 미학이 될 때, 기능주의로부터 멀어진다는 것을 지적하려는 것이었을까?

41) C. Cooke, "Moisei Ginsburg," A. Benjamin(ed.), *Philosophy and Architecture*, p. 39.

42) 르코르뷔지에, 『건축을 향하여』, 이관석 옮김, 동녘, 2007.

43) 미스 반 데어 로에 또한 이러한 입장을 갖고 있었다. 그가 "건축 중인 고층건물의 골조"에 매료되었던 것은, 구조체를 가시적으로 보여준다는 점 때문이었다. 그는 건축물에 유리벽을 둘러치려고 했는데, 그 이유는 이런 구조체를, 구조적 원칙을 명료하게 보여주기 위해서였다. 프리츠 노이마이어, 『꾸밈없는 언어』, p. 366. 프리츠 노이마이어는 이러한 미스 반 데어 로에의 태도에서 중요한 것은 기술보다는 미학이었음을 (호의적인 관점에서) 지적한다. "그에게 미학은 기술보다 앞서는 것이지 그와 반대가 아니었다"(p. 179).

44) M. Ginsburg, "New Method of architectural Thought," p. 43.

삶의 재조직

"구축주의자들은 또 다른 미학 유파가 되는 것을 경계하라. [……] 구축주의는 반드시 우리 모두의 삶을 위하여 고도화된 공학의 형태가 되어야 한다." 마야콥스키의 이 경구를 구축주의자들이 자신의 모토로 삼고 있었음[45]은 새삼 강조될 필요가 있다. "산업적·공학적 계획안들은 건축의 기념물에 새로운 삶을 불어넣어야 하며, 분명히 현대의 특징을 부여해야 한다. 또한 산업적·공학적 계획안들은 건축 공간의 새로운 개념에 새로운 중요성을 부여하는 데 도움을 주어야 한다. 따라서 건축가는 더 이상 **삶을 장식하는 사람이 아니라 삶을 조직하는 사람**이 되어야 한다."[46]

가령 가족생활이 주거 공간의 형태에 따라 달라진다고 할 때, 사회주의 내지 공산주의적 삶의 방식을 구성하는 데 대체 어떤 종류의 주거 공간이 '효과적'일 것인가? "구축주의자들의 목표는 지금까지 존재한 개념들의 급속한 변혁이다. [……] 노동자들을 위한 주택을 예로 들어보자. [……] 대다수의 건축가들이 공유하고 있는 그에 대한 개략적 접근은 부르주아지의 주택에 적용되는 해결책을 프롤레타리아의 주택에 준-기계론적quasi-mechanical으로 변형시켜 적용한 결과다. [……] 그러나 구축주의자가 이러한 문제를 다룰 때는 우리의 삶의 방식으로부터 귀결되는 습관의 변화를 설명하고 완전히 새로운 형태의 주거를 위한 기초를 만들어야 한다. 따라서 우리의 목표는 [……] 프롤레타리아

45) 아나톨 콥, 『소비에트 건축』, p. 36.
46) 모이세이 긴즈부르크, 「양식과 시대」(아나톨 콥, 『소비에트 건축』, p. 36에서 재인용).

트와 함께 일하고 새로운 삶과 새로운 삶의 방법을 건설하는 데 참여하는 것이다."[47]

삶의 방식을 조직하는 기계로서 건축물의 기능적 역할에 대한 사유(긴즈부르크가 말하는 '기능적 건축의 사유')란 일차적으로 이런 문제에 대한 사유를 뜻하는 것이었다. 이러한 사유가 나아가야 하는 방향은 건축-기계를 통해 코뮌적 삶의 방식의 기계적 단서나 바탕을 만들어내고 그것을 통해 사람들을 새로운 종류의 인간으로 변혁하는 것이다. 다시 말해 건축물을 새로운 사회적 기능을 수행하는 사회적-기계로 만드는 것이다.

그것은 다음과 같은 규약이 제시하는 공동체 내지 코뮌의 목표에 부합하는 새로운 종류의 인간을 만들어야 한다. "공동체의 과업은 사회주의의 적극적인 옹호자이면서 사회주의의 창조자인 새로운 집단적 인간을 만드는 것이다. 공동체의 과정 중 하나는 사회주의적인 새로운 삶의 방식을 만드는 것이다. 이 공동체의 일상생활, 활동, 노동은 새로운 사회주의적 삶의 방식에 대한 건설을 추가하기 위해 더욱 바람직한 조건을 지향한다."[48]

이는 새로운 삶의 방식을 통해 대중을 조직하고 훈련하는 문제며, 새로운 종류의 인간으로 변혁하는 문제다. 진정한 혁명이 가능하기 위해서는 낡은 생산관계를 혁파하는 것만으로는 부족하며 반드시 새로운 종류의 인간을 만드는 '광범위한 인간혁명'이 필요하다는 마르크스의

---

47) 모이세이 긴즈부르크, 「구축주의 건축」(아나톨 콥, 『소비에트 건축』, pp. 42~43에서 재인용).

48) P. 스므킨·S. 마르코비치, 『삶의 방식에 대한 사회주의적 개건과 공동체 생활의 과업』(아나톨 콥, 『소비에트 건축』, p. 59에서 재인용).

문제의식[49]을 여기에 연결해도 좋을 것이다. 긴즈부르크의 '사회적 응축기'라는 개념은 이런 문제의식을 좀더 명확하게 부각시켜준다.

7. 사회적 응축기

응축기로서의 건축-기계

구축주의자들에게 건축은 그러한 조직과 훈련을 위해 기능하고 작동하는 기계여야 했다. 이처럼 삶의 방식을 변형시키는 기계라는 의미에서 건축-기계를 그들은 '사회적 응축기social condenser'라고 명명한다. 가령 리시츠키는 노동자들의 클럽을 이런 사회적 응축기로서 정의한다.[50] 이 개념은 구축주의자들에게 공통된 가장 핵심적인 개념으로서 그들이 건축을 보는 관점을 가장 잘 보여준다.

> 사회적 응축기는 생활방식을 변형시키는 일종의 기계, 즉 자본주의 체제의 산물인 예전의 인간을 그 시대에 모든 정치적이고 혁명적인 문학에서 묘사하고 있는 '새로운 인간'으로 변형시키는 기계로 볼 수 있다. 이런 건축과 도시계획은 사회변혁의 힘을 응축하는 것이고 그것들을 일반 대중에게 발상하는 것이다. 사회적 응축기는 미래의 이미지이자 미래사회를 위한 주형틀mould이다. [……] 사회적 응축기는 사회변혁의 한 수단

49) 카를 마르크스·프리드리히 엥겔스, 「독일 이데올로기」(1990), 『칼 맑스 프리드리히 엥겔스 저작 선집 1』, 최인호 외 옮김, 박종철출판사, 1997, p. 220.

50) 엘 리시츠키, 『세계 혁명을 위한 건축』, pp. 44~46.

이었으며, 사실 구축주의자들의 주장 중에서 가장 확고한 것이었다.[51)]

사회적 응축기라는 개념을 통해서 확인할 수 있는 것은 긴즈부르크 같은 구축주의자들이 건축을 기능적 관점에서 접근한다는 것은 단지 건축물이 사용하기에 적당하도록 제대로 기능하고 작동한다는 것만을 뜻하는 게 아니라는 점이다. 물론 목적이나 용법에 부합하여 적절하게 작동하는 것은 중요하지만, 그것은 건축에 대한 기능적-기계적 관점에 포함되는 하나의 측면일 뿐이다. 좀더 중요하고 근본적인 것은 건축이 그것을 사용하는 사람들의 삶을 변혁시키는 방식으로 작동하고 기능하게 할 수 있다는 점이고, 그것을 통해 사람들을 다른 종류의 인간, 가령 타인들과 함께하는 코뮌적 삶의 방식에 부합하는 인간으로 변혁시킬 수 있다는 점이다. 건축-기계가 작동하여 산출하는 '효과'란, 혹은 '효과'를 통해서 건축-기계의 사회적 기능을 사유한다는 것은 바로 이를 뜻한다.

돔-코뮤나

구축주의자들이 르코르뷔지에의 '돔-이노Dom-Ino'[52)]에 대비해 미래의 주거 형태가 될 새로운 공동주거의 형식을 '돔-코뮤나Dom-Communa' 라고 명명했던 것은 정확히 이런 맥락에서였을 것이다. 리시츠키가 건

51) 아나톨 콥, 『소비에트 건축』, p. 108.

52) 건축물의 기본 구조로서, 이전에 벽돌을 쌓아 수직으로 올리던 기본 구조를, 바닥과 기둥, 그리고 밖으로 뺀 계단으로 연결하는 수평성 구조로 바꾸었다. 그럼으로써 창문은 가로로 긴 창 내지 커튼월로까지 확장될 수 있었고, 건축물의 형태를 자유롭게 만들 수 있게 되었다.

축은 "사회생활의 효과적 요소가 됨으로써 새로운 타당성을 얻게 된다"고 하면서 "현재의 우리의 목표는 많은 개인적 주거지들의 군집으로서의 주택으로부터 주거공동체housing commune로 변환하는 것"[53]이라고 했던 것 역시 바로 이런 의미에서였을 것이다.[54] "주거는 항상 개인주의와 전통적 가정의 요새였기에, 구축주의자들의 연구 중 가장 중요한 부분은 새로운 주거, 특히 그들의 미래의 주거 〔……〕 공동주택, 즉 돔 코뮤나였다."[55] 이를 위해 그들은 새로운 주거 유형에 대해 다음과 같은 것이 요구된다고 보았다. 공동으로 휴식과 여가를 즐길 수 있는 장소, 모든 사람이 식사를 함께 준비할 수 있는 공동 주방이나 식당.[56]

가령 주거 모델 공모전에 응모한 현대건축가동맹의 8개의 설계안에서 "8명 건축가들 모두가 '개인적인 가족 단위의 생활과 집단생활이 긴밀히 연결된' 새로운 주거 유형을 세심하게 작성하여 제시하였"고, 이러한 주거 단위 속에서 개인과 가족의 활동에 소요되는 공간을 줄였으며, 그렇게 함으로써 공동의 영역을 마련할 수 있었다. 〔……〕 그들은 단위 주거 자체를 새롭게 계획하였으며 진입 방식과 주거의 배치까지도 새롭게 계획하였다."[57]

소비에트 건설위원회 산하 주거 유형 연구분과의 주관하에 F형 단위

53) 엘 리시츠키, 『세계 혁명을 위한 건축』, p. 37.

54) 루나차르스키A. Lunacharsky는 다음과 같이 말했다. "혁명의 목적은 모든 사람을 형제로 만드는 것이다 〔……〕 혁명은 부엌, 거실, 세탁실, 탁아소, 클럽이 최근의 과학적 근거에 의해 설계되고, 수도와 전기가 구비된 깨끗하고 쾌적한 방에 거주하게 되는 모든 사람들을 위해 대규모의 주택을 건설하는 것을 필요로 한다"〔아나토리 루나차르스키, 「10월과 문화의 열번째 기념일」(아나톨 콥, 『소비에트 건축』, p. 125에서 재인용)〕.

55) 아나톨 콥, 『소비에트 건축』, p. 110.

56) 같은 책, p. 92.

57) 같은 책, pp. 93~94.

주거와 K형 단위주거를 만들었던 긴즈부르크는 이렇게 말한다. "우리는 새로운 건물을 설계할 때 고려해야 할 중요한 측면 중 하나가 삶의 변증법적 발전이라는 것을 믿는다. [……] 건물들은, 일련의 전체 공간에서 공동 서비스 시설을 사용하기 위해서는 점진적으로 자연스럽게 통과하도록 하는 방식으로 지어져야 한다. [……] 우리는 이것이 사회적 삶의 상승된 형태로의 전환을 자극할 여러 가지 요소들을 창조하는 데 핵심적인 것이라고 믿는다. 이 요소들은 사회적 삶의 형태를 발전시키기는 하겠지만 강제로 만들어내지는 않을 것이다."[58]

F형과 K형 단위주거의 집합주택에서 그는 복도를 햇볕이 잘 드는 정면에 두어 "사회의 집합적 교환의 장"이 되도록 하려 했다. "수평 방향의 통로, 자연채광이 되는 복도, 이러한 것들의 존재는 매점, 주방, 휴게실과 독서실, 욕실과 같은 실제 건물의 모든 구성 요소들을 유기적으로 결합시켜줄 것이다."[59]

제대로 된 기능주의란 단지 건축물이 제대로 기능하게 하는 기술적 사고의 집합이 아니라, 이처럼 건축-기계가 산출하는 기계적 기능을 통해 건축 자체를 사유하는 방법이다. 또한 그것은 주어진 삶의 방식을 자연스러운 것으로 받아들이고 그러한 삶의 방식이 요청하는 바에 따라 건축이 원활하게 기능하게 하는 문제라기보다는, 건축-기계가 어떠한 삶의 방식, 어떠한 종류의 인간을 생산하는가를 통해서 어떻게 건축을 할 것이며 건축물로 하여금 어떻게 작동하고 기능하게 할 것인가 하는 문제다. 긴즈부르크에게 혁명적 건축의 문제설정인 구축주의가 '기

58) 모이세이 긴즈부르크, 『현대건축』(1929), 1호(아나톨 콥, 『소비에트 건축』, p. 101에서 재인용).

59) 같은 책, p. 102.

능적 건축의 사유'일 수 있었던 것은 정확하게 이런 의미에서였을 것이다. 그것은 푸코의 개념으로 다시 표현하면, 낡은 종류의 생명-권력과 대결하며 새로운 종류의 생명-권력을 산출하는 기계를 구성하는 문제다. 즉 건축-기계나 공간-기계를 사용하는 새로운 종류의 실천을 산출하는 것이다. 여기에 건축-기계가 제공하는 공간의 의미는 그것의 '용법'이라는 것,[60] 건축-기계의 기능이란 그것의 용법과 관련된 것임을 추가해 두자.

8. 구축주의 건축의 '실패'

미술이나 연극, 영화, 그리고 문학에서 구축주의나 미래주의, 혹은 그들의 영향 아래 진행되던 아방가르드의 혁명적 실험은 1920년대 말에 중단된다. 구축주의자들이 가장 집중적으로 작업했던 것 중 하나가 연극무대와 의상이었으며, 연출가 메이에르홀트는 이에 상응하게 구축주의적인 감각의 새로운 연극을 창안했지만,[61] 사회주의 리얼리즘의 승

60) 이진경, 『근대적 주거공간의 탄생』, 그린비, 2007, p. 106.

61) 수잔 벅-모스는 이러한 연극을 가스체프가 주도한 소비에트 테일러주의의 영향이라고 본다. "메이에르홀트는 배우를 감정표현을 위해서 몸을 늘이고 줄일 수 있는 대상으로 취급하면서 '생체역학'을 발전시켰다. 여기서의 목표는 불필요하고 의도되지 않은 모든 동작들을 제거함으로써 몸을 통제하는 것이었다. 학생들이 동작을 만들어가는 것을 도와주기 위해서 스톱워치와 시간기록계가 이용되었다. 가스체프와 테일러주의의 영향은 명백했다"(수잔 벅-모스, 『꿈의 세계와 파국』, p. 139). 하지만 단지 이렇게만 본다면, 메이에르홀트의 연극은 크게 오해될 것이다. 배우의 신체를 특정 동작을 표현하기 위한 기계적 요소로 분할하고 단위동작을 연습하는 것이나 스톱워치 등의 사용에서 그런 영향을 읽는 것은 가능하겠지만, 그 영향은 부차적인 것이었다고 해야 한다. 왜냐하면 메이에르홀트가 배우의 동작을 그런 식으로 다루는 것은 신체적 동작의 생산성을 올리기 위한 것이 아니라 배우의 신체와 무대를 기

리와 더불어 모두 폐기되고 숙청되었다. 혁명적 문학의 선봉이었던 마야콥스키가 자살로 혹은 타살 의혹 속에서 죽었던 것은, 이런 종류의 문학의 죽음을 뜻하는 사건이었을 것이다. 예이젠시테인은 숙청은 면했지만, 당이나 스탈린이 선호하는 취향과 자신의 취향 사이에서 동요해야 했고,[62] 그로 인해 영화계에서 확고한 지위를 갖고 있었음에도 작품을 별로 만들지 못하게 된다.

구축주의 건축은 다른 예술보다 훨씬 더 어려운 난관에 부딪혔다. 건축이란 단지 실험만을 위해서 짓기에는 엄청난 비용과 물자를 요하기 때문이다. 그 결과 건축과 공간을 코뮌주의적 문제설정 속에서 다시 사고하여 새로운 방식의 구축 방법을 찾고자 했던 구축주의 건축가들의 구상이나 작업은 대부분 현실화되지 못한 채 '페이퍼 워크'에 머물렀다. 더구나 러시아의 경제적 조건은 이런 구상이 가진 핵심적인 아이디어를 공상적인 것으로 만들었다. 그것은 분명 '물질적 기반의 부재' 때문인데, 이는 단지 경제적 궁핍만을 뜻하지 않는다. 가령 그들이 주장하는 공학적 관점의 건축이란 표준화나 건축 자재의 대량생산 같은 공업적인 생산양식을 전제한다. 그러나 당시 러시아는 공업 자체가 매우 취약한 상황이었다. 표준화나 대량생산 같은 것은 현실과 거리가 멀었고,

---

하학적 구성물로 다루는 것이었고, 이는 구축주의나 절대주의의 관점에서 연유한 것이라고 해야 하기 때문이다. 실제로 그의 연극무대와 의상은 로드첸코나 스테파노바 등의 구축주의자들의 '작품'(!)이었고, 그의 연극의 요체는 어떤 내용의 극적 재현 이상으로 그 무대와 배우의 신체가 함께 만드는 형상 그 자체를 가시화하는 것이었다. 이러한 무대와 의상, 연기, 연출은 예이젠시테인 영화의 기하학적 미장센에도 직접적인 영향을 미쳤다.

62) "스탈린은 업튼 싱클레어(할리우드의 예이젠시테인의 재정적 지원자였다)에게 자신은 예이젠시테인이 소비에트 체제에 충성하지 않고 있으며, 망명을 시도할 것이라고 의심하고 있다고 통고했다."(D. 보드웰, 「예이젠시테인의 영화」, 수잔 벅-모스, 『꿈의 세계와 파국』, p. 197에서 재인용).

그들이 좋아했던 철강 등의 재료는 아주 비쌌다. 결국 "대량생산하도록 디자인된 알루미늄이나 금속제의 모든 사물과 가구를 생산하기 위한 매우 발전된 연구는, 사실 그들의 디자인과 완전히 모순되는 수공업적 방법을 통해서 하나하나 제작되었다. 그 결과는 매우 힘든 제작 과정과 높은 생산원가였다."[63]

또 다른 근본적 난점은 대중적인 조건과 관련된 것이었다. 대중의 전통적인 감각과 습속이 그것이다. 사실 구축주의자는 대중의 전통적 감각이나 삶의 방식, 낡은 습속을 변혁하는 것이 혁명의 중요한 일부라고 생각했고, 그것을 위해 건축물을 사회적 응축기로 만들어야 한다고 믿었다. 그러나 이들은 근본적인 딜레마에 처하게 된다. 왜냐하면 대중이 낡은 감각과 습속에 머물러 있는 한, 아방가르드의 예술작품이나 건축물을 받아들이지 않을 것이고, 그런 건축물을 받아들이지 않는 한 그들의 감각이나 습속은 변할 리 없기 때문이다.[64] 그 결과 아방가르드의 감각이나 제안은 대중에 의해 외면되거나 거부되기 십상이었다. 실제로 1937년 제1차 소비에트 건축가 대회에서 "노동자, 주부, 학생, 경찰 등 모든 대표들은 아름다운 공장, 아름다운 주택, 아름다운 학교, 아름다운 경찰서"를 요구했고, 구축주의자들의 제안들을 '신발상자'와 같은 것이라고 거부했다.[65] 그들은 노동자 대중에게, 그들의 혁명성에 기대를

---

63) 아나톨 콥, 『소비에트 건축』, pp. 195~96.

64) 실제로 산업혁명으로 인해 철근 건축을 자연발생적으로 진행시켰던 서유럽에서도, 철근 건축물에 대한 반발이 19세기 내내 극심했고, 19세기 말의 에펠탑조차 예술가들의 반대서명에 맞서야 했다. 이런 딜레마를 해결하려면 건축물을 실질적으로 지어 공급하고, 그런 건축물을 반복적으로 접함으로써 대중의 감각이나 습속이 바뀌도록 해야 한다. 철강공업이나 대량생산이라는 경제적 조건의 결여에 더해, 익숙해질 시간을 주지 않고 숙청했던 정치가들로 인해 이런 감각의 변화는 현실화되지 못했다.

65) 같은 책, p. 42.

걸었지만, 노동자 대중은 그들의 아방가르드한 감각을 받아들이지 못했던 것이다.

이는 예술에서만 그런 것은 아니다. 예컨대 소유에 대한 감각이나 습속, 민주주의와 정치에 대한 감각도 이와 유사한 딜레마를 갖는다. 레닌이나 볼셰비키가 혁명이 필요하다고 믿었던 것은, 권력을 장악하여 밀어붙임으로써 이런 딜레마를 해결할 수 있다는 믿음에서였을 것이다. 예술이나 감각에서의 근본적 변화 역시 마찬가지다. 정치권력을 통해 억지로 강제할 것까지는 없겠지만, 여기저기 지어지는 새로운 건축물을 통해 그것을 자주 접하는 대중의 감각과 습속을 서서히 변화시킬 수 있으리라고 할 순 있지 않을까?

그러나 여기서 최대의 장애물은 권력을 장악한 정치가들 자신이었다. 그들은 혁명적 이념에 의해 생각은 바뀌었을지 모르지만, 자신의 감각이나 감수성을 바꾸려고 해본 적이 없었다. 불행은 바로 그들이 예술이나 건축에 대해서 판단하고 결정할 권력을 장악하고 있었다는 사실이다. 대중의 이름으로 통치하는 사회주의 사회에서 이런 권력을 가진 이들의 선택은 대중과 더불어, 아니 대중을 핑계로 자신의 낡은 감각이나 감수성을 유지하고 수호하는 것이 되게 마련이다. 결국 권력자들은 대중의 취향과 불만을 내세워, 자신들의 취향에 반하는 '전위적' 문제의식을 비난하고 제거하게 된다.

생각해보면, 대중의 전통적 감각이나 취향 같은 조건들은 혁명을 한다고 해도 극복하는 데 시간이 필요한 것들이었다. 산업혁명이 일찍 진행된 영국이나 프랑스의 경우에도 사람들이 철골 건축을 받아들이는 데 100년이 걸렸다. 하지만 그런 과정이 서구에서 유사한 선례를 형성하고 있었고, 또 새로운 '스타일'이나 감각의 형성이 압축적으로 빠르게 진행되고 있었음을 생각하면, 감각적 혁명에 필요한 시간은 서구보다 훨씬 줄어들 수도 있었을 것이다. 재료나 건축 자재의 대량생산에 필요한 공업의 발전 역시 압축적으로 진행될 수 있는 것이었다.

공업화와 더불어 이런 일들이 서서히 진행되고 새로운 형태의 건축물이나 가구 등이 확산되는 과정을 거친다면, 대중들의 감각적 변화에 필요한 시간을 기다리는 것도 충분히 가능했을 것이다. 그러나 구축주의의 실패의 가장 핵심적인 이유는 그들에게 그럴 시간이 주어지지 않았고, 그런 시간이 채 오기 전에 정치적으로 무익하고 나쁜 것으로 간주되어 숙청되고 매장되었다는 것이다. 1917년 혁명 이전부터 정치 영역 밖에서 진행되었고, 1917년 혁명과 더불어 본격화되었던 모든 혁명적 실험들, 감각적 혁신의 시도들은 사회가 '안정화'되고 경제적 기반이 자리 잡히기 시작하면서 정치에 의해 중단되고 처단되었다.

무엇이 혁명적 열정을 갖고 혼신을 다해 실험하고 창조하던 이들을 이렇게 매장했던가? 그것은 무엇보다 그들이 만든 새로운 '사물'들을, 그 사물이나 작품을 통해 작동하는 새로운 감각을 받아들이지 못한 정치가나 활동가, 예술가, 그런 이들의 낡은 감각 때문이라고 해야 하지 않을까? 사회혁명과 나란히 감각의 혁명을 추구하던 이들의 근본적인 문제의식을 이해하지도 수용하지도 못하는 편협한 정치적 감각의 주인공들에게 아방가르드의 감각을 재단할 권력이 주어졌다는 사실 때문이었다고 해야 하지 않을까? 나아가 같은 당이나 운동가 내부에서조차 차이나 이견, 다른 감각을 모두 계급적 대립으로 환원하며 그 차이 저편의 상대를 동지가 아닌 적이라고 간주하여 제거하도록 가르쳤던 적대의 정치학 때문이라고 해야 하지 않을까?

이런 점에서 감각의 혁명의 실패는 사회혁명의 실패를 이미 함축하고 있다고 해야 한다. 감각의 혁명에 대해 폐쇄적이고 배타적인 방식으로 대응하며 예전의 감각으로 되돌아가기 시작했을 때, 이미 혁명은 감각적 차원에서 '반동'을, 때 이른 테르미도르를 시작하고 있었다고 하겠다. 따라서 사회혁명이 진정 가능하려면 낡은 시대에 형성된 혁명가 자신의 감각, 활동가 자신의 감각부터 바꾸는 감각의 혁명이 먼저 진행되어야 한다. 더불어 감각의 혁명 없는 사회혁명, 감수성의 혁명 없는 이념적 혁명, 그것은 근본적으로 있을 수 없는 것이라고 강하게 말해야 할 것 같다.

혁명기 예술의 과제:

1920년대 초반 러시아 아방가르드의 사례를 중심으로

심광현

1. 들어가며

근대의 여러 혁명들 중에서 1917년 러시아 혁명은 적어도 그 출발점에서는 코뮤니즘 사회로의 역사적 이행을 공식적인 목표로 내걸었던 최초의 혁명으로서, 이후 지구 전체를 양분할 만큼 20세기 역사 전체의 행로에 지대한 영향을 미친 획기적인 사건이었다. 물론 1990년 전후의 동구권 붕괴와 신자유주의 세계화 과정을 통해 러시아 혁명이 결국 실패한 혁명이었다는 점이 최종적으로 확인되었고 그 세계사적인 의의 역시 폐기되거나 망각되었다. 하지만 2008년부터 시작된 미국-유럽의 금융위기와 그 세계적 파장의 장기화는 오늘의 세계가 1세기 전과 유사하게 또다시 대대적인 역사적 이행기로 접어들고 있음을 시사하고 있으며, 한동안 잊혀졌던 지난 세기의 역사적 이행 과정에서 제기되었던 문제들을 새로운 각도에서 재조명할 필요성도 커지고 있다. 불확실한 미래에 대처하고 과거의 오류를 반복하지 않기 위해서는 오늘의 이행기와 그 성격이 유사해 보이는 과거로부터 새로운 교훈을 얻어내는 일이 필요하기 때문이다.

이 글은 1917년 러시아 혁명 초기에 정치(경제적) 혁명과 문화혁명 사이의 역동적인 상호작용 과정에서 러시아 아방가르드가 실천했던 혁명적 예술의 역할과 성과에 대해 새로운 평가의 틀을 세우고 그로부터 오늘의 이행기에 참고할 만한 과거의 교훈은 과연 어떤 것일지를 성찰해 보려는 데 그 목적이 있다. "예술은 잠수함 속의 토끼"라는 요제프 보이스의 말처럼, 예술은 한 사회가 질식할 것 같은 위험을 가장 먼저 알려주는 지표가 되기도 하지만, 새로운 사회로의 혁명적 이행 과정에서는 가장 먼저 인간과 자연, 인간과 사물, 인간과 인간의 사회적 관계의 혁명적 변화를 위한 창조적 실험을 다채롭게 보여주는 지표가 되기도 한다. 이런 점에서 보면, 혁명기의 예술에 대한 연구는 혁명 전체의 진행 방향과 성격을 가늠해보는 하나의 지표가 될 수 있다고 본다.

일반적으로 평가되듯이 1928년 이후 러시아 아방가르드에 대한 스탈린의 탄압은 전체 혁명의 질식 과정을 보여주는 분명한 사례일 것이다. 하지만 여기서 더 나아가 질문해보아야 할 것은, 정부의 탄압이 있기 전에 러시아 아방가르드가 혁명 과정에서 수행했던(또는 하고자 했으나 탄압으로 인해 실현되지 못했던) 역할의 핵심이 과연 어떤 것이었으며, 오늘의 시점에서 보았을 때 그것들이 어떤 기준에서 계승하고 비판적으로 발전시킬 만한 생산적 의미를 가지는가라는 점이다.

물론 지나간 역사의 흐름을 오늘의 관점에서 유의미하다고 생각되는 평가의 기준에 따라 선별하려는 것은 실증적인 역사 기술의 관점에서 보면 지나치게 자의적이라고 비판받을 수도 있다. 그러나 과거 역사를 지나가버린 낡은 사실들의 연대기적 기술로 보는 대신, 시도되었으나 좌절되어 파묻히고 만 과거의 단편들을 현재 시점과 마주치게 해서 하나의 섬광을 만들어내는 것이야말로 역사를 "현행화"[1]하는 좋은 방식일 수 있다. 역사를 선형적인—그에 따라서 과거가 반복되어서는 안 될—진보가 아니라 현행화의 관점에서 본다는 것은, '나쁜' 유토피아주의자들처럼 진보된 미래를 기다리거나 개량주의자들처럼 현재를 부분적으로 개선해가는 것으로 진보의 점진적 확장을 기대하는 것이 아니라, 과거가 시작했으나 아직까지 완수하지 못했던 역사적 과제를 현재 속에서 실현하는 일을 가장 긴급한 일로 본다는 것을 의미한다. 벤야민은 이런 자세를 역사적 직관의 "코페르니쿠스적 전환"[2]이라고 보았는데, 이는 칸트가 객관성의 인식론적 토대를 주체의 깊이 속에 근거하게 한 것과 유사하게 과거의 역사가 현재 속에 근거해야 한다고 보는 것이다. 이럴 경우 시야의 역사적인 선은 현재에서 과거로 돌아가는 것이 아니라, 오히려 지난 역사가 현재를 향해 전진해 오는 것으로 변화한다.[3]

> '과거'는 항상 '고정된 것'이라고 해석되어왔고, 현재의 노력은 지식을 이 요새에 이르게 하는 것이었다. 그런 관계를 전복시킬 시간이 되었고, 과거는 변증법적으로 전도Umschlage되어야 한다. 그것은 각성된 의식 속

1) "역사유물론의 기본 개념은 진보가 아니라 현행화Aktualisierung이다"(발터 벤야민, 『아케이드 프로젝트』, 조형준 옮김, 새물결, 2005, N 2, 2, p. 1051).

2) W. Benjamin, *Das Passagen-Werk*(*Gesammelte Schriften*, Band V-I), R. Tiedemann (ed.), Erste Auflage 1991, Frankfurt am Main: Suhrkamp, 1982, K 1, 2, p. 491.

3) R. Tiedemann, "Dialectics at a Standstill: Approaches to the *Passagen-Werk*," P. Osborne(ed.), *Walter Benjamin: Critical Evaluations in Cultural Theory*, vol. 1, Philosophy, London: Routledge, 2005, p. 248.

에서 갑작스러운 사유가 되어야 한다. 정치는 역사에 대해 우위를 지닌다. 사실들은 방금 우리에게 일어난 어떤 것으로 전환되며, 그것들을 확립하는 것이 기억의 과제이다.[4)]

벤야민 연구 전문가인 롤프 티데만에 의하면 이는 곧 역사의 대상이 끊임없이 변화하며, 후대에 이르러 화제가 될 경우에만 역사적이 된다는 것을 뜻한다. 과거가 '지금 시간'으로 인식될 수 있을 정도로 현재 시간과 일치하는 성좌를 이룰 경우 연속적 시간으로서의 역사가 지양된다는 것이다. 이런 이유에서 티데만은 관념론과 실증주의적 역사주의의 두 전선에 맞서서 "인식 가능성의 지금"을 자신의 지식 이론으로 제시하고자 한 벤야민의 역사관의 핵심은, 역사가 출발시켰지만 아직 수행하지 못하고 있는 것을 기술하려는 데 있다고 평가한다.[5)] 이것이 바로 이 글에서 러시아 혁명기 아방가르드의 역할과 성과를 파악하고자 하는 역사적 시선이다.

이런 시선에서 볼 때, 러시아 혁명은 비록 좌절되었지만 새로운 이행기가 도래할 경우 반드시 다시 제기될 수밖에 없는 중대한 역사적 과제를 적극적으로 실천하고자 시도했다는 점에서 현행적인 의미를 가질 수 있다. 이 혁명은 그 출발 지점에서는 마르크스가 『독일 이데올로기』에서 제시했던 코뮤니즘 사회로의 이행을 명시적인 목표로 내걸었다. (1) 생산수단의 사적 소유와 상품화된 생산관계를 철폐하고, (2) 육체노동과 정신노동의 위계적 분리를 극복하여 '각자의 자유로운 발전이 사회

4) W. Benjamin, *Das Passagen-Werk*, K 1, 2, pp. 490~91.
5) R. Tiedemann, "Dialectics at a Standstill," pp. 248~49.

발전의 전제가 되는' '자유로운 개인들의 연합'을 구성하는 것, (3) 그리고 이런 변화는 일국적 차원이 아니라 오직 세계적 차원에서만 실현될 수 있다는 것이 그것이다. 이와 같은 전반적인 혁명적 변화의 흐름과 조응하여 혁명적 아방가르드를 자처한 일군의 예술가들은 경제적 토대에서 예술과 생산의 내적 결합을 시도하는 한편, 이데올로기적 상부구조의 전면적인 변화를 촉진하기 위한 창조적인 예술적 실험들을 전개하면서 문화혁명을 추진했다.

그러나 이런 혁명적 실천의 목표들은 정세의 변화에 따라 하나씩 포기되었다. 1917년 10월 레닌과 트로츠키가 볼셰비키 내부에서의 다수의 반대를 설득하여 혁명을 감행했던 것은 제1차 세계대전이 야기한 대중의 점증하는 고통 속에서 러시아 혁명의 성공이 유럽 혁명의 도화선이 될 것이라고 전제했기 때문이었다. 그러나 1918~23년 헝가리와 독일 등지에서 혁명이 연이어 실패하는 가운데 1924년 1월 레닌이 갑작스럽게 사망하고 스탈린 주도하에 일국사회주의론이 정식화되면서 기준 (3)이 공개적으로 포기되기 시작했다. 이후 1928년 트로츠키와 좌익반대파의 시베리아 유형과 더불어 기준 (2)가 전면적으로 폐기됨으로써, 마르크스적 관점에서 볼 때 사회주의 혁명은 중단되었고, (2)와 (3)의 기준을 공유했던 혁명적 아방가르드의 예술 실험들[6]도 중단될 수밖에

6) 러시아 아방가르드는 본래가 러시아만의 고유한 현상이 아니라 혁명 전부터 서구 아방가르드와의 교류 속에서 태동한 세계적인 흐름의 일부였다. 러시아 혁명에 의해서 서구보다 더 급진화된 러시아 아방가르드는 코뮤니스트 혁명이라는 관점에서 아방가르드적 실험을 다채롭게 수행하면서 제3인터내셔널의 확산과 맥을 같이했다. 하지만 그것은 1920년대 후반까지 서구와의 교류를 유지하다가 사그라졌다는 점에서 '세계 혁명'의 성장 및 퇴조와 그 운명을 함께 할 수밖에 없었다고 할 수 있다. 서구에서도 1920년대 중반을 넘어서면 아방가르드 예술운동은 퇴조하게 되는데 이 역시 세계 혁명과 예술혁명의 관계를 잘 보여주는 지점이기도 하다.

없었다. 하지만 이 과정에서 주목해야 할 점은 적어도 1918년에서 1923년 사이의 시기에는 정치경제적 혁명과 문화예술적 혁명 사이에 일정한 조응 관계가 존재했고, 그 속에서 허용될 수 있었던 예술혁명의 성과들은, 출발했지만 좌절되었던 과거의 파편으로서 새롭게 재조명될 경우 충분히 현행적인 의미를 가질 수 있다는 것이다.

이 시기에는 마르크스적 관점에서 본 혁명의 세 가지 기준이 정치적으로 포기되지 않았으며, 그러한 혁명적 기운이 전 사회적으로 확산되는 과정에서 자유와 창발성을 생명으로 삼는 예술 분야의 혁명적 실험들도 활발하게 전개될 수 있었다. 이 시기의 예술혁명은 두 가지 차원에서 주목할 만한 실험들을 만들었다. 첫째, 토대에서의 변화, 즉 생산수단의 사적 소유의 철폐와 노동력의 탈상품화가 추진되는 과정에서 예술과 산업생산의 결합을 시도하여 사회적 생산 과정의 혁명적 변화에 기여하고자 했다. 둘째, 부르주아적 예술 제도의 틀, 즉 사회적 분업에 따른 장르적 분리와 지식노동/육체노동 분리에 따른 창작자/감상자의 위계적 분리라는 틀을 깨는 과감한 형식적 실험들 속에서 '각자의 자유로운 발전이 사회 발전의 전제가 되는 사회'를 향한 예술과 삶의 혁명적 일치를 다채롭게 표현했는데, 그럼으로써 예술을 통해서 이데올로기적 상부구조의 혁명적 변화를 촉진하고자 했다.

그러나 정치혁명과 예술혁명의 관계가 일정 기간 동안 잘 조응하여 선순환을 이루었다고 해도 그 관계가 단일한 일치 관계일 수는 없다는 점을 고려해야 할 것이다. 정치적으로 혁명적인 관점을 유지한다고 해도 예술적으로는 보수적인 예술관을 지닌 경우도 있고, 그 반대의 경우도 있어서 정치혁명과 예술혁명의 관계에는 항상 복잡하게 얽힌 긴장과 일정한 간극이 있을 수밖에 없기 때문이다. 그리고 이런 긴장과 간극은 정치가들과 예술가들 사이에서만이 아니라 예술가와 대중 사이에서도 발생한다. 게다가 정치혁명의 방향 자체를 놓고도 레닌, 트로츠키, 스탈린, 부하린, 좌익반대파 등 사이에서 격론과 투쟁이 발생했다면, 예술혁명의 방향을 둘러싸고도 다양한 논쟁과 투쟁이 발생했다. 따라서 이 시기의 정치혁명과 예술혁명의 관계의 복잡한 실상을 규명하기 위해서는 실로 방대한 문헌조사를 필요로 하며 장기간의 연구가 요구된다. 이런 연구는 추후 과제로 미루고, 여기서는 1920년대 초기의 혁명적 예술운동의 흐름과 관련된 일련의 대립들에 초점을 맞추어서 앞의 두 가지 측면이 가진 의미를 조명하는 데에 한정해 보고자 한다.

이 시기에 예술에 대한 의견은 크게 세 갈래로 분화되었다고 할 수 있다. (1) 생산 과정에 대한 노동자 통제라는 관점에 입각하여 육체노동과 정신노동의 위계적 분리를 넘어서서 예술과 산업, 예술과 생활을 통합적으로 새롭게 구성해야 한다고 보았던 구성주의자/생산주의자들의 입장,[7] (2) 실험적인 아방가르드에 반대하면서 전통적인 의미에서의 리얼리즘적인 예술을 발전시켜야 한다고 보았던 전통주의자들과 이를 지지한 다수 볼셰비키의 입장, (3) 혁명 전후에 걸쳐 러시아 아방가르드 다수를 포괄했지만, 그 흐름에서 분화되어 갈라져 나간 구성주의자/생산주의자들과는 다르게, 혁명을 새로운 인간상과 새로운 의식, 새로운 예

7) 구성주의constructivism를 구축주의로 번역하는 경우도 있다. 이는 흔히 composition이 구성으로 번역되는 것과 차별성을 두기 위한 것으로 이해될 수 있다. 하지만 그동안 구성주의가 국역어로 자리 잡은 지 오래되었다는 점과, 뒤에서 밝히겠지만 구성주의 내부에서 composition을 강조한 흐름과 construction을 강조한 흐름의 분화를 주관적 구성주의와 객관적 구성주의로도 구분할 수 있다는 점에서 이 글에서는 Russian Constructivism을 러시아 구성주의로 번역하여 사용하고자 한다. 덧붙이자면, 생산주의Productivism는 구성주의가 객관적/주관적 구성주의로 분화된 이후에 다시 전자에서 분화된 흐름을 지칭하는 것이다.

술 형식의 발견으로 생각했던 지각적 밀레니엄주의자들의 입장이 그것이다.[8)]

일반적으로 러시아 혁명기의 예술혁명과 문화혁명의 대체적인 전개 과정은 혁명 초기 전시공산주의 시기에 급부상한 (1)의 계열이 1924년을 전후로 쇠퇴하다가 1930년 마야콥스키의 자살을 전후하여 소멸되고, 1928~32년의 제1차 5개년 계획 기간 동안 (2)의 계열이 대세로 부상했으며, 최종적으로는 1934년에 '사회주의 리얼리즘'이라는 당 강령으로 공식화되면서 사실상 마무리되었다고 알려져왔다. 그러나 이 글에서는 (3)의 계열이 (1)의 계열과 더불어 러시아 혁명기에 이루어진 가장 중요한 예술적 성과로서 결코 간과되어서는 안 될 흐름이라는 점을 입증하고자 한다. 카테리나 클라크가 '지각적 밀레니엄주의'라고 명명한 (3)의 계열은 본래 혁명 전과 혁명 후의 러시아 아방가르드 대다수를 포괄하는 지배적인 경향이었고, 혁명 전부터 유럽 전반에 팽배해 있었던 낭만적 반자본주의의 흐름에 속하는 지식인 개개인의 그룹들을 포괄하는 흐름이었다. 이들 중에서 마야콥스키가 혁명 직전에 미래주

8) '지각적 밀레니엄주의'라는 개념은 러시아 아방가르드에 대한 역사 연구에서 일반적으로 사용되는 분류 개념이 아니라 카테리나 클라크K. Clark가 제시한 느슨한 구분법을 원용한 개념이다. 일반적으로 통용되지 않는 이 구분법을 여기서 적극적으로 사용하려는 이유는 볼셰비키의 혁명 이념을 적극적으로 공유하면서 예술과 경제적 생산의 일치를 추구했던 객관적 구성주의자/생산주의자 그룹과 정치적으로는 동반자 작가적 경향을 지니면서 경제와 분리된 전통적인 의미에서의 예술 영역에서 활동했던 다양한 유형의 러시아 아방가르드 그룹들을 구분하여, 전자가 토대의 변화와 맞물려 활동했다면 후자는 상부구조의 변화와 맞물려 활동했음을 살피고자 하기 때문이다. 물론 마야콥스키나 메이예르홀트, 타틀린과 같이 자칭 구성주의라는 명칭을 사용하고 볼셰비키의 혁명 이념을 적극 공유하면서도 전통적인 예술 형식인 연극을 이용하여 실험했던 작가들의 경우 이 글에서는 이데올로기적 변화를 시도했던 '지각적 밀레니엄주의자들로 분류하려 하기 때문에, 이런 형태의 범주적 구분은 사실의 경계를 나누기 위한 범주가 아니라 의미를 구분하기 위한 '발견적 범주'라고 할 수 있다.

의를 버리면서 구성주의로 전환한 것을 비롯해 1920년에는 새로운 세대의 구성주의가 등장하게 되는 분화의 흐름이 있었지만, 페트로그라드에 토대를 둔 지식인들의 핵심(말레비치, 마추신, 필로노프와 그들의 추종자, 클레니코프의 추종자들, 일부 지도적인 형식주의자들)은 여전히 (3)의 흐름을 유지하고 있었다고 한다.[9)]

지각적 밀레니엄주의자들은 혁명 전부터 유럽을 팽배한 낭만적 반자본주의의 특유한 버전으로서, 혁명을 자본주의적인 인간상과 문화를 넘어서는 '새로운 비전'의 획득으로 해석했고, 새로운 비전은 근본적인 정치사회 혁명의 결과가 아니라 선결 조건이라고 믿었다. 빅토르 시클롭스키의 글 「테크닉으로서의 예술」(1915)은 이 새로운 비전에 이르는 구체적인 방법을 제시했다. 거기서 그는 '보는seeing' 것과 '재인recognizing'을 구별하면서, 후자의 경우 반복적인 '재인'의 결과로 지각이 자동화되어 새로운 것을 보지 못하게 되는 반면, '낯설게 하기'를 통해서 새로운 것을 '보게' 만드는 것이 가능해진다고 주장했다.[10)] 이렇게 해서 예술에서는 무엇을 만드는가가 아니라 대상을 만드는 경험이 더 중요해지고, 일상적이고 상투적인 것을 극복하고 좀더 강도 높고 진정성 있는 경험의 수준에 도달하는 것이 예술의 근본적인 목표로 부상하게 되었다.[11)]

그러나 1920년에 등장한 구성주의자들은 새로운 인간과 새로운 의식은 지각이라는 개인적인 행동보다는 완전히 새로운 물질적 환경, 즉 건

---

9) K. Clark, *Petesburg: Crucible of Cultural Revolution*, Cambridge, MA: Harvard University Press, 1995, p. 51.

10) 같은 책, p. 32.

11) 같은 책, p. 33.

물, 의상, 도구 등에 의해 창조될 수 있으며, 개인의 기본적인 일상생활의 조직이나 연극, 영화, 예술과 같은 미적인 대상들도 완전히 새롭게 재구조화되어야 한다고 믿었다. 그들은 새로운 인간이 모든 순간에 최대한으로 합리화되는 동시에 집단화되고 미학화된 존재로 살 수 있도록 가정과 작업장에서 인간의 행동에 과학적인 법칙을 응용할 수 있어야 한다고 믿었다. 이런 관점에서 그들에게 가치의 키워드는 위생, 규칙성, 효율성, 실용성 등이었다. 달리 말해서, 시클롭스키와 지각적 밀레니엄주의자들이 틀에 박힌 행동을 격하하고 반대하는 전체 미학적 시스템을 설계했다면, 구성주의자들은 그와 반대로 틀에 박힌 행동을 오히려 새로운 형태로 완성하고자 했다고 할 수 있다. 이것이 러시아 아방가르드의 역설 중의 하나로 이야기된다.[12)]

그런데 부르주아적인 인간상을 넘어서는 새로운 인간상의 발견이 먼저인가, 부르주아적인 문화적 환경을 넘어서는 사회주의적인 문화적 환경의 창조가 먼저인가를 역설로 보기보다는, 전자가 이데올로기적 상부구조의 변화를 위한 예술의 역할에 초점을 두었다면 후자는 토대의 변화를 위한 예술의 역할에 초점을 두었다고 해석해볼 수 있다. 이렇게 볼 경우에는 이 대립이 외관상의 대립일 따름이며, (뒤에서 소개할 미하일 바흐친과 질베르 시몽동의 관점에서) 철학적으로 재검토할 경우 오히려 양자는 반드시 서로 연결되어야 할 더 깊은 내적인 연결망 위에 놓여져 있다고 해석할 수 있다. 이 문제는 이후 자세히 논의할 것이다. 하지만 아방가르드 내에서의 이런 대립은, 문화혁명의 목표를 새로운 인간상이나 새로운 문화의 창조가 아니라 부르주아적인 문화의 '획득'과 '계

12) 같은 책, p. 51.

승'으로 보았던 레닌을 위시한 대다수 볼셰비키의 입장과 다시 대립된다. 레닌은 새로운 인간상이나 문화의 창조보다는 대다수가 문맹 상태에서 벗어나지 못한 일반 대중의 기초교육이 더 시급하다고 본 것이다.

> 우리는 훌륭한 쇼와 연주회를 선사하고, 전국 각지에 '이동전람회'와 '교육열차대'를 파견합니다. 그러나 나는 되풀이해서 말합니다. 가장 기초적인 지식, 가장 원시적인 문화마저도 결여하고 있는 수천만 대중에게 이것으로 충분한가? 예컨대, 모스크바에서는 우리 극장들의 훌륭한 공연으로 오늘 만 명이, 그리고 내일 또 다른 만 명이 황홀해하는 반면, 수백만 인민은 자신의 이름을 쓰는 법과 셈하는 법을 배우려 애쓰고 있으며, 지구는 편평한 것이 아니라 둥글다는 것, 그리고 세계는 마녀와 마법사와 '하늘에 계신 아버지'가 지배하는 것이 아니라 자연법칙이 지배한다는 것을 알기에 충분한 문화를 획득하기 위해 노력하고 있습니다.[13)]

전쟁 중에 일어난 혁명과 내전, 경제봉쇄의 난관 속에서 긴박했던 식량 문제 및 산업의 재건과 오랜 시간이 소요되는 문맹 문제의 해결을 위해 분투해야 하는 레닌의 입장에서는 '빵과 스펙터클'의 배분은 동등한 것으로 간주할 수 없었을 것이다.

> 많은 사람들이 현 시기의 위험과 난제들은 '빵과 서커스, 스펙터클'을 분배해야 극복될 수 있다고 진정으로 믿고 있습니다. 빵—당연합니다. 스펙터클에 관해서는—그것 역시 분배하도록 하십시오! 나는 반대하

13) 블라디미르 일리치 레닌, 『레닌의 문학예술론』, 이길주 옮김, 논장, 1988, p. 334.

지 않습니다. 그러나 스펙터클은 진정으로 위대한 예술이 아니라는 점을 잊지 말아야 합니다. 나는 차라리 그것을 다소 매력적인 오락이라고 부르고자 합니다. 〔……〕 실로 우리의 노동자, 농민은 스펙터클보다 더 좋은 그 어떤 것을 받을 만합니다. 그들이야말로 진정 위대한 예술입니다. 이것이 바로 우리가 가장 큰 규모의 대중교육과 훈련을 최우선시하는 이유입니다. 그것은 문화를 위한 토대를 창조합니다. 물론 식량 문제가 해결되었다면 그렇습니다. 이 토대 위에서, 그 내용에 상응하는 형식을 창조하게 될 진정 새롭고 위대하고 공산주의적인 예술이 태동하게 될 것입니다.[14)]

이런 시대적 악조건이 쉽게 해소되지 않는 상황 속에서 새로운 인간상이나 새로운 문화를 창조하려는 아방가르드의 입장은 애초부터 혁명 지도자들이나 대중의 관심과는 멀리 떨어져 있을 수밖에 없었을 것이다. 그러나 1세기 전과는 다른 오늘의 상황에서 우리의 관심을 끄는 것은, 이미 충족된 문맹의 해결을 위한 대중교육이 아니라 새로운 인간상과 새로운 문화의 창조를 위해 노력했던 아방가르드의 다양한 실험들이다. 마르크스적 관점에서 볼 때, 자본주의를 넘어서는 새로운 사회에서는 생산수단의 사회화/탈상품화만이 아니라 육체노동/지식노동의 위계적 분리를 넘어서는 방향으로 노동력의 사회화/탈상품화가 동시에 이루어져야 한다. 그렇다면 생산수단의 재생산과 분배를 둘러싼 정치경제적인 관계만이 아니라 임금노동과 상품 소비로 노동시간과 여가시간을 때워왔던 삶의 과정 전체가 탈상품화된 방식의 새로운 인간관계와

14) 같은 책, pp. 336~37.

문화적 활동을 창조하는 방향으로 함께 변화해야 할 것이다. 그리고 이를 위해서는 새로운 인간상과 문화의 창조를 시도했던 러시아 아방가르드들의 선례가 참고할 수 있는 좋은 범례를 제공해줄 것이다.

이런 관점에서 이 글에서는 '구성주의'와 '지각적 밀레니엄주의'의 계열의 차이를 클라크가 서술한 대로 대립된 것으로 보는 대신, 전체 혁명의 관점에서 보면 연결된 것으로 볼 수 있는 통합적인 프레임을 바흐친과 시몽동의 이론을 차용해 설정해보고, 이런 프레임 하에서 각 흐름의 성과들을 살펴볼 것이다. 그리고 코뮤니즘 사회로의 이행 과정에서 새로운 인간상과 문화를 창조하는 문화혁명의 과제와 새로운 생산양식의 창조라는 정치경제적 혁명의 과제가 우선순위나 대립의 관계가 아니라 선순환의 관계로 파악될 수 있는 방안이 무엇인지를 검토해보고자 한다.

2. 사물화와 인격화의 관계

1928년 1월 트로츠키와 좌익반대파가 알마아타로 유형당한 이후 문화예술계 전반에 대한 탄압이 확대되었다. 그 과정에서 1928년 말 '비합법적 우익 지식인 조직'에 관여했다는 혐의로 바흐친도 체포되었고 1934년까지 카자흐스탄에서 유형생활을 해야 했다. 그가 쓴 후기 단편 속에서는 러시아 아방가르드 내의 대립적인 입장들을 비교하기에 적절한 틀을 찾을 수 있다.

자연과학에서 정확성의 극한은 동일화이다. 인문학에서 정확성은 타자의 타자성을 순수한 자신의 것으로 바꿈(모든 종류의 대체, 현대화, 타자의 불인정 등)이 없이 그것을 극복하는 데에 있다. 인격화의 고대적 단계(순진하고 신화적인 인격화), 자연과 인간을 사물화하는 시대, 사물화를 포기하지 않으면서 자연(그리고 인간)을 인격화하는 현대적인 단계⋯⋯ 이 단계에서 인격화는, 신화에 적대적이지 않을뿐더러 (상징의 언어로 변화된) 신화의 언어를 종종 사용하기도 하지만, 신화의 성격을 띠지는 않는다.[15)]

바흐친은 자연과학의 과제가 동일화라는 기준에 입각한 '사물화'에 있다면, 인문학의 과제는 타자성을 동일화하지 않는 방식으로 극복하는 '인격화'에 있다고 보면서, 현대의 과제는 이 양자를 '결합'하는 것이라고 주장한다. 뒤에서 자세히 살피겠지만 여기서 '사물화'가 구성주의자들의 과제와 일치한다면, '인격화'는 지각적 밀레니엄주의자들의 과제와 일치한다고 볼 수 있다. 전자가 주관적인 잉여에 함몰되어온 기존의 예술을 배격하면서 한 치의 잉여도 발생하지 않도록 연역적인 방식으로 정확한 동일화가 이루어질 수 있는 '구성주의적 생산 방식'을 통해서 예술과 산업의 통일을 모색했다면, 후자는 인간과 사물과 자연 모두를 인격적인 주체로 간주하면서 다성적인 인격적 대화를 모색하는 방향으로 새로운 인간상의 비전을 모색했기 때문이다. 바흐친은 정밀과학의 목표가 '목소리 없는 사물화'라면 인문학의 목표는 '개성적인 목소리들 간의 대화적인 인격화'에 있다고 주장한다.

15) 미하일 바흐친, 『말의 미학』, 김희숙·박종소 옮김, 도서출판 길, 2006, pp. 526~27.

> 정밀과학이란 앎의 독백적 형식이다. 지성은 사물을 관조하여 그것에 관해 진술한다. 여기엔 오직 하나의 주체—인식하고 (관조하고) 말하는 (자신의 생각을 표명하는) 주체밖에 없다. 그의 맞은편에 서 있는 것은 오직 목소리 없는 사물이다. 앎의 객체는 (인간을 포함하여) 어느 것이든 사물로 지각되고 인식될 수도 있다. 그러나 주체 그 자체는 사물로서 지각될 수도, 또 그렇게 연구될 수도 없다. 왜냐하면 주체로서의 그는, 주체로 머무는 한, 목소리 없는 존재가 될 수 없고 그러므로 그의 인식은 오직 대화적일 수밖에 없기 때문이다. 〔……〕 인식 활동이 지닌 능동성의 다양한 양상, 목소리 없는 사물을 인식하는 자의 능동성과 다른 주체를 인식하는 자의 능동성, 다시 말해 인식하는 자의 대화적인 능동성, 인식되는 주체의 대화적인 능동성과 그 정도, 인식의 경계로서의 사물과 개성(주체), 사물성과 개성성의 단계들, 대화적 인식의 사건성, 만남, 대화적 인식의 필수적인 계기로서의 가치 평가.[16)]

이렇게 사물화를 위한 정밀과학의 '독백적 인식'과 인격화를 위한 인문학의 '대화적 인식'이라는 두 가지 유형의 인식의 구별은 구성주의와 지각적 밀레니엄주의의 인식론적 차이를 선명하게 구별하는 데 도움이 된다. 하지만 바흐친은 이런 구별이 대립으로 나아가는 것에는 반대하면서, 현대의 과제는 이 양자를 결합시키는 데 있다고 보았다. 사물화를 위한 정밀과학의 독백적 인식론은 생산수단의 합리적 생산을 위해 반드시 필요하지만, 생산수단을 사용하여 삶의 필요를 충족시키는 인

16) 미하일 바흐친, 『M. 바흐찐 도스또예프스끼 창작론』, 김근식 옮김, 중앙대학교출판부, 2003, p. 514.

간들 사이의 관계와 인간이 그 일부를 이루는 자연과 인간의 관계가 지배와 피지배의 수직적 관계에서 벗어나 자유롭고 평등한 수평적 관계를 이루기 위해서는 반드시 개성적 인격화를 전제하는 대화적 인식론이 요구되기 때문이다. 그러나 바흐친이 요구하는 바와 같이 사물화와 인격화를 결합하는 일은, 현실적으로는 생산력 발전의 두 축을 이루고 있는 생산수단의 탈상품적/수평적 사회화와 노동력(인간관계)의 탈상품적/수평적 사회화라는 과제가 선순환 관계를 이루도록 결합하는 것을 의미하는데, 이런 결합이 자본주의 사회에서 사회주의 사회로의 이행의 중심 과제라는 점이 이론적으로 명백하다고 해서 그런 과제가 실천적으로 쉽게 해결되는 일이 아님은 물론이다.

레닌의 유명한 공식 '코뮤니즘=소비에트+전기화'(1920)에도 불구하고, 현실적으로는 전쟁과 내전과 경제봉쇄로 인해 생산수단이 거의 괴멸 상태에 이르러 단시일 내에 생산성 향상이 요구되던 상황에서 정책의 중심은 자연스럽게 '전기화' 쪽으로 집중될 수밖에 없었다. 또한 단시일 내에 생산성 향상을 촉진하기 위해 관료주의가 부상하면서 노동자 통제의 관점에서 생산관계의 자율적 통제를 요구했던 '소비에트'를 제치고 생산관계에 대한 수직적 통제를 강제하게 되는 경향이 나타나기 시작했다. 그럼으로써 인간관계의 탈상품화와 다성적 대화라는 인격화의 과제에 직결된 정치와 문화가 생산수단의 확대재생산을 위한 사물화와 직결된 경제적 과제로 환원되어 인격화의 과제가 방기되어버리기 쉬워진 것이다. 이런 경향은 1918~20년의 전시공산주의 기간이 종료되고 신경제정책이 시작된 1921년부터 서서히 드러나기 시작해서, 1924년 1월 레닌의 급작스러운 사망 후 스탈린에 의해 가속화되었다. 트로츠키는 이로 인해 나타나는 문화적인 모순을 다음과 같이 지적한 바 있다.

> 현재 드러나고 있는 소련의 문화적 모순들은 이러한 도약이 잉태한 경제적-사회적 모순들을 반영하고 굴절할 뿐이다. 〔……〕 관료집단 자신은 가장 극단적이고 때때로 통제되지 않는 부르주아 개인주의의 담지자가 되었다. 도급제, 토지의 개인적 소유, 생산 장려금, 훈장 수여 등을 통해 경제적 개인주의의 발전을 허용하고 권장하면서 이와 동시에 관료집단은 정신문화의 영역에 존재하는 개인주의의 진보적인 측면들을 가차없이 억압하고 있다. 비판적 안목, 개인적 견해의 발전, 개인적 존엄의 배양 등은 개인주의의 진보적인 측면임에 틀림없는데 이것들을 관료집단은 여지없이 질식시키고 있다.[17)]

다시 말하자면 사물화의 측면에서는 경제적 개인주의의 발전을 권장하는 동시에 인격화의 측면에서는 개인적 견해의 발전과 개인적 존엄의 배양을 가차 없이 억압하고 있다는 것이다. 인격적-다성적 대화를 강조했던 바흐친이 1928년 겨울에 체포되었던 것도 이런 모순이 심화된 결과라고 할 수 있을 것이다.

> 문화 영역에서 최근 커다란 후퇴가 있었다. 그리고 러시아 야만주의의 부활의 진정한 원천은 당연히 소비에트판 테르미도르 반동이다. 이 계기를 통해서 세련된 문화라고는 갖지 못한 관료집단이 대중들의 통제로부터 완전히 독립하여 사회에 군림하게 되었고, 대중들은 복종과 침묵이

17) 레온 트로츠키, 『배반당한 혁명』, 김성훈 옮김, 갈무리, 1995, p. 191.

라는 잘 알려진 복음을 선사받았다.[18)]

트로츠키는 테르미도르 반동의 사회적 기반은 대중의 빈곤과 문화적 후진성이라는 토대 위에서 재화의 특권적(관료적) 축적을 위해 불평등한 경제적 성장을 의도적으로 조장했던 정치적 관료주의화에서 찾을 수 있다고 결론짓는다.[19)] 그에 따르면 신경제정책이 반드시 관료적 독점으로 귀결되어야만 하는 것은 아님에도, 1924년에 시작되어 1929년 트로츠키와 좌익반대파의 국외추방으로 본격화되면서 절대적으로 확립된 스탈린의 권력 장악 과정(트로츠키가 말하는 소비에트판 테르미도르 반동)에서 '인격화'와 관련된 모든 예술적, 문화적 과제는 다음과 같은 방식으로 질식되었다.

> 좌익반대파에 대한 투쟁 과정에서 문학학교들은 하나하나 목 졸라 죽임을 당했다. 그리고 문학의 문제만이 아니었다. 모든 이데올로기 영역에서 거세 과정이 진행되었으며 반 이상 무의식적으로 진행되었기 때문에 그 정도는 더 심각해졌다. 현 지배층은 정신적 창조 행위뿐만이 아니라 이것의 발전 과정마저 정치적 차원에서 금지할 의무가 있다고 생각하고 있다. 명령을 내리되 동의는 구할 필요가 없다는 이 방식은 강제수용소, 과학, 영농, 음악 분야 등에도 그대로 적용되고 있다. 철학, 자연과학, 역사에 대해서는 말할 것도 없고, 건축, 문학, 극예술, 발레 등에도 군대의 명령처럼 당 중앙기관의 지시사항들이 익명으로 인쇄되어 배포되고 있

18) 같은 책, p. 131.
19) 같은 책, p. 138.

다.[20]

이런 형태의 반동적 관료화의 뿌리를 레닌에게서 찾는 이들도 있지만, 레닌 자신은 비록 자신의 예술적 취향이 보수적이었다고 해도 문화와 예술 영역에서 활동의 방향에 대해 정치적인 제한을 가하거나 간섭하는 일은 가능한 한 피했다는 점을 상기할 필요가 있다. 루나차르스키 A. Lunacharsky는 레닌이 "과거의 예술은 과거의 예술 그 자체로서 높이 평가했으며, 특히 러시아의 리얼리즘(페레드비즈니키를 포함해서)을 높이 평가했"지만, "결코 자신의 미학적인 지침을 만들어내지는 않았다"[21]고 증언했다.

일례로, 1918년 프롤레트쿨트 회원들이 알렉사느린스키 극장을 폐쇄하라고 강력히 요구하자 난처한 상황에 처한 루나차르스키가 레닌에게 조언을 구했다. 그러자 레닌은 자신은 과거의 예술이 건전한 것인 한 보호되어야 하지만, 그와 동시에 예술의 "새로운 경향은 단순한 공격에 의해 그 분야를 장악하도록 허용되는 것이 아니라, 그것의 진정한 예술적 장점에 의해 탁월함을 획득할 수 있는 기회가 주어져야 한다"는 관점에서 역시 적극 지원해야 한다고 답했다고 한다. 그러면서도, 루나차르스키가 대중연설 때 레닌의 말을 인용해도 좋겠냐고 질문하자 다음과 같이 답변했다고 한다. "아니 왜요? 나는 예술에 있어서 전문가임을 자처하지 않습니다. 당신은 인민위원이므로 당신 자신의 권위만으로도 틀림없이 충분할 것입니다."[22] 트로츠키 역시 예술에 대한 레닌의 태도에 대

20) 같은 책, p. 196.
21) 블라디미르 일리치 레닌, 『레닌의 문학예술론』, pp. 343~44
22) 같은 책, p. 346.

해 다음과 같이 기술한 바 있다.

> 레닌은 '보수적인' 예술 취향을 가지고 있었으나 예술 문제에 대해서는 정치적으로 아주 조심스러워했다. 그리고 이 문제에 대한 자신의 무능력을 적극적으로 자백했다. 당시 예술 및 교육 인민위원이었던 루나차르스키는 모든 종류의 모더니즘을 장려했는데 그의 행위는 레닌에게 종종 당혹스럽게 받아들여졌다. 그러나 그는 사적인 대화를 통해 톡톡 쏘는 발언들을 했을 뿐 자신의 예술 취향을 법으로 만들 생각은 전혀 하지 않았다.[23)]

이런 이유에서 러시아 아방가르드의 실험들은 '소비에트판 테르미도르 반동'에 의해 위축될 수밖에 없었기에 그 실험들의 현행적 의미를 살펴보기 위해서는 1923년까지 구성주의자와 지각적 밀레니엄주의자 들이 자발적으로 전개했던 다양한 실험들에 주목할 필요가 있다고 본다. 이하에서는 이 시기에 초점을 맞추어 구성주의자와 지각적 밀레니엄주의자 들의 실험을 순서대로 검토해보기로 한다.

3. 구성주의자들의 실험

혁명 후 러시아 아방가르드에 대한 일반적인 연구 방식은 앞서 언급한 바와 같은 방식으로 구성주의와 지각적 밀레니엄주의를 구별하지 않

---

23) 레온 트로츠키, 『배반당한 혁명』, p. 195.

은 채 하나의 흐름으로 보는 것이다. '러시아 아방가르드=구성주의=모더니즘적 엘리트주의'라는 등식 하에서 아방가르드 내의 두 흐름(구성주의와 지각적 밀레니엄주의)을 구별하지 않고, 러시아 아방가르드 전체를 하나의 관점에서 평가하는 경우가 그러하다. "새로운 형식으로서의 모더니즘에 대한 그들의 집착은 고작 프롤레타리아트 당파성이라는 관념적 구호에 머물거나 담론의 영역에 그치며 예술과 문화를 프롤레타리아트의 삶의 현장이 아닌 지식인의 담론 투쟁의 장으로 변질시키고 말았다."[24)]

박영욱은 그런 관념성의 한 사례로 베르토프에 대해 다음과 같이 평가한다. "베르토프의 영화는 말레비치나 심지어 칸딘스키의 기하학적 구성과도 같은 추상적 구성물이며, 그런 점에서 구도자적이며 구원적인 영화이다. 하지만 이러한 추상적 구성은 그 자체가 이론적 선언으로 기능하기에는 너무나 난해하며, 정작 자신이 대변하고자 하는 프롤레타리아트의 이해 가능성을 넘어섬으로써 엘리트주의적인 한계를 나타낸다."[25)] 이런 평가는 베르토프가 전통적인 내러티브 형식을 버리고 구성주의적인 몽타주 방법을 사용했다는 점에만 초점을 둔 것이다. 이렇게 형식적인 측면에만 초점을 둔 평가는 혁명기 소비에트 사회의 구체적인 일상적 삶의 모습을 역동적인 형식으로 카메라로 담아낸 베르토프의 다큐멘터리 작업에 담긴 구체적인 사실성과 현장성을 부지불식중에 놓치게 된다. 대표적인 몇 가지 사례만을 들어보면 다음과 같다.

「영화의 눈」(1924)은 협동조합의 조성, 고기와 곡물의 분배, 공공시

24) 박영욱, 「아방가르드와 맑스주의: 소비에트 구성주의 사례 연구」, 『시대와철학』 제21권 3호, 한국철학사상연구회, 2010년 가을호, p. 250.

25) 같은 글, p. 254.

설, 공공의료 서비스를 제공하는 소년단의 협동적 활동을 통한 젊은이들의 사회화와 교육의 제공을 연속적으로 다루는 일화적인 뉴스릴 형태의 다큐멘터리이며, 「소비에트여 전진하라」(1926)는 레닌이 소비에트 교육기관과 더불어 공산주의 건설에서 절대적으로 필요한 부분이 될 것이라고 선언한 수도, 난방, 전기시설의 가설을 축하하는 일상의 구체적인 축을 따라 미래를 과거와 현재의 상황과 비교한 다큐멘터리다. 「카메라를 든 사나이」(1929)는 산업생산의 영역에서, 한 도시의 여가와 노동의 주기를 새벽부터 일몰까지 인간의 생활주기와 결합시키면서, 영화제작(그 자체가 일종의 생산적 노동 과정으로 표현된다), 광업, 철강 생산, 통신, 우편배달, 건설, 수력발전 설비, 섬유산업의 현장 상황을 카메라에 담아 이음새 없는 유기적인 연속체 안에 편집해냈다. 이 연속체의 통일성은 시각적 유사와 압운, 운율적 도안, 평행 편집, 다중노출, 빠른 동작과 느린 동작, 카메라의 운동에 의해 유지된다. 모스크바, 키예프, 오데사로부터 합성된 거대한 도시 안에서 생산력 공동체가 '전적으로 의존해' 있는 양상들을, 노동 행위, 오가는 행위, 마시고 옷을 입는 행위, 오락 행위 들이 삶 자체의 물질적 생산과 연계된 방식으로 보여준다.[26)]

1910~20년대 유럽의 상당수 아방가르드들이 그러했듯이, 아방가르드가 단지 형식 파괴나 새로운 예술 형식만을 강조하면서 대중과의 적극적 소통은 아예 무시한 채 지식인들만이 누리는 담론으로 고립되었다면 이를 비판하는 것은 타당할 것이다. 그러나 혁명 후 러시아 아방가

26) 아넷 마이클슨, 「서론」, 『키노-아이: 영화의 혁명가 지가 베르토프』, 김영란 옮김, 이매진, 2006, pp. 35~50.

르드는 서구의 아방가르드와는 달리, 수많은 현장에서 프롤레타리아트 대중과 직접 만나며 그들을 상대로 작품을 선보였다는 점을 간과해서는 안 된다. 물론 그에 대한 대중들의 호응이 크지 않았다는 점이 문제가 될 수 있겠지만, 대중과의 소통이 구체적으로 어떤 상황에서, 어떤 내용과 형식으로 이루어지는 것이 바람직한가를 판정하는 일은 쉽지 않다.

일례로 할리우드 영화에 대한 대중의 선호도와 같은 것이 대중과의 소통의 성공과 실패 여부를 판단하는 기준(대중추수주의)이 된다면, 대다수 현대예술은 물론 고전으로 계승되어온 상당수의 예술들도 대중과의 소통에 성공했다는 평가를 받기 어려울 것이며, 예술의 다양성 자체도 존중될 필요가 없게 될 것이다. 또한, 1917~28년의 기간 동안 예술과 대중의 관계가 단지 대중적 소통의 난이도 여부에 의해서만 좌우된 것이 아니라 정치경제적 상황 및 국내외 정책 변화에 의해서도 크게 좌우되었다는 점도 함께 고려할 필요가 있다.[27]

전시공산주의 시기 동안 볼셰비키 지도자들은 혁명정신의 고취라는

27) "정부는 생산 예술을 일반적으로 장려했지만, 구성주의자들보다는 훨씬 전통적인 미학적 태도를 지니고 있었고, 1921년 인민위원회가 재조직되면서 모든 구성주의자들을 포함한 아방가르드들은 일자리를 잃었다. 1922년 알렉세이 간은 정부와 당이 비용을 대면서 아방가르드에 반대하는 은밀한 캠페인을 폭넓게 전개하고 있다고 불평을 토로했다. 이런 상황에서 아방가르드 예술가들은 여러 가지 전략들을 택했다. 가령, 간은 1922년 자신의 브로셔 「구성주의」를 통해서 구성주의 이념을 홍보하고 선전하는 데 많은 에너지를 투여했다. 다른 이들은 연극(스텐베르크 형제)이나 문자 그래픽과 포스터 디자인(로드첸코)과 같이 예술가의 참여 이념이 이미 확립되어 있는 분야에서 일함으로써 구성주의적 접근을 홍보하고자 했다. 1923년에 한 예술가가 불평했듯이, 헌신적인 구성주의자들에게 두 가지 실천적인 활동 영역은 광고 포스터를 디자인하는 것과 모델을 구성하는 일이었다"(Ch. Lodder, "Constructivism and Productivism in the 1920s," D. G. Ioffe & F. H. White(eds.), *The Russian Avant Garde and Radical Modernism: An Introductory Reader*, Boston: Academic Studies Press, 2012, p. 231).

내용과 파격적인 구성주의적인 형식 실험을 적극적으로 결합한 아방가르드 예술가들의 다양한 활동을 적극 지원했고, 이들의 역동적이고 실험적인 '대중연극mass theater'은 1920년 10월 혁명 3주년 기념일에 10만여 명의 관람객이 모인 가운데 페트로그라드 광장에서 펼쳐진 「겨울 궁전의 폭풍」(니콜라이 예브레이노프N. N. Evreinov 연출)에서 절정에 달했다.[28] 그러나 1921년 3월 신경제정책이 시작되면서, 혁명적 선전선동 예술과 대중연극에 대한 정부 지원이 대폭 삭감되었고 이런 흐름은 퇴조하기 시작했다. 그러다 1928년 제1차 5개년 경제개발계획과 함께 제2차 문화혁명 시기에 접어들면서 집산주의적이고 군사주의적인 방식으로 프롤레타리아 문화 건설이 강제되는 시기에는 실험적인 대중연극이 다시 부활하며, 구성주의 건축가 긴즈부르크가 제안한 '사회적 응축기'라는 구성주의 건축 계획이 코뮌 하우스와 사회주의 타운 건설 과정에서 실현되었다.[29]

이런 맥락에서 볼 때, 구성주의자들을 포함한 러시아 아방가르드의 활동이 대중과 소통하지 않는 지식인들의 난해한 형식 실험에 그쳤다는 평가는 일면적이라고 할 수 있다. 급격하게 변화하는 국내외의 정치 경제적 상황 변화와 맞물려 예술과 문화 활동의 흐름도 변화할 수밖에 없으며, 다른 한편으로는 전통적인 예술 장르와 형식을 고수하던 보존주의자들의 공격에 맞서면서 아방가르드 스스로도 진화해나갔다는 점을 함께 고려할 경우, 러시아 아방가르드가 당대 사회 속에서 이루어낸 예술적 성과를 '실패'로 단정하는 것은 적절해 보이지 않는다. 특히

28) K. Clark, *Petesburg*, pp. 122~23.
29) 같은 책, pp. 250~51.

1920~21년을 기점으로 내부 논쟁을 통해서 다양하게 분화되어나간 구성주의 운동의 변화 과정에 대해서는 좀더 정밀한 평가가 필요하다.

러시아 아방가르드 내부에서 '구성주의Constructivism'(혹은 구축주의) 운동은 다양한 방식으로 분화되었다. 물론 이런 분화 과정을 고려하지 않고 마야콥스키, 메이예르홀트, 타틀린, 리시츠키 등(a)과 로드첸코, 스테파노바, 긴즈부르크 등(b)을 하나로 묶어서 구성주의라고 명명할 수도 있을 것이다. 그리고 이들의 아방가르드적인 감각의 혁명을 볼셰비키나 노동자 대중이 이해하거나 수용하지 못한 결과를 두고, "감각적 혁명의 실패는 사회적 혁명의 실패를 이미 함축하고 있는 것이라고 해야"[30] 할지도 모른다는 평가도 가능할 것이다. 그런데 이진경이 구축주의자라고 명명하는 작자들 모두가 '감각의 혁명'을 의도했다고 보기는 어렵다. (a) 그룹의 경우는 일정하게 '감각의 혁명'을 의도했다고 볼 수 있지만, (b) 그룹의 경우에는 오히려 주관적인 감각의 적극적인 배제를 강조하면서 감각의 사물화를 시도했다는 점에서 (a) 그룹과 자신들을 차별화했기 때문이다. 물론 구성주의 내부에서의 분화는 이보다 더 세분화될 수 있지만, 우선 일차적인 분화가 다음과 같은 방식으로 이루어졌다는 점에 먼저 주목할 필요가 있다.

1920년 10월 혁명 3주기 기념행사에서 타틀린의 「제3인터내셔널 기념탑」(모델)이 공개된 이후 구성주의는 주관적인 구성주의와 객관적인 구성주의로 구분할 수 있는 두 가지 방향으로 분기하게 되었다. 후자의 입장을 천명한 로드첸코A. Rodchenko나 스테파노바V. Stepanova, 이오간

30) 이진경, 「러시아 구축주의 건축과 감각의 혁명」, 제6회 맑스코뮤날레조직위원회 엮음, 『세계자본주의의 위기와 좌파의 대안』(제6회 맑스코뮤날레 발제문 자료집 2), 한울, 2013, p. 136. 이 글은 본서에도 수록되어 있다.

손K. Ioganson 등의 '객관적 분석을 위한 작업 그룹'은 타틀린의 탑이 재료에 적합하고 충실한 형태를 취해야 하는 구성주의의 객관적 원칙을 결여하고 불필요한 요소와 형태의 군더더기로 이루어져 있으며, 주관적인 감정만을 불러일으키는 전통적 상징물의 한계에서 벗어나지 못했다고 비난했다. 그들은 구성을 composition과 construction으로 구분하고, 예술가의 자의적이고 주관적인 요소와 잉여를 포함하는 전자를 배척하면서 객관적이고 과학적인 구성을 지칭하는 후자의 방향으로 나아갈 것을 촉구했다. 또한 그들은 잉여나 자의적인 요소를 배제하기 위해 '연역적 구조'라는 방법을 구성주의의 원리로 삼아 밀고 나갔다. 이후 긴즈부르크는 이런 태도를 건축에 적용하여 심미적 감정을 유발하는 어떤 과잉의 요소도 배제하는 금욕주의적 방식으로 나아가면서 '형태는 기능(혹은 함수) x'라는 명제를 내세웠다.[31]

이런 맥락에서 볼 때 객관적 구성주의자 혹은 기능주의자는 심미적 감정을 철저히 배제하고 감각의 객관화 혹은 감각의 기능화를 추구했다고 할 수 있다. 그에 반해 (객관적 구성주의자들에 의해 자의적이고 주관적인 잉여를 포함하고 있다고 비판받았던) 주관적 구성주의자들, 말레비치와 타틀린, 나움 가보N. Gabo 등의 경우에는 관습과 이데올로기에서 벗어난 자유로운 비전 속에서 순수한 감각이나 감정의 형식을 추구했다고 구별해볼 수 있을 것이다. 그런데 박영욱은 말레비치나 나움 가보나 타틀린이 추구했던 것은 "심미적 감응이 아닌 순수한(지적인) 감정을 촉발하는 새로운 예술"이었고, "이런 태도는 칸딘스키의 모더니즘이 그러하듯이 다분히 관념론적인 성격을 지닐 수밖에 없다"[32]고 평가

31) 박영욱, 「아방가르드와 맑스주의」, pp. 230~40.

한다. 이런 평가에 따르면 러시아 구성주의자들은 감각의 혁명을 시도한 것이 아니라 주관적 감각의 배제와 감각의 과학화를 추구하거나(과학적 모더니즘으로서의 객관적 구성주의), 아니면 심미적이기보다는 순수한 지적 감정을 추구한 관념론적인 성격(예술적 모더니즘으로서의 주관적 구성주의)을 지닌 것이었다고 볼 수 있기에, 이진경이 주장한 바와 같이 '러시아 구성주의=감각의 혁명'이라는 평가는 지나치게 포괄적이라고 볼 수 있다.

이렇게 구성주의를 모두 하나의 엘리트주의적 모더니즘에 속한다고 평가하거나 구성주의의 서로 다른 경향을 구분하지 않고 하나로 묶어서 '구성주의=감각의 혁명'으로 평가할 경우, 앞서 말한 바와 같이 러시아 아방가르드가 토대와 상부구조와 관계 맺는 방식의 차이를 구별하기 어렵게 되고, 러시아 아방가르드의 현행적 의미를 평가하는 데서도 그 복합적인 의미가 축소될 위험이 있다. 이 글에서는 이런 위험을 피하기 위해 구성주의 내부에서 객관적 구성주의로 분화된 경향을 토대에서의 변화와 관련하여 분석하고, 주관적 구성주의로 분류할 수 있는 경향은 이데올로기적 상부구조의 변화와 관련될 수 있다는 의미에서 '지각적 밀레니엄주의'의 계열에 포함시키는 방식으로 각기 나누어 분석한 후에, 양자의 상관관계를 살펴보고자 한다.

1921년 객관적 구성주의 그룹으로 분화된 구성주의 운동은 1920년 5월 러시아 인민위원회의Narkompros 문화교육 담당 순수예술과IZO 산하에 설립된 '인후크INKhUK: Institute of Artistic Culture'(예술을 위한 학제적인 이론 연구센터)의 구성원들에 의해 시작되었다. 10월 혁명 이후 볼셰

32) 같은 글, pp. 227~28.

비키는 과학과 문화 영역에서 100여 개에 달하는 연구센터를 설립했는데, IZO의 창립 디렉터인 다비드 시테렌베르크는 '인후크'를 "예술 문제에 대한 과학적인 가설들을 결정하기 위한 단위Cell"[33]로 설립했다고 밝혔다. '인후크'에는 30여 명의 시각예술가와 건축가, 음악가와 예술비평가 들이 참여했으며, 이들은 고등예술기술 교육기관인 '브후테마스VKhUTEMAS: Higher State Artistic and Technical Workshops'에서 가르쳤다. 그 구성원들이 이후에 발간한 잡지 『레프*Lef*』(1923~25) 및 『신레프*Novyi Lef*』(1927~28)와 더불어 '인후크'는 초기 소비에트 예술과 문화의 발전에서 주도적인 역할을 했다.[34] '인후크' 창립 시에는 센터의 디렉터로 칸딘스키가 임명되었는데, 1920년 11월 로드첸코와 스테파노바, 포포바, 부브바노바가 '객관적 분석을 위한 작업 그룹Working Group of Objective Analysis'[35]을 결성해 칸딘스키에게 물러나라고 요구함으로써 칸딘스키는 사임했다. 1921년 초에 이 그룹의 구성원은 25명으로 확대되었다.[36]

1921년 1~4월 사이에 열린 9차례의 회의에서 대체로 로드첸코가 제안한 실용주의 테제에 대한 합의가 이루어졌지만, 흔히 알려진 것과 달리 구성composition과 구축construction을 구별하는 원리에 대해서는 합의가 이루어지지 않았다. 4월 22일 마지막 회의에서 타라부킨은 회의 결과가 '구성적 구축'과 '구축적 구성'이라는 새로운 용어를 남기는 것으

33) M. Gough, *The Artist as Producer: Russian Constructivism in Revolution*, Berkeley: University of California Press, 2005, p. 31.

34) 같은 책, p. 23.

35) 한편 크리스티나 로더에 의하면, 1921년 이 그룹의 주도적인 멤버는 로드첸코, 스테파노바, 간A. Gan, 스텐베르크 형제, 메두네츠키K. Medunetsky, 이오간손의 7명이었다고 한다. Ch. Lodder, "Constructivism and Productivism in the 1920s," p. 229.

36) M. Gough, *The Artist as Producer*, pp. 31~32.

로 종결되었다고 선언했다. 이 논쟁을 마무리하기 위해 다음 회의 일정이 계획되었지만 개최되지는 않았다.[37] 마리아 고흐는 '객관적 분석을 위한 작업 그룹'이 『재현에서 구성으로』라는 총서를 발간한 점을 근거로 들면서, 이 논쟁이 통사적인 맥락에서 보면 독일 낭만주의에 연원을 두고 모더니즘을 지탱해온, 모방mimesis에 대한 발생genesis의 우위, 생산물product에 대한 생산 과정process의 우위를 주장하는 자기 지시적 원리autotelic principle와 관계가 있다고 주장한다. 이런 원리와 연관해서 고흐는 작업 그룹의 주요 구성원 5명이 제출한 명제와 작품들을 검토하여 블라디미르 스텐베르크V. Stenberg와 메두네츠키, 스테파노바가 '형식들 사이의 관계'를 중시한 데 반해, 로드첸코와 이오간손은 '생산 과정의 조직화'를 중시했다고 구분한다. 한편 고흐는, 로드첸코와 이오간손이 주장했던 '조직화'라는 원리는 전시공산주의의 초국가적이고 우상 파괴적인 정책과 조응하여 조직화와 국가계획이 시장경제와 그에 수반된 사회적 계층화가 야기한 과잉과 불평등, 자의성을 제거할 수 있는 수단이라는 확신에 기초하여 조직화가 현대 생활과 예술적 투쟁의 작동 원리임을 다시 한 번 천명하면서, 1921년 3월에 들어와 전시공산주의를 폐기하고 신경제정책으로 방향을 전환하게 된 역전된 정치적 흐름(그에 따라 '인후크'에 대한 국가적 지원의 소멸 가능성)에 개입하려 했던 시도라고 해석한다.[38] '작업 그룹'은 이후, 알렉세이 간을 대표 이론가로 지명하고, 그가 초안을 잡은 구성주의 프로그램을 놓고 많은 회의를 거쳤으며, 간은 그 결과를 집약하여 1922년 「구성주의 선언」을 발표했

37) 같은 책, p. 56.
38) 같은 책, pp. 56~58.

다. 간은 구성주의자들의 과제는 "코뮤니스트들이 정치에서 했던 바와 같이 예술에 새로운 전망을 세우는 것"이며, 이행기 국가에서 코뮤니즘 자체의 역동성을 문화적으로 표현하는 것이자, 코뮤니즘 문화의 요구에 부응하여 새로운 건물과 서비스를 구성하는 데 필요한 접근을 과학적으로 정초하는 것이라고 주장했다. 이 때문에 구성주의는 기념비적이고 영구적인 것에 대해 순간적이고 이행적이며 유연하고 적응적인 것이 우위에 서게 해야 한다고 보면서, 간은 물질적 구조의 코뮤니즘적인 표현을 추구하는 방법적 원리로 '구성construction' '팍투라faktura' '텍토닉tectonics'이라는 세 가지 기본 요소를 제안했다.

'팍투라'는 재료의 작업 과정을 의미했고, '텍토닉'은 건설공학적인 의미가 아니라 지질학적인 의미에서 화산의 분출과 유사하게 주어진 물질의 내재적인 본질로부터 창발하는 것의 유기체성organicity을 의미했다. 일부가 '텍토닉'에 대해 반대하기도 했지만, 로드첸코는 이 개념이 우연한 현상이 아니라 지구의 내적 구조의 운동의 표명이자 자연의 구체적인 노동의 결과라는 것을 의미한다고 받아들이면서 지지했다. 논란을 거쳐 구성원들은 '텍토닉'이 역동성dynamism과 결정론determinism을 동시에 함축하고 있다는 점에서 최종 선언에 포함시키는 데 합의했다. 고흐는 '팍투라'가 '텍토닉'과 공통점이 많고, '텍토닉'은 구성주의와 코뮤니즘이 서로 겹칠 수 있도록 보장하는 역할을 한다는 점에서 세 가지 요소가 중첩되고 반복된다고 해석한다.[39)]

1920~21년에는 '인후크' 구성원들이 간의 페이퍼를 토대로 하여 구성주의자로 전환했다면, 1921~22년에는 브리크의 페이퍼를 토대로 카

39) 같은 책, pp. 69~73.

를 이오간손과 스텐베르크 형제, 루이보프 포포바, 니콜라이 라돕스키 등 16명의 구성주의자들이(로드첸코, 스테파노바, 알렉세이 간을 제외하고) '생산주의자' 혹은 생산 노동자로의 전환을 시도했다.[40] 이 움직임은 1921년 가을에 인후크에 참여한 타라부킨, 브리크, 보리스 쿠시네르, 보리스 아르바토프B. Arbatov에 의해 주도되었다. 브리크의 페이퍼의 요점은 인후크를 문화교육인민위원회의 순수예술과 소속에서 국가경제 최고소비에트Vesenka 소속의 산업재건 담당 부서로 옮겨야 한다는 것이었다. 신경제정책에 의해 순수예술과가 곧 해체될 예정이었고, 인후크는 러시아 예술학 아카데미RAKhN로 옮겨질 예정이었다. 러시아 예술학 아카데미의 전통적인 분과 구분은 인후크의 학제적이고 급진적인 좌파적 연구를 불가능하게 하고 말 것이었기에, 구성원들은 예술이 아니라 산업생산에서 자신들의 존속을 모색했다. 이미 인민위원회 산하에, 전통적으로 예술과 산업을 매개해온 응용예술 부속기구가 있었기 때문에 구성원들은 전통적인 응용예술이 아닌 방식으로 예술과 산업을 연결할 방법을 모색했다.[41] 1922년 겨울 동안 산업생산에서 구성주의자의 역할

40) 크리스티나 로더에 의하면, 1918년 설립된 IZO(Narkompros)의 예술분과 디렉터인 시테렌베르크가 이 기구가 설립되자마자 그 분과의 목표는 "예술을 산업 속으로 침투시키는 것"이라고 주장했다고 한다. 그리고 1918~19년 동안 IZO가 발행한 『코뮌의 예술*Art of Commune*』에 '생산주의 예술 이론'이 발표되었는데, 브리크O. Brik, 푸닌N. Punin, 쿠시네르B. Kushner와 같은 이론가와 알트만N. Altman과 마야콥스키 등의 예술가들이 여기에 기고했다고 한다. Ch. Lodder, "Constructivism and Productivism in the 1920s," p. 227. 이런 점에서 생산주의 이론은 1922년에 명시화되지만, 이미 1918년부터 혁명정부 예술정책의 기조를 이루었다고 볼 수 있다.

41) 『레프』지는 1923년에 다음과 같이 보고했다. "구성주의자들의 입장은 극단적으로 복잡하다. 한편에서 그들은 생산주의의 방향을 방어하기 위해 순수주의자들(이젤 화가들)과 싸워야 한다. 그리고 다른 한편에서는 응용예술가들에게 압력을 가해서 그들의 의식을 혁명화하려고 시도해야 한다." 같은 책, p. 231.

에 대해 네 가지의 정식화가 제출되었다. (1) 활동가로서 혹은 폴리테크닉의 학생으로서의 구성주의자(아르바토프), (2) 기술적으로 훈련되지 않았지만 텍토닉하게 정보를 가진 예술가로서의 구성주의자(스테파노바), (3) 엔지니어-예술가라는 새로운 유형의 성원으로서의 구성주의자(쿠시네르), (4) 창안자로서의 구성주의자(이오간손)가 그것이었다.[42)]

러시아 구성주의에 대한 일반적인 평가는 그것이 형식주의와 기능주의라는 비판을 받았고, 이후 생산주의를 주장했지만 산업생산으로의 진입에도 실패했다는 것이다. 그러나 마리아 고흐는 이오간손의 경우에는 크라스니 프로카치크Krasnyi Prokatchik 기계 공장에서 일하면서 새로운 생산도구를 창안했고, 그 성과를 바탕으로 생산 과정을 조직하는 일을 맡았다는 점에서 구성주의자들 모두가 산업생산으로의 진입에 실패한 것은 아니라고 주장한다. 이런 전환에 성공한 것은 이오간손을 비롯해 소수(섬유공장에서 일한 스테파노바와 포포바, 독일의 광고회사에서 일한 브리크, 좌익 선전 일을 한 게오르기 스텐베르크G. Stenberg 등)에 불과하지만, 고흐는 이오간손이 제출한 '창안자로서의 구성주의자'라는 계획은 그가 1924~25년 사이에 공장에서 일하면서 '노동자-창안자'라는 새로운 범주로 실현되었고, 이 범주는 1928년 계획경제 시행 단계에서 '독창적인 소비에트 정책'으로 적극적인 지지를 받았다는 점에서 생산주의로 전환한 구성주의 운동은 성공적인 측면을 포함하고 있었다고 평가한다.[43)]

혁명 이후 당 내에서 그리고 당과 비당원 노동자들 사이에서 벌어진

42) M. Gough, *The Artist as Producer*, pp. 101~106.
43) 같은 책, pp. 170~71.

중요한 투쟁의 하나는 누가 생산 과정을 통제하는가의 문제였다. 급진적인 노동자들은 생산 과정에 대한 통제는 노동자들이 선출한 공장위원회가 맡아야 한다고 주장한 데 반해, 당의 계획경제 정책은 국가로의 권력의 중앙집중과 노조의 종속을 주장했다. 이 문제로 갈등이 증폭되었고, 노동자 통제를 주장했던 당내의 좌익반대파는 노동자들의 정치적 지지를 받았다. 이런 갈등은 1924년 트로츠키의 실각과 스탈린의 당내 권력 장악으로 인해 국가 주도적 통제의 방향으로 정리되어갔다. 이오간손과 구성주의자들의 입장은, 국가 주도적 통제가 요구하는 대량생산을 위한 실용적 생산물의 효율적인 디자이너로서가 아니라, 생산의 체계와 과정의 창안자이자 조직가로서 산업생산에 참여하려는 것이었다는 점에서 좌익반대파의 입장과 일치했다. 이오간손은 공장에서 노동자-창안자 범주를 실행한 차원을 넘어서 노동자-조직가로서의 능력도 일정하게 발휘했지만, 고흐의 조사에 의하면 1925년 말부터 당이 요구하는 효율성 중심의 생산 조직가의 역할에 환멸을 느꼈던 것으로 보이며 1926년 3월에는 공장의 당원 명단에서 누락되었다고 한다.[44] 고흐는 이오간손이 1927년 이후 레저 회사의 관리자로 변신하는 과정 등을 자세히 조사한 후, 구성주의 운동이 '실패'한 것은 그 계획 자체의 내재적인 문제가 아니라 그들의 열망이 당시 당 권력의 힘에 밀려났기 때문이라고 평가한다. 소비에트 산업 구조의 현대화를 위한 당의 생산성주의productivism가 육체노동과 정신노동의 위계적 분리의 극복이라는 사회주의적 유토피아주의를 양보하게 만들었기 때문이라는 것이다.[45]

44) 같은 책, pp. 181–87.
45) 같은 책, p. 192.

이런 맥락에서 마리아 고흐는 혁명기의 구성주의 운동이 일정하게 패퇴했다고 해도, 그 운동은 일련의 역사적인 탐구와 철학적인 성찰의 가능성을 제기한다는 점에서 끝난 이야기가 아니라고 주장한다. 우선 구성주의자들의 실험은, 68혁명의 영향하에서 모더니티의 역사를 새롭게 연구하는 일련의 연구자들의 담론 작업(『아트포럼*Artforum*』『다이어크리틱*Diacritics*』『마큘라*Macula*』『옥토버*October*』『스크린*Screen*』『텔 켈*Tel Quel*』 등)에서 행해진 형식적 실험과 정치적 실험 사이의 관계를 재배열해보려는 노력에 대해 하나의 범례가 된다는 것이다. 또한 산업 영역에서 패퇴되었음에도 불구하고, 혁명기 예술가의 역할을 재구성하려 했던 구성주의자들의 열망은 가까이는 1928~30년 사이에 집단농장에서 한 거주 작가로서의 경험을 통해 세르게이 트레차코프가 구성해낸 '작동적 스케치 작가operative sketchwriter'라는 문화적 모델과 공명하며, 멀리는 1934년 벤야민이 제시한 '생산자로서의 작가' 모델과 공명한다는 것이다.

마리아 고흐의 분석을 요약해보면 다음과 같다. 트레차코프는 '레프Lef'(1923~25) 소속의 미래주의, 구성주의, 생산주의 그룹의 구성원이었는데, '신레프Novyi Lef'(1927~28)를 통해서 구성주의의 생산주의 플랫폼을 산업생산으로부터 다큐멘터리, 르포르타주, 기계적 재생산 기술을 포함하는 '팩토그래픽factographic' 실천의 유통과 소비의 집단적 양식을 개시하는 방향으로 돌림으로써 혁신하고자 했다. '작동적 스케치 작가'는 조직적인 작업을 통해서 '물질적 삶'에 직접 참여함으로써 급진적 다큐멘터리조차 넘어선다는 것이다. 한편, 벤야민에게 '생산자로서의 작가'는 자본에 종속되어 문화적 생산수단에 대한 효과적인 통제를 결여하고 있음을 깨닫고, 스스로 생산수단에 대한 통제를 되찾아 기존의 문화적 생산관계를 변혁할 수 있는 새로운 전략을 창안하는 자다. 이렇게 재형상화된 작가의 작업은 단지 결과물로서의 생산물에 대해 행해지는 것이 아니라, 항상 생산수단에 대해 행해진다. 그의 생산물은 작품으로서의 특징을 넘어서 하나의 조직적인 기능을 가져야 하며, 이 조직화 기능을 통해서 생산자로서의 작가는 생산자와 소비자, 연기자와 관객, 작가와 독자, 개인과 집단 같은 노동 분업에 기초한 부르주아적인 미적 경험의 중추적인 이분법을 전복해야 한다는 것이다. 벤야민은 트레차코프의 '작동주의'를 구체적인 범례로 들면서, 1920년대 말에 개발되었던 소비에트의 아방가르드 문화적 생산 모델이 프랑스와 망명 독일 작가들이 프랑스에서 범람하는 파시즘에 대해 효과적인 대응책을 형성하는 데 기여할 수 있다고 주장했다. 좌파들은 이를 통해서 1930년대 중반에 소비에트 사회주의 리얼리즘을 파시즘의 미학에 대항하는 유일하게 가능한 대안으로 감싸려는 경향을 저지할 수 있기를 바랐다는 것이다.[46)]

마리아 고흐의 연구는 러시아 아방가르드의 구성주의/생산주의 모델이 서구 모더니즘 예술에서 나타나는 사회와 분리된 자율적인 작품으로서의 형식주의적 예술이나 사회적 생산의 단순한 부품으로서의 기능주의와는 다르게, 정치는 물론 사회적 생산과 일상생활의 전 영역에서 자본주의적인 위계적 이분법을 넘어서서 아래로부터의 참여와 통제를 실천하기 위한 적극적인 방법적 실험의 산물이었다는 점을 강조하고 있다. 구성주의 실험은 정치와 경제와 일상생활 전반에서 아래로부터의 사회주의(소비에트) 운동의 예술적이고 문화적인 표현(로드첸코, 이오간

46) 같은 책, pp. 192~93.

손)이라는 구성주의자들의 주장의 타당성을 입증한다는 것이다. 생산 과정의 사회주의적 재조직화 과정에서 노동자들 스스로가 단순히 상부의 명령을 기계적으로 시행하는 단순 노동자가 아니라 노동자-창안자, 노동자-엔지니어, 노동자-경영자로서 생산 과정의 조직가이자 통제자가 되어야 한다는 주장은, 1970년대에 스칸디나비아와 독일의 일부 공장에서 있었던 '노동의 인간화 프로젝트' 실험에서도 제한적이지만 그 타당성이 입증된 바 있다.[47] 물론 구성주의 운동이나 노동의 인간화 프로젝트는 작업장 외부의 거시적인 정치경제적 변화 없이는 지속 불가능하다는 점이 역사적으로 확인된 바 있다. 하지만 향후 새로운 방식으로 아래로부터의 노동자 통제에 입각한 거시적인 정치경제적 변화가 전개될 경우, 러시아 혁명기의 예술가들이 제안한 구성주의/생산주의 모델은 1970년대 노동조합에서 시도되었던 노동의 인간화 프로젝트와 더불어 육체노동과 지식노동의 위계적 분리를 넘어서서 모든 구성원들이 '생산자-작가'이자 '노동자-창안자' '노동자-엔지니어' '노동자-조직가'로 발전해나가는 데 필요한 생산적인 범례를 제공할 수 있을 것

47) 1970년대부터 스칸디나비아 국가들과 독일을 중심으로 물질적 풍요를 획득한 유럽 노동자계급이 임금과 같은 직접적인 물질적 보상에서 노동 생활의 질 향상으로 눈을 돌리기 시작하는 과정에서 '노동의 인간화 프로젝트'가 진행된 바 있다. 이 프로젝트는 강력한 노동조합을 배경으로 노동자 경영 참가와 노동 과정 재조직을 중심 과제로 삼아 진행되었는데, 기술체계와 사회 체계의 동시적 변화와 그들의 최적 조합에 의해서 효율을 달성할 수 있다는 '사회기술체계론'에 의거했다. 핵심 과제는 분업을 약화시키는 것과 함께 사전에 정해진 지시표 없이 노동자들이 자율적 집단을 형성하여 참여와 토론, 협의를 통해서 노동의 내용과 방법을 만들어가는 것이었다. 컴퓨터화된 자동화 기술이 노동의 인간화가 추구하는 작업 모델과 조합되면, '인간중심적 기술 체계'를 가능케 하는 바탕이 될 수 있다는 것이다. 가장 유명한 사례는 스웨덴 볼보 자동차의 우데발라 공장이었다. 장귀연, 「대안적 노동의 원리: 노동에서의 해방과 노동을 통한 해방」, 제7회 맑스코뮤날레조직위원회 엮음, 『다른 삶은 가능한가: 마르크스주의와 일상의 변혁』, 한울, 2015, pp. 350~53.

이다.

특히 구성주의/생산주의가 제시한 '노동자-엔지니어'나 '노동자-창안자' 모델은 질베르 시몽동이 제시한 '기술적 활동'의 개념에 비추어 볼 때, 마리아 고흐가 시사했던, 좀더 광범위하고 심층적인 철학적 의미를 지닐 수 있다고 본다. 질베르 시몽동에 의하면, '기술적 활동'은 모든 사회적 수준에서 "우리 문명의 어두운 지대들 중 하나로 남아 있다."[48]

> 기술적 활동은 사회학적이거나 경제적인 개념들을 통해서만 이해되고 있을 뿐이며, 그것의 실재적 본질의 수준에서 파악되는 것이 아니라 상호심리학적인 관계들의 계기로서 연구되고 있을 뿐이다. 어두운 지대가 자본과 노동 사이에, 심리학주의와 사회학주의 사이에 존속하고 있다. 개체적인 것과 사회적인 것 사이에, 개체초월적인transindividual 것이 전개되는데, 이것은 현실적으로 식별되지 않고 있으며, 기업 경영이나 노동자의 노동이라는 극단적인 두 측면들을 통해서 연구되고 있다. [……] 생산성에 대한 연구는, 그리고 그것을 개량하는 수단들에 대한 연구는 질료형상 도식만큼 완전하게 기술적 지대의 어두움을 존속시킨다.[49]

육체노동과 지식노동의 분리의 현대적인 형태인 노동자와 경영자의 분리는 소비에트판 테르미도르 반동의 주역들이 산업 전반의 생산성 향상을 요구하면서 강제했던 자본주의적 메커니즘의 반복이다. 동시

48) 질베르 시몽동, 『기술적 대상들의 존재양식에 대하여』, 김재희 옮김, 그린비, 2011, p. 361.
49) 같은 책, pp. 363~64. 이하에서는 쪽수만을 본문 괄호 속에 표기한다.

에 그것은 스스로 생산 과정의 조직가가 되고자 했던 이오간손과 같은 구성주의자들이나 생산 과정에 대한 노동자 통제를 주장했던 좌익반대파가 실행하고자 했던 '노동자-창안자'와 같은 '기술적 활동'을 어둠 속에 묻어버린 메커니즘이다. 시몽동은 이렇게 어둠 속에 묻혀 있는 기술적 활동 혹은 기술적 작동을 되살려내야만 노동의 소외를 극복할 수 있다고 말한다. 달리 말하면 생산수단을 국유화한다고 해도 거기서 그칠 뿐, 생산 과정에서 노동자의 기술적 활동에 자율성을 허용하지 않는다면, 노동의 소외는 결코 극복될 수 없다는 것이다. 그러므로 기계의 소유자이기만 한 것이 아니라, 구성주의자들이 생각했고 실험했던 것과 같은 방식으로, 그 기계를 선택하고 보존하는 기술적 활동을 통해 생산 과정에 대한 능동적 참여가 허용될 수 있는 새로운 사회경제적인 양식의 발견이 필요하다고 하겠다.

> 기계를 소유한다는 것은 기계를 인식하는 것이 아니다. 그럼에도 불구하고 비-소유는 노동이 실행되는 기계와 노동자 사이의 거리를 증가시킨다. 비-소유는 이 관계를 여전히 더 취약하고, 더 외재적이며, 더 일시적으로 만든다. 기술적 대상의 사용자가 단지 이 기계의 소유자이기만 한 것이 아니라 그 기계를 선택하고 보전하는 인간이기도 한, 그런 사회적이고 경제적인 양식을 발견할 수 있어야만 할 것이다. [……] 인간과 기계 사이의 소통의 근거 자체로까지 파고들어 가지 않는다면, 그 탐구들은 거의 무효가 될 위험이 있다. 어떤 정보가 교환될 수 있기 위해서는 인간이 자신 안에 기술적 문화를, 즉 기계가 가져온 형태들과 만나면서 의미작용을 할 수 있을 그런 형태들의 앙상블을 소유하고 있어야 한다. (p. 361)

어두운 지대에 있는 "기계의 작동, 기계의 생산내력, 기계를 만든 것의 의미작용, 기계가 만들어진 방식" 등은 기술적 조절 활동의 본질이며, "비록 제한적이긴 하지만 끊임없이 반복되는 발명이다"(p. 358). 시몽동에 의하면 "기술적 활동은 단지 기계의 활용만이 아니라, 발명과 구축 활동을 연장하는 것인, 기계의 보전이나 조절이나 개량, 기술적 작동에 기울이는 주의의 특정한 비율 또한 포함하는 것이다"(p. 359). 이와 같은 기술적 발명은 견본을 통해서 사람들 사이에서 소통될 수 있고, 또 참여를 정당화하며, 이런 "기술적 대상의 중개를 통해서 개체초월성의 모델인 인간 사이의interhumane 관계가 창조된다"(pp. 354~55). 이것이 바로 '노동자-창안자'라는 모델을 제시하면서, 이오간손 같은 러시아 구성주의 작가가 수많은 실험 과정을 통해서 창안해낸 기술적 대상(생산수단)의 중개를 통해 코뮤니즘적 인간형을 만들고자 한, 그런 기술적 활동의 본질이라고 볼 수 있을 것이다. 그런데 시몽동에 의하면 기술적 활동은 단지 생산수단과 노동자의 관계에만 한정된 것이 아니라, 더 심층적으로 인간과 자연을 관계 맺게 하는 활동이다.

> 이를 통해서 이해할 수 있는 것은, 서로서로 분리시키면서 형성된 개체성을 수단으로 하거나 아니면 감성의 선험적인 형식들처럼 모든 인간 주체에게 동일하게 있는 것을 수단으로 해서가 아니라, 전-개체적 실재의 하중을 수단으로, 개체적 존재와 더불어 보존되며, 포텐셜들과 잠재성을 담고 있는 자연의 그 무게를 수단으로, 개체들을 관계 맺게 하는 그런 관계다. [……] 즉 기술적 존재 안에 인간적인 본성[자연]이 있다고 말할 수 있을 것이다. 이 본성[자연]이라는 말이 인간 안에 형성된 인간

> 성보다 심지어 더 이전에 있는, 본원적으로 남아 있는 것을 지시하기 위해서 사용될 수 있다는 의미에서 말이다. 인간은 각 개체 존재에 결부된 채로 남아 있는 이 아페이론apeiron, 자연적인 자기 고유의 표현매체를 사용하면서 발명한다. 〔……〕 발명하는 것은 개체가 아니라 바로 주체다. 그리고 이 주체는 개체보다 더 광대하고 풍부하며, 개체화된 존재의 개체성 이외에 자연의 어떤 하중, 비-개체화된 존재의 어떤 무게를 포함하고 있다. (pp. 355~56)

즉 기술적 활동이란 인간이 만든 도구/기계와 자연 자원/에너지를 결합시키는 인간의 정신적, 육체적 노동력의 앙상블 전체라는 의미에서 생산력을 인간과 자연의 포텐셜(전-개체적인 '아페이론')의 결합이라는 측면에서 철학적으로 재조명하자는 것에 다름 아니다. 이런 관점은 노동/생산이란 궁극적으로 인간과 자연의 신진대사의 합목적적 촉진이나 다름없다고 한 마르크스의 말을 상기시킨다. 이때 시몽동이 강조하려는 것은 인간과 자연의 신진대사를 촉진하는 기술적 활동의 본성이 흔히 생각하듯 단순히 자기폐쇄적인 실용적이고 도구적인 개체적 사물을 만들어내는 데 그치는 것이 아니라, "자연적인 자기 고유의 표현매체"인 '아페이론,' 개체보다 더 광대하고 풍부하며, 개체화된 존재의 개체성 이외에 자연의 비-개체화된 존재의 하중을 인간에게 이끌어오는 활동이라는 것이며, 그런 의미에서 기술적 대상/활동에 인간적인 본성, 즉 자연이 존재한다는 점이다.

시몽동이 소크라테스 이전 시기의 자연철학자 아낙시만드로스에게서 끌어온 '아페이론'으로서의 자연이란, 실재하는 전-개체적인 포텐셜이자 개체화된 상태에서도 완전히 소진되지 않는 잠재력으로서 개체화를 다음 단계의 개체화, 즉 '개체초월적인 집단적인 것'으로 나아가도록 추진하는 힘이다. 개체적인 것은 자신에게 남아 있는 전-개체적인 공통성을 재통합함으로써 세번째 단계인 개체초월적이고 집단적인 것을 향하는 새로운 실재를 탄생시킬 수 있다. 이렇게 시몽동은 아페이론 개념과 현대 열역학에서 준안정적 시스템의 에너지 위상변이déphasage의 포텐셜로 가득 찬 가변적 실재라는 개념을 연결함으로써 자연을 '비결정론적인 것의 충전'이라고 부를 수 있게 된다.[50]

이처럼 전-개체적이면서 개체적인 것과 개체초월적인 집단적인 것을 산출하게 하는 추진력으로서의 아페이론 개념은 앞서 알렉세이 간이 「구성주의 선언」에서 '텍토닉'이라고 부른 것과 많은 공통점을 갖는다. '팍투라'가 재료의 작업 과정을 의미한다면, '텍토닉'은 건설공학적인 의미가 아니라 지질학적인 의미에서 화산의 분출과 유사하게 주어진 물질의 내재적인 본질로부터 창발하는 것의 유기체성을 의미한다. 또한 '텍토닉'은 역동성과 결정론을 동시에 함축하고 있다는 점, 구성주의와 코뮤니즘이 서로 겹칠 수 있도록 보장하는 역할을 한다는 점 등을 상기해보자. 이런 연관성은 구성주의자들에게서 생산이라는 것이 마르크스가 말했던 인간과 자연의 신진대사의 합리적 매개와 얼마나 긴밀하게 맞물려 있는지를 가늠하게 해준다.

물론, 시몽동은 기술적 활동이 인간의 사회적 삶에서 점점 더 중요한 비중을 차지한다고 해서 다른 모든 활동들이 기술적 활동으로 환원될 수 있다고 주장하는 것은 아니다. 오히려 그가 주장하는 것은 기술과

---

50) M. Combes, *Gilbert Simondon and the Philosophy of the Transindividual*, Th. Lamarre(trans. with preface & afterward), Cambridge, MA: The MIT Press, 2013, pp. 46~47.

여타의 문화 사이의 균형이다.

> 인간 존재자들 속에서 강렬한 현존을 유지하면서도 모든 판단의 차분함과 깊이를 제공했던 모종의 반성적 거리감 속에서 인간들 사이의 관계를 체험하고 명상했던 현인들이 형성되는 데 인문교양이 필요했던 것과 마찬가지로, 기술적인 문화〔기술교양〕 역시 기술적 실재에 대해 책임감을 느끼면서도 특수한 기술적 대상과 직접적이고 배타적인 관계로부터 떨어져 있는 그런 인간들에게서 기술적 지혜가 발전하지 않고서는 형성될 수 없다. 〔……〕 단지 기술적 대상들만 그것들이 현실적으로 존재하는 그 수준에서 인식되어야 하는 것이 아니라, 그 기술적 대상들의 기술성도, 즉 종교적 양식과 미학적 양식과 같은 다른 양식들 중에서 인간이 세계와 맺고 있는 관계의 한 양식인 기술성도 이해되어야 한다. 〔……〕 사실 기술성이 그 본질에 따라서 그 문화에 올바르게 통합된 채로 정확하게 인식되기 위해서는, 인간의 세계 내 존재의 다른 양식들과 그 기술성의 관계 속에서 기술성이 인식되어야 한다.[51)]

이런 주장은 앞서 바흐친이 현대의 과제는 사물화에 매달렸던 이전의 단계를 넘어서서 사물화와 인격화를 '결합'해야 한다고 주장했던 것과도 합치한다. 그러나 바흐친은 사물화와 인격화를 연결하는 방법을 구체적으로 제시하는 대신 인문학자로서 인간과 인간 사이의 인격적인 다성적 대화를 탐구했던 예술작품에 대한 연구로 나아갔지만, 시몽동

---

51) 질베르 시몽동, 『기술적 대상들의 존재양식에 대하여』, pp. 213, 216. 이하에서는 쪽수만을 본문 괄호 속에 표기한다.

은 기술성과 다른 문화적 양식과의 관계를 다음과 같은 존재론적 가설을 통해서 연결하려는 좀더 근원적인 방향으로 연구를 전개했다. 그는 "생동하는 실재의 시간적인 전개는 최초의 활동적 중심에서 시작된 양분에 의해서, 그다음에는 이 양분에서 귀결되어 분리된 각 실재의 진전에 따른 재결집에 의해서 진행된다"(p. 229)라는 '위상변이'를 기술적 양식과 다른 문화적 양식들의 발생과 상호관계를 설명하는 존재론적인 전제로 삼는다. 이런 전제하에서 그는 다음과 같은 가설을 제시한다.

> 우리가 상정하는 것은, 기술성이 세계 내 존재의 공통적이고 중심적이며 본원적인 양식, 즉 마술적 양식의 위상변이에서 귀결된다는 것이다. 이 기술성을 평형상태로 만드는 위상은 종교적 양식이다. 기술과 종교 사이의 중립 지점에서, 원초적인 마술적 단일성이 양분되는 순간에 미학적 사유가 나타난다. 그런데 이 사유는 하나의 위상이 아니라, 마술적 존재 양식의 단일성이 파열된 것에 대한 영속적인 환기이자 미래의 단일성에 대한 추구이다. (p. 229)

다시 말해서, 각각의 위상은 자기 차례에서 이론적 양식과 실천적 양식으로 양분된다. 그래서 기술의 실천적 양식과 종교의 실천적 양식도 있고, 기술의 이론적 양식과 종교의 이론적 양식도 있다. 기술과 종교 사이의 거리가 양자를 매개하는 미학적 양식을 탄생시킨 것과 마찬가지로, 기술의 이론적인 것과 종교의 이론적인 것 사이의 거리는 양자를 매개하는 과학적 지식을, 기술의 실천적인 것과 종교의 실천적인 것 사이의 거리는 양자를 매개하는 윤리적 사유를 탄생시킨다. 미학적 사유는 과학과 윤리보다 더 원초적인 기술과 종교 사이의 매개이며, 미학적 사유야말로 "마술의 존재를 연장하면서 중립 지점에 놓여 있다는 사실이 따라 나오게 된다"(pp. 229~30). 이렇게 나타나는 과학과 윤리의 분화 때문에 양자를 수렴하고 매개하려는 시도가 나타나는데 시몽동에 의하면 이것은 바로 철학적 사유다.

> 이렇게 해서 이들은(과학과 윤리는—필자) 기술과 종교 사이의 위상차déphasage를 존속시켰기에 불완전했던, 마술적 단일성의 첫번째 유사물analogue인 미학적 사유 너머에서, 마술적 단일성의 두번째 유사물〔철학적 사유〕을 제공한다. 이 두번째 유사물은 완전할지 모른다. 이것이 마술과 미학을 동시에 대체할 것이기 때문이다. 그러나 아마도 이 두번째 유사물은 규범적 역할을 수행하는 단순한 경향일 뿐일 것이다. 왜냐하면 이론적 양식과 실천적 양식 사이의 거리가 완전히 극복될 수 있다는 것을 증명하는 것은 아무것도 없기 때문이다. (p. 230)

시몽동의 이런 발생적 가설을 수용한다면, 역사적으로 너무나 다양하게 분화되어온, 기술적 양식과 여타의 문화적 양식들 사이의 관계를, 좀더 단순화하자면 사물화와 인격화를 연결할 수 있는 방향을 찾을 수 있게 된다. 즉 미학적 사유(와 철학적 사유)가 그것이다.

> 미학적 사유는 종교적 주체화와 기술적 대상화 사이의 간격 안에 머무르면서 기술적 구조들을 수단으로 바탕의 질들을 구체화하는 데 그친다. 이런 식으로 미학적 사유는 미학적 실재, 인간과 세계 사이의 새로운 매개, 인간과 세계 사이의 중간 세계를 만들어낸다. (p. 261).

이런 관점에서 시몽동이 말하는 미학적 사유는 바흐친이 요구했던 사물화와 인격화를 연결하고 매개하는 데 적합한 양식이라고 할 수 있다. 실제로 앞서 제시한 러시아 아방가르드 내의 '지각적 밀레니엄주의자'들이 추구한 것이 바로 이와 같은 형태의 '인간과 세계 사이의 새로운 매개'라고 할 수 있는 미학적 실재의 구성이었다. 다음 절에서는 왜 이들의 실험이 이런 평가에 합당한지를 살펴보겠다.

4. 인간과 세계 사이의 새로운 매개로서의 지각적 밀레니엄주의

카테리나 클라크는 혁명 전과 후의 러시아 아방가르드 전체를 관통하는 커다란 특징 중의 하나는 그들이 러시아 혁명을 부르주아적이고 장사치적인 문화를 끝장내는 급진적인 사회변혁을 약속하는 하나의 '비전'으로 간주했다는 점이라고 하면서, 이들을 '지각적 밀레니엄주의' 라고 명명한다. 그들에 의하면 이 새로운 비전은 어떤 형태의 근본적인 정치적, 사회적 혁명의 결과가 아니라 혁명의 전제 조건이어야 한다고 보았기 때문에, 클라크는 벤야민의 글 「초현실주의: 유럽 지식인의 최후의 스냅숏」의 논의를 따라서 이들의 비전을 일종의 "세속적 형태의 계시"라고 규정한다.[52] 혁명 전 러시아 아방가르드의 실험에 가이드라인을 제공했던 문학비평가 빅토르 시클롭스키의 "낯설게 하기" 혹은 "소격효과"는 이 새로운 비전을 드러내기 위한 방법으로서 그의 1914년 에세이의 제목처럼 "세계의 부활"을 시도한 것이었다(p. 32). 클라크는 메

52) K. Clark, *Petesburg*, p. 30. 이하에서는 같은 책의 쪽수만을 본문 괄호 속에 표기한다.

이예르홀트의 제자였던 예이젠시타인이 1920년대에 개발했던 몽타주 기법, 혹은 1915년 전시에서 말레비치가 제시한 절대주의와 같은 시각 예술적 실험이나 메이예르홀트의 공연예술들도 이런 새로운 비전을 드러내기 위한 것이었고, 이들 대부분은 인식론적인 경계횡단transgression이라는 특징을 지닌다고 주장한다(p. 34).

실제로 1917년 혁명이 발발하자, 러시아 아방가르드들은 다른 어떤 비당원 그룹들보다 더욱 혁명을 지지했고, 이 혁명은 유럽의 많은 아방가르드들에게도 하나의 봉화가 되었다. 1917년 혁명 이후 러시아 미래주의자들은 '좌파 예술가'로 불리기를 선호하면서, 정부의 선전활동가와 문화 관리로 일했다. 에른스트 톨러E. Toller와 같은 독일의 표현주의자는 뮌헨의 공산주의 정부에 참여했고, 다다 그룹의 리하르트 휠젠벡R. Huelsenbeck은 단명으로 끝난 1918년 혁명 이후 베를린의 순수예술 인민위원으로 일했다. 또한 러시아 아방가르드는 혁명 초기에 코민테른과 유사하게(그러나 그에 연결되지는 않은 형태로) '예술가 인터내셔널'을 결성하고자 시도한 바 있었다(p. 36). 이런 흐름 속에서 러시아 아방가르드들은 1918년 2월 인민위원회 산하의 순수예술과IZO에 참여했고, 이들의 주도하에서 1918년 10월에는 페트로그라드에 최초의 자유국가미술작업장SVOMAS이 설립되었다(pp. 102~103).

이런 흐름에 동참하던 나탄 알트만이 1918년 10월 페트로그라드에서 혁명 1주년 기념행사를 위해 광장과 중앙 거리를 장식하는 일을 맡았다. 이에 대해 전통주의자들이나 프롤레트쿨트 구성원들이 비판을 가했지만, 많은 극장 활동가들은 연극을 통한 인간 변혁이라는 자신들의 과제를 수행하기 위한 기회를 잡기 위해 노력했고, 많은 볼셰비키 지도자들은 교육과 선전을 위한 연극의 잠재력에 깊은 인상을 받았다. 왜냐하면 이 기간 동안 대다수 인구는 농민들로서 대부분 문맹이었고 볼셰비키가 전쟁에서 승리하기 위해 반드시 이들의 지지가 필요했는데, 연극을 보고 그 메시지를 이해하기 위해서는 굳이 글을 읽지 않아도 되기 때문이었다. 이 시기의 선전과 교육은 대부분 적군과 해군, 그리고 레닌의 부인 크룹스카야가 주관하는 초-벽화교육 부서에서 행해졌다. 레닌 자신은 연극보다 영화가 선전에 더 적합하다고 보았고 이 점을 1923년 성명에서 밝힌 적도 있었지만, 필름과 영사기가 절대적으로 부족했기에 현실적으로 연극을 선택할 수밖에 없었다. 1920년 10월 1일 통계에 의하면 군은 1,415편의 연극을 만들었지만 영화는 250편에 불과했다(p. 104).

당시에는 유럽에서도 연극이 대유행이어서 아방가르드들도 이 매체로 전향하고 있었다. 러시아의 계몽(문화교육)인민위원인 루나차르스키도 연극 비평가였고, 파리 망명 시절에는 극작가로 활동하기도 했다. 내전 기간은 일반적으로 구어적인 형태가 문어적 형태를 지배하는 시기였고 인쇄할 종이도 부족했기 때문에, 당에서부터 고등기관에 이르기까지 구어적 퍼포먼스에 강조점이 주어졌다. 문학에서도 시와 단편 이야기들이 선호되었다. 이런 상황에서 연극적 혁신을 위한 운동은 극장 내에서 해석학적인 재구성을 하기보다는 극장 밖에서 '삶을 연극화'하는 방향으로 지향점을 옮기게 되었다. 페트로그라드의 실험 극장의 지도자로서 메이예르홀트의 주요 라이벌이었던 니콜라이 예브레이노프는 『그 자체로서의 극장』(1912)에서 애초부터 인간은 자신을 타자로 만듦으로써 저속한 자아를 초월하려는 충동, 즉 스스로를 변혁하려는 본능에 의해 움직여왔다고 보면서, 자기 몸을 깃털과 페인트로 장식하는 가장 원시적인 야만인들 역시 그 동기는 실용적이거나 심미적인 것이 아니라 다른 자신을 만들려는 것이라고 주장했다. 이후 그는 『자신을 위한 연극』(3권, 1915~17)에서 무대 위의 연극을 제거하고 일상생활 속에서의 연극을 요구하면서, 관객들이 타인의 연기를 보면서 이상한 전율을 맛보게 하는 전문적인 연극을 신뢰하는 대신, 자기 스스로 연기해야 한다고 주장했다. 모든 사람은 자신의 타고난 연극적 본능을 불러내야 하며, 의식적으로 오직 자신들의 욕망과 환상에 결부되는 자기 자신을 위한 역할과 드라마를 개발해야 한다는 것이다. 그는 모든 사람들은 자기 자신의 삶 속에서 배우이자 감독이자 극작가가 되어야 한다고 결론지었다. "우리 삶의 매 순간을 연극이게 하자." 그의 이런 주장은 1917~21년 사이 페트로그라드에서 수많은 아마추어들이 참여하는 드라마 서클들이 급격히 증식하는 방식으로 실현되었다(pp. 105~106).

전시공산주의하에서 연극은 정부의 재정 지원으로 잘 운영되었다. 만약 정부의 재정 지원이 없었다면 이 시기에 연극은 비참하게 붕괴했을지도 모른다. 연극이 대중에게 접속되어야만 한다고 20년간 주장해왔던 루나차르스키는 이런 정책을 스스로 밀고 나갔다는 데 매우 기뻐했고, 서민층을 광범위하게 끌어들이고자 무료관람을 지원했으며, 이런 식으로 사적인 극장을 도태시키는 것을 목표로 삼았다. 이로써 연극 활동가들은 흥행 부담에서 벗어나 자유롭게 극장을 혁신할 수 있었고, 당과 정부와 인텔리겐치아들은 '인민(나로드니키)극장'을 공통의 목표로 세우게 되었다. 이런 정세 속에서 '인민극장' 운동은 부르주아 문화를 사회주의 혹은 프롤레타리아트 문화로 변혁하자는 캠페인의 선두에 섰다. 대중 참여 연극은 지식인과 당이 공동으로 수행한 프로젝트로서 전시공산주의 기간 동안 페트로그라드의 문화적 삶을 지배했다(pp. 107~108).

이런 흐름들 속에서 아방가르드는 러시아의 민속적 연극의 관행을 실험 연극과 결합하여 혁명적이고 대중적인 연극을 만들고자 시도했다. 인민극장 운동에서 인민이 과연 누구인가를 놓고 다양한 논쟁이 벌어졌지만 말이다. 1920년 11월 8일 밤 10시에 페트로그라드의 광대한 궁전 광장에서 10월 혁명 당시 겨울궁전의 전투를 재연하는 사상 초유의 대규모 공연 「겨울궁전의 폭풍」이 니콜라이 예브레이노프에 의해 연출되었다. 6천여 명의 출연진은 육군과 해군의 연극서클과 진짜 육군 부대, 전문 배우, 무용수, 서커스 단원, 연극을 공부하는 학생들로 구성되었고, 10만 명의 관객들이 그에 열광적으로 박수를 보냈다. 공연의 줄거리는 1917년 2월 혁명 후 임시정부의 수장인 케렌스키가 권력의 정점에 올랐던 시점에서 시작하여 10월 혁명의 겨울궁전 전투로 종결되는 혁명의 과정이 주요 갈등 국면을 중심으로 전개되었다. 극의 절정에서 상층에 있는 50개의 창문에 갑자기 조명이 커지고 움직이는 실루엣이 보일 때 전함에서 사격이 시작되었다. 2~3분 동안 소총과 기관총 사격 소리가 천둥처럼 울리는 동안 다른 모든 사운드는 침묵하는 방식으로 시청각적 특수효과가 연출되었고, 케렌스키 역이 여성복으로 위장하고 도주하는 모습이 보여진 후, 「인터내셔널가」를 부르는 군대의 행진으로 피날레가 이루어졌다. 이런 식의 대규모 공연은 다른 도시들에서도 이루어졌지만 페트로그라드의 공연은 그 규모에서 매우 압도적이었다(pp. 122~23).

이 공연은 낡은 질서의 전복에 대한 자연발생적이면서 우상파괴적인 의례들과 유쾌한 대중적 축하의 이미지를 보여주었고, 혁명 후 초기 시기는 혁명적 이상주의와 새 천년의 도래에 대한 열기로 가득 찼던 시간이었다는 점을 상상하게 해준다. 이 시기의 문화적 우상파괴주의는 "파괴가 창조다. 파괴하면서 우리는 과거를 극복하기 때문이다" "예술과 문화는 거리로 나감으로써 해방될 수 있고 민주화될 수 있다. 광장과 그를 둘러싼 거리들은 모두 다시 칠해져야 한다" 등 마야콥스키의 주장에서 잘 드러난다. 프롤레트쿨트의 이론가이자 유명한 소비에트 혁명 포스터 대부분의 제작 책임을 맡은 전신국ROSTA의 지도자였던 플라톤 케르첸스테프P. Kerzhenstev는 『창조적 연극』에서 "새로운 예술은 극장의 벽 바깥에서 성장할 것"이라고 주장했다. 사실 그의 주장은 대중 참여 연극을 위한 범유럽적인 운동의 공통 주장을 반복하는 것이었지만, 그는 여기에 "아마추어주의의 원리"를 따라야 한다는 유토피아적인 색채를 추가했다. 그 참여자들은 노동자 계급의 비전문적인 배우들로 구성되어야 하며, 그들이 훈련을 받더라도 전문가가 되어서는 안 되는데, 그럴 경우 대중과의 친밀성을 상실할 수 있기 때문이라는 것이다. 그는 동시에 연기자와 관객 사이의 분리가 철폐되어야 한다고 주장했다. 카테리나 클라크는 케르첸스테프의 이론이 1930년대에, 특히 카니발 개념을 논했던 라블레에 대한 책에서 바흐친이 주장했던 바를 상기시킨다고 본다(pp. 124~25).

클라크는 카니발에 대한 바흐친의 편애는 모든 종류의 경계 해체, 특히 혁명 이후 초기 시기에 뚜렷하게 나타난 천년왕국적인 문화의 특징이라고 해석한다. 바흐친이 『프랑수아 라블레와 그의 세계』에서 제시한 카니발의 첫번째 특징은 무대와 객석의 구별의 해체였다. 그는 이러한 참여의 보편성에 기초하여 카니발과 극장의 절대적 차이를 강조했는데, 이것은 케르첸스테프에게도 중요한 것이었다. 바흐친에 의하면 "카니발은 그것이 관객과 배우 사이의 어떤 구별도 인정하지 않는다는 점에서 무대조명을 모른다. 〔……〕 카니발은 사람들에게 보여지는 스펙터클이 아니라, 그들이 그 속에서 사는 것이다. 카니발의 이념은 모든 사람들을 포괄하는 것이기 때문에 모두가 그에 참여한다." 이렇게 혁명 후의 지식인들은 교육받은 자와 교육받지 못한 자, 부자와 가난한 자, 사람과 사람 사이의 경계를 해체하는 꿈이 카니발 혹은 대중 축제에서 실현될 것이라고 보았다. 그러나 클라크는 이런 시도는 이론에서나 가능한 것이고 현실에서는 달랐다고 주장한다. 혁명 휴일들에 무용과 부대쇼, 광대와 마스크, 게임과 노래를 동반하는 '민속 카니발'을 조직하려는 시도가 여러 차례 있었지만, 현실적으로 권력 당국과 지식인들은 그렇게 초점이 없는 무경계성에 만족할 수 없었고, 좀더 교육적인 것을 요구했다. 이렇게 해서 혁명 축제의 주된 포인트는 연극을 개선한 대중 스펙터클에 놓이게 되었다는 것이다(pp. 125~26).

클라크에 따르면, 당시 대중 스펙터클은 고도로 조직화되고 군사화된 것으로서, 메이예르홀트 같은 이들이 원했던 '그로테스크 극장'은 사라진 대신 기념비적이고 신비적인 의례들을 제공하면서, 과거를 파괴하기보다는 과거에서 차용한 문화적 신화들을 새로운 신화로 대체함으로써 새로운 국민적 정체성을 창조하는 연습으로 전환되어갔다(pp. 130~34). 그러나 바흐친이 말했던 카니발적인 성격을 가진 예술적 실천이 '이론적으로만 구상'되었을 뿐, 실제로는 군사적인 대중 스펙터클로 변질되었다고 보는 것은 다음의 사례가 보여주듯이 일면적인 평가다.

마야콥스키는 '네프' 시기로 접어들면서 가속화되기 시작한 부르주아적인 경향과 관료주의의 확산을 강력히 비판하고 나섰다. 그는 바흐친이 라블레의 작품에서 찾아냈던 카니발적인 경향, 즉 모든 경계를 해체하고 상하의 모든 위계를 전복시키는 그로테스크하고 풍자적인 예술의 생산적인 범례들을 다양한 형식의 시와 선전 그림, 희곡 등의 실험을 통해서 만들어냈다. 마야콥스키가 1918년 초연에서 실패했다가 1921년 노동절에 모스크바에서 상연한 「미스테리야-부프Mystery-Bouffe」는 더러 악평도 받았고, 계발인민위원회 사람들과의 알력도 있었지만, 100회 이상이나 공연되는 큰 성공을 거두었다.[53] 이 연극은 주제와 서사적인 내용은 물론 극의 형식적인 측면 모두에서 바흐친이 강조했던 카니발적인 성격을 강력하게 드러내고 있으며, 나중에 브레히트가 '서사극' 개념을 새롭게 확립하는 데 주된 자극의 원천이 되었다고 할 수 있다. 이런 내용과 형식들은 클라크가 앞서 '지각적 밀레니엄주의'라고 부른 것의 특징을 집약하고 있기 때문에 그 주요 지점들을 좀더 자세히 살펴볼 필요가 있다.

우선 형식적인 면에서, 이 작품 「미스테리야-부프」는 극이 시작하기 전에 익살꾼이 먼저 등장하여 왜 이 연극이 필요한가를 이야기하고 귀족들을 위해 상영된 기존의 폐쇄적인 전통 연극 형식과의 차이점을 설명한다는 점에서 중세 유랑극단의 장터극과 유사하다. 게다가 이 익살꾼은 "길(형식)을 남겨두고, 난 또다시 풍경(내용)을 바꾸도록 하겠습니다. 앞으로 「미스테리야-부프」를 연기하고, 독서하고, 출판할 모든 사람들은 내용을 바꾸도록 하십시오—내용을 현대적이고 당대적이고 당면적인 것으로 만들도록 하십시오"[54]라고 주문하면서, 이 연극이 미래의 작가와 관객들에 의해 새롭게 변형될 수 있는 열린 구조임을 밝히고 있다. 무대연출을 맡은 메이에르홀트는 무대 배경을 없애는 대신, 좌

53) 앤 차터스·새뮤얼 차터스, 『마야코프스키: 사랑과 죽음의 시인』, 신동란 옮김, 까치, 2008, p. 154.

54) 신석호, 「마야콥스끼의 희곡 〈미스쩨리야 부프〉에 나타난 풍자 연구」, 한국외국어대학교 러시아어과 박사학위논문, 2001, p. 66.

석 사이의 계단과 통로, 무대의 나무 구조물을 연결하여 커다란 방주를 만들고 배우들은 객석의 홀에서 연기하게 함으로써 무대와 객석의 간격을 없애버렸다. 또한 극장 천장에서 서커스 광대가 줄을 타고 내려오게 하는 식으로 연극과 서커스의 경계를 없애버렸다.[55] 이렇게 연극과 관객, 무대와 객석, 연극과 서커스와 장터극의 경계를 없애는 '경계횡단적'인 특징들은 바흐친이 말하는 카니발적인 성격을 잘 드러내고 있다.

내용적인 면에서도 이 연극은 지극히 파격적이고 혁명적이다. 우선 「미스테리야-부프」라는 제목에서 '미스테리야'는 중세 성자들의 기록을 무대화한 종교극(수난극)을 말하며, '부프'는 지극히 조야한 익살과 광대짓을 포함한 일상적인 세태의 가장 저급한 측면들의 구경거리를 의미한다. 이런 제목이 시사하듯이 이 연극은 고상한 것과 저급한 것, 성스러운 것과 속된 것, 영원한 것과 일시적인 것과 같이 상호모순되는 것들의 공존을 주제로 삼고 있다.[56] 내용상으로도 모순적인 방식으로 상하관계가 전복되는 방식을 취하고 있다. 등장인물들은 크게 '순수한 자들'(부르주아)과 '순수하지 못한 자들'(프롤레타리아)로 명명된다. 전자는 개개인이 자신의 이름과 국적을 가지고 있지만 후자는 이름이 없고 직종으로만 분류된다. 그런데 극이 진행되면서 역설적으로 전자는 추악하고 교활하며 후자는 순수하다는 점이 드러나며, 내전을 거치면서 전자는 몰락하고 후자는 코민테른이 승리한 미래의 유토피아로 나아가게 된다. 이때 미래의 유토피아는 물론 금욕주의적인 내세의 천국이 아니라, 현실에서 필요한 힘든 노동이 기계와 과학기술의 도움으로 서로 연

55) 같은 글, p. 54.
56) 같은 글, p. 60.

계되어 부족함이 풍요함으로 바뀌는 지상 천국으로서, 미래는 추상적인 영생이 아니라 현실에서 투쟁하고 건설해야 할 미래로 나타난다.[57)]

이렇게 여러 가지 형식적 경계를 없애면서, 내용적으로는 상하가 전복되고, 기존 질서의 해체를 통해서 새로운 미래가 탄생하는 내용은 바흐친이 말하는 카니발의 특징과 잘 합치된다. 바흐친은 라블레에 관한 책을 쓰기 이전, 1928년 말 체포되기 이전에 탈고해서 1929년에 출판된 『도스토옙스키의 시학의 문제』에서 "고대 및 중세 카니발적 규준의 영향을 직간접적으로 받은 문학을 카니발화된 문학 혹은 카니발 문학이라고 부른다"[58)]라고 정의하면서, 고대의 '진지한 소극' '소크라테스식 대화' '메니푸스식 풍자'(줄여서 메니페아menippea)[59)] 등을 예로 들었다. 그중에서 마야콥스키의 「미스테리야-부프」와 상당히 유사한 특징을 보이는 '메니푸스식 풍자'에 대한 바흐친의 기술을 요약해보면 다음과 같다.

1) 소크라테스식 대화에 비해 웃음이 많다. 2) 플롯과 철학적 상상력이 유난히 자유롭다. 3) 가장 대담하고 막힘이 없는 환상과 모험이 사상적, 철학적 목적에 의해 내적으로 가동되고 정당화되고 조명된다. 환상

---

57) 같은 글, pp. 63~64, 71.

58) 미하일 바흐친, 『M. 바흐찐 도스또예프스끼 창작론』, p. 139.

59) 이 장르의 명칭은 기원적 3세기의 철학자, 가다라 출신의 메니푸스Menippus에서 따온 것이며, 이는 기원전 1세기의 로마 학자인 마르쿠스 바로M. Varro에 의해 처음 사용되었다. 이 장르의 첫번째 대표자는 『소크라테스의 대화』의 저자들 중 하나이자 소크라테스의 제자인 안티스테네스Antisthenes라고 할 수 있다. 그러나 이 장르의 절대적 대표자는 기원전 3세기 드네프르 강변 출신의 비온 보리스테네스B. Borysthenes이고, 그다음이 이 장르를 명료하게 정착시킨 메니푸스이며, 이 장르의 발전을 완성시킨 것은 고대문학 단계에서의 보에티우스의 '철학의 위안'이다. 같은 책, pp. 145~47.

은 진리를 실험하고 도발하는 사상적 기능에 봉사한다. 주인공들은 하늘로 올라가기도 하고 지옥으로 떨어지기도 하며, 미지의 환상적 나라들을 방황하며 삶의 특수한 상황 속으로 빠진다. 4) 자유로운 환상과 이따금 신비주의적이고 종교적인 요소가 극단적으로 조야한 빈민굴적인 자연주의와 유기적으로 결합한다. 사상을 가진 인간 현자는 세계악, 타락, 비열함, 속악함의 극한의 표현과 충돌한다. 5) 비상한 철학적 보편주의와 극한의 세계관이 결합한다. 윤리적, 실천적 성향을 지닌 최후의 질문들만이 남아 카니발적이고 풍자적으로 묘사된다. 6) 지상에서 올림푸스나 지옥으로 옮겨지는 삼원적인 구조와 특히 올림푸스의 입구와 지옥의 문턱에서의 대화가 두드러진다. 7) 공중에서의 관찰과 같은 비일상적인 시점에서의 관찰 등 실험적 환상이 두드러진다(루키아누스, 마르쿠스 바로, 라블레, 스위프트, 볼테르 등). 8) 도덕적, 심리적 실험 행위가 나타난다. 모든 종류의 광기, 개성의 이중성, 분방한 공상, 보기 드문 꿈, 자살과 같은 현상을 통해서 인간의 완결성과 일의성이 깨지며, 자아의 분열에 따른 자기 자신과의 대화적 관계가 드러난다(마르쿠스 바로, 아우구스티누스, 도스토옙스키). 9) 스캔들과 괴상한 행위와 발언을 통해 서사적, 비극적 세계의 통일을 파괴하고, 견고하고 단정한 인간사의 흐름에 구멍을 뚫고, 미리 내정된 인간의 규범과 동기로부터 인간의 행위를 해방시킨다. 10) 덕행 있는 창녀, 현자의 진실한 자유와 그의 노예적 상태, 노예가 되는 황제, 도덕적 타락과 정화, 사치와 빈궁, 고상한 도둑 등과 같은 날카로운 대비와 모순적 결합으로 가득 차 있고, 급작스런 이행과 전환, 꼭대기와 밑바닥, 승천과 타락, 멀리 있는 것과 분산된 것의 예기치 못한 근접, 신분의 귀천을 막론한 온갖 형태의 결혼 등으로 꾸려나가는 걸 좋아한다. 11) 낯선 나라로의 여행이나 꿈의 형식으로 도입되는 사회적 유토피아를 자주 끌어들인다. 유토피아적 요소는 이 장르의 다른 모든 요소와 유기적으로 결합한다. 12) 소설, 편지, 웅변, 토론회 등과 같은 여러 장르를 삽입해 널리 사용하는 것과 산문어와 운문어를 혼용하는 것이 특징이고, 시 부분은 거의 언제나 패러디화되어 있다. 13) 삽입 장르는 양식의 다양성을 더욱 강화시키며, 모든 대화적 계열로서의 문학의 소재로서 담론에 대한 새로운 관계가 형성된다. 14) 마지막 특징은 당면 문제를 보는 시사성이다. 총체적으로 루키아누스의 풍자는 동시대의 완전한 백과사전이다. 그의 풍자는 여러 철학적, 종교적, 이념적, 학문적 학파, 동시대의 흐름이 벌이는 공개적, 비공개적 논쟁으로 가득 차 있고, 그 시대의 크고 작은 사건들에 대한 암시로 가득 차 있다.[60]

이런 특징들은 「미스테리야-부프」의 형식과 구성, 주제와 내용 등에서 드러나는 거의 모든 특징들과 잘 합치된다. 더욱이 이 '메니페아 장르'가 민족적 전설문학과 고전적인 미학적 규범이 와해되고, 잡다한 종교적, 철학적 학파와 경향이 긴장된 투쟁을 하던 시기이자 새로운 세계적 종교인 기독교의 형성기이자 준비기라고 명명했던 '고대의 이행기'[61]에 형성되었다는 점과 유사하게, 「미스테리야-부프」 역시 1917년 혁명 직후 전시공산주의라는 혁명적 이행기에 창작되었다는 점도 흥미롭게 고찰해야 할 유사점이다.

이상으로 클라크가 지각적 밀레니엄주의라고 명명했던 흐름을 실질적으로 대표한다고 할 마야콥스키의 「미스테리야-부프」가 제시하고자

60) 같은 책, pp. 147~54.

61) 같은 책, p. 154.

했던 혁명적 비전이 바흐친이 주장하는 카니발적 문학의 특징을 어떻게 공유하고 있는지 살펴보았다. 이런 특징들은 앞서 질베르 시몽동이 가정했던 미학적 사유, 즉 기술과 종교, 과학과 윤리 등으로 점점 더 분화되어온 대상성의 여러 양식과 주체성의 여러 양식을 매개하면서 양자가 분리되기 이전의 마술적 양식을 복원하려는 시도와 유사해 보인다. 그리고 이렇게 대상성과 주체성을 매개하려는 경향은 앞서 바흐친이 사물화와 인격화를 연결해야 하는 것이 현대의 과제라고 말했던 지점과도 일치한다. 이런 관점에서 보면, 1920~21년 사이에 구성주의자들과 지각적 밀레니엄주의자들이 분리된 것은 전자가 사물화 쪽에 상대적으로 방점을 둔 데 반해서, 후자는 인격화 쪽에 방점을 둔 데서 비롯된 것이 아닌가라고도 생각해볼 수 있을 듯하다. 1921년 '인후크'의 논쟁에서도 '구축construction'과 '구성composition'의 경계를 가르려는 시도가 있었지만, 4월 22일 마지막 회의에서 타라부킨이 회의 결과는 앞서 말했듯이 '구성적 구축compositional construction'과 '구축적 구성constructive composition'이라는 새로운 용어를 남기는 것으로 종결되었다고 선언했다는 점[62]에 비추어 보면, 구성주의자들이나 지각적 밀레니엄주의자들은 모두 사물화와 인격화의 결합이 필요하다고 보았지만 전자가 '인격적 사물화'에 더 비중을 두었다면 후자는 '사물적 인격화'에 더 비중을 둔 것이 아닌가 하는 것이다.

62) M. Gough, *The Artist as Producer*, p. 56.

5. 나가며

이상의 논의는 러시아 아방가르드의 두 가지 계열의 운동이 가장 활발하게 전개되었던 1920년대 초반의 시기에 집중된 것이다. 1924년 레닌 사후 트로츠키가 실각하고 1929년 그와 좌익반대파가 국외로 추방당한 후 스탈린의 일인 독재 체제가 구축되는 과정에서 아방가르드가 어떻게 대응하다가 소멸되었으며, 이후 그들의 작업이 러시아의 국내외에 직간접적으로 어떤 영향을 미쳤는지에 대한 역사적 검토는 논외로 했다.[63] 이는 이 글의 목적이 몇 권의 책으로도 집약하기 어려운 러시아 혁명기 아방가르드 운동의 전체 역사를 분석하는 데 있는 것이 아니라, 혁명기에 태동한 새로운 형태의 예술과 문화적 양식의 어떤 특징들이 현재 21세기의 이행기에 다시금 계승할 만한 생산적 의미를 가지고 있는지를 검토하는 데에 있기 때문이다. 이런 목적과 관련하여 다음과 같

63) 흔히 1930년대 스탈린 독재에 의해 강제된 사회주의 리얼리즘은 19세기 리얼리즘으로의 퇴행이라고 간주된다. 하지만 보리스 그로이스B. Groys는 19세기 리얼리즘과 러시아의 '비판적 리얼리즘,' 그리고 사회주의 리얼리즘 사이에는 다음과 같은 점에서 큰 차이가 있다고 주장한다. 사회주의 리얼리즘은 소비에트 사회에서 창조된 리얼리티를 인류 역사에서 가장 높은 성취를 이룬 것으로 판단하기 때문에 나치 시대의 예술처럼 고대의 이상을 현재에 대한 유토피아적인 대안으로 내세우는 식으로 신고전주의 양식을 택할 필요가 없었다. 1930년대는 서구에서도 아방가르드가 퇴조하고 다시 구상 양식으로 되돌아갔는데(프랑스의 신고전주의, 미국의 지역미술, 네덜란드와 벨기에의 마술적 리얼리즘 등), 사회주의 리얼리즘은 이들과는 달리 독특한 자신만의 스타일을 만들었다. 그로이스는 사회주의 리얼리즘은 순수예술과 실용예술 사이의 경계를 제거하면서 예술을 노동 계급의 사회주의 교육을 위한 수단으로 간주했다는 점에서, 전통적인 예술이 아니라 러시아 아방가르드의 전통의 상속자이자 다른 방법에 의한 러시아 아방가르드의 연속이라고 평가한다. B. Groys, "The Birth of Socialist Realism from the Spirit of the Russian Avant-Garde," D. G. Ioffe & F. H. White(eds.), *The Russian Avant-Garde and Radical Modernism*, pp. 251, 253. 실제로 1930년대 사회주의 리얼리즘 회화나 조각 작품들에는 로드첸코나 리시츠키가 개발한 구성주의 형태를 구상적인 인물과 풍경에 응용하여 변용한 양식들을 쉽게 찾아볼 수 있다.

은 세 가지 지점이 현재적인 의미를 가진다고 판단된다.

첫째, 1921~22년 '인후크'에서 탄생한 구성주의/생산주의 운동은 '노동자-창안자'라는 새로운 범주를 확립함으로써 육체노동과 지식노동, 산업과 예술의 분리를 극복함과 동시에 생산 과정에 대한 생산자의 통제를 아래로부터 실천할 수 있는 구체적인 방법을 다양하게 실험했고 현장에서 일정한 성과를 냈다. 이 운동은 1920년경 볼셰비키의 중앙집중주의에 반대하면서 노조가 주장하기 시작한 생산 과정에서의 노동자 통제 요구 및 1924년 이후 좌익반대파의 주장과 상응하는 것이었지만, 레닌 사후 스탈린의 독재가 커져가는 데 비례하여 소멸될 수밖에 없었다. 그러나 이 운동은 1934년 벤야민의 「생산자로서의 작가」라는 글을 통해서 서구에서 반향을 얻기 시작했다는 점과 더불어 시몽동이 주장한 '기술적 활동' 개념, 즉 자연의 전-개체적인 잠재력을 개체화의 매 단계마다 살리는 활동이라는 개념과 연결해서 해석할 경우, 그 실험들이 마르크스가 강조했던 인간과 자연의 신진대사의 합목적적 촉진이라는 의미에서 소외되지 않는 노동의 현대적인 유형을 찾는 데 기여할 수 있다는 점을 확인했다.

둘째, 클라크가 '지각적 밀레니엄주의' 운동이라고 불렀던 러시아 아방가르드 운동의 흐름을 실질적으로 대표했다고 볼 수 있는 마야콥스키와 메이예르홀트의 작업은 바흐친이 '카니발적인 문학'이라고 불렀던 고대로부터의 문학적 발전 경향과 그 특징을 공유하고 있다. 그리고 이런 특징은 다시 시몽동이 미학적 사유의 특징이라고 불렀던, 원초적인 마술적 양식으로부터 복잡하게 분화되어온 주체성과 대상성을 다시 결합, 매개하려는 시도와도 유사함을 살펴보았다.

셋째, 구성주의/생산주의가 생산 과정에서 육체노동과 정신노동의 분리를 극복하면서 '노동자-창안자,' 즉 '생산자로서의 작가'라는 매개적인 범주를 확립하고자 했다면, 지각적 밀레니엄주의는 이런 분리를 포함하여 기존의 모든 형태의 위계적이고 이원론적인 범주들을 넘어서서 대상성과 주체성의 분리, 사물화와 인격화의 분리를 일괄해서 극복하려는 비전을 내세웠다고 볼 수 있다. 전자가 현실적인 생산 과정의 변혁, 즉 사물화의 방식 자체를 변혁하는 것에 초점을 두었다면, 후자는 자본주의적인 사물화(상품화) 방식에 종속되어 상실되고 소외된 인격적 대화를 복원하는 것에 상대적으로 초점을 두었다. 물론 그 당시나 그 이후에도 이 차이는 대립적인 것으로 간주되었다. 하지만 바흐친과 시몽동을 연결하여 다시 보자면, 이들 간의 차이는 원리적인 의미에서의 대립이 아니라 내적으로 연결된 상태에서 어떤 것을 중시하느냐의 차이라고 재해석할 수 있다고 본다. 이는 마치 대상성과 주체성의 분리를 매개하는 미학적 사유의 중요성을 전제하면서도 기술적 활동에 대한 철학적 분석에 주력했던 시몽동과 사물화와 인격화의 결합을 요구하면서도 다성적인 인격적 대화주의를 실천했던 문학작품 분석에 주력했던 바흐친 사이의 차이와 비교할 수 있지 않을까 싶다.

21세기의 이행기를 맞아 고려해야 할 점은 특히 이 세번째 지점과 관련이 깊다. 즉, 사물화와 인격화, 대상성과 주체성을 서로 분리되고 대립된 것으로 보는 대신에, 인격적 사물화(대상성)와 사물적 인격화(주체성)의 결합 방식을 새롭게 모색하지 않으면 안 된다는 것이다. 이런 결합이 중요한 것은 생산양식의 변혁, 나아가 사회 구성체의 변혁이 생산수단의 공유와 생산 과정에 대한 노동자 통제라는 형태의 정치적이고 경제적인 차원에만 국한된 것이어서는 안 되며, 이 과정이 피지배 대중의 자율적 참여와 인격적 대화를 촉진하는 문화적 변혁의 과정과 함께 결합하여 선순환되지 않으면 안 된다는 점을 환기시켜준다는 점에 있다. 트로츠키는 스탈린처럼 문화혁명을 정책적 과제로 제시한 적도 없고 그럴 수도 없었지만, 이 문제와 관련해서 다음과 같이 심오한 통찰을 보여준 바 있다.

> 마르크스주의는 스스로를 무의식적인 역사 과정의 의식적 표현으로 간주하고 있다. 그러나 심리학적인 의미에서가 아니라 역사철학적인 의미에서 '무의식적' 과정이 그 의식적 표현과 일치하는 것은, 그것이 절정에 이르렀을 때, 즉 대중이 순전히 자연발생적인 압력에 의해 사회적 인습의 문을 때려 부수고 역사 발전의 가장 깊은 요구에 승리의 표현을 부여할 때뿐이다. 이런 순간에는 시대의 최고의 이론적 의식이 이론과 가장 거리가 먼 최저변의 피억압 대중의 직접적인 행동과 융합한다. 의식과 무의식의 창조적인 결합이 바로 보통 영감이라고 불리는 것이다. 혁명은 영감을 받은 역사의 광기이다.[64]

최진석은 이 문장을 "무의식은 정치적 용법 속에 그것의 실제적 동력학을 구축한다. 혁명이라는 사건은 무의식이 현실과 만나서 폭발하고 토대와 상부구조(그 자체로 상징적 질서인)의 이론을 찢어놓고 재구성하는 사건을 가리킨다"[65]라고 해석하고 있다. 이 말은, 아래에 경제적 토대가 있고 위에는 그로부터 분리된 형태로 자립하면서 토대를 지배하는

64) 레온 트로츠키, 『나의 생애 (상)』, 박광순 옮김, 범우사, 2001, p. 75.
65) 최진석, 「트로츠키와 문화정치학의 문제: 무의식과 '새로운 인간'을 둘러싼 투쟁」, 『마르크스주의연구』 12(4), 2015. 이 글은 본서에도 "무의식과 '새로운 인간'을 둘러싼 투쟁: 트로츠키와 혁명의 문화정치학"이라는 제목으로 수록되어 있다.

상부구조가 있다는 위계적 도식을 벗어나 토대와 상부구조를 수평적인 선순환의 관계로 전환하는 것이 바로 혁명의 과제라는 것으로 재해석해볼 수 있을 것이다.

평소에는 조용히 토대에 머물러 있던 대중이 혁명기에는 토대에 가해지는 억압에 맞서 정치적인 집단을 이루면서 상부구조의 전환을 위해 행동함과 동시에 스스로 생산집단화되는 식으로 토대의 전환을 위해 함께 행동한다는 것이다. 한편으로는 토대의 변혁(구성주의자/생산주의자들의 생산자로서의 작가)에 참여하면서 다른 한편으로는 상부구조의 변혁(지각적 밀레니엄주의자들의 예술혁명)에 참여했던 혁명기의 러시아 아방가르드야말로 "의식과 무의식의 창조적 결합"이라는 영감을 다양한 실험을 통해 구체화해나간 적절한 사례라고 해석할 수 있을 것이다.

물론, 당시 러시아 아방가르드들이 토대의 변혁과 상부구조의 변혁에 각기 기여하는 혁명적 예술의 상이한 역할을 충분히 인지하면서 서로 간의 협력을 의식적으로 도모했다는 직접적인 증거는 찾기 어렵다. 하지만 구성주의자들과 지각적 밀레니엄주의자들이 서로 차이가 있음에도 불구하고 『레프』라는 단일한 잡지를 만들었다는 점을 고려해보면, 이들 사이에 상당한 소통이 있었으리라는 추측도 가능하다. 그러나 루나차르스키와 트로츠키를 제외한 대부분의 볼셰비키들의 경우 이 두 가지 예술적 아방가르드가 토대와 상부구조의 코뮤니즘적인 변혁과 얼마나 깊고 내적인 연관관계를 가지고 있었는지를 고려하지 않았다는 점만은 확실해 보인다. 한 세기가 지난 오늘의 시점에서 새로운 이행의 문제를 고민하고자 할 때, 새롭게 주목해보아야 할 점은 바로 이 지점이라고 본다. 정치경제적인 변혁과 문화예술적인 변혁의 관계는 단지 후자가 전자를 '재현'하는 데 있는 것이 아니라, 토대에서의 '기술적 사물화'와 상부구조에서의 '주체적 인격화'가 선순환을 이루게 하는 식으로, 서로 맞물려서 선순환 구조를 이루게 할 수 있다.

혁명기의 러시아 아방가르드 운동을 구성주의/생산주의와 지각적 밀레니엄주의로 구분하여 양자가 어떻게 토대의 변화와 상부구조의 변화에 각기 다른 방식으로 결합하고자 시도했고 어떤 성과를 남겼는가에 초점을 맞춘 이 연구는 향후 좀더 입체적인 문헌 조사에 의해 다각적으로 보완되어야 할 시론에 불과하다. 한정된 문헌 조사와 아방가르드의 범주적 구분의 자의성 등 몇 가지 한계가 있지만 이 연구에서는 바흐친과 시몽동의 철학을 연결하여 혁명과 예술의 복잡한 관계를 통합적으로 평가할 수 있는 하나의 프레임, 즉 기술적 사물화와 주체적 인격화의 결합 및 양자의 선순환을 촉진할 수 있는 문화정치적 프레임을 세우고자 시도했다. 이 글이 향후 이행기의 혁명과 문화예술의 역동적인 관계를 연구하는 데 생산적 발견을 촉진할 새로운 도약대가 될 수 있기를 기대해본다.

필자 소개(가나다순)

노경덕

미국 시카고 대학에서 역사학 전공으로 박사학위를 받았다. 지은 책으로 *Stalin's Econonmic Advisors: The Varga Institute and the Making of Soviet Foreign Policy, 1927~53*이 있고, 논문으로 「스탈린 시대 소련의 대외 관계, 1926~1953: 해석사」 「냉전사와 소련 연구」 등이 있으며, 옮긴 책으로 『세계사』(공역)가 있다. 현재 이화여자대학교 사학과 교수이다.

류한수

서울대학교 서양사학과에서 학석사학위를, 영국 에식스 대학에서 러시아 현대사로 박사학위를 받았다. 지은 책으로 『러시아의 민족정책과 역사학』(공저)이 있고, 옮긴 책으로 『러시아 혁명: 1917년에서 네프까지』 『1917년 러시아 혁명: 노동계급이 권력을 잡다』 등이 있다. 현재 상명대학교 역사콘텐츠학과 교수이다.

박노자

러시아 모스크바 국립대학에서 박사학위를 받았다. 지은 책으로 『주식회사 대한민국』 『당신들의 대한민국 1·2』 등 60여 권이 있다. 현재 오슬로 대학교 동방언어 및 문화연구 학과 교수이다.

박영균

일곡 유인호 학술상을 받았다. 지은 책으로 『노동가치』 『맑스, 탈현대적 지평을 걷다』 『칼 마르크스』 『다시 쓰는 맑스주의 사상사』(공저) 등이 있다. 현재 건국대학교 인문학연구원 HK교수이자 통일인문학대학원 교수이다.

심광현

서울대학교 미학과에서 박사과정을 수료했다. 지은 책으로 『맑스와 마음의 정치학』 『유비쿼터스 시대의 지식생산과 문화정치』가, 논문으로 「21세기 진보전략의 밑그림」 「인공지능 시대의 사회적 연대전략」 「오토포이에시스, 어포던스, 미메시스」 등이 있다. 현재 한국예술종합학교 영상이론과 교수이다.

이진경

본명은 박태호. 지은 책으로 『파격의 고전』 『불온한 것들의 존재론』 『미-래의 맑스주의』 『자본을 넘어선 자본』 『노마디즘 1·2』 등이 있다. 현재 서울과학기술대학교 기초교육학부 교수이자 수유너머104 회원이다.

장한닢

서울대학교 서양사학과에서 석사학위를 받았다. 논문으로 「혁명 전후 러시아 성매매 정책의 변화: 질병담론에서 노동담론으로」가 있다.

정재원

고려대학교에서 학사학위를, 서울대학교에서 석사학위를 받은 후 러시아 과학아카데미(학술원) 사회학연구소에서 박사학위를 받았다. 지은 책으로 『카프카스 역사와 지정학: 전쟁, 분쟁, 그리고 이념』(이하 공저), 『중국의 무상과 중앙아시아』 『현대 러시아의 해부』 『5·18 민주화 운동의 국제적 비교와 시민의식』 『러시아 제국과 소비에트: 이념, 종교, 혁명』 등이 있다. 현재 국민대학교 글로벌인문지역대학 유라시아학과 조교수이다.

최진석

러시아인문학대학교에서 문화학 박사학위를 받았다. 지은 책으로 『민중과 그로테스크의 문화정치학』 『국가를 생각하다』(공저), 『불온한 인문학』(공저)이, 옮긴 책으로 『누가 들뢰즈와 가타리를 두려워하는가?』 『해체와 파괴』 『러시아 문화사 강의』(공역) 등이 있다. 문학평론가이자 수유너머104 회원이며, 서울대학교와 한국예술종합학교에서 강의하고 있다.

한정숙

독일 튀빙겐 대학에서 러시아-동유럽사 전공으로 박사학위를 받았다. 지은 책으로 『여성은 이렇게 말했다』 『독일 통일과 여성』(공저) 등이, 논문으로 「체르노빌 원전 사고: 20세기가 보내온 생명파괴의 경고」 「19세기 시베리아의 지역적 자의식, 역사학을 만나다」 등이, 옮긴 책으로 『우크라이나의 역사』 등이 있다. 현재 서울대학교 서양사학과 교수이다.

출전

노경덕 「스탈린–트로츠키 경제 '논쟁' 재고, 1923~27: 레닌주의와 스탈린주의의 연결성 조명」

이 글은 다음의 두 논문을 중심으로 재구성한 것이다. 노경덕, 「스탈린–트로츠키 권력투쟁 재고: 좌우파의 경제 이념과 관련하여, 1923~1927」, 『사총』 제89호(2016)와 「서기국과 스탈린의 권력 장악 문제: 비판적 재검토, 1922~1927」, 『사총』 제90호(2017).

류한수 「러시아 혁명과 노동의 동원: 러시아 혁명·내전 시기 볼셰비키의 노동의무제 시행과 사회의 반응」

이 글은 류한수, 「러시아 혁명과 노동의무제: 러시아 혁명·내전기(1917~1921년) 볼셰비키 정부의 노동의무제 도입 시도와 사회의 반응」, 『슬라브학보』 제21권 2호(2006년 12월)를 압축하고 보완한 것이다.

박노자 「러시아 혁명의 의의, 100년 후에 다시 돌아보다」

이 글은 박노자, 「100년 후에 되돌아보는 러시아혁명」, 『녹색평론』 제155권 8호(2017년 여름)를 보완, 전재한 것이다.

심광현 「혁명기 예술의 과제: 1920년대 초반 러시아 아방가르드의 사례를 중심으로」

이 글은 『시대와철학』 제26권 4호(통권 73호, 2015)에 게재되었던 것이다.

이진경 「러시아 구축주의와 감각의 혁명: 혁명은 어떻게 감각의 벽 앞에서 되돌아가는가?」

이 글은 『시대와철학』 제25권 3호(통권 68호, 2014)에 게재되었던 것이다.

장한닢 「혁명 전후 러시아 성매매 정책의 변화: 질병 담론에서 노동 담론으로」

이 글은 동명의 석사학위 논문(2015년 8월)을 수정 보완하여 『러시아연구』 제26권 제1호(2016)에 게재했던 것이다.

정재원 「러시아 혁명의 현재적 의의: 잊혀진 혁명의 교훈 복원을 위한 시론」

이 글은 정재원·성문주, 「현실사회주의 소련과의 비교로 본 베네수엘라의 21세기 사회주의의 전망」, 『민주주의와 인권』 제10권 3호(전남대학교 5·18연구소, 2010) 중 일부를 발췌해 수정한 것이다.

최진석 「무의식과 '새로운 인간'을 둘러싼 투쟁: 트로츠키와 혁명의 문화정치학」

이 글은 『마르크스주의연구』 제12권 4호(2015)에 게재된 것을 수정 보완한 것이다.

한정숙 「'세계를 뒤흔든 혁명'에 대한 열광, 비판, 성찰: 러시아 혁명 100년, 해석의 역사」

이 글은 원래 러시아 혁명 90주년이던 2007년 11월에 이를 기념하는 서양사학회의 연합학술대회에서 발표되었고 이듬해인 2008년 『서양사론』 제98호에 "'세계를 뒤흔든 혁명'에 대한 열광, 증오, 성찰: 러시아 혁명 100년, 해석의 역사"라는 제목으로 게재되었다. 마지막 부분의 내용을 약간 보완하여 이 책에 전재했다.